财务管理国家一流专业建设点系列教材

河南省“十四五”普通高等教育规划教材

高级财务管理

（第2版）

谢香兵　张肖飞　主　编

中国财经出版传媒集团
经济科学出版社
Economic Science Press

图书在版编目（CIP）数据

高级财务管理／谢香兵，张肖飞主编．--2版．--北京：经济科学出版社，2023.1

河南省“十四五”普通高等教育规划教材

ISBN 978-7-5218-4458-0

Ⅰ.①高… Ⅱ.①谢… ②张… Ⅲ.①财务管理-高等学校-教材 Ⅳ.①F275

中国国家版本馆CIP数据核字（2023）第012342号

责任编辑：杜 鹏 常家凤 刘 悦
责任校对：齐 杰
责任印制：邱 天

高级财务管理（第2版）
谢香兵 张肖飞 主编
经济科学出版社出版、发行 新华书店经销
社址：北京市海淀区阜成路甲28号 邮编：100142
会计分社电话：010-88191441 发行部电话：010-88191522
网址：www.esp.com.cn
电子邮箱：esp_bj@163.com
天猫网店：经济科学出版社旗舰店
网址：http://jjkxcbs.tmall.com
固安华明印业有限公司印装
787×1092 16开 20.25印张 400000字
2023年2月第2版 2023年2月第1次印刷
ISBN 978-7-5218-4458-0 定价：49.00元
（图书出现印装问题，本社负责调换。电话：010-88191510）

前　言

INTRODUCTION

财务管理实践作为人类的一种经济管理活动源远流长，随着社会环境的变迁、经济的发展、制度的演进与企业组织形式的不同而日渐丰富、不断创新。高级财务管理是财务管理体系的重要组成部分，是就管理来论财务，体现财务管理的社会过程，立足于组织结构和治理环境，从实现企业战略目标，提高核心竞争能力的角度来诠释财务管理功能。高级财务管理中的“高级”是一个相对概念，它是相对于传统或者说“中级”财务管理和财务管理学基础而言的，其所蕴涵的具体内容随着管理科学的发展、管理过程的更新及其财务事项的出现而不断变化，它关注的焦点从企业股东价值到整体价值，从保障性财务到战略性财务，从财务独立性到财务整合型，从结果导向型到过程控制型，从资金管理型到价值管理型，从资产运营到资本运营，从单一财务主体到复杂财务主体，从环境“友好”型到环境复杂型的一系列财务管理条件的转变。

无论财务管理实践和理论如何变化，高级财务管理讲授的内容都应该以企业价值最大化的目标为出发点，以成本与效益原则，流动性、盈利性与风险性的平衡发展为基本财务管理理念，全面考虑公司战略、治理结构安排、风险管理策略对公司价值的影响，通过企业经营和资本运作来实现利益最大化，保障企业的可持续发展，实现企业价值最大化目标。具体地，本教材设计的内容以企业价值创造和实现为逻辑主线，包括：(1) 企业价值实现的条件和理论准备，章节包括有：第二章的公司治理与财务治理；第三章、第四章的企业价值评估和期权定价理论；第五章的衍生金融工具与风险管理。(2) 价值评估基础理论的例外，包括第八章的行为公司财务。(3) 企业价值实现的方式，包括第六章的企业并购与重组和第七章的资本运营。(4) 财务管理主体和经营环境的拓展，包括第九章集团财务管理和第十章国际财务管理。

本教材的框架结构、内容设计除了按照公司价值创造和实现为逻辑主线，体现如下特点：(1) 本教材将最新财务理论与热点实践问题相结合，应用最新的上市公司案例进行分析，体现“新颖”；(2) 本教材避免与财务管理学、管理会计等基础财务理论内容的简单重复，体现“高级”；(3) 本教材主要应用于高年级本科生或研究生，服务于教学需要，突出重点，没有纳入财务理论没有突破的内容，比如中小企业财务管理、行政事业单位财务管理、财务困境与清算等内容，体现“务实”。(4) 本教材吸纳最新财务管理理论与实践问题，同时各章节后面配有案例分析和练习与讨论，力求培养学生的独立思考和知识应用能力，体现“深度”。

《高级财务管理》教材于2019年3月出版，得到了众多教师和学生的好评，该教材2021年入选河南省“十四五”普通高等教育规划教材立项建设名单，在此，对给予本教材大力支持和帮助的各校师生表示感谢。为了将全面推进习近平新时代中国特色社会主义思想和党的二十大精神写进教材，我们着手修订教材，以进一步增强教材的适用性和可阅读性，更好地让同学们学到高级财务管理最新理论和实践知识。第2版书稿的撰写情况是：第一章由河南财经政法大学谢香兵教授完成；第二章由谢香兵、程梦玲共同完成；第三章、第四章由河南财经政法大学刘玉博士完成；第五章、第六章、第七章由河南财经政法大学张肖飞教授完成；第八章、第九章、第十章由谢香兵、程梦玲共同完成。在本教材撰写过程中，还受到河南财经政法大学副校长薛玉莲教授的特别指导并设定了本教材的框架。本教材最后由谢香兵和张肖飞审定。为了更好地服务教学，第2版教材中增加了编者对相关章节补充知识点和案例。

本教材的结构安排、内容设计、案例分析吸收并借鉴了最近几年高级财务管理学最新的理论和案例，希望本教材的出版能够让读者对高级财务管理学有一个全面、细致的认识和了解，本教材适合于高年级本科生和研究生使用。

编　者

2023年1月

目　录
CONTENTS

第一章 高级财务管理概述

高级财务管理着重解决基础财务管理中缺少的重要理论与方法，以及若干重要财务决策问题。高级财务管理是针对非常规性业务的财务管理，具有财务专题的性质，其主要内容包括公司治理与财务治理、企业价值评估、金融衍生工具与风险管理、并购与资本运营、行为财务学、企业集团财务管理、国际财务管理等内容。

财务管理，又称为公司理财（corporate finance）、公司财务管理（corporate financial management），也称为公司金融，研究的是公司层面的资金活动以及由此形成的一系列财务关系。其中，finance 国内称为传统的金融学，是研究价值判断和价值规律的学科，主要包括四大学术专业领域：银行学、证券学、保险学和信托学。传统金融学的研究领域大致有两个方向：宏观层面的金融市场运行理论和微观层面的公司投资理论，主要涉及“货币银行学”和“国际金融”等专业，主要研究货币、银行、国际收支、金融体系稳定性、金融危机等。宏观金融（macro finance）研究的则是在一个以货币为媒介的交换经济中如何实现高就业、低通货膨胀以及国际收支平衡和经济增长，它着重于宏观货币经济模型的建立，并通过它们提出实现高就业、低通货膨胀、高经济增长和其他经济目标的货币政策，是宏观经济学的货币版本。而微观财务（micro finance）是仿照微观经济学建立起来的一套如何在不确定的环境下，通过资本市场，对资源进行跨期最优配置的理论体系。主要研究金融资产定价和公司理财的问题，它比较强调从“科学”而不是其他的角度来认识人类金融活动中的客观规律。自 20 世纪后半叶逐步形成以后，微观金融学理论就不断遇到市场“金融异象”的挑战，引发了微观财务学研究的范式变迁。尽管主流微观财务学研究目前依然遵循着传统的范式，但是，“非主流”的“新金融经济学”（例如行为财务、计算实验金融、金融物理等）研究也的确呈现出一些值得关注的特点。

第一节 高级财务管理的界定

财务管理学研究什么？仁者见仁、智者见智。布里格姆和伊尔哈特（Brigham & Ehrhardt，2005）在《财务管理：理论与实践》一书中表明，大部分财务管理知识围绕三个问题展开：（1）特定公司价值的影响因素有哪些？（2）管理层如何选择以增加公司价值？（3）管理层如何保证公司执行财务决策时资金充足？罗斯等（Ross et al.，2002）在《公司理财基础》一书中认为，财务经理需要关注三类基本问题：（1）企业的长期投资（资本预算）；（2）支持长期投资的资金筹资方式和管理策略（资本结构）；（3）客户收款和供应商付款等企业日常经营中的商业信用管理（营运资本管理）。因此，从财务管理学科内容上看，财务管理学主要包括资本预算、融资管理和资本结构选择、营运资本管理、股利政策与并购。公司财务管理基础性理论和应用工具有净现值法、资本资产定价模型、资产组合理论、以MM理论为代表的现代资本结构理论以及以布莱克—斯科尔斯为代表的期权定价模型（Black-Scholes option pricing model）。尽管不同学者表述不同，但对财务管理学框架的认识大同小异，即由一个目标函数、四个模块的内容和一个财务管理工具箱组成。其中，一个目标是公司价值最大化；四个模块的内容包括投资决策、融资决策（或资本结构）、股利决策和营运资本管理；财务管理工具箱里有四个工具，即会计报表与比率分析、现值技术、风险收益模型和期权定价模型。这些财务管理核心内容的理论基础成熟丰富，且集中在理性经济人、有效市场假说、代理理论（契约理论）、不对称信息理论等框架内，没有这些基础财务理论，就没有现代公司财务管理学科体系，但任何学科都是构建在一系列假设基础之上的。达摩达兰（Damodaran）教授曾将构建财务管理学的基础性假设归纳为四组，即经理与股东目标函数一致性假设、债权人利益得到完全保护假设、市场有效性假设和社会成本为零假设。显然这些基本假设还远离“现实世界”，并已受到来自很多方面特别是实务界的严厉批评，研究者们不断试图寻找一种新的目标函数和理论体系来解决“现实世界”中所存在的诸多财务冲突，诸如股东与管理层间的冲突、股东与债权人间的冲突、大股东与小股东间的冲突、公司财务目标与社会责任间的冲突等，但迄今为止仍没有找到完全解决问题的方法，这些假设仍是构建现代财务管理学理论和方法体系的基本前提。

本教材讲解的高级财务管理属于公司财务学范畴，阐述的也是非金融企业如何利用财务理论和工具实现公司有限资源的优化配置，以最大化公司价值为目标的组织活动，包括财务决策、财务计划、财务控制与财务分析等。显然，高级财务管理是财务管理体系的重要组成部分，是就管理来论财务，体现财务管理的社会过程，立足于组织结构和治理环境，从实现企业战略目标，提高核心竞争能力的角度来诠释财务管理功能。高级财务管理中的“高级”是一个相对概念，它是相对于传统或者说“中级”财务管理和财务管理学基础而言的，其所蕴涵的具体内容随着管理科学的发展、管理过程的更新及其财务事项的出现而不断变化。

第二节　公司财务学的理论基础与发展

现代公司财务管理的六大奠基理论包括资本结构理论（capital structure）、现代投资组合理论（investment portfolio theory）与资本资产定价模型（CAPM）、有效市场假说（efficient markets hypothesis，EMH）、代理理论（agency theory）、信息不对称理论、期权定价理论（option pricing model），这些理论都是建立在一系列假设基础之上的，现实中这些假设的满足条件几乎无法实现，从而出现了大量与现代财务学理论基础相违背的现象和实践，因此，学术界和实务界对现代财务理论提出了一系列质疑，并不断在现有财务管理学的理论基础之上发展出新的理论体系。

一、理性经济人假设与行为财务学

现代财务理论继承了亚当·斯密的“理性经济人”假设，所谓“理性人”假设是对在经济社会中从事经济活动的所有人基本特征的一个一般性抽象。这个被抽象出来的基本特征就是：每一个从事经济活动的人都是利己的，每一个从事经济活动的人所采取的经济行为都是力图以自己的最小经济代价去获得自己的最大经济利益。“理性经济人”假设意味着投资决策时需遵循三个规则：基于效用函数、理性预期和风险规避。在资本市场上，所有新的信息一旦出现，就会在理性投资者的投资行为下被反映到资产价格上去，这就是法玛（Fama）提出的有效市场理论的精髓。即使股票价格偏离其内在价值，也是因为信息不对称和信息接收过程中短时间差异所造成的，随着时间的推移和学习曲线效应，投资者获取的信息越来越充分，股价最终会回归其内在价值。但金融危机的现实表明投资者并非都是理性的，2007 年 10 月我国 A 股市场上证指数最高曾上涨到 6 124.04 点，一年之后，2008 年 10 月 28 日最低下降到 1 664 多点，累计跌幅达到 72.82%。在股票市场的大起大落中，投资者的贪婪和恐惧体现得淋漓尽致。行为财务学假设人是有限理性的，并会出现认知错误及情感偏差，当面临不确定的市场和未来时，投资者的情绪、对信息的敏锐度、人的心理状态和情感偏差都会对最终决策产生决定性影响。也正是由于人们认知过程中的偏差和情绪等心理因素，致使投资者无法按照“理性人”的方式做出现行财务理论所假设的最优行为模式。市场中出现的“羊群效应”“锚定效应”“群体极端行为（group polarization）”“框架（framing）依赖效应”“过度自信”等所反映的都是人的“动物精神”和有限理性的结果。

我国证券市场是一个新兴的市场，中小投资者众多，加上制度建设不成熟，导致严重的过度投机性，其决策行为的严重非理性导致了市场波动性加强。因此，仅借助现代金融学的方法无法正确分析我国证券市场，我们应充分重视行为财务学这一新兴理论方法，将行为财务学的研究成果运用到我国证券市场的实践中，合理引导投资者的行为。对于广大中小投资者，要通过教育来使其趋于理性化，提高证券市场投资者的投资决策能力和市场的运作效率。麻省理工学院斯隆管理学院教授安德鲁（Andrew，2009）认为，我们可以相信市场在正常时期会合理运行，但如果人类受到极端情绪的支配，动物精神有可能压倒理性，甚至监管者和政策制定者也是如此。因此，那些无视环境不断变化的一成不变的规则，几乎总是会导致意外结果的出现。对于监管者和政策制定者来说，设计出能够具有适应性的监管规则来中和人类本性至关重要。加强现代财务理论解释现实问题的能力，需要我们以“行为财务学”为基础，逐渐放宽“理性经济人”假设，构建“有限理性和非理性经济人”假设下的分析框架，提高财务理论应对不确定经济环境的能力。

二、有效市场理论与市场异象

尤金·法玛（Eugen Fama）是有效市场理论的集大成者，他为该理论的形成和完善做出了卓越的贡献，并由此获得了2013年诺贝尔经济学奖。1965年，法玛发表了《股票价格市场行为》，提出了著名的有效市场理论。1970年，又撰文《有效市场：理论和实证研究回顾》，提出了研究有效市场理论的一套完整的理论框架。有效市场理论认为：“证券价格充分反映全部可获得的信息”，因此，如果有效市场理论成立，市场价格是对内在价值的最好估计，投资者使用可获得的信息无法持续实现超常收益。也就是说，有效市场是这样的一个市场：证券价格能够迅速准确地反映所有可获得的信息，市场竞争使得证券价格从一个均衡水平迅速过渡到另一个均衡水平，而与新信息相对应的价格变动是相互独立或随机的。法玛根据资本市场中资产价格对信息的反映程度不同，把市场有效性分成三种水平：弱式有效、半强式有效和强式有效。

弱式有效市场是指证券价格完全反映了所有的历史信息，包括历史价格序列、市场收益率、成交量等信息。在弱式有效市场中，证券价格服从随机游走模型，投资者无法利用过去的信息获取超额利润，利用股票市场中的K线技术是无用的。半强式有效意味着证券价格不仅反映了所有历史信息，还反映所有的公开信息，包括盈余和股利公告、并购重组、高管变更、新产品研发成功以及有关政治经济新闻等。投资者利用公开的信息进行决策并进行交易无法获得超额利润，这也意味着证券分析师的基本面分析也是无用的。强式有效市场是指证券价格不仅反映所有历史信息、公开信息，还反映内幕信息，显然强式有效市场是一种理想化的市场。总之，如果资本市场是有效的，任何投资者都不可能获得超额利润，“市场是不可战胜的”，投资于证券仅仅是一个公平的游戏。但是，这既不意味着投资者拥有千里眼（敏锐的洞察力），也不意味着价格不能波动。因为未来是如此的不确定，并且包含如此之多的意外（surprise）。当我们回首过去，容易相信我们确实知道价格将如何变化，但是，这仅仅是“马后炮”。

依据市场有效性的定义，所有可获得的信息早已反映在市场价格中，任何投资者都不可能获得超额回报，投资者不可能战胜市场。由于信息获取需要花费成本，如果不存在任何超额回报，投资者就没有强烈的意愿和激励去收集信息。这样，投资者简单地停止收集信息，将市场价格视为未来证券投资收益最好的指示器。此时，我们又会产生新的疑问，如果无法激励投资者寻找信息并且利用信息进行套利，则价格又如何能够反映信息？这种逻辑不一致性给我们会计理论提出了新的挑战，如果市场同时反映了所有报告中的信息，那么代价高昂的财务报告分析的目的又是什么？证券分析师行业又能如何得以继续存在呢？

在有效市场中，当投资者获得信息时，个人决策过程是如何将信息反映在资产的市场价格中的呢？理性预期假设告诉我们，尽管不同的投资者可能会有不同的预期方式，但综合作用的结果却使市场接近了理性预期。理性预期是指在预期价格的形成过程中，投资者运用一切可用的信息所作的最佳预测，理性预期理论是有效市场假说的微观基础，或者说有效市场假说是理性预期理论在金融学中的平行发展。也就是说，理性预期本质上是一个均衡概念，它不仅仅是有关个体行为的理性假设。在理性预期均衡下，交易者没有重新定约的意愿，均衡处于稳定状态。它表示市场出清的均衡价格已不能为交易者提供新的可以利用的私人信息，也表示交易者已从均衡价格中窥探到其他交易者的所有私人信息，在这两种意义上，理性预期均衡完全揭示了私人信息，市场没有用信息获取盈利的可能。理性预期均衡的实现是交易者遵循贝叶斯法则的结果。图 1－1 反映了证券价格的形成过程。

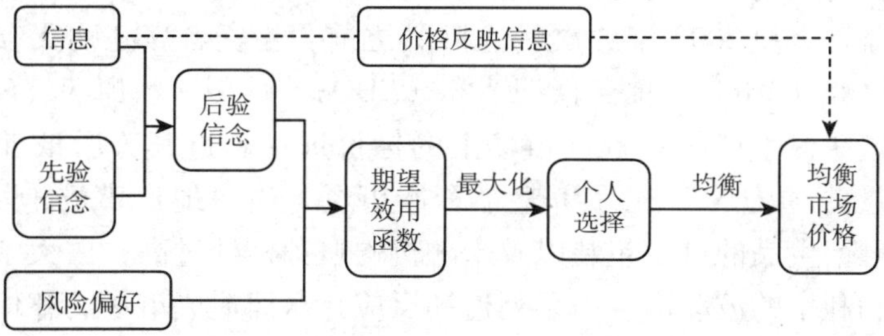

图 1－1　有效市场下的证券价格形成过程

有效市场假说是众多现代财务理论发展的前提，如资本资产定价模型（CAPM）、期权定价理论、MM 资本结构理论等。但现实和实证研究发现，市场并不是我们想象得那么有效，研究者发现了在资本市场中存在的诸多“市场异象”，这些异象都不能够被有效市场理论所解释。例如，盈余公告后的股价漂移现象（PEAD），即公司盈余信息公布后并没有立即被证券市场消化，并反映在有效市场价格中，对那些公布盈余好消息的公司，该公司股票的超额回报一般会漂移一段时间。再如，斯隆（Sloan，1996）以 1962～1991 年间公司的年度盈余公告为样本，将报告净收益分为经营现金流和应计项目（accrual）两个部分，由于应计项目更有可能发生估计错误或者受到人为操纵，可靠性较低，因而会影响本期应计项目和下期盈余的相关性；经营现金流量估计错误或操纵的可能性较小，持续性更强，与下一年的净收益相关性更高，因此，我们可以推断，如果公司盈余中经营现金流的比重越大，市场对盈余信息的反映程度越大，反之亦然。但斯隆的研究发现，事实并非与预期一致，虽然市场确实对盈余信息中的好消息或坏消息做出了反应，但市场并没有对盈余中现金流和应计项目的比例做出不同程度的调整。斯隆设计了一种投资战略，买进低应计项目的公司股票，卖空高应计项目的公司股票，持有一年，不考虑交易成本，可以获得超出市场10.4%的年收益，成功地打败了市场。除此之外，资本市场中异常现象还包括公司小规模效应、日期（季度）效应、股票入选成分股引起股票价格上涨等。这些异常现象对投资者理性和证券市场的有效性构成了巨大挑战。

三、金融工具的发展：贪婪与创新

20世纪90年代以后，随着世界经济发展的区域化、集团化和国际金融市场的全球一体化，证券化趋势增强，国际债券市场和衍生金融品市场发展迅猛，新技术广泛使用，金融市场结构发生了很大变化。传统的金融产品主要是股票、债券、商业票据、银行票据等基础性产品，随着金融市场的不断发展，在基础金融工具的基础上派生了诸多衍生金融工具或组合金融工具，其中常见的金融衍生工具包括期货合约、期权合约、远期合同、互换协议等。衍生金融工具的高杠杆性、跨期性以及高不确定性等特性决定了该类投资的高风险、高收益。2008年下半年开始，由于美国次贷危机引起的全球金融危机使人们重新审视金融工具的创新和金融监管。在2008年“次贷危机”之前，投资者疯狂购买存在巨大风险的抵押支持债券（MBS）、债务抵押债券（CDO）、信用违约掉期（CDS）等衍生金融产品。这些衍生产品在资本市场上的标价远远超过其背后抵押物的内在价值，致使大量的“泡沫”充斥了整个资本市场。当房地产市场泡沫破裂之后，华尔街对金融衍生品的过度包装以及金融机构财务杠杆过高，放大了金融市场风险，使房价和利率的波动产生一系列连锁反应，从而造成市场的整体波动，最终演变为全球性经济危机。

金融衍生工具创造的初衷是用来规避风险、套期保值的，而不是用来制造市场波动投机套利的。但以华尔街为代表的机构投资者们最爱价格波动，没有波动就没有高额利润，衍生品正是他们在价格波动中谋求高额利润的对赌工具，而不是对冲风险的工具。无论是2008年美国的“麦道夫”式的庞氏骗局，还是2017年中国的“e租宝案”，金融发展也反映出了人性中并不光彩的另一面。贪婪可能扭曲创意，破坏公平、公正。因此，金融监管的存在是必要的。金融发展史就是金融创新的历史。美国经济学家凯恩（E. J. Kane）把金融创新视为金融业逃避严厉管制的一种手段，认为在金融管制和金融创新之间存在一个“管制—创新—再管制—再创新……”的循环往复的斗争过程，并将其称为“管制的辩证过程”。新凯恩斯主义认为2008年金融危机是金融工具过度创新所致，应该认真反思金融创新。金融逐利的特性也意味着创新是一个永不停止的过程，并给系统带来潜在的不确定因素。当金融创新快速增长之时，风险也会急速增长。监管既不能“一刀切”地拒绝，也不应该漠视其发展，更不能朝令夕改、草率推出新举措。2008年之后，美国监管部门开始对资产证券化产品的道德风险展开调查，并随后开始提议信用风险留存规则。

金融创新不仅仅是产品的创新，也包括科学技术创新。当前互联网技术、人工智能、云技术等科技的发展对传统金融产生重大冲击，去中心化、去媒/脱媒的潮流意味着金融处在一个创新的旋涡，众筹、便捷支付、P2P、大数据分析、区块链技术已经使得传统金融机构在市场服务中面临逐步失去对整个价值链条的控制地位，虽然从当前的规模来说，这些金融创新还在萌芽期，但如何对这些金融创新进行监管，防范金融风险是一个重要的课题。然而，被动的监督和管理难以前瞻于市场化的极具生命力的创新活动。金融监管的职能在创新中面临更高的挑战，但其监管目标并没有改变，须以完全信息披露为指导，以保护投资者利益和防止欺诈为核心目标，制定金融业基本规章制度并严格执行，才能防范创新带来的混乱和破坏。金融创新带来的问题有三个方面：第一，金融机构多是使用他人资金，其中的道德风险使其有贪婪、冒险、短视的本性，这些本性往往导致金融创新被滥用，有些成为庞氏骗局；第二，投资者由于行为偏差，喜欢高收益但“看似低风险”的产品，金融创新由于其复杂性往往把投资者引入误区；第三，由于不确定性和复杂性，监管者对金融创新的监管往往滞后，在过宽和过紧之间摇摆。这样看来，就不难理解，金融机构时时有创新的冲动，而投资者、监管部门和社会对金融创新的认识则表现出情绪周期。在周期的早期，各方都认为创新推动社会进步，跃跃欲试；反之，在金融创新把美国带入金融危机之后，巴菲特认为衍生工具是大规模“杀伤性武器”，与其说是造福社会，不如说被滥用的概率更大；科学带来人类的平等，金融带来人类的自由。平等与自由相辅相成。20世纪一位伟大的投资家说，最昂贵的四个英文单词是“此次不同”（This time is different）。马克·吐温说：“历史不会重复自己，但会押着同样的韵脚。”

四、风险管理与防范：工具与策略

对风险的研究无疑是公司财务管理学的灵魂。在现行经典财务管理学中关于风险的核心观点包括：（1）财务理论中的风险概念源于数理分析中的“确定性、风险性和不确定性”事件。风险性决策是指方案的未来结果是不确定的，但未来结果的概率分布是可预测、可估计的，而不确定性决策则是指未来预期结果的概率分布是未知的。但在财务实践中，我们常常引入“主观概率”将不确定决策变为风险性决策，使之混为一谈。（2）证券投资的风险严格区分为系统性风险和非系统性风险，以 β 系数为代表的系统性风险是财务研究的重点，非系统性风险通过资产组合来予以消除，基于 β 系数为基础的资本资产定价模型是估算证券投资预期收益率的经典模型，并曾引发了贝塔系数是否已“死亡”的争论。（3）以经营杠杆系数 DOL 为代表的经营风险和以财务杠杆系数 DFL 为代表的财务风险，是对资产负债表左右两边风险的全面考查，但是它们都是着眼于企业内部的成本结构与资本结构。（4）从企业角度看，流动性风险（偿付能力）的防范至关重要，降低流动性风险的技术主要包括营运资金的筹资管理和投资管理。（5）财务理论上阐述的风险防范的策略，集中于资本结构的适当水平与动态调整以及证券投资中的投资组合策略。

在现今金融风险管理领域，期权定价、德尔塔对冲（delta hedging）、在险价值管理（Var，value at risk）、蒙特卡罗模拟法（monte-carlo simulation，MS）等定量工具开始为金融机构广泛应用，将以上总结的财务风险理论与技术在数理上发展得几乎无懈可击。但是历经2008年全球金融危机以及2015年我国股市的股灾行情后，我们发现，即使再完美的风险管理理论和娴熟的风险管理工具，都无法规避掉股市给投资者带来的巨大损失。究其原因，财务理论风险与风险管理理念、内容和技术工具都存在一定的局限性，单一地从数理去表达、计算和探索风险防范的理论范式本身就存在极大的风险。当面临巨大的、全球性的系统性风险时，旨在分散风险的任何类型的衍生金融工具都无法起效，相反这些衍生金融工具会放大风险，进一步加剧市场的波动性。因此，我们必须反思原有的衍生金融工具的设计理念，找到新的风险应对的工具和策略。根据汤谷良和韩慧博（2010）在《高级财务管理》中的观点，财务风险理论的重构和风险防控对策的创新需要做到以下三点。

首先，财务风险概念重构方面。财务风险一定是一个多视角、多变量、多层次的复合型概念。既有财务“规模”量上的风险问题，也有财务“结构”上的风险问题；既有静态财务风险问题，也有动态财务风险问题；既有财务业务过程管控上的风险问题，也有财务结果上的“偏离预期”的风险问题；既有资产负债表风险、盈利能力风险，也有现金流量表风险；既有企业内部财务风险，也有外部元素导致的财务风险；既有财务数据舞弊的风险，也有财务制度失灵的风险。总之，只有从风险要素、风险成因、风险表象、风险层次等角度来理解和研究财务风险，才是现实的、理性的财务风险研究理论范式。

其次，风险防范对策的创新。“羊群效应”或“蝴蝶效应”的存在使得非系统性的、个别的风险可能会迅速转化为系统性风险。例如，2008年美国的“次贷危机”，由信贷领域的次贷违约传导到资产市场、证券市场，然后再传导到商品市场，传导到整个实体经济和工商企业，最后传导全球，表现出快速的传染性和系统性特点。反过来，再看一下现行财务理论倡导的防控风险措施，都是从不同角度、不同层次阐述风险防范策略，各种防范风险工具分散在财务理论的各个模块中，没有形成综合性、系统性的体系，因而风险管理理论和应用工具在面临金融风险特别是系统性风险时缺乏整体性，效果也就会差一些。因此，在风险防控对策方面，企业要特别关注各类风险的组合和匹配。

最后，财务学理论除了制造防范风险的金融工具外，理论界还要立足于实用主义立场，探讨和设立一个更有效的评估企业资产、风险状况的财务预警系统，及时检测企业财务风险，尤其是高风险的经营投资活动。

五、企业价值的实现：资本运作与企业经营

阿基米德有句名言：“给我一个支点，我能够撬动地球！”以小博大的杠杆

原理被人们广泛应用于各个领域，特别是资本市场。撬动资本杠杆，能带动企业一起飞，前提是公司要懂得世上存在、并尽早找到撬动自己非凡人生的那个神奇支点。在现代商业社会中，资本运作已成为企业寻求利润最大化的重要因素，它是一些敢于挑战、勇于创新的企业的资本倍增器。现行公司财务学基本都以资本市场为研究对象，探讨公司价值的确认方法、实现方式等，它主要关注的是企业的融资、投资、上市和兼并对决策及其企业市场价值的影响，这些被称为“资本运作”。人类第二次工业革命后，掌握了科技与运用的企业家们，迅速积累起巨额财富，他们的企业对一个国家产生极大的影响，这些企业组成了这个国家的经济命脉，企业为了获得高额利润，通过相互协议或联合，对一个或几个部门商品的生产、销售和价格进行操纵和控制，于是形成了垄断，而这时的企业家开始坐在了幕后操纵这一切，演变成了资本家。有人对资本家做出了这样的定义：他们是以资本运作为业的人。资本家跟企业家的最大区别是：资本家不直接参与企业的经营和管理，而是在幕后操纵企业宏观战略；企业的产品是各类消费品、商品，而资本家的产品就是各个企业。通过投资、入股、并购、重组的方式，将一个企业的未来掌握到自己手中。

汤谷良和韩慧博（2010）认为，现行财务理论是一种忽视企业的商业模式、经营战略、产品经营而紧盯资本运作的理论模式。由于财务理论对资本市场的过多关注，企业错误地用证券的价格代替公司的真实价值，一味地追求其在资本市场上证券价格的表现，并通过在资本市场上的兼并收购等资本运营方式获得非理性的扩张和繁荣，却忽视了对企业内部财务管理和核心竞争力培养等内功的修炼。有人说，“管理价值始于战略，止于财务结果”。不可否认的是，公司经营的基本目的在于创造财务上的业绩，公司的成功最终表现为财务上的成功，而财务业绩主要是靠商业市场的客户决定的，但在企业实践中这一基本理念被很多企业家所忽视。现代公司财务生存的关键是资本市场，但生存的方式、盈利的途径则由其在商品经营业绩和产品市场上的表现所决定，所以公司价值必然与公司经营战略的实施、盈利模式实现相联系。从财务角度看，公司创造价值的最基本方式就是识别、评估和采纳那些创造的收益超过资本成本的战略、投资于净现值（NPV）大于零的项目，并且在尽可能长的时间内创造并保持竞争中的优势地位。而衡量公司战略成功与否的最终标准就是看公司价值是否增值、股东财富是否得到最大化。因此，企业家要把自己的资本（有形的和无形的）放到市场上，通过上市等一系列合理手段，再结合自身发展情况进行合理的运营。

我国很多企业发展面临的“瓶颈”就是资金短缺，以至于无法扩大产能、增加产量和进行多元化发展。其实，企业出现资本瓶颈的根本原因并非资金本身，而是没能对接资本市场。借力资本市场是如今企业进行融资发展的第一要务，而资本市场的最大功能就是缓解企业尤其是中小企业融资难的问题。现代企业的竞争是资本与资本的竞争，不懂资本知识、忽视金融市场的融资功能，要想赢得竞争、获得可持续发展是异常艰难的。因此，要想破解企业融资“瓶颈”

获得快速良性发展，就要不断调整思路，积极对接资本市场。尽管公司的价值在很大程度上通过金融市场来反映，但是，实现企业价值最大化目标还是要看企业能否在产品市场、商业经营上取得持续的营业利润，这是实现价值目标的根本问题，也是由公司内在价值所决定的。

第三节　高级财务管理的基本特征及基本框架

一、高级财务管理的基本特征

高级财务管理中的“高级”是一个相对的概念，它是相对于传统或者说“中级”财务管理和财务管理原理而言的，其所蕴涵的具体内容随着管理科学的发展、管理过程的更新及其新型财务实践的出现而不断变化。总体而言，高级财务管理的基本特征表现如下。①

（一）从企业的股东价值到整体价值

财务目标是确定财务管理主体行为的目标和准则，在以往的多种财务目标取向中，企业着重于财务利润等财务价值目标，现在企业价值最大化目标成为现代企业财务目标的最好表述。企业价值不仅仅是股东财富的价值，而且考虑了股东在内的企业所有利益相关者的利益。一个企业的利益相关者包括股东、债权人、员工、管理者、客户、供应商、社区、政府甚至整个社会，而且企业整体价值的概念强调的不仅仅是单一的财物价值，而是在组织机构中财务、采购、生产、技术、市场营销、人力资源、产权运作等各方面整合的结果。

（二）从保障型财务管理到战略型财务管理

从目前的财务管理教材所阐述问题的逻辑思维分析，主要定位在特定企业发展阶段和特定组织结构模式下的财务投融资、财务控制与分析问题。其讨论的财务管理似乎与战略距离较远，可以说是一种战略保障性财务管理。现代财务在企业战略管理中应该发挥更为广阔、深远的作用，应该侧重于企业的长期发展和规划。现代财务管理的又一特征是全面的战略管理，实现价值最大化必须突出战略管理与财务管理的结合，战略目标不再仅仅是获取竞争优势，而是获得企业整体价值的不断提高。

（三）从财务独立型管理到财务整合型管理

传统的企业管理与财务分析的思想无法满足企业整体价值最大化和战略管理的要求。传统的管理思维是把公司划分为不同的部门，突出职能分工和部门利

① 借鉴汤谷良和韩慧博编写的《高级财务管理》（清华大学出版社2010年版）中的观点。

益。然而企业管理的实践已经充分表明，比单一职能部门、单项管理顺利运作更为重要的是，把不同职能部门的功能、职责有效地整合起来。也就是说，不同的职能管理单项运作并不能保证公司整体功能的效率最大化。需要运用系统的财务思想整合企业管理，实现“财务管理是企业管理的中心”的基本命题。高级财务管理带来管理理念和方法的全面提升，它提供了一种与现代企业制度下法人治理结构相匹配的管理制度以及整合企业实物流程、资金周转和信息流的科学方法，建立确保战略实施并整合全方位、全过程、全员的管理体系。

（四）从结果导向型财务管理到过程控制型财务管理

在现代财务管理的研究中，主要研究财务管理如何获得成功、结果应该如何、如何反映结果，但却对如何面对逆境、如何使企业免受损失重视不够。实践证明，由于理财环境的动荡和人们对未来认识能力的局限性，企业可能的风险与损失是难免的，财务管理必须居安思危，防患于未然，把握企业财务失败的原因及预防措施，必须实现由结果控制向过程控制延伸的管理导向，必须在管理过程中充分重视人的行为因素，重视全方位的内部控制，针对企业不断面临的危机和风险，及时反馈、加强沟通、制定对策、实施政策、引导行为，以规避风险或走出困境。

（五）从资金型管理到价值型管理

传统的财务管理关注股东价值最大化，以股票价格的最大化来表现企业的成长和壮大。财务部门强调资金运营、资金筹措和资金投放以及资金的分配，财务管理工作呈现典型的资金管理特点。高级财务管理以企业价值最大化目标为出发点，以现金收益和风险的平衡发展为基本财务管理理念，强调财务分析技术和决策模型的量化财务管理方法，全方位对接发展战略，以落实财务战略为基础，改造组织体系，分析企业价值增长的驱动因素，将战略落实为具体的预算目标，并以预算管理、报告体系和预警机制为监控手段，通过资产组合和风险控制，保障企业的可持续增长，最后以相关的评价机制和激励机制来激励管理者和全体员工不断追求价值的最大化。

（六）从资产运营到资本运营

财务理论的发展除了受到财务学科本身特质、相关学科相互关联的影响外，还受到理财环境、经营模式和企业战略的复杂影响，当今世界经济的一体化趋势、跨国战略、购并浪潮、抵御区域性风险已经成为理财环境和企业关注的热点。资本运营成为企业实现全球战略的捷径，于是世界范围的兼并、重组浪潮风起云涌。在我国市场化改革的进程中，资本运营的功效同样得到了认可，通过跨地区、跨行业、跨所有制和跨国经营的大型企业集团在建立并壮大；通过改组、跨联合、兼并、租赁、承包经营和股份出售等形式，国有企业不断焕发新的活力，事实上资本运营已成为我国实施战略性结构调整、改革国有企业的重要手段。随着资本运营活动在经济中的扩展与深入，与此相关的一系列属于基础性的困惑和问题逐渐暴露，如资本为何交易？谁在交易中做决定？资本交易的依据是什么？运营后的效益如何评价？这些问题必须以资本、资产配置为内容，以企业价值最大化为行为准则的财务理论来论述和规范。现行财务理论体系关注资产管理和资金管理，关于资本运营的理论较为零散和随机。而当今现实已表明，资本运作是企业更高层次的资源新配置方式，对它的长期关注和主动研究是企业价值增长的有效手段之一。

（七）从单一的财务主体到复杂的财务主体

不同企业组织是决定财务管理特征的主要因素。市场经济的发展与企业组织形态的多样化，要求财务管理必须关注不同规模、不同组织结构的企业财务管理行为。既要研究大型企业的一般财务问题，又要关注中小企业的特殊财务情况；既要分析单一组织结构的财务管理问题，又要特别研究多层组织结构（集团制）的集权与分权问题。

二、高级财务管理的基本框架

高级财务管理由于不同事项的变化而发生了上述七个方面的变化，但这些变化绝不是杂乱无章的理论堆积，它具有自身的逻辑主线和思想体系，并遵循财务管理的基本原理和固有方法，与现有的中级财务管理、财务管理原理相互补充，共同构成完整的财务管理科学与理论体系。

高级财务管理理论研究的起点是企业组织，不同的企业组织形式决定了财务目标和财务主体。财务目标为财务管理过程提供了技术标准和方向，而财务治理结构下的分层财务主体则为处于管理过程核心的人提供了行为导向和规范。这是财务管理过程展开的两个必要前提，即既要知道目标也要知道规则。依据财务目标，在财务治理框架下确定能够有效实现目标的财务战略，然后运用财务预算工具将财务战略与日常经营管理连接起来。在预算实施过程中，运用财务控制手段对过程进行相应的风险预警和效率控制。财务决策还必须超越商品经营的限制，实施促进或加速战略目标实现的重组计划，进而进入新一轮的更具竞争优势的商品经营管理。本教材涉及的财务理论包括以下六个方面。

（一）公司价值理论

企业的目标是价值最大化，这也是企业财务管理的目标。对于企业本身而言，在资本市场上最基本的价值创造方式是提高核心竞争力，提升业务的盈利能力。企业在价值创造过程中涉及股东、管理层、员工、政府、客户和供应商等各方利益。不同利益相关者关注企业价值创造的不同方面，不同的企业行为为不同的利益相关者带来的价值是不同的。面对日益激烈的全球竞争环境，企业只有以创造价值为核心构筑自身的管理模式，才能有效地积聚实力，增强企业的综合价值创造能力，在激烈的市场竞争中赢得一席之地。作为企业管理子系统的财务管理同样也必须对环境变化做出积极的回应。在持续经营的条件下，企业的价值创造是一个长期的过程。增强企业的核心能力是保证企业价值创造的持续性的关键。企业核心能力与价值创造是共生、互动的关系，只有以价值创造为核心，以两者的共生、互动关系为基础，企业才能保持价值创造的可持续性，从而实现企业长期价值的最大化目标。本教材第三章和第四章分别从企业价值评估、期权与期权定价方面介绍了现代财务中常用的评估方法。

（二）公司治理与财务治理

高级财务管理要研究的问题不能脱离现代企业制度及其法人治理结构。良好的公司治理是公司价值实现的制度保障。公司治理主要是以管理者和所有者的权力制衡安排为核心，设置的一整套控制和管理公司行为的机制。具体体现在对股东大会、董事会、监事会、经理层的权利构架和安排，主要体现在整个公司运营中的相关主体在法律层面上各种权利义务的安排和经济层面上各种利益的分配。公司治理对于上市公司是至关重要的，如果上市公司在经营过程中，相关利益主体包括股东、董事、监事、高级管理人员、员工及其他相关当事人的权利安排和利益分配出现问题，那么很难想象这样的公司会长期稳定正常地进行下去。良好的公司治理对于上市公司至关重要，它是上市公司正常运营的根本保证。公司治理是公司运转的指挥中心，因此，本教材以企业价值实现为出发点，探讨如何设置公司内外部治理机制以约束、制衡大股东和管理层，以激励与约束对称为标准探讨公司财务治理的安排，这些内容在本教材第二章予以讲解。

（三）行为财务理论

行为财务学认为，投资者并不是完全理性的，而只具有有限理性，投资者在现实决策中存在诸多的认知偏差，这些偏差不可避免地要影响到人们的投资行为，进而影响资产定价。行为财务理论以全新的视角系统地解释了金融市场上发生的种种异象。但行为财务理论并非是对传统财务理论的否定，而是对传统财务理论进行修正和补充，并且丰富了传统理论分析问题的视角。行为财务理论是利用行为经济学的分析框架，通过对行为主体在金融市场上真实行为的观察，探索行为主体在决策过程中的心理因素和行为特征，并以此来解释和预测其在金融市场中的真实行为。它将心理学、决策学、经典经济学等学科的理论融合于财务学中，以试图解释资本市场中投资者的实际决策与现代财务理论相违背的异常现象，研究投资者是如何在决策时产生系统性偏差的。本教材第八章主要围绕近几年财务学领域研究的热点行为财务学相关主题展开，探讨行为财务学的理论基础、行为财务学发展历程、人们在不确定条件下决策呈现的典型有限理性行为模式、行为财务理论的应用等。

（四）企业并购与资本运营

现代企业面临的市场环境越来越复杂，对管理者的要求也越来越高，投资者也意识到，仅仅依靠公司的内涵发展以及通过自有资金来扩大公司规模、进行多元化投资可能是不够的。在现代商业社会中，资本运作已成为企业寻求利润最大化的重要因素，它是一些敢于挑战、勇于创新企业的资本倍增器。现行公司财务还应该关注资本市场的发展，并融入其中，探讨公司价值提升的确认方法、实现方式等，关注企业融资、投资、上市和并购重组决策及其对企业市场价值的影响。本教材第六章和第七章分别就企业并购与重组、资本运营相关问题进行阐述。主要研究并购、资本运营中活动相关的一系列基础问题，包括资本为何交易、谁在交易中起决定作用、并购重组的依据是什么、资本交易的实现方式（并购重组、资本扩张）如何更加有效运用、资本交易价格如何形成，等等。现实已表明，以战略并购重组为导向的资本运营是更高层次的资源配置方式，经营目标、经营主体、经营内容和方式都不同于商品经营，高级财务管理理论应该予以更多关注。

（五）集团财务管理

企业集团是现代企业发展的高级组织形式，通过资产、资本、技术、产品等不同的利益关系，将一定数量的受核心企业控制和影响的法人企业联合起来组成的一个具有共同经营和战略目标的多级法人结构经济联合体。高级财务管理理论摆脱股份公司这一单一财务主体，同时关注多层组织结构（集团制）的财务控制、管控模式以及内部资本市场等问题。本教材第九章特别分析了集团管理的管控模式、管理体制以及集团业绩评价的相关理论基础和现实问题，特别强调集团管理应该尽量推进具有管理规模效益的共享服务中心（SCC）模式，尤其是财务共享中心的建设和实施。通过集团内部资金业务的一体化运作，实现结算集中、信息集中和资金集中，优化产融结合模式，统筹金融资源配置，风险管控，确保集团的资金运转安全、规范和高效。

（六）国际财务管理

财务与生产、技术、贸易、金融和税务等都有着密切的关系，随着世界各国经济、贸易和金融等的国际化，财务管理也日益国际化。企业跨越国界，与外国的企业、银行、证券公司和交易所以及税务机构和个人等发生财务关系。随着金融市场管制的解除、产品的创新和技术进步，国际财务的内容和范围一直发生着演变。世界资本市场趋于一体化，公司及时做出正确的决策，离不开对国际财务的理解和把握，国际财务管理变得日益重要。本教材第十章分别从国际财务管理的理论基础、外汇管理、国际企业营运资本管理、国际企业投融资管理、国际企业税收筹划等方面探讨跨国企业在面临国际化的条件下如何应对市场环境变化对企业投融资管理、风险管控、价值创造的影响。

本章小结

高级财务管理中的“高级”是一个相对的概念，它是相对于传统或者说“中级”财务管理和财务管理原理而言的，其所蕴涵的具体内容随着管理科学的发展、管理过程的更新及其新型财务实践的出现而不断变化。企业财务管理理念需要随着企业经营环境的变化而需要不断变革和创新。高级财务管理就是要从实现企业战略目标、提高核心竞争能力的角度诠释财务管理功能。它以企业价值最大化目标为出发点，强调财务分析技术和决策模型的量化管理方法，以落实财务战略为基础，改造组织体系，分析企业价值增长的驱动因素，将战略落实为具体的预算目标，并通过公司治理、风险管控、资本运作、并购重组等手段实现公司价值最大化目标，并关注集团财务管理和国际财务管理的具体方法，这些是高级财务管理的基本特征和内容框架。

案例分析

加强市值管理，增强国有资本价值创造能力

2017 年 12 月，中央经济工作会议强调要着力提高国有资本运作效率，放大国有资本功能。2018 年 1 月，国资委召开中央企业、地方国资委负责人会议，提出国资央企要加强市值管理，增强股东回报。市值管理成为国有资本管理从“管资产”向“管资本”转变的重要手段。在新一轮的国企国资改革中，国有资本布局优化，混合所有制改革稳妥推进，国企结构调整成效显著。整体上市、资产重组、兼并收购、引进战略投资者等市值管理方法正在得到广泛运用，国有控股上市公司迎来价值重估的历史性机遇，探索建立市值管理制度正当其时。

一、树立以提升内在价值为核心的市值管理理念

随着资本市场的完善和发展，传统“利润最大化”经营目标的弊端日渐凸显，国有控股上市公司积极推进市值管理，有利于减少“利润最大化”标杆指导下经营管理中的短视行为，促进经营理念向市值（股东价值）最大化转变，进而实现可持续发展。在国企市场化改革的大背景下，国有控股上市公司积极打造主业、实现优秀的价值创造，同时综合运用股权激励、并购重组、引入机构投资者等多种价值经营手段，进行市值管理实践，有利于改善经营管理，强化竞争力，赢得投资者对公司的长期认同和支持，实现国有资本的做强做优、保值增值。

市值管理绝不是股价操纵、股票炒作行为，国有控股上市公司肩负着国有资产保值增值的使命，其市值的提升应当以优秀的价值创造为支撑。国有控股上市公司可以从以下两个方面完善价值创造：一方面，树立价值导向，打造主业，优化业务经营的各个环节，提高盈利能力和资本效率；另一方面，积极引入战略机构投资者和外部董事，建立董事问责机制，强化经营投资责任追究，从股权、股东、董事会等多方面完善公司治理，健全现代法人治理结构。

二、发挥上市公司并购重组、产业整合的平台作用

当前央企及下属企业中混合所有制企业占比已达 68.9%，半数以上的国有资本集中在公众化的上市公司。2013 ~2017 年，央企及央企控股上市公司共实施 IPO、增发、配股、发行优先股和可转债等融资事项 247 项，央企控股上市公司共实现资产重组事项 67 项，累计注入资产近 5 000 亿元。国有控股上市公司综合运用多种合规手段提升市值管理绩效，以优秀的市值表现吸纳更多的社会资本，赢得投资者及资本市场的认同，增强国有资本价值创

造能力。例如，长江电力通过收购其控股股东中国三峡集团的发电资产，以承接500亿元中国三峡集团债务，向中国三峡集团非公开发行股份201亿元，以及支付372亿元现金的对价方式进行了收购，交易完成后，长江电力资产规模大幅增加，盈利能力呈现爆发式增长，抗风险能力显著增强，行业龙头地位进一步巩固，取得了规模和效益的快速增长，获得了市场的广泛认可。

国有控股上市公司可以考虑灵活运用子公司分拆上市、资产重组、兼并收购等资本运作手段进行动态市值管理，提升集团整体估值水平。目前我国国有控股上市公司估值整体偏低，首先，建议国有控股上市公司可考虑将具有相对独立的成熟业务模式和核心竞争优势的子公司，采取分拆上市的方式令其估值得到正确体现，从而推高集团整体估值水平；其次，建议一些成熟的业务模块亦可以按照市场化原则重组整合，考虑设立事业部制等强化该模块的市场价值，为分拆上市创造空间；最后，对于契合自身特点和优势的标的资产，也可考虑通过兼并收购方式进行战略或财务投资，整合产业链、价值链高端优质资产，增加股东回报。

三、盘活上市公司的存量股份，强化资本运作能力

股市瞬息万变，国有控股上市公司在市值管理的实践中，应当根据市值的变化情况、结合资本市场环境，运用股指期货等投资工具或并购重组、再融资等资本运作项目进行风险管理和价值经营，充分发挥价值经营在市值管理中的杠杆作用，获取资本溢价，促进市值的持续优化、稳定提升。为建立管理层的长效激励机制，国有控股上市公司应当将市值纳入股权激励计划，将高管收入与股票的市值表现直接挂钩，扩大管理层与股东的利益交集，提高管理层的市值意识和股东回报意识，同时引入经济增加值、资本成本等多重考核指标，以国有资产的长期保值、增值为市值管理目标，避免单纯追求市值短期最大化的市值管理投机行为。

此外，通过利用壳资源配合国有企业战略性改组也是一种处理存量资源的方式。在实践中，通过深化国有企业改革，积极发挥存量壳资源的功能主要有以下几方面：一是通过国家股或国有法人股的转让或减持，盘活上市公司的国有资产；二是通过资产置换等注资方式将优质资产注入上市公司；三是优化上市公司自身的产业结构，改善资源配置。例如，中国石油集团旗下的金融业务借壳ST济柴整体上市，以755亿元的交易金额组建中油资本，创下2016年A股市场并购重组交易规模之最。作为中石油集团下属金融业务管理的专业化公司，中油资本将成为中石油集团金融业务整合、金融股权投资、金融资产监管、金融风险管控的平台。

四、加强投资者沟通交流，增强市场和投资者认同感

市值管理实质是我国资本市场环境下、具有中国特色的价值管理，由于我国资本市场发展尚不完善，上市公司内在价值与市值之间存在偏离，这就需要上市公司加强投资者关系管理，积极推进与投资者等利益相关者之间的良性互动，争取投资者的认同，促进价值实现最优化。为进一步提高国有控股上市信息公开的透明度，打造“阳光国企”，在新一轮的国企市场化改革背景下，国有控股上市公司应加强投资者关系管理，积极进行充分的信息披露，与投资者不断沟通，一方面可以消除误解，赢得投资者对其价值认知基础上的支持和认同，提高资本市场对国有控股上市公司未来经营的信心；另一方面，可以让国有控股上市公司更好地置于公众监督之下，保障公众对国有资产运营情况的知情权和监督权，减少国有资产的流失，促进国有资本的保值增值。

总之，通过市场评价的市值数据真实、客观公允，有利于检验国企国资改革的效果；国有控股上市公司在资本市场不断扩大股本规模和提升公司市值，有利于国有资本吸纳更多的

社会资本，扩大国有资本的影响力；加强市值管理，促进国有控股上市公司经营者关注股价，使其利益与股东利益保持一致，有利于提升上市公司生产经营能力。通过加强国有上市公司市值管理，增强国有资本价值创造能力，实现国有资本做强做优做大。

（资料来源：周丽莎，载《证券日报》2018 年 1 月 20 日第 A03 版。内容有删减）

案例讨论题

1. 为什么企业需要关注价值管理？它与企业价值有怎样的联系？

2. 企业可以通过哪些方式进行价值创造，实现企业价值最大化？资本运作和企业经营哪个更为重要？为什么？

3. 在企业价值创造中，股东的角色定位应该如何？为什么？

4. 国有企业在收购兼并、产业整合过程中如何更好地实现价值创造的作用？其与民营企业的价值最大化目标是否存在差异？

复习思考题

1. 你认为高级财务管理的研究内容还应该包含什么内容？

2. 你认为企业价值的实现过程应该更关注商品市场还是资本市场？为什么？

3. 市场有效性的含义是什么？你还能列出资本市场中哪些市场异象？请给出一定的解释。

4. 你认为大数据、人工智能、移动互联网、云计算对企业财务管理提出了哪些挑战？我们应如何应对“大智移云”对企业财务管理的挑战呢？

第二章　公司治理与财务治理

公司治理，从广义角度理解，是研究企业权力安排的一门科学。从狭义角度理解，它是居于企业所有权层次，研究如何授权给职业经理人，并针对职业经理人履行职务行为行使监管职能的科学。企业管理是建构在企业“经营权层次”上的一门科学，讲究的就是企业所有权人向经营权人授权，经营权人在获得授权的情形下，以实现经营目标而采取一切经营手段的行为。与此相对应的，公司治理则是建构在企业“所有权层次”上的一门科学，讲究的是科学地向职业经理人授权，科学地对职业经理人进行监管。

企业财务治理是一种企业财权的安排机制，通过这种财权机制来实现企业内部财务激励与约束机制。企业财务治理作为公司治理的一个重要方面，其目的就是解决这种经济利益冲突。

国有企业公司治理是实现国有资产保值增值、提高国有经济竞争力的需要。法人治理结构是现代企业制度的核心，也是国有控股公司领导体制演变的最新形态。党组织治理是中国特色公司治理运行机制的重要创新，其在领导体制、决策机制等方面的创新具有积极的治理作用。

第一节　公司治理的概念与框架

一、公司治理问题的产生

“治理”一词源于拉丁语“gubernare”，意即“统治”或“掌舵”。所谓治理，就是运用权力去指导、控制以及用法律来规范和协调影响人们利益的行为。1999年，经济合作与发展组织（OECD）制定的《公司治理原则》中给公司治理作了这样的描述：“公司治理是一种据以对工商业公司进行管理和控制的体系。公司治理明确规定公司各个参与者的责任和权力分布，诸如董事会、经理层、股东和其他利害相关者，并且清楚地说明决策公司事务时所应遵循的规则和程序。同时，它还提供一种结构，使之设置公司目标，也提供了达到这些目标和监控运营的手段。”

公司治理问题源于公司所有权与经营权的分离以及由此产生的代理关系问

题。在企业发展的历程中，当企业规模和经营范围不断扩大，以致所有者自己管理企业不再具有效率时，两权分离就是必然的选择。这种建立在现代公司制企业制度下的委托代理经营，一方面提高了企业运营效率，降低了社会交易成本，促进了经济发展和社会财富的增加；另一方面，相对两权合一的企业，也产生了很多代理问题，从而产生代理成本，如代理人选择风险、代理人道德风险、信息不对称和内部人控制、经营不善的成本和破产风险、内部利益关系冲突等。

公司所有者与经营者的目标效用函数不同，公司所有者的目标是股东财富最大化，作为经营者的管理层则更多地追求个人利益最大化，如更高的薪酬、更多的闲暇时间、更舒服的办公条件等，他们的利益不完全趋于一致。因此，经营者可能为了自身利益最大化而从事损害投资者利益的行为，包括在职消费的增加、规模偏好下的过度投资行为、转移公司资源到自己拥有或控制的企业等。这些所有权和经营权分离产生的代理问题（第一类代理问题）引起如何合理设计企业的权利配置与组织架构，使经营者能够以股东利益为目标进行有效决策的问题。除此之外，由于效用函数和信息不对称所产生的代理问题还存在于股东与债权人之间，股东为追求利润最大化和财富最大化目标，更愿意投资于高风险高收益的项目，而以银行为代表的债权人在公司中仅拥有以固定利息为主的“固定索取权”，但要承担高风险投资带来的损失，这种收益和风险承担不对称现象必然会使得债权人通过限制性条款等形式来约束和监督公司行为，从而产生代理成本。

不同于英美发达的资本市场中上市公司股权分散，第一大股东持股比例较少的情况，大多数发展中国家（包括我国）上市公司的股权相对集中，第一大股东拥有绝对控股权，这类公司的代理问题还表现为大股东与中小股东的代理问题（第二类代理问题），控股股东利用控制权可能对中小股东进行利益侵占。大股东侵占小股东利益的方式包括：利用关联交易、资金占用、关联担保、夺取投资机会等把上市公司资源转移到其控股的其他公司，这些行为被形象地称为“隧道挖掘”或“利益输送”。要解决这些问题，就要考虑如何设计良好的权责利对等的公司治理及组织架构、建立健全规章制度、构建高效的运作体系，在采取有效的监管和约束措施的基础上，公平合理地在企业各利益集团之间分配利益。

二、公司治理的含义

从经济学角度看，企业有两个权：所有权和经营权，现代公司制企业两者是分离的。企业管理（corporate management）是构建在企业“经营权层次”上的一门科学，讲究的就是企业所有权人向经营权人授权，经营者在获得授权的情形下，为实现经营目标而采取一切经营手段的行为。与此相对应的，公司治理（corporate governance）则是构建在企业“所有权层次”上的一门科学，讲究的是科学地向经营者授权，科学对经营者进行监管。牛津大学 R.I. 特里克（R. I. Tricker，1984）认为，公司管理是经营业务，而公司治理则是确保这种运营处于正确的轨道上。两者的区别如图 2-1 所示。

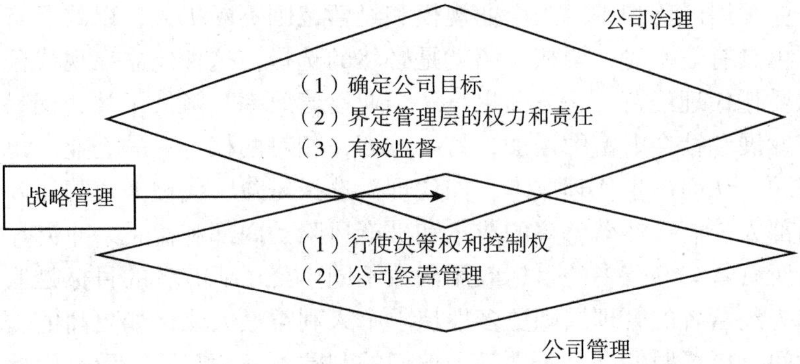

图2-1　公司管理与公司治理的区别

尽管不同学者或机构对公司治理的描述不尽相同，但其中内涵大同小异。

1. 吴敬琏（1994）认为，公司治理结构是指由所有者、董事会和高级执行人员即高级经理人员三者组成的一种组织结构。在这种组织结构中，上述三者形成一定的制衡关系。通过这一结构，所有者将自己的资产交由公司董事会托管；公司董事会是公司的最高决策机构，拥有对高级经理人员的聘用、奖惩以及解雇权；高级经理人员受雇于董事会，组成董事会领导下的执行机构。要完善公司治理结构，就要明确划分股东、董事会、经理人员各自权力、责任和利益，从而形成三者之间的关系。

2. 林毅夫（1997）是在论述市场环境的重要性时论及这一问题的。他认为，“所谓的公司治理结构，是指所有者对一个企业的经营管理和绩效进行监督和控制的一整套制度安排”，并随后引用了米勒（1995）的定义作为佐证，他还指出，人们通常所关注或定义的公司治理结构，实际指的是公司的直接控制或内部治理结构。

3. 美国学者布莱尔（Blair，1995）将公司治理划分为狭义和广义两种。狭义的公司治理主要集中于股东所有权和管理者经营权分离而导致的管理者对股东利益损害问题，因此狭义的公司治理就是公司股东为确保投资收益，在董事会决策中权利的安排方式。广义的公司治理则可以归纳为一种法律、文化和制度性安排的有机整合。公司不仅仅对股东而且要对更多利益相关者的预期做出反应，包括债权人、经理层、雇员、顾客、供应商、政府和社区等。这些多元的利益需要协调平衡，才能实现公司长期的价值最大化。因此，广义的公司治理被视为一种利益相关者价值观（stakeholder value perspective）。

4. 张维迎和李维安都认为公司治理（或公司治理结构）有广义和狭义之分。张维迎（1999）的观点是，狭义的公司治理结构是指有关公司董事会的功能与结构、股东的权力等方面的制度安排；广义地讲，指有关公司控制权和剩余索取权分配的一整套法律、文化和制度性安排，这些安排决定公司的目标，谁在什么状态下实施控制，如何控制，风险和收益如何在不同企业成员之间分配这样一些问题，并认为广义的公司治理结构是企业所有权安排的具体化。李维安（2000）认为狭义的公司治理，是指所有者（主要是股东）对经营者的一种监督与制衡机制。其主要特点是通过股东大会、董事会、监事会及管理层所构成的公司治理结构的内部治理；广义的公司治理则是通过一套包括正式或非正式的内部或外部的制度或机制来协调公司与所有利益相关者（股东、债权人、供应者、雇员、政府、社区）之间的利益关系。

5. 钱颖一（1994）在他的《中国的公司治理结构改革和融资改革》一文中说："在经济学家看来，公司治理结构是一套制度安排，用于支配若干在企业中有重大利害关系的团体——投资者、经理人员、职工之间的关系，并从这种联盟中实现经济利益。公司治理结构包括：（1）如何配置和行使控制权；（2）如何评价和监督董事会、经理人员和员工；（3）如何设计和实施激励机制。"一般而言，良好的公司治理结构利用这些制度安排和互补性质，并选择一种结构来降低代理人成本。

6. 经济合作与发展组织（OECD，1999）制定的《公司治理原则》中对公司治理明确描述为：（1）公司的各个参与者的责任和权利分布，诸如董事会、经理层、股东和其他利害相关者；（2）清楚地说明决策公司事务时所应遵循的规则和程序；（3）它还提供一种结构，使之用以设置目标，也提供达到这些目标的监控运营的手段。

7. 施莱费尔和维什尼（Shleifer & Vishny，1997）在一篇关于公司治理的经典论述中提出：公司治理是保证融资供给方（投资者）享有自身投资收益的方式。由于代理问题，外部投资者担心自己的利益在不完美的世界中会由于经理的败德行为而受到侵占。经理如何能够采用一种机制得到外部投资者的融资？或者说，如何能够保证给予外部投资者应有的投资收益？这就需要给予外部投资者一些权利：一种是给予外部投资者强有力的法律保护；另一种是所有权集中，也就是形成大投资者（大股东）。这就是公司治理的两种主要治理模式。

我国现行法律规范中也对公司治理做出了明确说明，如1999年的《中共中央关于国有企业改革和发展若干重大问题的决定》中指出，公司法人治理结构是公司制的核心。要明确股东会、董事会、监督会和经理层的职责，形成各司其职、协调运转、有效制衡的公司法人治理。所有者对企业拥有最终控制权。董事会要维护出资人权益，对股东会负责，董事会对公司的发展目标和重大经营活动做出决策，聘任经营者，并对经营者的业绩进行考核和评价。发挥监事会对企业财务和董事、经营者行为的监督作用。

三、公司治理的框架

基于广义公司治理概念，本教材将公司治理划分为内部治理和外部治理两方面。如图2-2所示，外部治理包括制度层面与市场层面的企业外部环境因素，具体包括政治环境、法律环境、经理人市场、资本市场、产品市场等外部环境因素。内部治理是指以公司所有权结构为起点，以治理结构为表现形式，以内部治理机制为内在核心的一系列制度安排。内部治理与外部治理相互作用，共同构成现代公司治理的基本框架。

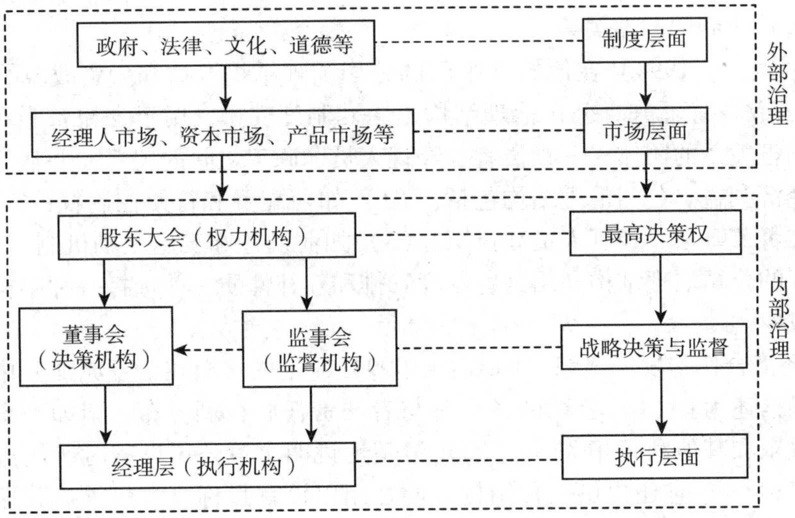

图2-2 公司治理框架

（一）外部治理

外部治理由治理环境构成，包括政府、法律、社会文化、道德等正式或非正式制度因素，以及经理人市场、资本市场、产品市场等市场因素。把制度因素引入公司治理领域的相关研究最有影响力的著作源于LLSV（La Porta，Lopez-de-Silance，Shleifer & Vishny）的几篇文章。制度环境是通过治理机制发挥作用的。治理机制是指为保护投资者利益而做出的一系列制度安排，通常分为外部治理机制和内部治理机制。外部治理机制是指通过外部治理环境包括控制权市场、经理人市场和产品竞争市场等对公司内部控股股东和管理人员的约束机制。内部治理机制则是通过内部权力配置与制度安排实现对管理人员的激励与约束。外部治理机制的涵盖范围非常广泛，典型的外部治理机制包括以下方面。

1. 法律制度。法律、执法机制和法律制度支配着金融交易。契约安排是形成金融活动的基础，与不支持债权人、股票持有者权利或不能有效执行契约的司法体系相比，保护投资者和履行契约的司法体系能够促进并激励金融发展。经典的LLSV（1998）文章中，以世界上49个国家为研究样本，考察了产权保护程度的法律及其实施质量与其法律渊源的关系。他们按照不同的法律渊源将49个国家分为不同的组别，确立了横向比较的对象。数据回归得出的结论显示，正是各国的法律渊源不同，决定了各国对投资者产权保护程度的差异，从而最终导致了各国金融发展水平的差异，即好的“法律渊源、金融有关制度安排”决定了一国金融发展的水平。LLSV还发现，在金融发展尤其是资本市场发展与法律和监管基础设施之间存在很强的相关性。从法律渊源上看，LLSV的研究结果表明：

(1) 尽管在大多数国家和地区都倾向于给投资者有限的权利，但法律保护强弱度却具有很大不同。普通法系国家传统偏向私有财产所有者，通常对投资者有最强的保护，法国法系国家通常最弱，德国法系国家和斯堪的纳维亚法系国家通常居中。(2) 全世界法律实施质量有很大的不同。德国法系和斯堪的纳维亚法系国家有最好的法律实施质量。法律实施质量在普通法系国家也很强，然而在法国法系国家最弱。法律实施质量，与法律权利本身不同，随着所在国家收入水平的提高会有很大的改善。LLSV（1998）研究的逻辑思路是：投资者保护程度源于不同的法源或法系，投资者保护程度直接影响一个国家金融体系的模式选择，融资模式和所有权结构又决定了公司治理的水平，公司治理水平影响公司价值，影响公司绩效和经济发展。LLSV 在 2000 年发表的《投资者保护与公司治理》一文中指出，相对于传统的区分银行主导型和市场主导型的金融体系，法律方法是理解公司治理及其改革的更有效的方式。契约的履行是需要成本的，当这种成本大到一定程度后，用法律制度对投资者的保护来代替契约履行，并以此控制管理者，这或许是公司治理中更有效的手段。

完善的法制环境、有效的投资者保护可以降低企业经营活动的交易成本。良好的法律制度环境可以限制政府等部门对私企的掠夺行为，为投资者提供权益保护，从而促进私企在物质和人力上的投资。理论和实践都表明，完善法治水平、提高投资者保护、消除行业壁垒，对民营企业进入垄断行业具有积极意义。我国经济发展过程中存在区域发展不平衡现象，各地区法治化水平存在着较大差异。方军雄（2006）利用樊纲等的市场化指数实证研究发现，市场化进程、法治化水平的提高，有助于实现资本由低效率向高效率转变，促进资本配置效率的改善。许金花等（2018）研究发现，法律监管和外部审计作为公司外部治理机制，与《上市公司章程指引》的内部治理之间表现出一定程度的替代效应。在法律监督较差和外部审计质量较低的环境下，反收购条款对掏空的抑制作用更强，公司章程条款的内部治理效应也更大。

2. 资本市场的治理机制。资本市场的治理机制主要体现在两个方面：一是控制权市场；二是债权人治理。控制权市场，又称接管市场（takeover market），它是指通过收集股权或投票代理权取得对企业的控制，达到接管和更换不良管理层的目的。这种收集可以是从市场上逐步买入小股东的股票，也可以是从大股东手中协议购入。在有效资本市场中，证券价格能够反映公司的管理水平与经营业绩的好坏，良好的经营业绩会带来股票价格上升以及股东对管理层的支持；反之，管理层的偷懒、能力欠缺、个人私利行为最终会反映在公司业绩上，股票价格下降，公司往往成为兼并收购对象，收购之后随之而来的必然是管理层的更迭，现有的管理者就会面临失业的风险和声誉的损失。在这种并购，特别是敌意并购的外在压力下，管理层存在为股东利益服务，努力提升股东价值的强烈动机。控制权市场对管理层行为的约束机制主要体现在两方面：一方面，从微观层面上讲，通过公司控制权市场可以形成对不良管理者进行替代的持续性外部威胁。这种外部威胁在美英模式的公司治理体制中发挥着非常重要的作用。曼尼

（Manne，1965）在其开创性论文中指出，公司控制权市场的存在大大削弱了所谓的所有权与控制权的分离问题，这个市场把小股东在公司事务中的与其拥有的权益相当的权利与应受到的保护移交给他们；法玛（1980）也指出，即使仅仅存在被接管的可能，低股价也会对管理层施加压力，使其改变方式，并且忠于股东利益。另一方面，从宏观层面上讲，公司控制权市场是一国调整产业结构、改善行业结构的主要场所。詹森和鲁拜克（Jensen & Ruback，1983）的研究早已表明：基于市场准则的收购兼并有利于资源配置的优化，这一市场运作可以促进存量资本的合理流动和调整，使公司资产可以转移到那些能最有效地运用它们的人的手中。公司控制权市场可以以三种方式运行：代理投票权竞争、善意兼并和敌意接管。其中，代理投票权竞争一般被认为不能很好地发挥监督约束的功能，而收购（包括善意兼并和敌意接管）则被认为是最为有效的控制机制，外来者对公司的收购不但不会损害公司股东的利益，实际上还会给收购双方股东带来巨大的财富（Jensen，1984）。但无论如何，以代理投票权竞争、收购兼并为代表的外部公司控制权市场在公司治理中有着重要的作用，正是由于它的存在，才给管理者带来不安和威胁感，使其行为不致偏离公司利益太远，从而在一定程度上缓解了代理问题。

公司控制权市场作为一种外部公司治理机制，对管理者具有一定的约束作用，但在现实中其正确发挥存在着很多限制。主要表现在以下三个方面。

（1）“搭便车”问题。股东在收购中同样存在“搭便车”现象，尤其在股权分散的大公司，现有股东更有强烈的激励去搭那些计划增加公司价值的收购者的便车（Grossman & Hart，1980）。一方面，当股东预计收购后的股价会高于现在的出价时，就不想出售股票给收购者而指望别人出售；另一方面，由于许多股东都有可能采取这种行动，则收购者为使收购成功，只有不断提高出价，这使得收购后的净收益降低，若考虑到各种费用，净收益还有可能为负数，从而使一些收购不可能发生或发生后也会失败。

（2）管理层反收购行为。管理者有强烈动机阻挠市场中的收购行为，以保住工作和管理层利益，为使收购失败，他们会采取多种反收购措施，例如毒丸计划（poison pills）、金色降落伞（golden parachutes）、董事会交叉选举、双重股权结构、白衣骑士（white knights）、绿色邮件（green mails）及焦土政策（scorched-earth policy）等。其中，“毒丸计划”是指在收购事件中董事会赋予股东以超低价购买公司股票的权利；“金色降落伞”是董事会章程规定当管理人员因控制权改变选择（或被迫）离职时向管理层提供巨额补偿的契约协议；董事会的交叉选举确保了每年仅有一部分董事（常常是1/3）被取代，所以即使收购者获得所有投票权也要花费一定时间控制董事会；双重股权结构（dual-class share structure）也称为二元股权结构、双重股权制，是一种通过分离现金流和控制权而对公司实行有效控制的有效手段。区别于同股同权的制度，在双重股权结构中，股份通常被划分为高、低两种投票权。高投票权的股票拥有更多的决策权。国内外诸多公司都设置了该种股权结构，包括Google、Facebook、阿里巴巴、百度、京东等。2017 年以来，新加坡交易所和中国香港特区的联交所均允许上市公司 IPO 中采用双重股权结构。“白衣骑士”是指成为被接管目标的企业，与另一“友好”企业签订协议，在接管威胁出现时，让该“友好”企业以较低价格买收目标企业。绿票讹诈（greenmail）又译“讹诈赎金”，直译为“绿讹诈函”，又称溢价回购，由 green（美元的俚称）和 blackmail（讹诈函）两个词演绎而来，指的是单个或一组投资者大量购买目标公司的股票。其主要目的是迫使目标公司溢价回购上述股票（进行讹诈）。出于防止被收购的考虑，目标公司以较高的溢价实施回购（给付赎金），以促使上述股东将股票出售给公司，放弃进一步收购的打算。这种回购对象特定，不适用于其他股东。“焦土政策”指目标公司为了避免被其他公司收购所采取的一些会对目标公司本身造成严重损害的行为，比如出售公司优良资产，来达到降低自己的吸引力的目的。很显然，这些反收购措施会直接或间接加大收购的成本，使一些应发生的收购难以出现或出现后失效。

（3）多个收购者之间的竞争。假设开始确认收购目标花费的沉淀成本很高，则一旦宣布开始收购，别的收购方会意识到这一目标很诱人，也会加入投标，而后加入的收购方没有前期为确认收购目标的花费。因此，成本相对于最初的收购者来说大大降低，从而会使最初的收购者受到损失，从而影响了收购的成功。因此，这亦使一部分接管不可能发生。如我国在 2017 年，万科股权之争中就出现了宝能系、华润集团、深圳地铁、中国恒大集团等竞相收购的现象。

债权人的存在对公司治理也具有重要作用。债权人对公司息税前收益享有固定要求权，即按照债务契约要求债务人偿付固定金额的利息；而当企业的盈利不能支付债权人的利息费用时，债权人主要通过破产程序或重组手段取得公司控制权。企业的债务融资既是一种资源来源方式，也可以起到抑制经营者的道德风险、降低代理成本的作用。因为，第一，通过影响管理层的工作努力水平和其他行为选择，即激励机制。经营者的道德风险受经营者持股比例高低的影响，经营者持股比例越低，与外部股东之间的利益冲突越严重，道德风险也越高。债务融资的增加可以减少发行新股，避免产生股权稀释，使经营者的持股比例相对上升，从而降低经营者的道德风险行为。第二，当企业拥有较多自由现金流时，管理层有动机扩大公司规模，甚至投资一些 NPV 小于零的项目，以获得公司规模扩大带来的社会声誉、地位提升等个人利益，管理层的这种行为被称为过度投资，它会增加公司的代理成本。债务融资由于采用固定的本息支付方式，可以一定程度上减少公司管理层可支配的自由现金流，抑制管理层过度投资冲动，减少公司代理成本。第三，债权人对公司具有相机治理（contingent governance）。所谓相机治理，是指公司控制权随公司经营状态的变化而变化，当公司经营状况恶化，无力偿付债务时，公司债权人可以申请破产清算，公司的控制权便由股东转移给债权人。当公司处于破产清算时，管理层会面临丢失工作、社会地位下降、声誉毁损等不利结果。管理层预期存在这种破产威胁，会更加努力为股东创造价值以避免公司破产清算，从而形成了对管理层的激励约束机制。第四，债权人治理机制的存在会推动公司治理的完善，因为公司治理直接影响着会计信息的质量，债权人治理机制的强化对于保障和提高会计信息质量起到了积极的作用。债权人可以起到监督会计信息披露的作用。一旦负债融资形成，当公司需要再融资或其财务状况及经营活动出现债务契约中所规定的限制情况时，债权人便有权力对公司财务状况进行审查，强制其披露相关财务信息，从而增加了会计信息的透明度，加大了会计信息舞弊的难度，一定程度上保障了会计信息质量的可靠性。

3. 经理人市场与产品竞争市场的治理机制。在以公司制为主体的市场经济中，经理人市场是通过企业家的竞争机制促使经理人为股东利益最大化去做出最优决策。法玛（1980）指出，经理人未来薪酬现金流的现值形成了其人力资本的价值，但是对其人力资本价值的估计是困难的。一个有效的市场通常会按照经理人当前的经营业绩来不断判断和修正对他的人力资本价值的估计。因此，当他的人力资本放入职业经理人市场上进行交易时，他将获取的薪酬会受到他过去经营行为的影响。当经理人做出利益侵占行为，损害股东利益时，市场会评估这种行为导致他在经理人市场中的人力资本价值损失，因而对经理人的道德风险行为形成了约束。同时，法玛还指出，经理人市场对经理人的行为约束作用受到经理人工作年限的影响，当经理人预期不久将退出职业生涯时，其约束作用会被削弱。因此，经理人市场对经理人的约束可以看作重复博弈中的纳什均衡。经理人在做出决策时，会考虑到跨期收益的影响。万华林和陈信元（2010）给出了另一个重复博弈中的经理人行为约束，即国有企业经理人政治晋升的激励。由于缺乏经理人市场，国有企业经理人未来的晋升机会成为当前决策的重要考虑因素，当国有企业经理人年龄增长，接近退休而缺乏晋升机会时，就会倾向于对企业进行利益侵占，“59岁现象”因而产生。有效经理人市场类同于资本市场中的有效市场理论，管理层过去的经营行为、经营结果以及声誉变化等作为公开信息，会立刻反映到经理人的人力资本价值中，从而对经理人产生一定的约束和激励作用。当然，这种约束和激励机制的效果取决于经理人市场的完善程度。

产品市场是个显示屏，企业的绩效会在这里显示无遗，没有什么能掩盖经营者的出类拔萃或平庸无能。竞争性的产品与要素市场作为一种“硬预算约束”（hard budget constraint）和激励机制（Hart，1983），不时考验着企业的生存能力，并淘汰不合格企业，给经理们造成了极大的外在压力。另外，竞争的产品市场还可服务于一种信号机制，可以作为企业业绩评价的标准（林毅夫，1996），因为公司治理内在结构的最终结果反映在公司产品的市场竞争力上。所以，产品市场竞争的治理机制主要体现产品竞争市场的约束效应和信息效应。一方面，产品市场通过对生产同类产品的企业和消费者的选择，也包括新进入者、替代产品及供应商对企业所施加的压力，对公司治理产生影响。在一个充分竞争的产品市场里，如果公司的产品和服务因其质量或形式深受市场的欢迎，那么该公司的产品或服务的市场占有率和盈利水平会上升，否则，企业会被市场竞争所淘汰。所以，竞争性的产品市场能够对企业的产品和服务做出公正的裁决，从而给经理人经营公司的一个外在压力，能够起到约束经理人的行为，即为约束机制。另一方面，公司在产品市场上的表现也是衡量经营者努力程度和经营能力的标志，股东可以通过公司产品的价格、质量、市场占有率和盈利水平等指标去判断经营者履行职责的状况。因此，竞争性的产品市场对经营者有很强的激励和约束作用，它可以提供企业经营绩效和经营者努力程度的信息，委托人可以据此实施对代理人的评价和奖惩，这就是产品竞争市场的信号效应。因此，产品市场的竞争越激烈，对经理人员的压力就越大。如果企业经营绩效不佳，经理人就会有被解雇的危险，或者导致企业破产，也会使经理人员丢掉饭碗。因而产品市场的压力会迫使经营者努力降低成本，以便以更低的价格与其他企业竞争，这样就会大大缩小经营者用扩大成本开支来满足个人效用的可能性，从而降低代理成本。

4. 信息披露制度。信息披露制度，也称公示制度、公开披露制度，是上市公司为保障投资者利益、接受社会公众的监督而依照法律规定必须将其自身的财务变化、经营状况等信息和资料向证券管理部门和证券交易所报告，并向社会公开或公告，以便使投资者充分了解情况的制度。它既包括发行前的披露，也包括上市后的持续信息公开，它主要由招股说明书制度、定期报告制度和临时报告制度组成。信息透明度是公司治理体系良好运作的基本要素，公司向利益相关者披露信息是实现公司透明度的主要手段。阳光是最好的防腐剂，资本市场中的信息不对称要求上市公司能够充分、准确、及时、清晰地向投资者披露相关信息。提高上市公司的透明度不仅有助于市场效率的改善，而且可以借助信息披露制度加强对上市公司控股股东行为的监督，从而有效保护中小股东的利益，提高社会公众投资人对资本市场的信心和认可度。

提高和改进信息披露，可以使公司向股东提高更有价值的信息，减少信息不对称，从而有效节约代理成本。会计信息披露是监督公司管理层行为和与管理层签订契约的核心，成为约束管理层行为的必要手段。同时，提高信息透明度的目标是保护投资人的利益，通过提供更加准确和清晰的信息以帮助投资者做出正确的决策，避免因低透明度给投资人决策带来的误导。但是，透明度对投资者利益的保护并不意味着对其提供绝对利益保障，投资者还需要依靠其自身的决策能力对投资选择进行判断。

按照我国《公司法》和《证券法》等的规定，上市公司需要披露的信息包括但不限于三大部分：一是财务会计信息，包括企业的财务状况、经营成果、股权结构及其变动、现金流量等。财务会计信息主要被用来评价公司的获利能力和经营状况。二是非财务会计信息，包括企业经营状况、企业目标、政策、董事会成员和关键管理人员及其薪酬、重要可预见的风险因素、公司治理结构及原则等。非财务会计信息主要被用来评价公司治理的科学性和有效性。三是审计信息，包括注册会计师的审计报告、监事会报告、内部控制制度评估等。审计信息主要被用于评价财务会计信息的可信度及公司治理制衡状况。具体地，上市公司应当至少披露以下重要信息：（1）公司财务和业绩状况；（2）公司经营目标；

(3) 主要股权和投票权；(4) 对董事会成员和关键经营人员的薪酬政策和董事会成员的信息；(5) 关联交易；(6) 可预期的风险因素；(7) 关于员工和其他利益相关者的问题；(8) 治理结构和政策，包括公司治理规范或政策的详细内容，以及它们实施的程序。

按照是否受到法规的强制性规范，上市公司的信息披露行为分为强制性信息披露和自愿性信息披露。强制性信息披露是指按照法律法规的要求，公司必须对外披露包括财务报表、报表附注、董事会工作报告、公司治理状况、公司重大事项等信息。自愿性信息披露是指管理层根据市场环境自愿向外部投资者公开披露的信息，比如管理层的分析与讨论。作为上市公司管理层的决策结果，自愿性信息披露往往是管理层对信息披露收益与信息披露成本进行权衡的结果。在市场并非完全有效情况下，公司将会理性对待自愿性披露的成本和效益，以决定对投资者的最佳信息披露水平。

（二）内部治理

内部治理（internal governance）是法律所确认的正式的公司治理的制度安排。是公司治理的基础。主要指股东（会）、董事（会）、监事（会）和经理之间的博弈均衡安排及其博弈均衡路径。其主要特征表现在两个方面：(1) 自我实现性，主要通过董事会、监事会和股东来实现；(2) 在所有者和经营者博弈中注重设计理性，即从股东角度出发设计制度安排来激励约束经营者。股东大会、董事会、监事会、执行层等机构构成了公司内部治理的基本框架。内部治理包含了公司治理结构和内部治理机制两方面内容。治理结构是指公司治理活动中所形成的机构设置和权力结构；内部治理机制则体现了治理结构中权利和责任的配置。可以说，在公司治理实践中，完善的治理结构是基础和平台，而良好的治理机制是公司治理的灵魂。为实现内部治理的有效运行，必须具备以下条件：(1) 一个将责任划分明确的组织；(2) 一个衡量管理绩效的制度；(3) 一个有效的激励机制。

内部治理机制实质上就是一种契约制度下的权力安排，它通过一定的治理手段，合理配置剩余索取权和控制权，形成科学的自我约束机制和相互制衡机制，以协调利益相关者之间的利益和权力关系，促进它们长期合作，保证企业的决策效率。在公司治理结构中股东大会、董事会、监事会和管理层之间形成各司其职、互相激励与约束的关系，其中股东大会是公司最高权力机构，它由具有投票权的全体股东组成，股东作为所有者，享有决定公司的经营方针和投资计划、发行股票和公司债券以及公司合并或解散等公司重大决策时的投票权，享有公司剩余索取权。董事会是由股东大会选举出来的由全体董事所组成的常设公司日常决策机构和领导机构。董事会受股东大会的委托，负责公司财产的经营管理，代表全体股东的利益，向股东大会负责，与股东大会是一种信托关系。董事会作为公司的日常决策机构享有广泛的权力，如对公司经营方针和投资方案拥有决定权，公司管理层的聘任和罢免权等。公司董事会为了有效地对公司的活动加强管理，通过与管理层签订合约，聘用经理人员负责企业的生产经营管理活动。为了保证董事和经理正当和诚信地履行职责，公司治理结构还专设了监事会，其主要职责是监督董事和管理层的活动，如检查公司的财务真实性，对董事和经理人员执行公司职务时违反法律、法规和公司章程的行为进行监督等。

四、公司治理模式的选择

由于各国的政治、经济、社会、文化的差异，公司治理在不同的国家表现出不同的形式，形成不同类型的公司治理模式。当前，在世界各国的公司治理实践中，逐渐形成了三种比较典型的模式：以美国、英国为代表的市场导向型即“英美模式”；以日本、德国为代表的银行导向型即“德日模式”；以东亚国家为代表的家族控制模式。“英美模式”又被称为股东治理模式。由于这种制度对于公司信息的披露有着严格要求，也常被称为“以信息披露为基础的制度”（Nestor & Thompson，1999）。“德日模式”突出银行在公司治理中的核心地位，法律法规经常是禁止“投机性”活动而不是坚持严格的信息披露，主要借助主银行或全能银行的外部化相机治理机制与不同利益主体共同参与的内部治理机构，被认为更接近利益相关者治理模式。东亚国家为代表的家族控制治理模式是指公司所有权与经营权没有实现分离，公司与家族合二为一，公司的主要控制权在家族成员中配置的一种公司治理模式。

还有一种治理模式称为转轨经济模式，这种模式主要存在于俄罗斯和中东欧等转轨经济国家，它们的共同特点是都存在数量众多、规模庞大的国有企业需要进行重组，同时又继承了原有较为混乱的法律体系。在转轨经济国家中，公司治理最突出的问题是内部人控制，而内部人控制最典型的国家就是俄罗斯。由于企业内部人持有多数股份，所以，企业内部人的利益得到了强有力的体现，经理层事实上依法掌握了企业的控股权（青木昌彦，1995）。内部人员（一般为经理层，波兰则为工人）把持或控制着公司的多数股份后，成为新的“所有者”。他所代表的就是他自己或本集团的利益，而不是普通股东的利益。

LLSV（1998）使用49个国家和地区的数据区分出四种传统法律体系来解释不同的公司治理模式，因而将全球公司治理模式分为盎格鲁—撒克逊模式（包括美国、英国及前英殖民地）、法国模式（包括法国、西班牙、葡萄牙殖民地影响范围）、德国模式（包括中欧和日本）和斯堪的纳维亚模式（主要包括北欧国家）四种类型。

（一）英美模式公司治理结构模式的特点

英美国家公司治理结构模式的特点表现为典型的股东主导型模式。这种模式的产生有其深厚的社会经济制度基础。英美国家长期以来是在传统的自由放任的资本主义经济制度下发展起来的。这种传统的自由放任的资本主义经济制度有两个重要特点：一是都有高度发达的证券市场。早在19世纪后期，证券市场就发展得非常成熟。证券市场的发达使公司股份得以极为分散，流动性极高。二是都有反对金融势力聚集的传统。特别是1929年金融危机以后，这些国家认为金融垄断是导致经济危机的重要原因。1933年，美国通过格拉斯—斯蒂格尔法案，该法案规定投资银行和商业银行必须分立，此外，商业银行只能经营7年以内的中短期贷款，这样，使得企业长期资金主要依赖证券市场提供，而且银行与企业间的渗透不像日本、德国那样深入。正是在这样的传统自由放任的资本主义经济制度下形成了英美国家公司自己的融资结构特点：一方面，在企业总资产中，以股权资本为主，资产负债率低；另一方面，在股权资本中，股份极为分散。而英美国家的股东主权型公司治理结构正是在这样的企业融资结构下形成的，其主要特点如下。

1. 由于公司融资以股权资本为主，这就决定了股东在公司治理上的控制权；但同时又由于英美国家公司的股权结构是高度分散的，这就使得容易造成股东之间"搭便车"，这样，对经营者的激励和约束就成为公司治理结构所要解决的首要问题。而在自由放任的资本主义经济制度下发展起来的高度发达的证券市场对这一问题的解决发挥了重要作用。一方面，证券市场使得公司股份流动性极方便，当股东"用手投票"不起作用时，自然可以"用脚投票"，这就是，在众多分散股东难以联合起来对经营者进行有效约束时，在企业外部通过证券市场形成了一个有效的经营者约束机制，即收购接管机制；另一方面，借助证券市场设计对经营者的经理股票期权计划。收购接管的约束机制和经理股票期权计划的激励机制构成了英美国家公司治理结构的重要特点。

2. 股东大会决议。其主要是通过少数大股东的联合，在股东大会上提出决议，通过表决推翻经营者已做出的决定甚至"用手投票"撤换经营者。

3. 机构大股东对公司的直接指导。即机构大股东对公司董事会进行某种约定，并建立起维护股东利益的相关规则。比如美国加州政府雇员退休基金会向其所投资的公司约法三章，要求这些公司吸收更多的外部董事，董事长不得兼任总经理以及建立对董事会工作的评价系统，等等。

4. 通过建立健全法律法规体系来保护投资者利益和保障信息披露。美国和英国都较早地对上市公司的股东权利和信息披露等进行立法。如美国1933年《证券法》规定，上市公司保障投资者能够知道与上市证券有关的财务信息和其他重要信息，禁止证券交易中的操纵市场、内幕交易等行为。美国的《示范公司法》和英国的《示范公司章程》规定了董事会和董事的权利和义务，以保护股东权利。

（二）德日模式

1. 商业银行是公司的主要股东。目前德日两国的银行处于公司治理的核心地位。在经济发展过程中，银行深深涉足其关联公司的经营事务中，形成了颇具特色的主银行体系。所谓主银行是指某企业接受贷款中居第一位的银行称之为该企业的主银行，而由主银行提供的贷款叫作系列贷款，包括长期贷款和短期贷款。日本的主银行制是一个多面体，主要包括三个基本层面：一是银企关系层面，即企业与主银行之间在融资、持股、信息交流和管理等方面结成的关系；二是银银关系层面，即指银行之间基于企业的联系而形成的关系；三是政银关系，即指政府管制当局与银行业之间的关系。这三层关系相互交错、相互制约，共同构成一个有机的整体，或称为以银行为中心的、通过企业的相互持股而结成的网络。在德国，政府很早就认识到通过银行的作用来促进经济的增长。开始银行仅仅是公司的债权人，只向企业提供贷款业务，但当银行所贷款的公司拖欠银行贷款时，银行就变成了该公司的大股东，银行可以自己持有一家公司多少股份，在德国没有法律的限制，但其金额不得超过银行资本的15%。一般情况下，德国银行持有的股份在一家公司股份总额的10%以下。商业银行虽然是德日公司的最大股东，呈现公司股权相对集中的特征，但是两者仍然存在一些区别。在日本的企业集团中，银行作为集团的核心，通常拥有集团内企业较大的股份，并且控制了这些企业外部融资的主要渠道。德国公司则更依赖于大股东的直接控制，由于大公司的股权十分集中，使大股东有足够的动力去监控经理阶层。另外由于德国公司更多地依赖于内部资金融通，所以德国银行不像日本银行那样能够通过控制外部资金来源对企业施加有效的影响。

2. 法人持股或法人交叉持股。法人持股，特别是法人相互持股是德日公司股权结构的基本特征，这一特征尤其在日本公司中更为突出。第二次世界大战后，股权所有主体多元化和股东数量迅速增长是日本企业股权结构分散化的重要表现。但在多元化的股权结构中，股权并没有向个人集中，而是向法人集中，由此形成了日本企业股权法人化现象，构成了法人持股的一大特征。由于德、日在法律上对法人相互持股没有限制，因此，德、日公司法人相互持股非常普遍。法人相互持股有两种形态，一种是垂直持股，如丰田、住友公司，它们通过建立母子公司的关系，达到密切生产、技术、流通和服务等方面相互协作的目的。另一种是环状持股，如三菱公司、第一软银集团等，其目的是相互之间建立起稳定的资产和经营关系。总之，公司相互持股加强了关联企业之间的联系，使企业之间相互依存、相互渗透、相互制约，在一定程度上结成了“命运共同体”。

3. 严密的股东监控机制。德日公司的股东监控机制是一种“主动性”或“积极性”的模式，即公司股东主要通过一个能信赖的中介组织或股东中有行使股东权力的人或组织，通常是一家银行来代替他们控制与监督公司经理的行为，从而达到参与公司控制与监督的目的，如果股东们对公司经理不满意，不像英美两国公司那样只是“用脚投票”，而是直接“用手发言”。

（三）家族控股治理模式

在这种治理模式下，公司所有权主要控制在由血缘、亲缘和姻缘为纽带组成的家族成员中，公司主要经营权也由家族成员把持，公司决策程序由家族程序进行。家族控制型公司治理模式是从内部人体系中派生出来的一种模式，企业的创立家族通过复杂的交叉持股取得公司的绝对控制权，国家则通过控制金融系统在微观经济运行中发挥重要作用，政府官员以国家名义对公司事务直接干预。其特点是公司大股东“一股独大”，经理人容易通过大股东控制公司的重要决策，而侵犯小股东和其他利益相关者的利益，造成对“内部人控制”的失控。这种公司治理模式在东亚的韩国，东南亚的新加坡、马来西亚、泰国、印度尼西亚、菲律宾等国家盛行。这种公司治理模式曾经被广泛认为是东亚经济增长的“发动机”。然而在东亚经济危机以后，大量的研究表明，这种公司治理模式是导致东亚经济危机的一个重要原因。这种公司治理模式在韩国最为典型。其主要特点是：

1. 企业所有权和经营管理权主要由家族成员控制。在韩国和东南亚的家族企业，家族成员控制着企业的所有权和经营管理权，主要分两种情况：一种情况是所有权和企业经营管理权主要由有血缘关系的家族成员控制；另一种情况是所有权和企业经营管理权主要由有血缘关系的家庭成员和有亲缘、姻缘关系的家族成员共同控制。

2. 企业决策家长化。由于受儒家伦理道德准则的影响，在韩国和东南亚家族企业中，企业的决策被纳入了家族内部序列，企业的重大决策如创办新企业、开拓新业务、人事任免、决定企业的接班人等都由家族中的同时是企业创办人的家长一人做出，家族中其他成员做出的决策也须得到家长的首肯，即使这些家长已经退出企业经营的第一线，但由家族第二代成员做出的重大决策，也必须征询家长的意见或征得家长的同意。当家族企业的领导权传递给第二代或第三代后，前一代家长的决策权威也同时赋予第二代或第三代接班人，由他们做出的决策，前一辈的同一辈的其他家族成员一般也必须服从或遵从。但与前一辈的家族家长相比，第二代或第三代家族家长的绝对决策权威已有所降低，这也是家族企业在第二代或第三代出现矛盾或冲突的根源所在。

3. 经营者激励约束双重化。在韩国和东南亚的家族企业中，经营者受到了来自家族利益和亲情的双重激励和约束。对于家族第一代创业者而言，他们的经营行为往往是为了光宗耀祖或使自己的家庭更好地生活，以及为自己的子孙后代留下一份产业。对于家族企业第二代经营者来说，发扬光大父辈留下的事业、保值增值作为企业股东的家族成员的责任、维持家族成员亲情的需要，是对他们的经营行为进行激励和约束的主要机制。因此，与非家族企业经营者相比，家族企业的经营者的道德风险、利己的个人主义倾向发生的可能性较低，用规范的制度对经营者进行监督和约束已经不必要。但这种建立在家族利益和亲情基础上的激励约束机制，使家族企业经营者所承受的压力更大，并为家族企业的解体留下了隐患。

4. 企业员工管理家庭化。韩国和东南亚的家族企业不仅把儒家关于“和谐”和“泛爱众”的思想用于家族成员的团结上，而且还推广应用于对员工的管理上，在企业中创造和培育一种家庭式的氛围，使员工产生一种归属感和成就感。例如，马来西亚的金狮集团，在经济不景气时不辞退员工，如果员工表现不佳，公司不会马上开除，而是采取与员工谈心等形式来分析问题和解决问题，这种家庭式的管理氛围在公司中产生了巨大的力量。印度尼西亚林绍良主持的中亚财团，对工龄在25年以上的超龄员工实行全薪退休制，使员工增加了对公司的忠诚感。再如，韩国的家族企业都为员工提供各种福利设施如宿舍、食堂、通勤班车、职工医院、浴池、托儿所等。韩国和东南亚家族企业对员工的家庭式管理，不仅增强了员工对企业的忠诚感，提高了企业经营管理者和员工之间的亲和力和凝聚力，而且还减少和削弱了员工和企业间的摩擦和矛盾，保证了企业的顺利发展。

5. 来自银行的外部监督弱。在东南亚，许多家族企业都涉足银行业。其中，一些家族企业的最初创业就始于银行经营，然后把企业的事业领域再拓展到其他产业；也有一些家族企业虽然初始创业起步于非银行领域的其他产业，但当企业发展到一定程度后再逐步把企业的事业领域拓展到银行业。作为家族系列企业之一的银行与家族其他系列企业一样，都是实现家族利益的工具，因此，银行必须服从于家族的整体利益，为家族的其他系列企业服务。所以，属于家族的银行对同属于家族的系列企业基本上是软约束。许多没有涉足银行业的家族企业一般都采取由下属的系列企业之间相互担保的形式向银行融资，这种情况也使银行对家族企业的监督力度受到了削弱。在韩国，银行作为政府干预经济活动的一个重要手段，是由政府控制的。一个企业的生产经营活动只有符合政府的宏观经济政策和产业政策要求，才会获得银行的大量优惠贷款，否则就很难得到银行的贷款。所以，韩国的家族企业为了生存和发展，都纷纷围绕政府的宏观经济政策和产业政策创办企业和从事经营活动。这种情况使得韩国的家族企业得到了没有来自银行约束的源源不断的贷款。除筹资功能外，银行在韩国只是一个发放贷款的工具，而对贷款流向哪些企业，获得贷款企业的金融体制是否健康则很少关心，使得韩国家族企业受到来自银行的监督和约束力度较小。

6. 政府对企业的发展有较大的制约。韩国和东南亚的家族企业在发展过程中都受到了政府的制约。在东南亚国家，家族企业一般存在于华人中间，而华人又是这些国家的少数民族（新加坡除外），且掌握着国家的经济命脉；华人经济与当地土著经济之间存在着较大的差距。因此，华人家族企业经常受到政府设置的种种障碍的限制。为了企业的发展，华人家族企业被迫采取与政府及政府的公营企业合作，与政府公营企业合资以及在企业中安置政府退休官员和政府官员亲属任职等形式，搞好与政府的关系。而在韩国，政府对家族企业的制约主要表现在政府对企业发展的引导和支持上。凡家族企业的经营活动符合国家宏观经济政策和产业政策要求的，政府会在金融、财政、税收等方面给予各种优惠政策进行引导和扶持，反之，政府会在金融、财政、税收等方面给予限制。因此，在韩国和东南亚，家族企业的发展都受到了政府的制约，但在东南亚，政府对家族企业采取的主要措施是限制，在韩国，政府对家族企业采取的主要措施则是引导和扶持。

是否存在最佳治理模式呢？世界上有没有“最好”的公司治理模式？《OECD公司治理准则》指出：好的或有效的公司治理制度是具有国家特性的，它必须与本国的市场特征、制度环境以及社会传统相协调。以上各种公司治理模式的差异源于不同的市场经济模式及其中的公司经营导向、法律环境和文化理念等诸多因素的区别。各国公司治理的差异在于股东保护不同，LLSV（1998）对此做出解释，他们认为，普通法系国家给予外部投资者（股东和债权人）最强的保护，法国民法系国家对外部投资者保护最弱，而德国法国家和斯堪的纳维亚法国家则介于两者之间，与投资者保护强的国家相比，投资者保护较弱的国家中公司控制权更为集中，而在投资者保护较强的国家中，伯利与米恩斯式的公司即股东分散及职业经理控制公司的现象更为普遍。

英美国家的股东主权型公司治理模式主要是根植于自由市场经济，崇尚自由竞争，信奉股东财富最大化。自由竞争的环境有赖于完善的市场制度，在很大程度上依赖于市场的监管，故又被称为市场导向型公司治理模式。日、德国家的共同治理型公司治理模式则更多形成并发展于混合市场经济，长期利益和集体主义是其得以产生的文化理念支撑，在实务中更多体现相关组织机构的内部监管。东亚国家的家族控制型公司治理模式则受到儒家文化的影响，企业的控制来自家族或家庭。这几种公司治理模式的区别源于其各自形成与发展的制度环境，本身没有优劣之分，都是在一定文化传统下的产物。

第二节　公司治理结构

一、公司治理结构的含义

所谓公司治理结构，是指为实现资源配置的有效性，所有者（股东）对公司的经营管理和绩效进行监督、激励、控制和协调的一整套制度安排，它反映了决定公司发展方向和业绩的各参与方之间的关系。全体股东认同一个价值趋向，以现金或其他出资方式为衡量股份权益形成契约而成立有限公司形式，企业的安全性和成长性均取决于该公司内部治理结构是否积极、有效地履行职能。

二、公司内部治理结构的基本框架

典型的公司治理结构是由所有者、董事会和执行经理层等形成一定的相互关系框架。根据国际惯例，规模较大的公司，其内部治理结构通常由股东会、董事会、经理层和监事会组成，它们依据法律赋予的权力、责任、利益相互分工，并相互制衡。其中，股东（大）会作为公司价值聚焦“顶点”，为了维护和争取公司实现最佳经营业绩，公司价值投射向董事会、总经理和监事会三个利益“角位点”，此三个利益“角位点”相互制衡形成“三角形”；“顶点”和“三角形”构成“锥形体”，各治理机关之间形成的权责配置构成了公司内部治理的基本框架，如图2-3所示。

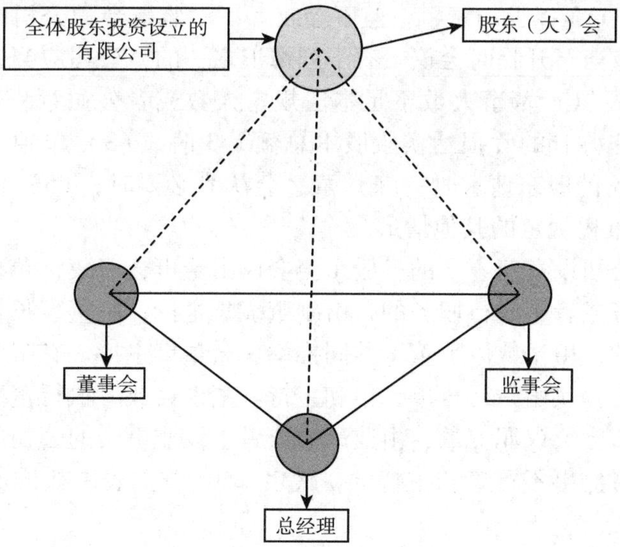

图 2－3　公司内部治理框架

（一）股东大会

股东大会，是指由全体股东组成的，决定公司经营管理的重大事项的机构。它是公司最高权力机构，其他机构都由它产生并对它负责。股东大会职权与有限责任公司股东会职权相同。股东大会对公司重大事项进行决策，有权选任和解除董事，并对公司的经营管理有广泛的决定权，企业一切重大的人事任免和重大的经营决策一般都得经股东大会认可和批准方才有效。根据我国《公司法》的规定，股东的权利可以归纳为：（1）投票表决权；（2）知情权和质询权；（3）股权转让权；（4）新股优先认股权；（5）股利分配请求权；（6）剩余财产分配权。

作为经营单位最普遍和最先进的组织形式——公司制，股东的组成类型非常广泛，可以是个人、机构投资者、公司法人、政府以及外资机构等。这些个人和组织地区分散、要求各异，也无法同时参与公司的经营管理，因此，需要专门的权力机构代表全体股东行使权利，这个权力机构就是股东大会。

1. 股东大会的职权。根据我国《公司法》的规定，股东大会行使下列职权：（1）决定公司的经营方针和投资计划；（2）选举和更换非由职工代表担任的董事、监事，决定有关董事、监事的报酬事项；（3）审议批准董事会的报告；（4）审议批准监事会或者监事的报告；（5）审议批准公司的年度财务预算方案、决算方案；（6）审议批准公司的利润分配方案和弥补亏损方案；（7）对公司增加或者减少注册资本做出决议；（8）对发行公司债券做出决议；（9）对公司合并、分立、解散、清算或者变更公司形式做出决议；（10）修改公司章程；（11）公司章程规定的其他职权。

2. 股东大会的形式。股东大会分为年度股东大会和临时股东大会。年度股东大会应当每年召开一次年会，依照公司章程的规定按时召开。代表 1/10 以上表决权的股东，1/3 以上的董事，监事会或者不设监事会的公司的监事提议召开临时会议的，应当召开临时会议。有下列情形之一的，公司应当在2个月内召开临时股东大会：（1）董事人数不足本法规定人数或者公司章程所定人数的2/3时；（2）公司未弥补的亏损达实收股本总额1/3时；（3）单独或者合计持有公司10%以上股份的股东请求时；（4）董事会认为必要时；（5）监事会提议召开时；（6）公司章程规定的其他情形。

有限责任公司设立董事会的，股东会会议由董事会召集，董事长主持；董事长不能履行职务或者不履行职务的，由副董事长主持；副董事长不能履行职务或者不履行职务的，由半数以上董事共同推举一名董事主持。有限责任公司不设董事会的，股东会会议由执行董事召集和主持。董事会或者执行董事不能履行或者不履行召集股东会会议职责的，由监事会或者不设监事会的公司的监事召集和主持；监事会或者监事不召集和主持的，代表1/10以上表决权的股东可以自行召集和主持。

3. 投票表决制度。股东会会议由股东按照出资比例行使表决权，股东大会投票表决一般采用多数通过的议事规则，即必须经过出席会议的股东所持表决权过半数通过。但股东会议做出修改公司章程、增加或者减少注册资本的决议，以及公司合并、分立、解散或者变更公司形式的决议，必须经代表2/3以上表决权的股东通过。

股东投票的基本原则是一股一票，但随着经济的发展和管理事项的日益复杂，原有的一股一票制度已不再适应新形势的需要，目前很多国家设计了更加灵活的投票方式。

（1）累计投票制度。累计投票是指，在选举董事会或监事人选时，股东所持的每一股份都拥有与当选的董事和监事总人数相等的投票权，股东既可以把所有的投票权集中选举一人，也可分散选举数人，最后按照得票多少决定当选的董事和监事。此举目的是防止在董事会和监事会选举中，董事和监事的代表完全被第一大股东所控制，第二大股东、第三大股东等可以利用累积投票制度来推荐自己选择的董事和监事的人选。我国《公司法》规定，股东大会选举董事、监事，可以依照公司章程的规定或者股东大会的决议，实行累积投票制，股东大会选举董事或者监事时，每一股份拥有与应选董事或者监事人数相同的表决权，股东拥有的表决权可以集中使用。

（2）同股不同权制度。不同于一元制下的一股一票制度，股权不同权采用的是二元制，又称双重股权结构、AB股结构，在双重股权结构中，管理层试图以少量资本控制整个公司，故而将公司股票分高、低两种投票权，高投票权的股票每股具有2~10票的投票权，称为B类股，主要由管理层持有，普遍为始创股东及其团队；低投票权由一般股东持有，1股只有1票甚至没有投票权，称为A类股。作为补偿，高投票权的股票一般流通性较差，一旦流通出售，即从B类股转为A类股。

双重股权结构有利于成长性企业直接利用股权融资，同时又能避免股权过度稀释，造成创始团队丧失公司话语权，保障此类成长性企业能够稳定发展。著名的谷歌（Google）和脸谱（Facebook）以及我国在美国纳斯达克上市的百度、阿里巴巴、京东等均为“AB 股结构”。2018 年 4 月 30 日，港交所发布文件支持同股不同权，2018 年 7 月 9 日，小米公司成为第一家在港交所上市的采取同股不同权的公司。

（3）利用一致行动人协议和委托投票制。一致行动人是指投资者通过协议、其他安排，与其他投资者共同扩大其所能够支配的一个上市公司股份表决权数量的行为或者事实的人。比如，创始股东之间、创始股东与投资人之间可以通过签署一致行动人协议加大创始股东的投票权权重。投票权委托类似于一致行动人协议，创始股东可以通过其他与其签订的投票权委托来实现公司的控制权。

（二）董事会

董事会是介于公司股东（股东大会）与执行层（管理层）之间的治理结构，是公司治理的核心环节。董事会由股东大会选举产生，是股东大会的代表和受托人。董事会负责执行股东大会的决议，并在股东大会授权范围内行使决策权。

1. 董事会的职责。根据各国的实践来看，董事会的职能大致分成两类，即监督职能和建议职能。通常情况下，董事会会议由董事长召集和主持；董事长不能履行职务或者不履行职务的，由副董事长召集和主持；副董事长不能履行职务或者不履行职务的，由半数以上董事共同推举一名董事召集和主持。董事会决议的表决，实行一人一票制度。我国《公司法》规定，董事会对股东大会负责，行使下列职权：（1）召集股东会会议，并向股东会报告工作；（2）执行股东会的决议；（3）决定公司的经营计划和投资方案；（4）制订公司的年度财务预算方案、决算方案；（5）制订公司的利润分配方案和弥补亏损方案；（6）制订公司增加或者减少注册资本以及发行公司债券的方案；（7）制订公司合并、分立、解散或者变更公司形式的方案；（8）决定公司内部管理机构的设置；（9）决定聘任或者解聘公司经理及其报酬事项，并根据经理的提名决定聘任或者解聘公司副经理、财务负责人及其报酬事项；（10）制定公司的基本管理制度；（11）公司章程规定的其他职权。

2. 董事会的构成。高效董事会的根本基础是董事会成员的“利益趋同”从而“理念趋同”。我国《公司法》规定，有限责任公司设董事会，其成员为 3 ~ 13 人。董事任期由公司章程规定，但每届任期不得超过 3 年。董事任期届满，连选可以连任。2 个以上的国有企业或者 2 个以上的其他国有投资主体投资设立的有限责任公司，其董事会成员中应当有公司职工代表；其他有限责任公司董事会成员中可以有公司职工代表。董事会中的职工代表由公司职工通过职工代表大会、职工大会或者其他形式民主选举产生。董事会决策的决策过程依赖于一个可选择的组织形式，包括非委员会制度和委员会制度。我国上市公司董事会下设委员会制度建立于 2002 年初，中国证监会、国家经贸委发布了《中国上市公司治理准则》，要求上市公司董事会按照股东大会的有关决议，设立战略决策、审计、提名、薪酬与考核等专门委员会。随后，中国证监会发布了《董事会专门委员会实施细则指引》，目前我国上市公司基本上都采用了委员会制度。其中，最重要和最常见的是审计委员会、薪酬委员会和提名委员会。

董事会审计委员会是董事会按照股东大会决议设立的专门工作机构，主要负责公司内、外部审计的沟通、监督和核查工作。审计委员会成员由3～7名董事组成，独立董事占多数，委员中至少有1名独立董事为专业会计人士。审计委员会的主要职责权限：（1）提议聘请或更换外部审计机构；（2）监督公司的内部审计制度及其实施；（3）负责内部审计与外部审计之间的沟通；（4）审核公司的财务信息及其披露；（5）审查公司内控制度，对重大关联交易进行审计；（6）公司董事会授予的其他事宜。审计委员会对董事会负责，委员会的提案提交董事会审议决定。审计委员会应配合监事会的监事审计活动。

提名委员会的主要职责是研究董事、经理人员的选择标准和程序，并向董事会提出建议；广泛搜寻合格的董事和经理人员的人选，对候选人和经理人进行审查并提出建议。提名委员会的主要职责权限：（1）根据公司经营活动情况、资产规模和股权结构对董事会的规模和构成向董事会提出建议；（2）研究董事、经理人员的选择标准和程序，并向董事会提出建议；（3）广泛搜寻合格的董事和经理人员的人选；（4）对董事候选人和经理人选进行审查并提出建议；（5）对须提请董事会聘任的其他高级管理人员进行审查并提出建议；（6）董事会授权的其他事宜。

薪酬与考核委员会是董事会按照股东大会决议设立的专门工作机构，主要负责制定公司董事及经理人员的考核标准并进行考核；负责制定、审查公司董事及经理人员的薪酬政策与方案，对董事会负责。薪酬与考核委员会成员由3～7名董事组成，独立董事需要占多数。薪酬与考核委员会的主要职责权限：（1）根据董事及高级管理人员管理岗位的主要范围、职责、重要性以及其他相关企业相关岗位的薪酬水平制定薪酬计划或方案；（2）薪酬计划或方案主要包括但不限于绩效评价标准、程序及主要评价体系，奖励和惩罚的主要方案和制度等；（3）审查公司董事（非独立董事）及高级管理人员的履行职责情况并对其进行年度绩效考评；（4）负责对公司薪酬制度执行情况进行监督；（5）董事会授权的其他事宜。

（三）监事会

根据我国《公司法》的相关规定，监事会是股东大会领导下的公司常设监察机构，执行监督职能。监事会与董事会并立，独立行使对董事会、总经理等管理层的监督权。监事会对股东大会负责，对公司的经营管理进行全面的监督，包括调查和审查公司的业务状况，检查各种财务情况，并向股东大会或董事会提供报告，对公司各级经理人员的行为实行监督等。有限责任公司设监事会，其成员不得少于3人。监事会应当包括股东代表和适当比例的公司职工代表，其中职工代表的比例不得低于1/3，具体比例由公司章程规定。监事会中的职工代表由公司职工通过职工代表大会、职工大会或者其他形式民主选举产生。监事会设主席一人，由全体监事过半数选举产生。监事会主席召集和主持监事会会议；监事会主席不能履行职务或者不履行职务的，由半数以上监事共同推举一名监事召集和主持监事会会议。其中，董事、高级管理人员不得兼任监事。监事的任期每届为三年。监事任期届满，连选可以连任。

监事可以列席董事会会议，并对董事会决议事项提出质询或者建议。监事会、不设监事会的公司的监事行使下列职权：（1）检查公司财务；（2）对董事、高级管理人员执行公司职务的行为进行监督，对违反法律、行政法规、公司章程或者股东会决议的董事、高级管理人员提出罢免的建议；（3）当董事、高级管理人员的行为损害公司的利益时，要求董事、高级管理人员予以纠正；（4）提议召开临时股东会会议，在董事会不履行本法规定的召集和主持股东会会议职责时召集和主持股东会会议；（5）向股东会会议提出提案；（6）按照公司法相关规定，对董事、高级管理人员提起诉讼；（7）公司章程规定的其他职权。

第三节 公司财务治理机制

一、公司财务治理机制的含义

公司治理机制是为保护投资者利益做出的一系列制度安排，这种制度安排将股东大会、董事会、监事会等治理结构有机联系在一起，指导其有效运转。内部治理机制是公司治理体系的核心和灵魂，也是公司控制的直接工具。外部治理机制的作用必须通过内部治理机制才能传达到企业的具体决策，公司绩效的改变最终依赖于内部治理机制的作用。内部治理机制依托于公司的内部治理结构发挥作用，即股东大会、董事会、监事会等机构的权力设计与分配是内部治理机制发挥作用的主要方式，从公司财务治理角度看，财务治理机制是内部治理机制的核心。

财务治理机制是内部治理机制在财务权力安排上的具体表现。财务治理机制的核心在于决策权、监督权的分配与激励制度的安排，从公司财务管理角度看，其表现为财务决策权和财务监督权的安排以及管理层的激励制度。

二、财务决策机制安排

决策机制是公司治理的核心机制，关注决策权力在公司各治理主体之间的分配格局。决策机制包含企业全部资源配置的决策权，公司开展经营活动的过程，其实就是其运用和行使各种权力调配企业全部资源的过程。一般来说，根据权力特质的不同，公司的权力可以分为财权、人事权和经营权三种，这里的“财权”并非仅限财务权，而是泛指体现在资金运动和财产上的各种权力，即通常所说的财务决策权力。在公司的权力结构中，财务决策权力是一种最基本、最主要的权力，因为公司的各种经营活动最终都会通过资金和资产的相互交换或转移加以完成并在财权上有所体现。因此，以财务决策权力为中心，在公司治理结构组织之间的权力分配以及决策流程安排成为公司治理框架中的一个重要问题，也就是本章的核心财务治理问题之一。

公司财务决策机制关注的是决策权力在公司内部（各权力机关及其组成部分）之间的分配格局。由于公司内部治理的权力系统是由股东大会、董事会、监事会和经理层组成，并以此形成了相应的决策分工形式和决策权分配格局，因而公司财务决策机制实际上是层级制决策。这种层级制决策是与公司内部决策者的职责分工和权力分立相联系的。财务层级制决策的产生在公司治理中还应被看成是权力的分立与制衡的结果。公司法人治理结构在股东大会、董事会、监事会、经理层之间形成不同的权力边界，并使得每一权力主体被赋予不同的财务决策权。财务决策机制设计应满足三个特征：（1）存在一个核心决策者。无论公司存在层级、决策权如何分解，必须存在一个核心决策者。（2）权力边界清晰。每一个决策者都应清楚其权力范围，对怎样的财务问题有权做出决策。（3）下级服从上级。下级决策者的行为是上级决策者行为的分解。

一个有效的决策机制一定是适度的授权和监控的层级制决策体系。在公司治理层面，第一层级的决策是股东大会的决策，这是公司最高权力机构的决策，属于出资者财务范畴。第二层级的决策是董事会决策，是公司常设决策机构的决策。经理层是第三层级的决策主体，是公司决策的执行者。这两个层级都属于经营者财务范畴。在这三层决策主体之间又存在多个授权关系：一是股东大会对董事会的授权，将企业的经营决策权授权给董事会；二是董事会对董事长的授权，授权董事长在董事会闭会期间，执行一定金额的决策事项；三是董事会对专业委员会的授权，董事会根据决策事项的性质和专业素质要求不同，将不同的决策建议权和初审权或决定权授权给专业委员会；四是董事会对以总经理为代表的经理层的授权，主要是对公司的营运业务的决策权。

在这三级决策主体中，董事会是核心决策主体。因为在实践中，股东大会尽管作为最高的权力结构，是不可能真正发挥决策主体的决策管理作用的。一方面，从股东大会这一组织形式和实现方式看，由其来作为公司的实际决策机构具有局限性和非效率性。股东大会的召集成本很高，表决程序复杂，而且召集次数有限，存在严重的时滞性。另一方面，公司的经营管理决策属于企业的管理事项，需要一定的专业知识和企业家管理能力，两权分离的本来目的就是为了把资本委托给专业人才进行管理，股东更多的干预反而会影响公司经营效率。

一般认为，美国大多数公司在决策机制分配中，将 CEO 作为核心决策主体，董事会的职能更多的是行使监督和建议，关注的是公司财务报告和经理人的业绩考核。在我国公司中的内部人控制现象严重、经理人市场不完善、激励机制不完备的现实条件下，中国绝大多数公司采取的是以董事会作为核心决策主体，可以一定程度上避免一股独大和内部人控制等问题。因此，在我国应该更多地关注董事会的独立性和董事会的责任。

三、财务监督机制安排

财务监督机制是公司的利益相关者针对公司经营者的经营或决策行为所进行的一系列客观而及时的审核、监察与督导的行动。从财务监督机制设计的角度看，公司治理结构既是决策权的分层安排，也是彼此相互监督的有机整体。各层级的治理结构都有相互监督的义务与责任，以保证整个治理结构的协调运作。事实上，参与公司治理的每个利益相关团体都存在相互制约、相互监督的关系。政府、社会公众、外部审计机构、媒体等外部主体都可以起到对公司的外部监督作用，公司内部治理机制中，董事会、监事会、内部审计机构、独立董事制度能够起到内部监督的作用。

（一）外部独立审计与内部审计

独立审计是指注册会计师依法接受委托，对被审计单位的会计报表及其相关资料进行独立审查并发表审计意见。上市公司独立审计是由证监会认可的会计师事务所进行的。独立审计的风险高，责任重，在证券市场中，独立审计是维护会计报表满足公允价值与公允列报要求的重要途径。现代审计理论的产生、发展及审计方法的变革都基本上是围绕独立审计展开的。相比较秉承“独立性”为首要原则的外部审计而言，内部审计的独立性就要大打折扣。它是由部门、单位内部专职审计人员进行的审计，目的是评价和改善风险管理、控制和公司治理流程的有效性，帮助企事业单位实行最有效的管理。外部审计的主要侧重点是会计信息的质量和合规性，也就是对财报的合法性、公允性做出评价，业务范围受到法律和合同的指定，如财务报表审计、内部控制审计、鉴证审计、尽职调查等业务。而内部审计主要侧重点是经济活动的合法合规、目标达成、经营效率等方面，是以企业经济活动为基础，拓展到以管理领域为主的一种审计活动。

内部审计与外部审计相配合并互为补充，是现代审计的一大特色。健全的内部审计制度，可为外部审计提供可信赖的资料，减少外部审计的工作量。在中国，内部审计不仅是部门、单位内部经济管理的重要组成部分，而且作为国家审计的基础，被纳入审计监督体系。

（二）独立董事制度

独立董事制度是指在董事会中设立独立董事、以形成权力制衡与监督的一种制度。独立董事是指不在公司担任除董事外的其他职务，并与其所受聘的上市公司及其主要股东不存在可能妨碍其进行独立客观判断的关系的董事。独立董事对上市公司及全体股东负责。中国证监会于 2001 年颁布了《关于在上市公司建立独立董事制度的指导意见》，根据该规范性文件，上市公司应当建立独立董事制度。独立董事对上市公司及全体股东负有诚信与勤勉义务，认真履行职责，维护公司整体利益，尤其要关注中小股东的合法权益不受损害。

独立董事独立履行职责，不受上市公司主要股东、实际控制人或者其他与上市公司存在利害关系的单位或个人的影响。独立董事原则上最多在 5 家上市公司兼任独立董事，并确保有足够的时间和精力有效地履行独立董事的职责。上市公司董事会成员中应当至少包括 1/3 的独立董事，其中至少包括一名会计专业人士（会计专业人士是指具有高级职称或注册会计师资格的人士）。理论上，并在实践中独立董事的价值主要体现在以下四点：（1）有利于公司的专业化运作。独立董事们能够利用其专业知识和经验为公司发展提供有建设性的建议，为董事会的决策提供参考意见，有利于公司提高决策水平，提高公司经营业绩。（2）有利于监督约束，完善法人治理结构。独立董事在监督 CEO 和高级管理人员方面有重要作用，较之内部董事，独立董事对管理层的评价和监督更加独立和客观，是约束和监督管理层行为的重要力量。（3）有利于强化董事会的制衡机制，保护中小投资者的权益。（4）有利于增加上市公司信息披露的透明度，督促上市公司规范运作。

为确保独立董事的独立性，我国规定如下人员不得担任上市公司的独立董事：（1）在上市公司或者其附属企业任职的人员及其直系亲属、主要社会关系（直系亲属是指配偶、父母、子女等；主要社会关系是指兄弟姐妹、岳父母、儿媳女婿、兄弟姐妹的配偶、配偶的兄弟姐妹等）；（2）直接或间接持有上市公司已发行股份 1% 以上或者是上市公司前 10 名股东中的自然人股东及其直系亲属；（3）在直接或间接持有上市公司已发行股份 5% 以上的股东单位或者在上市公司前 5 名股东单位任职的人员及其直系亲属；（4）最近一年内曾经具有前三项所列举情形的人员；（5）为上市公司或者其附属企业提供财务、法律、咨询等服务的人员；（6）公司章程规定的其他人员；（7）中国证监会认定的其他人员。

四、经理人的激励约束机制

在市场经济中，每个理性经济人都会按照自利原则进行行动。现代公司中股东和经理人之间是委托代理关系，股东委托经理人经营管理资产。股东和经理人追求的目标是不一致的，股东希望其持有的股权价值最大化，经理人则希望自身效用最大化，但由于信息不对称，股东和经理人之间的契约并不完备，股东和经理人之间存在“道德风险”，这就需要通过激励和约束机制来引导和限制经理人的自利行为。

（一）经理人的激励方式

现代企业中企业所有权和经营权的分离，需要设计相应的激励相容制度。激励约束的目标，是指激励约束主体在一段时间内，对激励约束客体的行为所达到某种结果的期望。激励约束目标，为激励约束主体和客体行为指明了方向。实施激励约束机制的核心内容是企业与经营者签订的委托代理合同，其中的关键内容是经理人报酬计划。而经理人报酬计划通常是由股东委托董事会与管理层签订的，其中涉及评价原则、组织结构、股东会及董事会掌握的职责权力、控制的方式等；业绩目标和业绩评价内容的确定，也涉及战略目标、财务指标、领导能力、能适应市场变化的企业文化与行为规范的建立情况等。像公司治理的监控系统发挥作用需要用公司管理的内部信息系统的支持一样，没有全面、完整、真实的关于企业管理运作状况的信息，业绩评价和报酬计划是很难实施的。

在不同的激励方式中，工资主要根据经理人的资历条件和公司情况、目标业绩预先确定，在一定时期内相对稳定，与公司的目标业绩的关系非常密切。奖金一般以超目标业绩的考核来确定经理人该部分的收入，因此，与公司的短期业绩表现关系密切，但与公司的长期价值关系不明显，经理人有可能为了短期的财务指标而牺牲公司的长期利益。而股东所追求的是公司长期价值的增加。为了使经理人按照股东财富最大化目标进行决策，需要将经理人和股东的利益追求尽可能趋于一致，股权激励是一个较好的解决方案。通过使经理人在一定时期内持有股权，享受股权的增值收益，并在一定程度上以一定方式承担风险，可以使经理人在经营过程中更多地关心公司的长期价值。股权激励对防止经理的短期行为，引导其长期行为具有较好的激励和约束作用。

股权激励的形式多种多样，主要包括股票期权、业绩股、虚拟股票、股票增值权、限制性股票、延期支付、职工持股等，其中应用最为广泛的是股票期权和限制性股票，其他形式的股权激励计划大致是这两种形式的变形。下文围绕这两种激励方式展开论述：（1）股票期权是指股东会赋予经营管理层在一定期限内购买一定数量公司股票的权利，至于此种权利是否实现，要看公司股票的价格是否超过行权价格。在行权以前，被授予股票期权的经营管理层没有享受到财产权益；在行权后，其获得的收益为行权价和行权日市场价的差额。（2）限制性股票是指通过股东会决议允许经营者以预先确定的条件以较低的价格或者是无偿获得公司一定数量的股票，限制性股票激励计划中需要包含一定的业绩条件。在符合所设定的业绩目标的前提下，激励对象需要对所授予的股票进行购买。而如果未能达到预定条件的，则限制性股票激励计划自然终止。限制性股票在出售时往往具有严格的时间限制和条件限制。

股票期权的特点是高风险、高回报，特别适合处于成长初期或扩张期的企业，比如网络、科技等风险较高的企业。由于企业处于成长期，企业本身的运营和发展对现金的需求很大，企业无法拿出大量的现金实现及时激励，同时企业未来的成长潜力巨大，因此，通过发行股票期权，将激励对象的未来收益与未来二级市场的股价波动紧密联系，从而既降低了企业当期的激励成本，又达到了激励员工的目的，真正实现一举两得。限制性股票的风险相对较小，一般适用于成熟型企业，在服务期限和业绩上对激励对象有较强的约束。公司可以采用限制性股票激励方式促使高级管理人员将更多的时间精力投入某个或某些长期战略目标中，从而实现企业的持续发展。

（二）经理人的薪酬结构

薪酬结构是指在同一组织内不同职位或不同技能员工薪酬水平的排列形式，强调薪酬水平等级的多少、不同薪酬水平之间级差的大小以及决定薪酬级差的标准，它反映了企业对不同职务和能力的重要性及其价值的看法。薪酬结构策略，即薪酬应当由哪些部分构成，各占多大比例；薪酬分多少层级，层级之间的关系如何。一般层级差距较大的，重点激励高层人员；层级差距较小的，薪酬较为平均。薪酬结构确定应注重两点：一是其制定过程要科学、合理；二是薪酬之间差异是否合理。不同国家、不同公司对经理人薪酬结构设计并不相同，通常情况下，一个设计良好的薪酬结构至少包含基本工资、业绩奖金、津贴补贴、福利计划、长期激励计划等。

1. 基本工资。基本工资是管理层的基本收入，也是确定其劳动报酬和福利待遇的基础，具有常规性、固定性、基准性、综合性等特点。具体金额主要由公司的规模和风险程度决定，激励功能较低。管理层的基本工资是由薪酬委员会来定期评估确定，确定的依据可以包括本行业的竞争对手的薪酬状况、公司行业中的地位、薪酬结构规划以及公司盈利能力和未来的发展前景等因素。

2. 业绩奖金。业绩奖金是企业和雇主对管理层的超额劳动部分或劳动绩效突出部分所支付的奖励性薪酬，是企业为了鼓励管理层提高工作效率和工作质量付给管理层的货币奖励。年度奖金通常一年或半年发放一次，按照事前制定的业绩目标完成情况确定具体金额。具体设定的业绩奖金应该区分为公司业绩的年度奖金、基于部门业绩的年度奖金以及基于个人业绩的年度奖金。因此，与基本工资相比，奖金具有非常规性、浮动性和非普遍性等特点。业绩奖金是管理层激励的基础形式和关注焦点，激励效果显著。

3. 津贴补贴。津贴补贴是指企业为了补偿员工特殊或额外的劳动消耗和从事特种作业而付给员工的报酬，以及为了保证员工工资水平不受物价影响而支付给员工的物价补贴。常见的津贴补贴有：夜班津贴、车船补贴、降温费、特种作业补贴、出差补助、住房补贴、伙食补贴等。

4. 福利计划。员工福利是一种以非现金形式支付给员工的报酬。员工福利从构成上来说可分成两类：法定福利和公司福利。法定福利是国家或地方政府为保障员工利益而强制各类组织执行的报酬部分，如社会保险；而公司福利是建立在企业自愿基础之上的。员工福利的内容包括补充养老、医疗、住房、寿险、意外险、财产险、带薪休假、免费午餐、班车、员工文娱活动、休闲旅游等。

5. 长期激励计划。公司通常利用股票期权和限制性股票对公司管理层和关键技术人员实施长期激励措施。其中，股票期权是指上市公司授予激励对象在未来一定期限内（如3~5年）以预先确定的价格和条件购买本公司一定数量股票的权利。限制性股票，是指上市公司按照预先确定的条件授予激励对象一定数量的本公司股票，激励对象只有在工作年限或业绩目标符合股权激励计划规定条件的，才可以出售限制性股票并从中获益。

6. 其他激励。包括办公环境、成长机会等。办公环境是指为员工创造良好的工作氛围，这是企业重视人的情绪、人的需求、人员激励的体现。成长机会是指企业结合自身的企业目标，有计划、有目的地对员工进行专业知识、业务技能或管理技能的培训，创造环境让员工学习提高专业知识技能或管理技能。

（三）经理人的约束机制

经理人的约束主要包括企业内部约束、市场约束、法律约束、银行约束等。激励约束机制是在一定环境条件下形成、发挥作用的，这些环境条件主要包括：(1) 企业的外部环境：就是企业所处的外部市场环境，通常包括声誉机制与外部经理市场、资本市场、产品市场、债权人、政府制定的与公司运作有关的法律和法规、一些组织制定的非强制性的公司治理准则等；(2) 企业的内部环境指企业内部的组织结构、各方面的制度、产品结构和财务政策、股权结构和人事安排等。

有效的公司治理需要有良好的制度体系与外部环境。从发达国家的经验来看，要实现公司治理的目标，需要有竞争性的产品市场和资本市场、活跃的公司控制权市场、管理人员的激励与监督机制，不仅需要健全的《公司法》，还需要严格的审计和财务信息披露制度、严格的反欺诈法规以及高效率和高水平的司法系统、行政监管机构和自律性组织。我国资本市场发展的时间不长，相应的法治建设也相对落后，行政监管机构和中介组织的公信力不够，司法系统效率不高。这些都必须从系统的角度加以改进与建设，为建立有效的公司治理结构创造良好的外部条件。

第四节 国有企业公司治理

公司治理是一种对公司进行管理和控制的结构性制度安排，其通过所有权与经营权基于信托关系而形成的相互制衡，能够有效解决内部利益冲突，降低交易成本。国有企业的经营实践同样离不开有效的公司治理机制，良好的公司治理是实现国有资产保值增值、提高国有经济竞争力的需要。国有企业完善公司治理机制是我国全面推进依法治企、推进国家治理体系和治理能力现代化的内在要求，是现代企业实现高质量发展的根本保证。

一、国有企业公司制改革历程

1978 年以来，中国国有企业改革先后经历了扩大企业自主权、实行两权分离、建立现代企业制度、三个渐次深化的发展阶段，每次递进都顺应了改革实践的需要。改革初衷是让国有企业走向市场，排除政府对企业的行政干预，实行政企分开。近三十年来，我国国有企业的公司治理模式，逐步从政企不分的行政型治理向市场导向的经济型治理转变，呈现出行政型治理逐渐弱化、经济型治理逐步加强的过程。从我国国有企业改革实践看，我国国有企业公司制改革的发展历程可分为以下四个阶段。

1. 1978～1992年，初步探索阶段。此阶段的国企改革重点在扩大企业自主权。党的十一届三中全会明确指出，我国的经济管理体制的一个严重缺陷就是权力过于集中，应该大胆下放，让地方和企业有更多的经营管理自主权。这一阶段，国企改革开始对国有企业进行扩权让利，主要集中在两个方面：一是以计划经济为主，同时充分重视市场调节的辅助作用，调整国家与企业的关系（打破政企不分）；二是扩大企业自主权，并且把企业经营好坏同职工的物质利益挂起钩来，着眼于调动企业和职工的积极性、主动性。

2. 1993～2002年，制度创新阶段。1993年11月，中共十四届三中全会通过了《中共中央关于建立社会主义市场经济体制若干问题的决定》，明确指出，我国国有企业的改革方向是建立“适应市场经济和社会化大生产要求的、产权清晰、权责明确、政企分开和管理科学”的现代企业制度，要求通过建立现代企业制度，使企业成为自主经营、自负盈亏、自我发展、自我约束的法人实体和市场竞争主体。其间国企改革在两个领域发生了根本性的改变，并开始对资本市场造成重大影响：一是产权清晰、权责明确开始落到实处，股份合作制成为推动国企改革的主要形式，国有小型企业被出租或者出售给集体或个人；二是除了公开出售以外，地方性国企或者集体企业通过管理者收购（MBO）方式成为民营企业。此阶段实践证明，公司制是现代企业制度的有效组织形式，是建立中国特色现代国有企业制度的必要条件。国企改革在此期间释放出巨大红利，民营经济占国民经济的比重开始迅速提升，造就了具有活力的经济体系，山东和广东也因此成为国内民营经济重镇。2000年，国有企业改革与脱困三年目标基本实现，国有企业实现利润3 786亿元。国务院国资委统计表明，截至2003年底，全国4 223家国有大中型骨干企业中，有2 514家实施了公司化改制，改制面近60%。国家重点企业中的2 524家国有及国有控股企业，有1 331家改制为股权多元的股份制企业，改制面为52.7%。

3. 2003～2013年，纵深推进阶段。在中共十六大之后，现代企业制度建设的继续深化、国有资产管理方式的变化和资本市场的改革使我国的国企改革进入了一个新的阶段。主要体现在要求中央和省、自治区、直辖市两级政府设立国有资产管理机构，成立专门的国有资产管理机构，改变部门分割行使国有资产所有者职能。各级国资委依照《中华人民共和国公司法》等法律和行政法规履行出资人职责，推进国有企业的现代企业制度建设，完善公司治理结构。

公司制国有企业，其出资人是全体人民，但由国家代表全体人民出资，而由国务院行使国有资产所有权，各级政府分别履行出资人职责。国务院建立国有资产监管机构，授权其对国有企业履行出资人职责。因此，国有资产监管机构既履行出资人职责又履行国有资产监管职责，其履责的对象是国有企业。2003年

4 月，国有资产管理委员会成立；此阶段，国有及国有控股企业资产总额从 2002 年初的 8.34 万亿元上升至 2013 年的 34.27 万亿元。资产总额同比增速连年增长，2008 年最高达到 18.4%；2013 年，进入世界 500 强的国企上升至 95 家。

4. 2013 年以来，持续深化阶段。中国共产党十八届三中全会明确提出，完善我国国有资产管理体制，改革国有资本授权经营体制，组建若干国有资本运营公司，支持有条件的国有企业改组为国有资本投资公司。在这一阶段，明确了国有企业分类改革的发展目标：进一步完善国有企业公司治理结构，加快发展混合所有制经济，推动国资监管模式从管资产向管资本转变。2016 年 10 月，习近平总书记在全国国有企业党的建设工作会议上指出，中国特色现代国有企业制度，“特”就特在把党的领导融入公司治理各环节，把企业党组织内嵌到公司治理结构之中，明确和落实党组织在公司法人治理结构中的法定地位，做到组织落实、干部到位、职责明确、监督严格。2020 年 6 月，《国企改革三年行动方案（2020—2022 年）》通过中央全面深化改革委员会审议。这标志着，我国国企改革将在国企混改、重组整合、国资监管体制改革等方面进入新阶段。其中，混合所有制改革的重点是完善公司治理，转换经营机制，探索建立有别于国有独资、全资公司的治理机制和监管制度从而对国有资本不再绝对控股的混合所有制企业，探索实施更加灵活高效的监管制度。

二、国有控股公司治理结构的基本特征

法人治理结构是现代企业制度的核心，也是国有控股公司领导体制演变的最新形态。目前，国有控股公司的治理结构与国外公司治理结构模式已经呈现出明显不同，与国企改革建立现代企业制度初期的“新三会”“老三会”模式也已经有了很大的差异，按照我国现行的法律法规和相关制度规定，国有企业特别是国有控股公司普遍建立了党委会、董事会、监事会、经理层的“三会一层”的公司法人治理结构。我国国有企业治理结构的基本特征如下。

1. 明确的国企属性。国有控股企业是中国企业的一种特殊形式，具有一般公司和国有企业的双重特性，在公司运行中存在诸多不同于非国有控股企业的治理要求和实践特点。国有控股企业无论是绝对控股企业还是相对控股企业，由于国家资本（股本）占比都比较高，都是最终由国家实际控制的企业。目前除了极少数国有企业仍然为国有独资企业外，绝大多数国有企业已经普遍改制为国有控股公司，国有控股公司已经成为国有企业的主要形式。

2. 独特的治理架构。按照传统的公司治理理论，在公司治理构架中，公司治理主体主要为董事会、监事会、经理层。股东大会由于其是非常设机构，一般不被视为法人治理结构的日常治理主体。目前，无论是从政策的发展看，还是从企业的实践看，我国国有控股公司已经突破了传统意义上的“三主体”模式的公司治理框架，构建起由党委会、董事会、监事会、经理层四个治理主体共同构成的“四主体”公司治理结构新构架。“四主体”治理结构（党组织“嵌入式”

治理结构）的构成主体有四个，即党委会、董事会、监事会、经理层，其中最重要的是党委会和董事会。“四主体”治理结构模式在具有“三主体”治理结构模式的常规特征的同时，还具有如下两个新特征：一是党委会被定义为公司治理结构主体之一，内嵌到法人治理结构之中；二是党委会根据治理规则发挥相应的治理作用。党组织嵌入公司治理结构并履行治理职责后，原有的治理关系随之被重构，这对公司治理的日常运行和最终效能都将产生深刻影响。

3. 创新的决策机制。建立现代企业制度的国有控股公司逐步形成了不同于西方公司治理结构的决策规则和程序。其中，最具创新意义的是讨论前置决策程序。讨论前置是指在国有及国有控股公司的决策程序上，党组织研究讨论是董事会、经理层决策重大问题的前置程序，重大经营管理事项必须经党组织研究讨论后，再由董事会和经理层做出决定。

讨论前置决策程序具有以下特点：涉及多方主体，包括党委会、董事会、监事会、经理层等；适用的范围主要是重大问题，包括“三重一大”事项（重大事项决策、重要干部任免、重要项目安排、大额资金使用）等；主要目的在于发挥党组织在国有控股公司中的领导作用，把方向、管大局、保落实。讨论前置决策程序重构了党组织和其他治理主体之间的关系，塑造了党委会与董事会以及监事会、经理层在决策程序上的顺序链条，同时对各治理主体的权责边界进行重新划分。讨论前置是国有控股公司落实坚持党的领导和建立现代企业制度“两个一以贯之”的有效探索，是把加强党的领导和完善公司治理统一起来的重要举措。讨论前置决策程序有利于在发挥党组织的领导作用的同时，充分发挥董事会的决策作用、监事会的监督作用、经理层的经营管理作用，成为中国特色现代企业制度决策机制的关键探索。

当前，讨论前置决策程序作为中国特色现代企业制度的重要决策制度安排，正在国有控股公司积极推行、落地实施。

4. 特色的领导体制。把党的领导融入公司治理各环节，是中国特色现代企业制度的一个基本要求，也体现了推进国企业改革在制度设计方面的一个重要理念。一般认为，传统“三主体”的公司治理模式，由董事会、监事会、经理层分别行使决策权、执行权、监督权，形成分权制衡、相互监督的治理关系。因此，把党的领导融入公司治理各环节，就要求融入董事会的决策、经理层的执行、监事会的监督之中，而且要融入公司治理的全过程。

在建设现代国有企业制度的过程中，国有控股公司已经探索出了“双向进入、交叉任职”的领导体制，通过在党委会、董事会、监事会、经理层等治理主体之间进行“贯通式”的人事安排，推进治理主体在成员层面上的相互融合，将党组织的影响力导入企业决策、执行、监督的环节。“双向进入、交叉任职”的具体做法是：符合条件的党组（党委）领导班子成员可以通过法定程序进入董事会、监事会、经理层，董事会、监事会、经理层成员中符合条件的党员可以依照有关规定和程序进入党组（党委）；党组（党委）书记、董事长一般由一人担任。

国有企业现代企业制度的公司治理架构如图2－4所示。

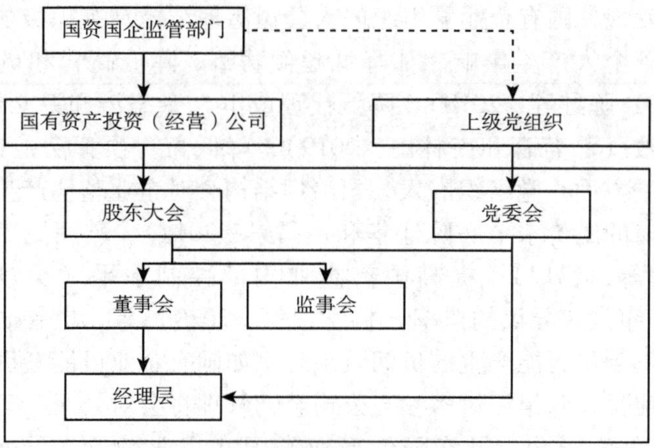

图 2-4　国有企业现代企业制度的公司治理架构

三、党组织嵌入公司治理及其效果

可以说，党组织治理是中国特色公司治理运行机制的重要创新。党组织在国有企业中的地位和作用被显著强化的同时，国有企业公司治理结构的领导体制、决策机制等方面也都有了新的创新，“融入”与“内嵌”相结合的公司治理模式初步形成。2015 年 8 月 24 日，《中共中央、国务院关于深化国有企业改革的指导意见》在重申充分发挥企业党组织政治核心作用的基础上，对公司董事会、监事会、经理层、党组织等治理主体的作用分别界定为，“充分发挥董事会的决策作用、监事会的监督作用、经理层的经营管理作用、党组织的政治核心作用”，并提出“创新国有企业党组织发挥政治核心作用的途径和方式”。2016 年 10 月 10 日，全国国有企业党的建设工作会议提出，党对国有企业的领导是政治领导、思想领导、组织领导的有机统一，国有企业党组织发挥领导核心和政治核心作用，赋予了党组织在国有企业“把方向、管大局、保落实，依照规定讨论和决定企业重大事项”的职责权限。

在领导体制方面，“双向进入、交叉任职”的领导体制已经形成，符合条件的党组织领导班子成员可以通过法定程序进入董事会、监事会、经理层，董事会、监事会、经理层成员中符合条件的党员可以依照有关规定和程序进入党组织领导班子；经理层成员与党组织领导班子成员适度交叉任职；董事长、总经理原则上分设，党组织书记、董事长一般由一人担任。在决策程序方面，提出明确“党组织研究讨论是董事会、经理层决策重大问题的前置程序，重大经营管理事项必须经党组织研究讨论后，再由董事会和经理层做出决定”，强调要“进一步完善公司法人治理结构，充分发挥章程在公司治理中的统领作用，依法厘清股东（大）会、董事会、监事会、经理层的职责边界，明确履职程序”，“健全党组织参与重大决策机制”。

较多研究发现，国有企业党组织嵌入公司治理结构具有积极的治理作用。一方面，会对高管个人产生影响，如降低超额薪酬、降低高管和员工的薪酬差距（马连福，2013；陈红等，2018）、降低代理成本（余怒涛和尹必超，2017）、抑制高管隐性腐败（严若森和吏林山，2019）、降低高管预算松弛程度（代彬等，2020）等。另一方面，党组织嵌入公司治理结构会对企业整体产生影响，如提高国有企业出售时的溢价水平（陈仕华和卢昌崇，2014）、聘用更大规模的会计师事务所（程博等，2017）、提高国有企业内部控制水平（吴秋生和王少华，2018）、提高董事发表异议的概率（柳学信等，2020）等。也有研究认为应注意规避具体实施不到位可能产生的负面效果，例如国有企业可能会因政治干预的加深而增加冗余雇员、党组织过多参与公司经营管理将会对公司治理水平和内部控制有效性产生负面影响，最终降低商业类国有企业绩效（吴秋生和王少华，2018）。

四、国有企业混合所有制改革对公司治理的影响

由于国企在我国国计民生中的历史地位和特殊作用，国企改革一直是我国经济体制改革的主要内容，甚至成为我国四十年改革开放的缩影。由于预算软约束、模糊诚信责任、多目标激励冲突和中国式内部人控制等问题的存在，国有企业既没有摆脱“家庭手工作坊式”的控制权对经营权的干预，无法利用社会专业化分工提高效率，又没有很好解决家庭手工作坊并不存在的代理问题。混改作为当下国企改革新的突破口，在新一轮国企改革中被普遍采用。

理论上，混合所有制改革包括了发展混合所有制经济改革与发展混合所有制企业改革。始于2013年的混合所有制改革把国有企业股份制改革推到一个新高度，实行国有企业改制、国有企业所在领域产业经营同时向民资外资开放，民资外资既可以参与国有企业发展混合所有制企业的股份制改革，也可以参与国有企业所在领域产业开放的发展混合所有制经济改革。

（一）国企混改模式和实现路径

2013年开始的国企混改实质性操作的一个重要方向是“分类、分层实施”。国务院国资委将国有企业分为三大类：公益性、商业Ⅰ类和商业Ⅱ类。杨瑞龙（2014）认为，应从国有企业所处行业的特性及所提供产品的性质两个维度来客观制定功能导向的分类方法，对不同类型的国有企业选择不同的改革模式，即提供公共产品的国有企业宜选择国有国营模式，垄断性国有企业宜选择国有国控模式，竞争性国有企业一部分宜进行产权多元化的股份制改造，另一部分宜实行民营化。目前国内国有企业有五类混合所有制改革模式，即开放式改制重组、整体上市、设立政府引导基金（产权制度改革）、引入战略投资者和员工持股。

实践中，本轮国企混改的核心内容集中在两个层面。一是在实体经济层面，通过引入民资背景的战略投资实现所有制的混合，改善治理结构，转变经营机

制；二是在国有资产管理体系层面，从“管人管事管企业”向“管资本”转变，实现国资“保值增值”目的。为了实现上述两个层次的混改目的，在混改实践中存在三条实现路径[①]。

1. 路径之一：在实体经济层面引入外部投资者。在实体经济层面引入外部投资者的力度与该国企所处的行业是否属于基础战略性行业密切相关。国家选择不同行业的国企进行“分类改革”。对于基础战略性行业，即使大比例引进外部投资者，国资依然需要保持控股；而对于那些非基础战略性行业，则可以让渡控股权给民资背景的投资者。国企混改由此在实体经济层面引入外部投资者的混改路径选择上存在两种典型模式：一是被誉为“央企混改第一股”的中国联通模式；二是来自天津地方国企混改实践的“北方信托模式”。前者既是央企混改的案例，也是基础战略性产业国企混改的案例，而后者则是地方国企混改和非战略基础性产业国企混改的典型案例。

2. 路径之二：在实体经济对外引入外部投资者的同时对内推出员工持股计划。国资委、财政部和证监会于 2016 年 8 月联合下发《关于国有控股混合所有制企业开展员工持股试点的意见》，鼓励混改的国有企业同时推出员工持股计划，改善治理结构，转化经营机制。员工持股计划作为中国联通混改方案的“最后一块拼图”于 2018 年 3 月 21 日推出。中国联通向包括董秘和财务负责人在内的 7 855 名公司中层管理人员、核心管理人才和专业人才授予不超过 84 788 万股限制性股票，约占当前公司股本总额的 2.8%。

3. 路径之三：在国有资产管理体制改革上，通过国有资产的资本化，监管职能实现“从管企业到管资本”的转变。所谓管资本就是改革经营性国有资产的实现形式，由实物形态的国有企业专项价值形态，转变为可以用财务语言清晰界定、有良好流动性、可以进入市场运作的国有资本。而设立或改组作为“政府和市场之间的界面”的投资运营机构和对原国有企业的公司制改造，旨在实现“国有资产的资本化”。国有资本投资运营机构成为国资委监管对象，经过“国有投资运营机构的隔离”，国资委由此与国有资本投资运营公司参与投资的实体企业“不再有直接产权关系，也无权穿越投资运营机构干预其投资的公司，政企分开顺理成章”。

（二）国企混合所有制改革对公司治理改革的影响

从混合所有制改革实践看，混合所有制改革对公司治理改革的影响体现在以下三个方面。其一，国企通过混合所有制改革改善了董事会治理，混改后外资民资股东通过委派董事促进了董事会决策机制的转变，强化了董事会的制衡监督作用；其二，国企通过混合所有制改革改善了管理团队治理，混改后管理团队的部分成员实行公开招聘，程度不同地促进了管理团队的职业化；其三，国企通过混合所有制改革改善了经营机制，混改后的经营更加市场化，依托市场竞争加快国企所拥有资源的产业化进程。

---

① 郑志刚：《国企混改的逻辑、路径与实现模式选择》，载《中国经济报告》2020 年第 1 期。

在案例研究以及实践中，如何分析混改动因及其经济效应，需要结合企业的混改目标和公司治理目标，探求其选取不同混改路径的动因，进而分析各混改路径和公司治理产生何种混改绩效，以及分析混改路径和公司治理如何相互影响。图2-5是混合所有制改革的分析框架图①。

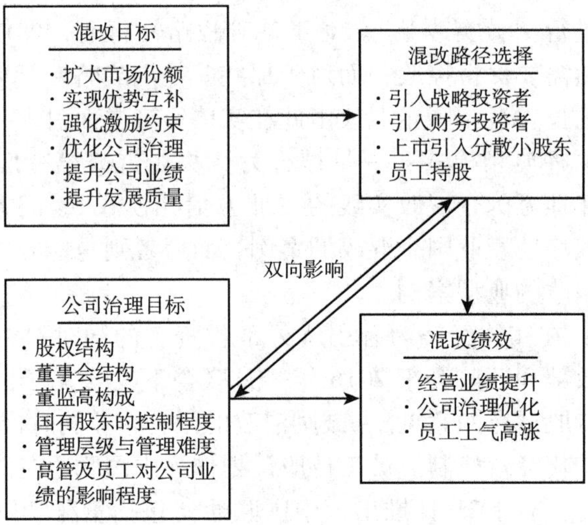

图2-5 混合所有制改革的分析框架

本章小结

基于广义公司治理概念，本教材将公司治理划分为内部治理和外部治理两方面。外部治理包括制度层面与市场层面的企业外部环境因素，具体包括政治、法律环境、经理人市场、资本市场、产品市场等外部环境因素。内部治理是指以公司所有权结构为起点，以治理结构为表现形式，以内部治理机制为内在核心的一系列制度安排。内部治理与外部治理相互作用，共同构成现代公司治理的基本框架。由于各国的政治、经济、社会、文化的差异，公司治理在不同的国家表现出不同的形式，形成不同类型的公司治理模式。当前，在世界各国的公司治理实践中，逐渐形成了三种比较典型的模式：以美国、英国为代表的市场导向型即“英美模式”；以日本、德国为代表的银行导向型即“德日模式”；以东亚国家为代表的家族控制模式。

公司治理结构，是指为实现资源配置的有效性，所有者（股东）对公司的经营管理和绩效改进进行监督、激励、控制和协调的一整套制度安排，它反映了决定公司发展方向和业绩的各参与方之间的关系。全体股东认同一个价值趋向，以现金或其他出资方式为衡量股份权益形成契约而成立有限公司形式，企业的安全性和成长性均取决于该公司内部治理结构是否积极、有效地履行职能。典型的公司治理结构是由所有者、董事会和执行经理层等形成的一定的相互关系框架。

财务治理机制是内部治理机制在财务权力安排上的具体表现。财务治理机制的核心在于决策权、监督权的分配与激励制度的安排，从公司财务管理角度看，其表现为财务决策权和

① 本图借鉴了沈昊、杨梅英在《管理世界》2019年第4期论文：《国有企业混合所有制改革模式和公司治理——基于招商局集团的案例分析》。

财务监督权的安排以及管理层的激励制度。

国有企业的经营实践同样离不开有效的公司治理机制，良好的公司治理能够实现国有资产保值增值、提高国有经济竞争力。党组织治理是中国特色公司治理运行机制的重要创新，其在领导体制、决策机制等方面的创新具有积极的治理作用。国企混合所有制改革通过改善国企治理结构、转变经营机制，实现国有资产的保值增值。

案例分析

案例1

聚焦公司治理专题之审计委员会：不能是一团和气的“务虚会”

审计委员会制度是健全公司治理结构的一项有效途径，设立审计委员会的目的是，通过切实有力的内部监督和治理来防范企业财务舞弊，提高上市公司财务信息披露质量。

2001年，中国证监会在《关于上市公司建立独立董事制度的指导意见》中首次提出可在上市公司董事会下设审计委员会，随后在2002年发布的《上市公司治理准则》中再次明确审计委员会的设立和运行模式，自此，审计委员会正式被纳入境内A股上市公司内部治理架构。2018年《上市公司治理准则》修订时，设立审计委员会被规定为A股上市公司的必选动作，进一步明确了审计委员会的构成和主要职责，审计委员会的重要性再度提升。

随着新《证券法》的实施，上市公司规范运作及董监高履职受到更严格的监管规制，相关违法违规行为的惩处力度也大幅提升。在提高上市公司质量的背景下，如何提升审计委员会的履职效率也成为备受关注的话题。

记者梳理近年审计委员会的履责情况发现，现行规则下，审计委员会的主要职责为监督及评估内外部审计工作、审核公司的财务信息及披露、监督及评估公司的内部控制等。但从实践情况看，一些上市公司的审计委员会沦为一团和气的“务虚会”，未能担起应担之责、发挥应有之效。如在内部审计领域，作为内部审计部门的上级主管，审计委员会扮演着举足轻重的角色，从内部审计的机构设置、制度建设和人员配备到确保内部审计制度有效执行等，都离不开审计委员会的调配。但在证监局现场检查中发现，深圳市某动漫公司在过去几年时间里仅有1名内部审计人员，有时甚至出现人员缺位的情况，显然内部审计工作未能有效开展，内部监督机制较弱。

而在外部审计上，审计委员会须予以监督及评估，保障上市公司财务信息披露真实、准确、完整。审计委员会需对审计机构的资格、专业技能、独立性、服务范围和收费水平做出评价，协助公司聘请合适的审计机构，必要时审计委员会也可以提议聘请或者更换外部审计机构。

同时，作为“独立派”，审计委员会还需协调外部审计与内部审计，并为外部审计师保持独立提供支持，确保年审工作顺利开展，推动外部审计质效提升。然而，审计委员会职责“虚化”、对外部审计的监督流于形式的案例屡屡发生。如退市风险公司 * ST赫美、ST网力拟聘任某不具有证券服务业务经验的审计机构，且该机构中仅2名注册会计师签署过证券服务业务审计报告；* ST利源在临近2019年年报披露时点更换年审机构并提请股东大会审议，又在短短几个工作日后称拟聘事务所不承接公司年审业务并取消议案，聘请审计机构犹如儿戏；康得新在2015～2018年通过虚构销售、采购等方式累计虚增利润超百亿元，造假持续时间之长、金额之巨、行为之粗暴、影响之恶劣着实令人咋舌。如此种种，审计委员会却充耳不闻、视而不见，形同虚设，审查监督职责完全失效。

此外，在履职过程中，规则赋予审计委员会单独聘请中介机构提供专业意见的权力。但从相关履职报告来看，鲜有审计委员会独立聘任中介机构协助进一步评估、核查情况的案例。

（资料来源：杨坪，载《21世纪经济报道》2021年10月28日第003版，有删减）

案例讨论题

1. 你认为在公司治理中审计委员会的职责应该有哪些？

2. 在我国实践中，审计委员会在履职过程中效果不尽如人意，你认为原因是什么？

3. 请你为充分发挥审计委员会为代表的专门委员会的治理作用、引导公司提升治理水平提几条建议。

案例2

双重股份≠治理特权“金钟罩”

世界充满不确定性，公司遭遇危机很正常，遭遇创始人危机也很正常，否则就不会有那么多的公司创始人、创始人家族出局了。一个特殊的难题是，由于分级股份制度的兴起，使一些公司创始人在股份投票权上保有了对公司的绝对控制权。在这种情况下，如果创始人在自身导致了公司危机的情况下，还是顽固地坚持拥有对公司的绝对控制权，公司就很难办了。

一、创始人出局，公司可继续正常发展

正常情况下，无论是创始人自身出现问题，还是创始人能力所限使其已经不能继续领导公司，创始人所任管理职务都可以被正常运作的公司董事会所替换掉。这方面曾引起广泛关注的中国企业第一课，是2001年新浪公司董事会解除王志东的CEO职务。1998年王志东与姜丰年共同创建新浪，1999年3月聘沙正治任CEO。半年后，沙正治离职，王志东任CEO。在任不到两年，2001年6月王志东被董事会解除了CEO职务。

公司发展过程中，包括创始人出局在内的各种各样的矛盾和冲突本身都不是问题，关键是有没有一个董事会投票这样的明确、权威的决策中心和裁决机制。三位创始人的连续出局，都没有阻挡住Twitter作为一家独立公司的发展步伐。从创始人、员工到投资人和用户，作为一种相互作用但以董事会为核心（谈判、妥协和集体决策中心）的公司治理系统缔造了Twitter。在从Odeo公司的一个项目中发展出Twitter公司的过程中，Odeo主要创始人格拉斯出局（主要是被项目负责人多西挤出局的）。作为Twitter创意提出者、项目负责人、首任CEO和联合创始人的多西，正式任CEO仅一年半（主要是被投资人罢黜的）。这还没有完，作为Twitter早期唯一投资者和公司主要创始人的威廉姆斯，任第二任CEO仅两年（2008年10月到2010年10月），就被投资者和董事会罢黜了。1977年，马库拉、乔布斯和沃兹涅克创建苹果公司。马库拉任董事长、斯科特任总裁。1981年，斯科特辞职，马库拉改任总裁兼CEO，乔布斯任董事长。乔布斯一直想出任总裁。1983年4月，斯卡利出任总裁兼CEO，对乔布斯有些崇拜，任由乔布斯控制公司，作为总裁兼CEO并没有真正掌握公司管理。乔布斯沉迷于技术和新产品研发，对公司管理混乱和销售日益恶化的状况认识不足。1985年4月，由投资者、董事罗克牵头，董事会决定让斯卡利全权掌握公司。在董事会的支持下，斯卡利对公司进行机构重组，乔布斯除董事长职务外，对公司具体部门和重要事务不再有任何直接管理权。乔布斯试图进行“宫廷政变”式的反击，但没有成功。斯卡利先是要求全体管理人员当着乔布斯的面投票，表示是支持乔布斯还是支持他，后逐一征询董事的意见，要求解聘乔布斯。这场权力斗争持续5个多月，乔布斯辞职。1996年，苹果公司收购乔布斯创建的NeXT，乔布斯成为公司特别顾问，1997年7月任“临时”CEO，2001年1月被正式任命为CEO。苹果公司权力斗争中，是董事会中的多数派支持决定胜负。不管你是谁，公司内部领导权配置的最高决定者都是多数派董事。董事会的权力到位，有董事会的裁决机制，多大、多激烈的公司内部权力斗争，都可以和平解决，不会因权力斗争而使公司瘫痪以致分崩离析。

相应的一个话题是，创始人未必是优秀的公司管理者。杜兰特 1908 年创建通用汽车，1910 年因公司财务危机而使公司控制权落入了银行家之手。1916 年，夺回通用汽车的杜兰特没有吸取教训，再度大举扩张，再次陷入财务危机，1920 年彻底失去自己创建的公司。天才发明家爱迪生，作为通用电气公司创始人是失败的。丰田喜一郎也是天才创始人而非优秀管理者，1941 年出任丰田汽车总裁，公司 1949 年陷入困境；1950 年，日本银行出面组织银团贷款拯救丰田汽车，条件是要求公司裁员，并将销售部门变为独立的销售公司，丰田喜一郎引咎辞职。思科的两位创始人，没能从卓越的创业者转型为优秀的管理者。1990 年 2 月，思科上市，红杉资本持股 23.5%，两位创始人博萨克和勒纳各持股 13.8%；8 月，在 6 名副总裁以集体辞职相威胁的要求之下，思科董事会解聘了勒纳，随后博萨克辞职。

二、股份分级增加创始人危机的管控难度

所谓分级股份制度，就是将公司股份设立成不同的级别，对不同级别的股份赋予不同权重的投票权。最初，这种投票权分级的做法是用在优先股中的。优先股通常具有优先的资产留置权、收益留置权，以及累积股息的权利，相应地在投票权上受到限制，优先股发行时有完全表决权、无表决权，或是有条件表决权。对普通股进行分级，赋予不同权重的投票权，从 1917 年开始使用。普通股分级，通常做法是分为每股 10 个投票权和每股 1 个投票权这两类，因此被称作双重股份结构。

双重股份结构在丹麦、挪威和瑞典十分普遍。在荷兰和英国则存在特别股，这种股份带有特别的董事提名权。德国法律规定公司最多可以发行50% 比例的无表决权股，保时捷公司就用足了这一政策。欧洲国家中，实现双重股份制度的著名公司很多，如 LVMH、阿斯利康、沃尔沃、ABB、爱立信、伊莱克斯、斯道拉恩索等。英国对于无表决权股和表决权股的比例没有限制。美国法律没有禁止公司发行无表决权股、有限表决权股、有条件表决权股或者多重表决权股等。在这方面，美国比英国宽松，但是比加拿大严格。加拿大很多公司实行双重股份制度。美国公司中实行双重股份结构的比例相对很低，这主要是因为纽约证券交易所曾长期拒绝双重股份结构的公司在该所上市。纽交所支持一股一票，不支持偏离“一股一票”以及其他违反纽交所有关“企业民主、责任、诚实与对股东的责任”标准的做法。从 1926 年到 1986 年，纽交所拒绝无表决权的普通股上市。美国证券交易所和纳斯达克没有这种限制，这使纽交所最终放弃了这一做法。

21 世纪以来，分级股份制度被美国高科技公司用来保护公司创始人。欧洲公司的富豪特权（创始家族后代可以凭借少数股份而继续保持着对公司的控制权）变成了美国公司的创始人特权。公司创始人团队保有一种具有更高投票权比例的股份，对外公开发行的则是投票权比例更低的股份。除持有高投票权比例的股份之外，增强创始人特权方式，还有上市前签署原始股东将投票权委托给创始人行使的协议等。这些制度安排有力地保护了公司创始人，缓解了来自华尔街的短期市场压力，使创始人能够按照自己的战略意图领导公司。但另一方面，如果创始人管理无能或是出现问题，董事会很难按常规程序及时解聘创始人的管理职务。

1984 年创立的思科公司的创始人，不仅没有在 1987 年引入风险资本时，进行创始人的控制权保护设计，而且在 1988 年为了争取风险资本方支持他们赶走公司的职业经理人 CEO，而将自己的股份投票权委托了投资人，这使他们在公司上市半年后，因与公司经理人团队的冲突、投资人支持了经理人团队而被迫离开公司。从思科公司角度看，这使董事会能够不受创始人特权束缚，及时替换管理层，为公司引入最合适的领导人。

在存在特权的情况下，如何使董事会能够在必要的情况下解除管理层职务，以免公司陷入危机？在出现违法、违规等问题的情况下，外部监管力量的及时介入可以提供一种救济手段，如特斯拉公司 CEO 马斯克因为一条不当 Twitter，招来美国证监会介入，双方 2018 年 9 月达成和解，包括马斯克辞去董事长职务，由独立董事取代，马斯克3年内无资格当选董事长；公司组建一个新的独立董事委员会，并实施额外的控制和程序，监督马斯克的言行。今年10月，法官批准了和解协议。如果像思科公司创始人或当年的乔布斯，并没有什么不当行为，但是管理能力不足致使公司问题重重，公司内部治理机制（股东会和董事会）上能有什么样的制度安排可以发挥作用？绝对的权力导致绝对的腐败，创始人特权也跳不出这个陷阱。一个可行的办法是，在公司创设分级股份制度以及公司投资者与创始人签订投票权委托协议时，附设约束条件，创始人违反这些附设条件时，剥夺其相关特权。另一个办法是，创设类似紧急状态下的董事会那样的公司章程条款，在出现创始人危机的情况下，通过特别委员会行使正常情况下的董事会权力，从而绕开创始人特权对公司行为的约束。

三、把创始人的不利影响降到最低

近年来，中国企业创始人出问题的案例渐多。创始人个人出问题，无论是因为触犯法律，还是因为如身体健康和交通事故等意外事件，公司能否持续发展都取决于公司的治理质量和组织发展水平。国美公司给我们提供了一个很好的案例。国美公司能够比较平稳地渡过创始人黄光裕入狱所带来的巨大冲击，在中国这样的商业环境下，难能可贵。这一方面表明，国美公司的海外注册和香港上市，给其带来了相对更健全一些的基本公司治理规则约束；另一方面表明，国美公司作为一家完全从市场竞争中成长起来的行业龙头企业，其自身的组织发展也有相当的水平。具有良好治理结构和良好组织发展水平的企业，能够在一定时期内凭借一种组织的惯性向前发展。这样的组织，整个团队相对成型，可以暂时没有“领袖”，可以逃避一日群龙无首则陷入混乱的低组织发展状态。

现代公司治理原则主张董事会中心主义，就是除非股东明确保留的权力，其他权力都可以默认配置给董事会。但是，这并不意味着股东不能控制董事会的组成，而是恰恰相反，要强化股东对董事会的控制。在董事会中心主义之下，公司的经营管理等具体行为由董事/经理人本着整个公司利益最大化的原则行使，以消除在控股股东直接行使这些权利的情况下很容易产生的“不公平关联交易”等窃取公司利益的行为。在不能直接行使经营管理等具体权力的情况下，控股股东对董事会的控制能够给其带来的只是纯粹股东利益（总体股东回报：分红和资本增值），这与其他股东、中小股东的利益是一致的。公司创始人权利和股东权利的保护，已经成为中国公司进一步走向董事会中心主义和职业经理人管理阶段的一个重要障碍，需要我们着力构建、提升相应的商业道德和公司治理规则基础；在“社会有效保护股东权利、股东有效控制公司董事会、公司董事会有效选聘职业经理人、职业经理人有效领导企业组织的发展”这样一个完整的公司治理链条之下，公司创始人的回报得到有效保障，创始人的自愿退出或是被迫出局才能成为一种“正常情况”，创始人危机对公司的不利影响也才能降到最低。

（资料来源：仲继银，《双重股份≠治理特权“金钟罩”》，载《董事会》2018年第10期）

案例讨论题

1. 双重股权结构的设置有何弊端？对于监管者来说，你认为如何应对双重股权结构的不利影响？

2. 现代公司治理原则中，是坚持董事会中心主义还是股东大会中心主义？两者的弊端各是什么？

复习思考题

1. 公司治理结构的含义是什么？一个良好的公司治理机制能够促进公司发展，提升公司价值，你能分析其中内在的原因吗？请至少从三个方面予以解释。

2. 假设某公司是一个成长性公司，作为公司人力资源主管部门负责人，董事长要求你设计一套员工激励计划，你会如何设计？

3. 目前三种公司治理模式：以美国、英国为代表的市场导向型即“英美模式”、以日本和德国为代表的银行导向型即“德日模式”以及以东亚国家为代表的家族控制模式，你认为它们的优劣势分别在哪儿？我国大部分企业属于哪种？

4. 什么叫外部治理机制？什么叫内部治理机制？你认为它们之间相互影响的内在机理是什么？

5. 你认为“最佳的”公司治理结构的标准是什么？

6. 你认为一股一票制度与双重股权结构有何差异？对投资者而言，两种不同的制度会产生怎样的影响？

7. 我国资本市场不同于英美国家，股权相对集中并且投资人以散户较多，你认为在公司治理机制设计中如何来确保中小股东的利益？

8. 在股权结构中，有股权分散和股权相对集中（存在大股东）两种模式，你认为两种模式有何优缺点？

9. 讨论分析党组织嵌入公司治理给公司经营带来的影响。其利弊如何？

10. 通过案例说明为什么混合所有制改革的实施是我国国有企业公司治理优化的重要手段。

第三章　企业价值评估

与大多数科技股相同，受宏观环境逆风以及消费者更加审慎的消费观影响，苹果公司在2022年上半年股价大幅受挫，6月16日跌至128.81美元的低点。但此后苹果公司股价一路高歌猛进，较6月低点大幅反弹超30%，接近收复年内全部跌幅。目前这家全球最“贵”的公司市值达到2.77万亿美元。有分析师认为，苹果公司仍然是同类最佳消费电子公司，有强大产品力、客户品牌忠诚度以及持续的产品和服务创新，当市场的不确定性增加时，苹果公司是一个避风港。苹果公司股票大涨与其财务报表超出预期、新品蓄势待发以及美联储继续加息预期减弱等有关。

那么，目前苹果公司市值是否合理？受到哪些因素影响？本章我们介绍企业价值评估的概念及其方法，从而回答这些问题。

第一节　企业价值评估概述

一、企业价值概述

在介绍企业价值评估前，要先介绍企业价值的概念。作为客观存在经济社会中的实体，企业通过集合土地、劳动力、技术、资本、企业家等要素为社会生产产品或提供服务，从而获取利润。因此，企业生存和发展的关键在于企业对资源的利用和获利能力，这是企业价值的基础。在市场经济环境下，企业也可以和其他商品一样，通过并购、上市等形式进行买卖，此时企业价值表现为企业在市场上的价格。

企业价值是由企业未来的持续获利能力所决定的，因此，影响企业未来持续获利能力的因素都会影响企业价值的大小，包括生产能力、行业前景、企业盈利模式、产品生命周期、技术研发、经营水平、管理能力、企业文化、客户关系、企业并购、资本市场成熟度等，既有外部因素也有内部因素。同时，企业价值既然是基于企业的未来现金流，那么还需要考虑风险和时间问题，因此，企业价值强调的是在一定风险水平和收益均衡条件下的企业长期、可持续获取现金流量的能力。

企业价值有多种表现形式，每一种价值形式都有其合理性和适用性，在这里主要介绍三种企业价值表现形式。

1. 账面价值，是以会计的历史成本原则为计量依据所确认的企业价值，在企业资产负债表中以资产总额直接体现出来，是投资人（债权人和股东）对企业资产所有权的价值加总。

2. 内在价值，也叫内涵价值，是对企业预期未来产生的现金流量以适当的折现率进行折现的现值之和，在之前对股票、债券、项目投资的价值评估中，也是以内在价值作为决策依据的。内在价值的大小受预期未来现金流水平和投资人要求的风险大小影响，而现金流水平归根到底还是企业收益能力的反映，因此，内在价值是企业未来收益和风险的综合体现。

3. 市场价值，是把企业作为商品在市场中的交易价格，是企业资产在市场上的价值体现。市场价值一般不等于账面价值，其价值大小受市场供需关系、投资者对企业未来盈利的预期等因素影响，具有不确定性。但从本质上，市场价值也是由内在价值决定的，是内在价值的外在表现形式。现实中受诸多因素的影响，市场价值往往会偏离内在价值，投资人会在市场上寻求被低估的企业以此获取价差空间。因此，如何准确判断企业内在价值是问题的关键。

图 3－1 表明：（1）一般情况下，企业的内在价值会高于账面价值，因为内在价值既包括历史成本会计信息验证部分，也包括企业未来获利能力与新增投资收益的折现价值部分；（2）内在价值是理论预期概念，是对企业未来现金收益的折现，投资者对企业未来盈利与风险信息的预期形成了内在价值；（3）市场价值是现实资本市场或产权市场上企业股权（资产）的价格，它是真实的交易价格，代表了这一具体时点的企业财富，由市场状况与投资者态度所决定，理论上市值应当围绕其内在价值上下波动。

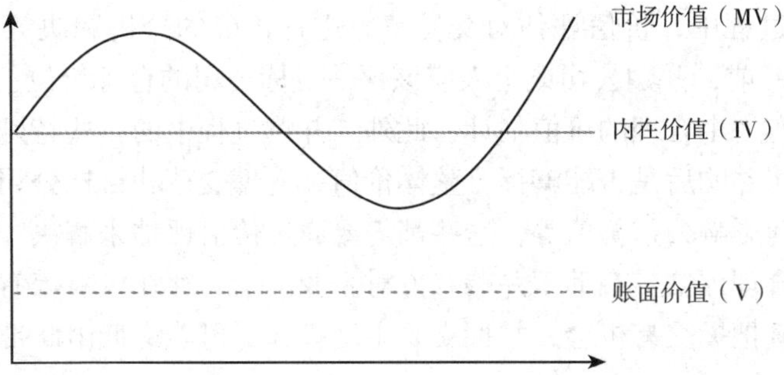

图 3－1　账面价值、内在价值和市场价值的关系

二、企业价值评估

企业价值评估是以企业整体为对象，对企业未来产生现金流量的长期、可持续能力做出估算，为投资者和管理层等相关主体提供改善决策的信息。企业价值评估具有以下三个特点。

1. 评估注重企业整体性。企业价值评估要突出企业作为一个整体的价值，在这个整体内，强调各资源要素之间的互相作用，带来企业整体价值的提升，而不只是对企业各项资产的简单相加。

2. 评估过程具有综合性。企业价值受多种因素的影响，在评估过程中要综合考虑影响企业持续获利能力的所有内部要素、外部环境以及投资者主观预期等因素，只要对企业持续发展潜力和投资价值有影响的因素，都应当考虑。因此，公司价值评估具有综合性。

3. 评估结果具有不精确性。企业价值评估是评估人员在综合各方面因素后得到的一个相对合理的结果，评估过程不可避免地受到评估人员主观判断的影响。此外，任何一个影响企业价值因素的变动都会影响到价值评估结果，因此，企业价值评估的结果不可能完全精确。企业价值评估不是一门科学，更像是一门艺术，即便过程再规范、方法再科学，也不可能会得到一个绝对准确的数值。

三、企业价值评估的意义

（一）价值评估可用于投资分析

价值评估是投资分析的核心内容。对于投资者特别是价值型投资者而言，价值评估在投资决策中起到了十分关键的作用。价值型投资者一般认为，公司价值可以通过财务指标反映出来，而偏离公司内在价值的股票价格最终会回归内在价值，投资者由此寻找被低估的股票作为他们投资的重点。

（二）价值评估可用于企业并购

企业并购过程中，价值评估对交易双方进行正确的分析和决策起到了非常关键的作用。并购前，并购公司或个人应该评估目标公司的合理价位；目标公司也应当对自身公司有一个合理的价值估计。此外，并购过程中的一些特殊问题，如并购公司和目标公司并购后是否能够提升整体价值，管理变革和目标公司资产重组是否会影响以及如何影响公司价值等，这些都需要通过价值评估来解决。总之，通过对企业价值进行合理评估，有助于并购双方对企业前景、存在风险等有全面清醒的认识，才能够准确把握交易机会，掌握交易主动权，尽可能降低由此带来的风险。

（三）价值评估可用于经营管理

价值评估有利于公司内部的经营管理层进行决策，提高管理效率。现代企业经营管理的新方向是以开发公司潜在价值为目的的价值管理。公司价值管理更加注重对公司整体获利能力的分析和评估，制定和实施合适的经营发展计划以确保公司的经营决策有助于增加公司价值。在这一趋势下，企业管理人员将不再满足于反映企业历史的财务数据，而是更多地运用企业价值评估信息展望公司未来，提高公司的未来盈利能力。

四、企业价值评估的一般程序

不同的评估对象和评估目的对应的评估程序也不尽相同，但大体都包含以下程序。

（一）展开价值评估的基础工作

基础工作是整个价值评估耗时最长也是最关键的步骤，基础工作主要包括以下五个方面：（1）了解目标企业所处的宏观经济环境及金融、市场、监管、政策环境；（2）了解目标企业所处的行业环境、行业特征、行业发展态势；（3）了解目标企业在行业中的竞争力等，包括地位、声誉、市场占有率、竞争优势、增长点、营销渠道、潜在的机会等；（4）了解目标企业的技术革新能力；（5）了解企业的治理结构、控制权。此外，任何可能会影响企业持续盈利能力进而影响价值评估的因素都应当考虑进来。

（二）实施绩效预测

绩效预测的主要目的是明确企业价值的关键驱动因素——增长率和投资资本回报率。首先，应根据前述环节搜集的资料，评估企业的战略地位；其次，为企业制定不同的环境和情境，定性说明影响企业绩效的主要事件并做出合理预测；最后，在此基础上，对企业未来现金流量的构成要素和现金流量值分布概率进行估计，也可以通过结合预测期限和通货膨胀影响，预测企业未来财务报表并预测现金流量，进而对投资资本回报率等其他关键驱动因素进行预测。

（三）选择企业估价模型

企业价值评估模型各有特点，选择模型时需要根据评估目的、被评估企业的特点来进行考虑，例如初创期的互联网公司和成熟期的制造型企业的估价模型肯定是不一样的。因此实践中要充分考虑企业自身的特点及所处环境，避免因估价模型的选择不当造成评估结果的不准确。

（四）结果检验和解释

企业估值的最后阶段包括检验企业的价值，并结合有关决策对评估结果做出解释。企业价值结果出现后，通过将企业价值与其价值驱动因素、关键的营业假定进行对照以检验结果的合理性。通过对企业不同情境下的价值及对应关系的全面考察，以保证企业估值结果的准确性，帮助相关信息使用者做出正确决策。

第二节 企业价值评估的方法

企业价值评估的方法有很多，目前主流观点将这些方法归纳为三种类型：收益法、市场法和资产基础法。其中，收益法是以一定的折现率对企业未来收益进行折现来评估企业价值，具体包括企业自由现金流量折现模型、股权自由现金流量折现模型、股利折现模型、经济利润折现模型等；市场法又称相对估值法，是将评估对象与可比上市公司或可比交易案例进行比较以确定评估对象价值，一般包括上市公司比较法、交易案例比较法；资产基础法又称成本法，是以估算获得标的资产的现实成本进行估价。实践中，上述方法可以单独使用，也可以多种方法交叉使用。

本教材主要介绍现金流量折现模型和相对价值评估模型，分别属于收益法和市场法，由于资产基础法的基本原理是将企业资产、负债的历史成本调整为现实价值进行估值，会涉及企业会计准则的具体内容，本教材不再作具体介绍。

一、现金流量折现模型

现金流量折现模型是以反映现金流量风险的折现率对未来时间预计的现金流量进行折现，以确定其资本化价值的方法。该模型是企业价值评估使用最广泛、理论最健全的模型，还原了企业价值的本质，即企业未来经营现金流量的折现值。现金流量折现模型的基本公式如下：

$$价值 = \sum_{t=1}^{n} \frac{CF_t}{(1+r)^t}$$

其中，n为资产的收益年限；CF_t为第t年的现金流量；r为反映现金流量风险的折现率。

（一）现金流量折现模型的参数

将现金流量折现模型用于企业估值，需要估计企业产生的自由现金流量金额、时间分布以及相应的折现率。

1. 自由现金流量。自由现金流量（free-cash-flows，FCF）代表的是企业全部现金流入扣除成本费用和必要投资后的“剩余”部分现金流量，是企业一定期间内可以自由地将这部分现金流量分派给企业所有的索偿权持有人，包括短期、长期债权人和股权持有人①。在持续经营的前提下，企业应当在保证正常的生产经营条件下产生更多的现金流量，也就是有正的自由现金流量。长期以来，不同的学者对自由现金流量的理解不尽相同，没有一个统一的定义，但从他们解释自由现金流量的共同支出可以发现以下四点：（1）都是在不危及公司生存与发展的前提下可供分配给股东（和债权人）的最大现金额；（2）都考虑了公司的持续经营或必要的投资增长对现金流的要求，即为了保持其持续发展所必需的现金流量支出，也就是资本性支出；（3）对资本性支出的界定虽然比较明确，但在实际应用中很难在报表中取得比较精确的数据；（4）自由现金流量的具体计算方法没有绝对的统一，可能因人而异。

自由现金流量的形成原理如图3－2所示。

---

① 汪平：《自由现金流量概念研究》，载《河北经贸大学学报》2003年第4期。

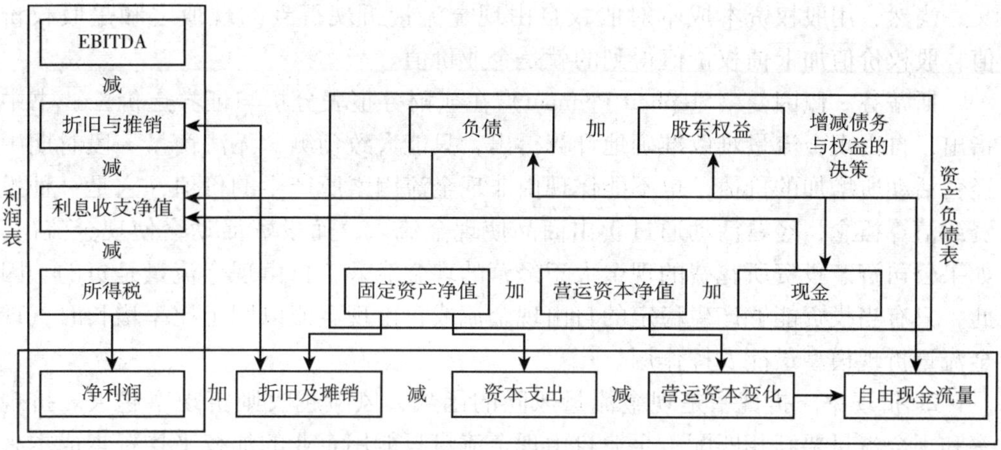

图 3－2　自由现金流量的形成原理

此外，自由现金流量的外延分类的方法很多，本教材根据现金流量的口径不同，将自由现金流量分为企业自由现金流量和股权自由现金流量，为了便于理解，我们同时界定了企业经营性现金流量的概念。

（1）经营性现金流量。经营性现金流量是经营活动（包括商品销售和提供劳务）所产生的现金流量，不包括筹资性支出、资本性支出或营运资本净增加等变动。其计算公式如下：

经营性现金流量＝营业收入－营业成本费用(付现性质)－所得税
＝息税前利润×(1－所得税税率)＋折旧

需要注意的是，上述公式中将营业收入、息税前利润（EBIT）视为现金流量指标，其前提是：在财务管理教材中，为了方便起见，通常假设权责发生制下的数据等同于收付实现制下的数据。没有这个前提，计算结果就只具备账面利润性质，而不具备现金流量性质。

（2）企业自由现金流量。企业自由现金流量是在扣除税收、必要的资本性支出和营运资本增加后，能够支付给股东和债权人的现金流量。其计算公式如下：

企业自由现金流量＝息税前利润×(1－所得税税率)＋折旧摊销
－资本性现金支出－营运资本增加额

（3）股权自由现金流量。股权自由现金流量是在满足资本支出、营运资本、债务清偿的需要后，可以作为股利全部发放给股东的现金流量，因此，金额上等于企业自由现金流量减去债权人的自由现金流量。其计算公式如下：

股权自由现金流量＝企业自由现金流量－债权人自由现金流量
＝息税前利润×(1－所得税税率)＋折旧摊销
－资本性现金支出－营运资本增加额
＋(新借入的债务－偿还的债务)

当然，用股权资本成本对股权自由现金流量折现得到的现值之和是股权价值，股权价值加上债权价值得到的就是企业价值。

斯蒂芬·佩因曼（Stephen Penman）在《财务报表分析与证券定价》一书中指出，自由现金流量难以准确地计算得出，只能大致预测，无法衡量一段时期中经营活动所增加的价值，也不能体现由非现金流因素所产生的价值；它是一种投资或清算概念，经营活动通过卖出商品使现金流入，而投资活动会使现金流出，如果公司资产投资所花费的现金大于经营的现金流入，自由现金流量是负的。因此，只有当投资能够产生稳定的自由现金流或自由现金流以固定比率增长时，现金流量折现模型最能发挥作用。

2. 折现率。折现率是现金流量风险的函数，风险越大则折现率越大。折现率和现金流量要互相匹配，企业自由现金流量只能用企业的加权平均资本成本来折现，股权现金流量只能用股权资本成本来折现。

具体的测算方法有以下两种。

（1）根据企业长期成本的来源，对每一种长期资本的单项资本成本进行估计，并进行加权，得到加权平均资本成本。

（2）如果是估计股权资本成本，可以根据资本资产定价模型计算投资人要求的必要报酬率作为股权资本成本，计算公式如下：

$$R = R_f + \beta(R_m - R_f)$$

其中，R_f为无风险报酬率；R_m为市场组合的平均必要报酬率；β为该公司股票的系统风险。

（3）为了方便，也可以使用被估值企业所属行业的平均投资报酬率作为折现率。

3. 时间。这里指的是产生现金流量的时间，企业产生现金流量的时间应当与企业的寿命是一致的。但是企业寿命是不确定的，在持续经营假设条件下，认为企业是可以无限期存续下去的。

（二）现金流量折现模型的种类

现金流量折现模型假设企业产生现金流量的时间是无限的，具体在模型中，根据自由现金流量的增长态势假设的不同，有如下两种类型。

1. 永续增长模型。永续增长模型假设自由现金流量按照固定的增长率稳定、持续地增长。以计算企业价值为例，假设永续增长率为g，加权平均资本成本为k_w且不变，则企业价值可以表示为：

$$企业价值 = \frac{预测期第一期期末的企业自由现金流量}{k_w - g}$$

【例3-1】A公司在2022年的自由现金流量为5 000万元，从2023年起，公司进入稳定增长率，预计增长率为5%，公司的加权平均资本成本为10%，则A公司的价值为：

$$V=\frac{5\ 000\times(1+5\%)}{10\%-5\%}=105\ 000(万元)$$

2. 两阶段增长模型。企业自由现金流量也可以有不同的增长速度，为了方便计算，我们假设现金流增长分为两个阶段：第一阶段为调整阶段，此时企业增长不稳定，可能是高速增长，也可能是不规则增长；第二阶段为稳定增长阶段，企业到了此阶段后开始稳定、持续地增长。这就是两阶段增长模型。计算时需要分别对这两个阶段的现金流量进行折现，得到现值总和。同样，假设永续增长率为 g，加权平均资本成本为 k_w，调整阶段期数为 n，则企业价值可以表示为：

$$企业价值=\sum_{t=1}^{n}\frac{企业自由现金流_t}{(1+k_w)^t}+\frac{稳定阶段第一期期末的企业自由现金流}{k_w-g}\times\frac{1}{(1+k_w)^n}$$

【例 3－2】 B 公司是一家高技术企业，具有领先同业的优势，2022 年的自由现金流量为 1 000 万元，预计 2023～2025 年的自由现金流量如表 3－1 所示，自 2026 年开始进入稳定增长期，增长率为 4%。企业的加权平均资本成本为 10%，计算目前 B 公司的价值（如表 3－1 所示）。

表 3－1 **B 公司价值计算表** 金额单位：万元

项目	2022 年	2023 年	2024 年	2025 年	2026 年
自由现金流量	1 000	1 200	1 450	1 600	1 800
折现系数		0.9091	0.8264	0.7513	
折现值	3 491.28	1 090.92	1 198.28	1 202.08	
稳定增长期价值	22 539			30 000	
公司价值	26 030.28				

2025 年年末，稳定增长期的企业价值为：

$$V_{后续}=\frac{1\ 800}{10\%-4\%}=30\ 000（万元）$$

折现，得：

$$V_{现}=30\ 000\times0.7513=22\ 539（万元）$$

2023～2025 年的企业价值为：

$$V_{前}=1\ 200\times0.9091+1\ 450\times0.8264+1\ 600\times0.7513=3\ 491.28（万元）$$

因此，B 公司的总体价值为：

$$V_{总}=22\ 539+3\ 491.28=26\ 030.28（万元）$$

二、相对价值评估模型

相对价值评估模型是用类似企业的市场定价来对目标企业进行估值，通过一些共同的变量，例如净利润、收入、账面价值、现金流等来比较两个公司。例如，用行业平均市盈率来评估公司价值，要先确定可比较的类似企业，计算市盈率，再用市盈率乘以目标企业的净利润，这样得到的是目标企业的股权价值，如果要评估企业整体价值，还需要加上债券价值。

相对价值评估模型的前提和关键是选择适当的可比公司以及合适的参照比率。在选择可比公司时，要选同行业的其他企业，并且产品类型、市场地位、财务指标、资产结构要大体相同；选择参照比率时，可以根据企业基本面进行选择，将评估企业的比率与企业的基本面相联系，解释这些比率与企业特征之间的关系，使评估人员能够随着企业特征的变化预测比率的变化。

与现金流量折现模型相比，相对价值模型的优点是相对简单、容易，能够迅速评估出公司价值，特别是在市场中有大量可比公司，且市场能够正确评价的情况下。但正因如此，相对价值模型更容易被滥用和被操纵，尤其是在可比公司选择比较困难时。

相对价值模型分两大类：一类是以股票价格为基础的模型，包括每股市价/每股收益、每股市价/每股净资产、每股市价/每股销售收入等，估计的是目标公司的每股市价，进而可以计算出股权价值；另一类是以企业实体价值为基础的模型，包括实体价值/税后经营净利润、实体价值/息税前利润、实体价值/实体现金流量等，估计的是目标公司的实体价值。模型原理大体相同，本教材只介绍三种最常见的估价模型。

（一）市盈率法

市盈率是指普通股每股市价与每股收益的比率。运用市盈率估值的模型如下：

$$目标公司每股价值 = 可比公司平均市盈率 \times 目标公司每股利润$$

该模型假设每股市价是每股收益的一定倍数，每股收益越大，则每股市价越大。同类公司有类似的市盈率，所以目标公司的每股价值可以用每股收益乘以可比公司市盈率计算。

根据股利折现模型，处于稳定状态企业的每股价值为：

$$每股价值\ P_0 = \frac{每股股利_1}{股权资本成本 - 增长率}$$

两边同时除以每股收益$_0$：

$$\begin{aligned}\frac{P_0}{每股收益_0} &= \frac{每股股利_1/每股收益_0}{股权资本成本 - 增长率} \\ &= \frac{每股收益_0(1+增长率)\times 股利支付率/每股收益_0}{股权资本成本 - 增长率} \\ &= \frac{股利支付率\times(1+增长率)}{股权资本成本 - 增长率} = 本期市盈率\end{aligned}$$

因此，市盈率的驱动因素是企业的增长潜力、股利支付率和风险（股权资本成本与风险有关）。这三个因素类似的企业才有类似的市盈率。

【例3-3】C公司准备进行企业整体评估，评估人员采用市盈率法评估公司的股权价值，评估基准日为2022年12月31日。评估人员在同行业公司中选择了6家可比上市公司，分别计算了可比公司2022年的平均市盈率，C公司2022年的净利润为2 000万元（如表3-2所示）。

表3-2　　6家可比公司的市盈率

可比公司	甲	乙	丙	丁	戊	己
市盈率	18.8	20.3	17.5	38.1	22.4	19.4

6家可比公司2022年的平均市盈率为22.75，但同时我们发现丁公司的市盈率明显高于其他公司，为避免给评估造成影响，应从可比公司中剔除。剔除后其余5家公司的平均市盈率为19.68。则有：

C公司的股权价值＝19.68×2 000＝39 360（万元）

市盈率法数据易得、计算简便，并且将价格和收益联系起来，反映了投入产出的关系。但市盈率法不适用于亏损的企业，因为收益如果为负的话，市盈率也没有任何意义。因此，市盈率法最适合连续盈利的企业。

（二）市净率法

市净率是指每股市价和每股净资产的比率，这种方法假设股权价值是净资产的函数，类似企业有相同的市净率，净资产越大则股权价值越大。因此，目标公司的每股价值可以用每股净资产乘以可比公司平均市净率计算。

$$\text{目标公司每股价值} = \text{可比公司平均市净率} \times \text{目标公司的每股净资产}$$

如果将股利折现模型的两边同时除以同期每股净资产，就可以得到市净率：

$$\frac{P_0}{\text{每股净资产}_0} = \frac{\text{每股股利}_0 \times (1+\text{增长率})/\text{每股净资产}_0}{\text{股权资本成本}-\text{增长率}}$$

$$= \frac{\dfrac{\text{每股股利}_0}{\text{每股收益}_0} \times \dfrac{\text{每股收益}_0}{\text{每股净资产}_0} \times (1+\text{增长率})}{\text{股权资本成本}-\text{增长率}}$$

$$= \frac{\text{股利支付率} \times \text{权益净利率} \times (1+\text{增长率})}{\text{股权资本成本}-\text{增长率}}$$

$$= \text{本期市净率}$$

市净率法克服了市盈率法中无法对亏损企业进行评估的缺陷，因为市净率很少为负。此外，净资产账面价值数据易得，且不像利润那样容易被人为操纵。但市净率法的缺陷在于账面价值受会计政策选择的影响，如果企业执行的会计标准或政策不同，市净率将失去可比性；对于一些行业，如服务行业、高新技术行业，本身固定资产很少，净资产和公司价值关系不大，那么这类企业也不适合市净率法；个别企业的净资产为负，市净率没有意义，无法用于比较。因此，市净率法适用于拥有大量资产且净资产为正的企业。

（三）市销率法

市销率是指每股市价和每股营业收入的比率。市销率法假定影响每股价值的是营业收入，每股价值是每股营业收入的函数，每股营业收入越大则每股价值越大。因此，目标公司每股价值可以用每股营业收入乘以可比公司市销率。其计算公式如下：

$$目标公司每股价值 = 可比公司平均市净销率 \times 目标公司的每股收入$$

如果将股利折现模型的两边同时除以同期每股收入，就可以得到市销率：

$$\frac{P_0}{每股收入_0} = \frac{每股股利_0 \times (1+增长率)/每股收入_0}{股权资本成本 - 增长率}$$

$$= \frac{\frac{每股股利_0}{每股收益_0} \times \frac{每股收益_0}{每股收入_0} \times (1+增长率)}{股权资本成本 - 增长率}$$

$$= \frac{股利支付率 \times 销售净利率 \times (1+增长率)}{股权资本成本 - 增长率}$$

$$= 本期市销率$$

上述公式表明，驱动市销率的因素有销售净利率、股利支付率、增长潜力和风险。

市销率法的最大优点是不会出现负值，即便是亏损企业和资不抵债的企业，也可以计算出一个有意义的市销率，市销率对价格政策和企业战略变化敏感，可以反映这种变化的后果。缺点在于不能反映成本的变化，而成本是营销企业现金流量和价值的重要因素之一。因此，这种方法主要适用于销售成本率较低的服务类企业，或销售成本率趋同的传统行业的企业。

由于企业的个体差异始终存在，如果仅仅采用单一指标进行评估，在某些情况下可能会影响评估结果的准确性。因此，在使用相对价值模型进行评估时，除了选取多个可比公司样本外，还可以采用多种可比指标进行综合评估。

【例3-4】 D公司准备进行企业整体评估，评估人员分别采用市盈率法、市净率法、市销率法来评估公司的股权价值，评估基准日为2018年12月31日。评估人员在同行业公司中选择了4家可比上市公司，分别计算了可比公司2018年的平均市盈率、市净率法和市销率，如表3-3所示。

表3-3　　4家可比公司的市盈率、市净率和市销率

项目	甲公司	乙公司	丙公司	丁公司	平均
市盈率	15.2	14.6	16.1	15.5	15.35
市净率	3.1	2.5	2.9	3.4	2.98
市销率	1.3	0.9	1.5	1.4	1.28

已知D公司2018年的净利润为2 800万元，年末账面净资产为14 000万元，年销售额为40 000万元，则利用可比公司平均比率可以计算出D公司的股权价值，如表3－4所示。

表3－4　　D公司股权价值评估

项目	D公司（万元）	可比公司平均比率	D公司股权价值（万元）
净利润	2 800	14.6	40 880
净资产	14 000	2.5	35 000
年销售额	40 000	0.9	36 000

将三种方法得到的股权价值进行平均，得到D公司股权价值为37 293.33万元。

第三节　基于价值创造的财务管理

价值评估的作用不只在于"评估"，因为价值评估的过程也是对企业价值创造结果的反映。基于企业价值创造进行财务管理，将企业价值评估的基本理念和技术全方位地应用于企业的管理过程中，通过各个环节、各个方面的努力，保证企业价值最大化目标的顺利实现，确保企业投资者财富的不断增加，我们称为"价值创造型财务管理模式"。

价值创造型财务管理模式将改变企业管理层以及员工的观念，使原来的短期利润目标变为长期的价值增长目标，深刻地影响着企业的战略、计量、控制、激励等方面，以期实现企业的价值。以下从价值规划、价值控制以及价值评价这三种管理活动出发，探讨基于企业价值创造的财务管理路径。

一、价值规划

价值规划是从价值衡量的角度，探讨实现企业价值增值的可能性及路径，包括价值重组分析和价值链优化。通过价值重组分析可以寻找到公司内部的重组机遇，发现价值创造的可能途径。价值链优化是在重组分析的基础上，识别出增值流程与非增值流程，并提出优化的策略。

（一）价值重组分析

价值重组是对企业价值创造能力的分析，首先要了解公司目前的市场价值，然后评估公司的现有价值以及在内部改进、业务出售、价值增长、财务改进能够带来增值等情况下的企业潜在价值。将所有这些价值与企业目前的市场价值相比，就能估计出经过彻底重组后投资者可能得到的收益，据此对企业的业务状况及价值创造的可能途径有更清晰的认识（如图3－3所示）。

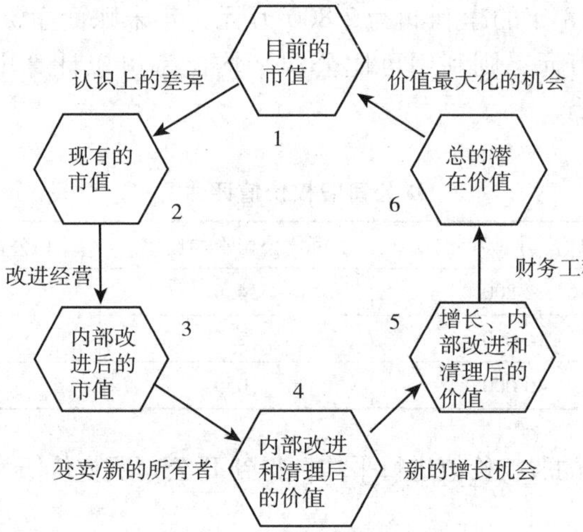

图3-3 价值重组分析六角形

在价值重组分析过程中，要先对各个业务单元进行评估，区分核心业务单元与非核心业务单元。核心业务单元即创造价值和现金流量最多的单元，非核心业务单元则是那些创造较少价值或不创造价值甚至损毁价值的业务单元。对核心业务单元，企业要确定关键绩效指标，保证业务持续增长，出现下滑时要及时改进业务，促使潜在内部价值提升。对非核心业务单元，先尝试进行内部改进，如果还是没有改善，甚至影响到核心业务单元的价值创造，可考虑出售，并寻找新的增长机会，为企业的未来发展提供动力，同时也有利于现有业务的扩展。最后企业还应当从财务方面做出改善，例如优化企业的财务结构。若企业能产生大量而稳定的自由现金流量，可尝试增加负债比例，以充分利用负债筹资的税收优势，实现价值最大化。

在以价值为导向的财务管理模式下，应当更关注企业价值及投入资本收益率的增长，而不仅仅关注利润、销售额等反映短期效益的指标。这意味着要从企业整体和长远的利益出发，例如投入大量资金用于研发或环境保护等，尽管可能会导致现有的收益降低，但在未来会创造更大的价值。

（二）价值链优化

对企业价值实施有效的管理，就必须对价值创造的过程有深刻的理解和把握，对价值创造的各项活动实施全过程管理的管理，也就是价值链管理。

价值链分析是由美国战略学家迈克尔·波特提出的，他把“企业”比作一个“黑匣子”，把它打开，可以把企业创造价值的过程分解为一系列互不相同但又相互关联的经济活动，我们称为“增值活动”，其总和即构成企业的“价值链”。任何一个企业都是其产品在设计、生产、销售、交货和售后服务方面所进行的各项活动的聚合体，每一项经营管理活动就是这一价值链条上的一个环节。由于经营环境在不断地变化，企业的价值链也不是一成不变的，如果因市场环境的变化、产业结构的调整、新技术的出现等原因，使原有的价值链环节不再具有价值或不能够优化创造更高价值，那么要及时改进，发现价值链重组的机会，即可以设计一个新的价值链，通过市场选择最优的环节，把它们链接起来，创造出新的价值。

价值链优化的策略大体可以分为三大类。（1）简化，主要是指使现存的流程自动化及缩减企业的日常管理费开支，这种适用于渐进式改进。（2）业务流程重组，主要有三种：一是将几个流程过程合并，减少流程环节，提高流程效率；二是将某一段流程打破顺序，重新构造，整合新的流程模式，以团队方式开展工作；三是将连续或平行式流程改为同步工程。（3）战略性重构，这是一种广义的、全面的价值流程优化，意味着企业经营方式的根本改进。

在制定流程的优化方案时，企业要视价值流程与企业战略、价值创造活动的相关性来选择不同的流程优化策略。与企业价值创造高度相关的关键流程，其流程优化策略是进行持续的、渐进的改进；远未达到预想状态的关键流程，其流程优化策略是采取根本性的、迅速的改革；与企业战略高度相关的非关键流程，其流程优化策略是尽量少投资或外包；与企业战略不一致的非关键流程，其流程优化策略是转移到能够带来更高附加值的其他企业。

企业为保持领先水平而进行流程的升级、更新和改进的成本是巨大的。在流程优化和价值创造的决策中，存在着这样一个规律：流程改进的范围越大、程度越深，企业获得的潜在价值收益就越大，同时成本和风险也就越大。

二、价值控制

价值控制是指以价值创造为核心，编制与价值评估对应的预算体系，对企业内部财务管理活动及效果进行衡量和校正。这一部分主要包括预算管理和财务活动控制。

（一）预算管理

财务预算是对企业财务目标实现路径的一种设计和规划，通过科学地编制财务预算，并据此进行有效的财务控制，是实现财务目标的重要途径和措施。著名学者大卫·奥特利（David Otley）认为预算管理是为数不多的几个能把组织所有关键问题融合于一个体系之中的管理控制方法之一。以价值为基础的预算管理，强调价值创造对企业运营的牵引作用，建立以价值最大化为目标的责任体系，通过价值驱动因素来进行资源配置管理，整合企业实物流、资金流、信息流和人力资源流，保证企业战略的顺利实施。财务管理制度应以基于价值的预算管理思想和框架为依托，实现财务管理的全过程、全方位、全员的特性。

要使预算在企业价值创造型财务管理模式中发挥更大作用，必须要改进传统预算模式与方法，包括保证预算制定的过程能够适应不断变化的经营环境，采用高水平的财务模型来拓展年度预算的框架，建立以价值增值为目标的预算程序，确认和监督企业的价值创造活动的全过程，建立预算与战略计划的联系等。具体包括以下四个方面：（1）将传统的预算方式转化为一种以作业单元和价值链为基础的分析工具，用以衡量企业所开展的各项工作；（2）通过良好的预算技术，使企业既定的衡量尺度从现行的财务报告具体科目转变为企业的预算目标指标，并与战略充分对接；（3）建立精巧的预算数据模型，描绘经营管理行为的偏差与年度经营目标之间的关系；（4）分解和评价产品在每一个环节和工作中所形成的“经济增加值”。

（二）财务控制

财务控制是指对企业的资金投入及收益过程和结果进行衡量与校正，以确保企业目标以及为达到此目标所制定的财务计划得以实现。以价值创造为基础的财务控制，要从财务活动对企业价值影响的角度出发，以价值评估中的关键要素（现金流、资本成本、持续期）为重点，控制和衡量财务活动。企业财务活动分为投资、筹资、资金营运这三类活动，如何通过这三项财务活动来增加公司的自由现金流量，降低加权平均资本成本，提高企业竞争力，最终提升公司价值，是以价值评估为基础的财务控制的主要内容。

投资活动是企业价值创造的主要途径，投资决策的成功与否从根本上决定了企业发展的命运。企业在做出决策时必须慎重，综合考虑多种因素，运用正确的评价方法，得出正确的决策。

资金营运活动主要包括选择现金、有价证券、应收款项和存货的水平以及各种短期筹资的水平及结构，即安排好流动资产和流动负债，使得资金最有效率地使用，提升企业价值。

融资活动直接影响公司的资本成本，要制定合理的融资决策，明确融资规模、融资方式、融资成本、融资时机等，努力降低个别资本成本，选择企业最优资本结构，增加企业价值。

三、价值评价

价值创造活动的结果需要以一定的形式进行评价，在评价的基础上还要对员工进行有效的激励，让员工能够更好地为企业创造价值。因此，价值评价主要从绩效评价和激励两个方面阐述。

（一）绩效评价

绩效评价是通过建立绩效评价体系，对企业和个人为实现其职能所确定的绩效目标的实现程度，以及为实现这一目标所安排预算的执行结果进行的综合性评价。基于价值创造的绩效评价应当与企业价值相关，强调价值在绩效评价中的作用，有助于价值创造活动的开展。在设计绩效评价体系时，要看是否能够如实地反映企业价值。例如，企业通常会以投资报酬率作为绩效评价的重要指标，该指标在一定程度上可以体现企业价值，但如果单纯追求投资收益率，就可能放弃收益率较低但高于平均资本成本率的投资项目，而这些项目仍然可以作为创造价值的源泉。因此，要从价值创造的角度设计着眼企业未来的绩效评价体系。

1. 基于价值驱动因素的财务绩效标准。传统的财务绩效评价指标主要是衡量单个期间的业绩，是对过去经营结果的评价。基于价值创造的绩效评价指标应当是面向企业未来价值，按照如下步骤建立具体体系：第一，理解企业业务之间的经济联系，确定潜在的价值驱动因素和与之相对应的财务指标。可以借助业务单元的价值树工具，构建“企业价值—价值驱动因素—财务绩效指标和经营指标”的体系。第二，确定最高优先级的价值驱动因素和相应的财务指标。价值树上的每一个枝都是一个潜在的价值驱动因素，分解企业价值后会有大量的价值驱动因素和对应的财务指标。但实践中，不可能将所有指标纳入评价体系中。因此，要筛选出对企业价值影响最大的驱动因素，具体可以通过建立现金流量折现模型，测试价值驱动因素及财务指标对企业价值的敏感性，结合在实践中的可操作性，确定企业财务绩效的主要评价指标。

2. 确定非财务绩效评价标准。除了财务绩效评价指标外，还可以结合非财务指标进行绩效评价，平衡计分卡就是非财务评价的一个重要工具。平衡计分卡改变传统以财务为主的绩效评价模式，增加了顾客、内部业务流程以及学习与成长三个维度，与财务维度一起形成一个相互联系的有机整体。其中财务维度指标和前文一致；顾客维度侧重企业对客户的管理；内部业务流程着眼于企业的核心竞争力，如创新、经营和售后服务等方面；学习与成长维度是为前三个维度取得绩效突破而提供的维持推动力量，保证企业能够持续提高并创造价值。图 3 – 4 是这四个维度下的常用评价指标。

财务维度： 利润 收入 现金流量 投资回报率 经济增加值 增加的市场份额	顾客维度： 按时交货率 新产品销售占比 重要客户的购买份额 顾客满意指数 顾客忠诚度 新客户增加占比 客户利润贡献度
内部业务流程维度： 生产布局与竞争情况 生产周期 单位成本 产出比率 缺陷率 存货比率 新产品投入计划/实际 设计效率 原材料整理时间 订单发送正确率 货款回收与管理	学习与成长维度： 新产品开发周期 员工满意度 平均培训时间 再培训投资 关键员工流失率

图 3 – 4　平衡计分卡不同维度下的常用指标

（二）基于价值的激励制度

企业的价值创造最终由企业的管理层和员工完成。为实现企业价值的最大化，必须设计适当的激励制度，奖励管理者和员工所创造的价值，激励其达到最优的努力水平。不同的员工对企业的贡献大小不同，因此，应对不同的员工采用不同的激励制度。

企业高级管理者主要对影响企业整体的、长期的决策进行负责，其主要职能就是实现企业价值最大化，因此，对高级管理者的激励应以长期激励为主。个人的薪酬一般可以分为三个部分，即固定的基本薪酬、基于当期业绩的奖励、基于长期业绩的长期激励，高级管理者的职位越高，长期激励的比例越大。对高层管理者进行激励的基本目标是使其与股东利益保持一致，可以选择让高级管理者参与企业剩余利润的分享。因此，在对管理者进行长期激励时，最经常使用的是股票期权，如果到期日股票价格高于当前的约定价格，高级管理者就可以通过执行股票期权而获利，促使高层管理者关注企业股票价格的趋势，关注企业价值，从而达到高级管理者的利益与股东利益相统一。

中层管理者是企业价值的具体执行者，但其行为的影响又是局部的，所以不能按企业整体价值来衡量其业绩。对中层管理者应采用中长期激励相结合的方法。中层管理者薪酬构成也分为三部分，即固定的基本报酬、与业务单元业绩挂钩的年度奖金、股票期权等长期激励，股票期权对其作用相对有限，应以业务单元业绩为基础的年度奖金为主。业务单元业绩可以通过其业务单位创造的价值大小来衡量，如股东财富增加值、经济增加值等指标。

一般员工的行为对企业价值的影响是局部的，激励也多以短期激励为主，因为一般员工大多不愿意承担长期激励的风险。要根据其所在岗位和部门的目标以及其所能影响的价值驱动因素来进行激励，选择的指标应较少地涉及财务指标，更多地采用与业务有关的业务指标，如对销售人员的激励指标，就不应该用销售利润率之类的财务指标，而应该采用个人销售额，新顾客开拓率、客户保持率等。

综上所述，企业价值创造活动与财务管理活动息息相关，图3－5可以直观地显示出来。

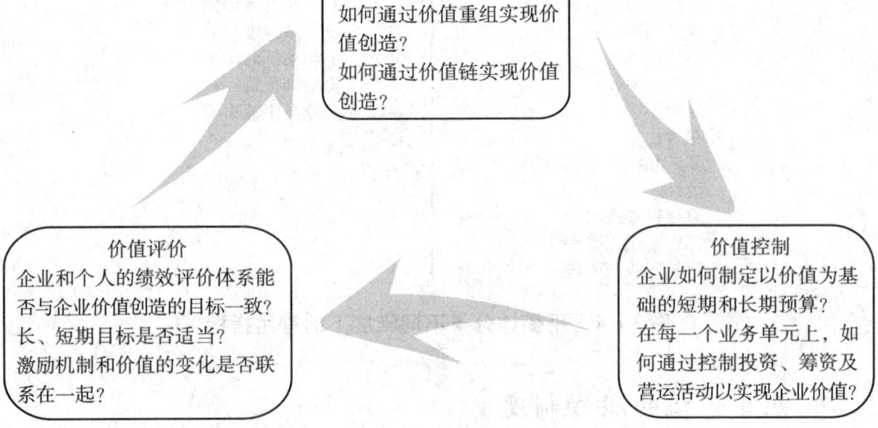

图3－5 基于价值创造的财务管理

本章小结

本章从企业价值的概念出发展开讨论，阐述了企业价值评估的含义、意义和程序，系统介绍了企业价值评估的两大模型：现金流量折现模型和相对价值模型，这也是本章的重点。在价值评估基础上，要坚持价值导向，将“企业价值最大化”的理念贯穿在企业的财务管理中，本教材从价值规划、价值控制和价值评价三个方面阐述了价值应如何在财务管理中发挥作用。

案例分析

案例1

小米估值神话破灭　定价究竟是否合理

一、小米IPO始末

2018年7月9日，在众望所归之中，小米终于在香港挂牌上市，从年初小米开始筹划上市事宜，小米IPO就一直是众人关注的焦点，作为港交所同股不同权的第一股，市场寄予了小米厚望，但是小米表现却不太理想。小米的发行价是17港元/股，开盘即破发，报16.6港元/股，首日盘中一路大跌，最大跌幅接近6%，接近16港元/股，之后在多头势力的推动下，股价回升16.8港元/股，应该讲算是滴血上市。

从估值上来看，小米一直在寻求最高估值，上市之前，小米的估值从最初的1 000亿美元甚至1 200亿美元，但发行上市的时候，小米的估值已经降到了543亿美元，目前在550亿美元左右。从最高估值1 000亿美元，到现在的550亿美元，小米估值几近腰斩。

二、小米是谁

小米创始人雷军在上市当日股价破发时说：很多人看不懂小米，里面有很多创新，既是硬件公司，也是电商公司，还是互联网公司。那么，从财报角度，小米究竟算是怎样的一家公司呢?

这个问题对小米估值很重要，因为中国资本市场一向是一个非常重视概念和题材的市场，不一样的概念往往意味着不一样的估值水平。假设：如果说小米是一家互联网公司，那么，它的参照对象就应当是以腾讯控股为代表的互联网公司，其市盈率在40～60倍，甚至更高。2017年度，腾讯控股的财报税后净利润为715亿元，而目前市值为3.3万亿元，其静态市盈率在46倍。2018年第一季度净利润为232亿元，按过去四个季度的盈利合计是803亿元，其动态市盈率也在40倍左右。Google 2017年度的税后净利润是126亿美元，其目前的市值是8 401亿美元，市盈率为67倍左右。

如果按硬件公司估值，比方说以性价比领先的格力和美的为例。格力2017年的税后净利润为225亿元，目前的总市值为2 377亿元，市盈率只有10倍多点。美的集团2017年度税后净利润为186亿元，目前市值为2 782亿元，市盈率为15倍左右。

如果按高科技公司来算，以苹果为代表的高科技公司，2017年度税后净利润为483亿美元，目前市值刚突破10 000亿美元，市盈率大概为20倍。

通过上述这几家公司的市盈率大家也许可以理解：雷军为什么一直要强调小米是一家互联网公司了。因为作为互联网公司，其估值水平要明显高于其他两类概念性公司。作为公司创始人，自然希望上市的估值水平更高一些，以回报多年以来一直支持小米发展的投资人。当然，作为公司潜在投资者，自然希望当前的股价更低一些，以便寻求合适的买入机会。因此，各自的立场不同，对公司估值的认识自然也会千差万别。可以对比其他公司来看小米到底是什么公司。

（1）小米是不是互联网公司？根据小米集团2017年度财报，其销售收入总额为1 146.25亿元，其中：智能手机收入为805.64亿元，占销售总收入的70%；互联网服务收入为98.96亿元，占销售总收入的9%；IoT（物联网）与生活消费品234.48亿元，占销售总收入的20%，其他产品销售占1%。因此，小米算不上是一家互联网公司，它只能定义为一家“以智能手机为主，兼营IoT与生活消费品及相关互联网服务的公司”。当然，如果把手机看成是互联网的终端，那么，说小米是互联网公司好像也无可挑剔。

（2）小米是不是高科技公司？高科技公司因其产品的差异性往往伴随高毛利，所以，分析小米集团是否为高科技公司只要看其销售毛利率便可一目了然。小米集团2017年销售毛利率为13.22%，略高于上年10.59%的水平，较之2015年的4.04%有较大幅度的提升。相对于高科技公司而言，这是一个极低的销售毛利率水平。正常高科技公司的毛利率水平又如何呢？以苹果公司为例，2017年销售毛利率为38.47%，过去10年，其综合销售毛利率接近40%。

（3）小米只是一家低成本公司。除了董事会的价格承诺外，小米的研发投入与营销投入也表达了它是一家营销见长而非研发见长的公司，它是一家以性价比切入而非高举高打的公司。

过去三年，小米集团累计投入的研发经费共67.67亿元人民币，分别为15.12亿元、21.04亿元和31.51亿元。相对于研发投入，小米集团在过去三年投入的营销费用分别为19.13亿元、30.22亿元和52.32亿元，远远超过研发投入的水平。这在数据层面上表达出它对营销的重视。真正科技领先的巨人，其研发投入水平基本都保持在1 000亿元人民币左右。如苹果公司2017年投入研发经费为115.8亿美元，华为控投2017年的研发投入为897亿元人民币。小米与它们相比，显然差距太大，不在同一个档次。

三、小米的定价是高估还是低估

根据Wind数据，小米静态市盈率分别为101倍（不含股权投资收益）和38倍（含股权投资收益）。从市盈率的角度来说，小米目前的定价仍有被高估的嫌疑。再来了解小米的利润，也可以理解小米在未来可能的盈利能力，由于前述可转换可赎回优先股的影响，无法根据原始的资产负债表来计算小米的股东权益回报率（ROE）。如果把作为债务处理的可转换可赎回优先股调整为普通股股东权益，那么，公司账面股东权益为342亿元。由此得到公司的股东权益报酬率为29.7%。

当然，也有人说小米的估值不能只看盈利和股东回报，还需要将小米着力打造的产业生态圈纳入估值范围。不过，小米的产业生态究竟价值几何，很难利用公开数据加以评估，透过财报，我们可以提供部分可比数据作为参照。

根据小米2017年资产负债表，其代表产业生态的权益性投资余额为17.11亿元，其他长期投资为188.57亿元，二者合计205.68亿元，占总资产898.7亿元的22.89%。与之具有相同特点的苹果公司，2017年总资产不到3 700亿美元，同类股权投资已超过2 000亿美元。腾讯控股的权益性投资、持有至到期投资、可供出售投资等的权益性资产合计同样高达1 641.05亿元，占总资产的39.60%。可以合理相信，苹果和腾讯的这些权益性投资同样与它们打造的产业生态有关，它们在资本市场的估值体系中的估值水平，或许可以为小米估值所借鉴。

当然，决定公司股票价格长期趋势的决定性因素并不单纯只是概念，而是公司业绩的持续增长，最简单地说就是公司销售与利润的增长。没有业务的增长和业绩的改善，任何资本市场上的故事都会最终破灭，只不过爬得越高摔得越疼而已。

小米“以厚道的价格持续提供最佳科技产品和服务”，既强调了价格的厚道，又强调了科技的领先，这当然是最理想的商业模式。但在逻辑上却又是自相矛盾，传统上没有人能够做到二者的有机融合。

（资料来源：薛云奎，《小米财报与估值》，www.sohu.com/a/243777194_674342）

案例思考题

1. 不同的企业定位给小米的估值带来了哪些影响?
2. 你认为应该如何给小米进行估值?

案例 2

创业公司估值下调 资本开始持续观望 元宇宙去泡沫 or 熄火?

2021 年，Roblox 上市将元宇宙概念引爆，随后全球科技巨头、各路资本争相入局，希望占领下一代互联网的制高点。不过，进入 2022 年下半年，记者注意到，无论是创投资本还是元宇宙企业似乎开始进入瓶颈期：海外巨头 Meta 二季度业绩不及预期，股价一路暴跌，国内明星公司影创科技陷入裁员欠薪风波，腾讯也宣布停止旗下数字藏品发行。

社交一度被视为短期内切入元宇宙的最佳入口，有从业者向记者坦言，目前用户需求还没有完全激发出来，元宇宙所依赖的设备、宽带速度等基础设施并不完善，现阶段想要在核心玩法实现突破，为用户带来全新的社交交互体验是比较困难的。基于此，赛道内创业公司的投融资步伐和项目估值也随之降温，有投资人称，元宇宙投资市场情绪已经退回到像 2016 年上半年的一个相对冷却的状态。

一、创业公司估值下调

“现阶段大多数元宇宙项目由于处于市场验证前期（pre－PMF），在市场热闹时能拿到 1 亿元甚至 2 亿元估值的项目，现在投资人给出的价格不会超过 1 亿元”，魏士清向记者描述他的观察，他在 FA 机构穆棉资本担任董事，主要负责 XR 领域的交易和服务工作。“中早期项目融资估值受市场情绪影响是比较大的，现在元宇宙投资市场已经降温，市场情绪退回到像 2016 年上半年的一个相对冷的状态，大家看了很多项目，能出手已经出手了，出手不了的短期也不会再出手”，他说道。

投资人的谨慎事出有因——2022 年以来赛道接连曝出负面消息，海外巨头表现不佳、明星公司裁员风波、监管合规面临不确定性。例如，号称要成为元宇宙时代的微软的影创科技即被曝欠薪 200 多人，时间最长达半年，员工的社保公积金也被断交，连 HR 都加入了讨薪队伍，公司大群被创始人兼董事长孙立强制解散。公开资料显示，影创科技主要从事 MR 智能眼镜软硬件，推出 MR 一体机“即墨”，公司曾获 6 轮融资，投资方不乏达晨财智、华映资本、盛世投资等知名机构。该公司官网显示，影创科技是高通集团在 XR 行业全球最大的客户与技术合作伙伴之一。据媒体报道，有员工分析称，由于缺乏应用场景，没有完整的配套系统，公司在 C 端市场销量几乎为零。转型为 B 端公司定制软硬件的开发后，收入依然不乐观，加之迟迟融不到资，最终陷入这样的困境。

而在此之前，国内最大的数字藏品平台之一腾讯幻核发布公告，宣布停止数字藏品发行。幻核于 2021 年 8 月上线，备受数字藏品爱好者们的追捧。事实上，数字藏品领域风险不断，此前，TT 数藏、光艺数藏等多个数字藏品平台曾曝出过跑路消息。

除了智能硬件、数字藏品领域，李萍（化名）所在的元宇宙社交赛道，近两年也有不少公司折戟。2021 年因为坚定看好元宇宙前景，李萍从互联网大厂跳槽，加入一家元宇宙创业公司，从事社交产品的开发工作。

值得注意的是，社交一度被视为短期内切入元宇宙的最佳入口，簇拥着众多玩家。例如，2021 年，主打红人经济的服务公司天下秀推出元宇宙社交产品虹宇宙，同年 12 月，百度推出元宇宙社交 App 希壤。进入 2022 年，字节跳动的元宇宙社交 App 派对岛进行内测，映客、Soul 等老玩家也开始布局元宇宙业务，推出主打元宇宙概念的社交 App。数据公司 Sensor Tower 报告显示，自元宇宙概念爆发以来，平均每天都会新增一个元宇宙 App。

“目前在元宇宙社交这个赛道，用户需求还没有完全激发出来。”李萍判断道，现在大家的社交需求在Web2.0已经得到很好，如果元宇宙社交产品不能提供用户新的社交体验，他们就不愿意尝试新产品把社交关系转移过来，用户留存存在很大的问题。在她看来，近两年，在元宇宙概念的火热下，市场上诞生了一批新的社交产品，它们普遍都强调虚拟形象、线上空间、社交互动等特点，但其中不少仍然是基于老的社交产品逻辑在做，只是对旧玩法的升级或者是原有产品的3D化，提供给用户的沉浸感不足，逐渐被淘汰掉。

“当然，元宇宙社交最好的体验还是在VR或AR中，但目前硬件产品并不成熟，元宇宙需要高实时性、高互动性和高沉浸感，其依赖的设备、宽带速度等基础设施也并不完善，现阶段想要在核心玩法实现突破为用户带来一个全新的社交交互方式是比较困难的。”李萍向记者补充说道。

二、产品进入验证阶段

不难看出，当下无论是创投资本还是元宇宙企业都进入了一段“瓶颈”期。穆棉资本董事万钰洁向记者分析表示，过去两年创投资本的热情之一来自二级市场的带动——游戏引擎Unity和全球最大UCG（用户生成内容）创作平台Roblox等元宇宙头部企业的上市，以及其IPO后较好的股价表现进一步打开了创投资本对该赛道价值的想象空间。但时间进入2022年，赛道投融资步伐和项目估值逐渐降温。对此，受访对象普遍认为，上述现象是疫情影响下市场投资活跃度整体下降以及上一轮融资热行业进入产品、模式验证阶段这两大效应叠加的后果。

“过去两年拿到融资的公司基本进入了产品验证阶段，2020年元宇宙概念开始火起来，那时无论是大厂出来的创始人还是科学家创业团队都拿到了不少风投，那么现在这些项目都进入了产品商业化的验证期，这个时候资本要看赛道上选手的产品是否能跟市场所匹配，所以更多投资人在等待和观望。”魏士清说道。

万钰洁则将当下解读为市场冷热交替的冷静期，“嗅觉敏锐，过去两年投资机构争相抢占布局中一定会出现市场过热的现象，过热之后自然会进入估值调整期，资本在产品进入验证阶段的等待和观望，也是企业修炼内功、打磨产品的最佳时期。”

谈及现阶段，资本更加关注什么样的项目，多位受访人士表示，创始团队对用户的理解和应用场景的落地能力是当下资本考量的重点。“从技术积累而言，可能大家都有可圈可点的地方，但如何把技术转化成产品落地并且能真正吸引用户，这个过程中许多企业都面临着不小的挑战。”魏士清向记者说道。

记者注意到，虽然2022年资本“出手”频率有所降低，但虚拟人、元宇宙社交、VR/AR等仍是热门赛道之一。那么，接下来哪些细分领域有望率先“跑出来”，让大众真正看到并且入驻元宇宙？

万钰洁认为，3D娱乐领域的应用会最先走入C端消费者视线，例如虚拟演出、虚拟会展、游戏等娱乐属性明显的产品已经层出不穷，“线上娱乐产品的3D化和‘AIGC+UGC’产品会更快落地，它们在视觉上会给产品更多的体验加成并且更快抓到用户，我们能看到这里面持续有项目出来，但哪些能真正留住用户，还需要看到使用体验的倍数级优化和创始团队对场景最关键节点的深度理解，而不是反过来拿着锤子找钉子，这一点需要时间验证。”

魏士清则表示，在硬件方面，很多投资人已经在确定性相对高的XR产业链上游的光波导、芯片等核心零部件布局。目前来看，C端产品体验仅在VR游戏场景得到初步验证，短期来看，结合行业认知在工业、培训等B端场景XR软硬件一体化解决方案可能会率先打开市场。此外，接下来随着Meta、苹果AR/VR带有VST功能的头戴设备的面世，新技术特性也会激发工具侧和应用侧新的软件与内容的投资机会。

（资料来源：姚亚楠、唐如钰，载《每日经济新闻》2022年10月11日第011版）

案例讨论题

1. 你认为元宇宙企业目前的估值与哪些因素有关？
2. 如果你是一个投资人，是否愿意购买元宇宙企业的股票？

复习思考题

1. 如何区分企业的账面价值、内在价值、市场价值和清算价值？
2. 比较一下现金流量折现模型和相对价值模型各自的适用范围和优缺点。
3. 现金流量折现模型中的自由现金流量如何确定？
4. 相对价值模型中的市盈率法、市净率法和市销率法应当如何进行选择？
5. 如何理解基于价值创造的财务管理？与传统的财务管理相比，有何改进？
6. 基于价值创造的财务管理模型的主要特点是什么？
7. 某公司是一个规模较大的跨国公司，目前处于稳定增长状态。2022 年每股股权现金流量为 2.5 元。假设长期增长率为 5%。据估计，该企业的股权资本成本为 10%。请计算该企业 2022 年每股股权价值。
8. 乙企业预计 2021～2026 年实体现金流量如下表所示，自 2026 年进入稳定增长状态，永续增长率为 5%。乙企业当前的加权平均资本成本为 11%，2026 年及以后年份资本成本降为 10%。债务当前的市场价值为 4 650 万元，普通股当前每股市价 12 元，流通在外的普通股股数为 1 000 万股。

2020～2026 年乙企业每股股权现金流量

项目	2020 年	2021 年	2022 年	2023 年	2024 年	2025 年	2026 年
实体现金流量（万元）	—	614.00	663.12	716.17	773.46	835.34	1142.40
资本成本（%）	—	11	11	11	11	11	10
折现系数	—	0.9009	0.8116	0.7312	0.6587	0.5935	—

要求：

计算乙公司当前时点每股价值，将计算结果填入下表中，并据此判断该股票被市场高估还是低估。

2020～2026 年乙企业每股股权价值　　金额单位：万元

项目	2020 年	2021 年	2022 年	2023 年	2024 年	2025 年	2026 年
实体现金流量	—	614.00	663.12	716.17	773.46	835.34	1142.40
资本成本（%）	—	11	11	11	11	11	10
折现系数	—	0.9009	0.8116	0.7312	0.6587	0.5935	—
预测期现值							
后续期现值							
实体价值							
净债务价值							
股权价值							
股数（万股）							
每股价值（元）							

9. 丙企业的每股收益为0.5元/股，股票价格为15元。假设同行业上市企业中，增长率、股利支付率和风险与丙企业类似的有3家，它们的市盈率如下表所示。用市盈率法评估丙企业的股价被市场高估还是低估。

项目	A企业	B企业	C企业
本期市盈率	28.9	32.1	34.5

10. 丁企业是一家汽车制造企业，下表列出了2022年汽车制造业6家上市企业的市盈率和市净率以及全年平均实际股价。请你用这6家企业的平均市盈率和市净率评价丁企业的股价，哪一个更接近实际价格？为什么？

企业名称	每股收益（元）	每股净资产（元）	平均价格（元）	市盈率	市净率
A	0.4	3.65	10.25	25.63	2.81
B	0.35	4.21	7.95	22.71	1.89
C	0.27	2.36	8.16	30.22	3.46
D	0.55	5.24	19.2	34.90	3.66
E	0.90	4.98	13.45	14.94	2.70
F	0.38	3.47	8.19	21.55	2.36

第四章 期权与期权定价

作为国际资本市场成熟的衍生工具，期权在风险转移、波动性管理、增强收益等方面发挥了重要作用。我国在2015年推出了境内首只股票期权品种——上证50ETF期权合约，填补了我国证券交易所产品的空白，标志着我国多层次资本市场建设取得新进展。同时，期权组合应用十分复杂，稍有不慎就可能会造成新的风险。如何更好地了解期权，运用期权，让期权更好地发挥作用，这一章我们将用获得诺贝尔奖的布莱克—斯科尔科模型来深入地谈论这些问题。

第一节 期权概述

一、期权的概念

期权是指一种合约，该合约赋予持有人在某一特定日期或该日期之前的任何时间以固定价格购买或出售一种资产的权利。比如说你现在想要买一套房子，但目前手上没有足够的现金，于是你与房主协定在未来3个月内用100万元的价格购买此房。房主考虑了周边的地段与房屋状况后认为100万元是可以接受的价格，于是同意你的提议，但同时约定为了取得这项选择的权力你需要现在支付3万元，这就是一个房屋期权，其中你是期权的购买人，房主是期权的出售人，交易完成后，你成为期权持有人。

结合上述例子，我们对期权的几个重要概念进行说明。

（1）执行期权。执行期权是期权持有人根据期权合约购买或出售标的资产，值得注意的是，这是期权赋予持有人的权利，但不是必须履约的义务，持有人可以选择执行或者不执行该权利。只有在执行期权对持有人有利时才会执行它，否则持有人将会放弃执行该期权。从某种意义上讲，期权对持有人是一种只享有权利，不承担义务的“特权”。

在上述例子中，假设1个月后，政府要在房子附近新开通一条地铁线，并且建设一个公园，周边房子纷纷涨价，你要买的这套房子涨到130万元，于是，3个月到期时，你选择执行期权，可以实现27万元（130 - 100 - 3）的利润。假设1个月后，房子附近建了一个火电厂和垃圾处理厂，你认为这个房子连50万元都不值，3 个月后，你可以选择不执行期权，但同时你损失了购买期权而付出的 3 万元。

（2）执行价格。执行价格是持有人根据合约购买或出售标的资产的价格，执行价格的确定是基于期权买卖双方对未来预期的判断。上述例子中，双方约定的 100 万元就是执行价格。

（3）到期日。到期日是指期权到期的那一天，过后视为持有人放弃执行该期权，期权失效。上述例子中，到期日就是 3 个月后的那一天。

（4）美式期权或欧式期权。按照期权执行时间分为欧式期权和美式期权。欧式期权只能在到期日执行，而美式期权可以在到期日或到期日之前的任何时间执行。

（5）标的资产。标的资产是指选择购买或出售的资产，包括股票、政府债券、货币、股票指数、商品期货、房地产等。期权是标的物“衍生”出来的，因此被称为衍生金融工具。

很多情况下，期权出售人并不一定拥有标的资产。例如出售微软公司股票期权的人本身可能并不拥有微软公司的股票，而期权购买人也未必真正想拥有该公司股票，在期权到期双方不一定进行股票的实物交割，而只需按价差补足价款即可。

目前，我国期权市场还处于探索发展阶段，已经上市了上证 50ETF 金融期权、豆粕期权和白糖期权等，对完善我国资本市场起到了积极作用。

二、期权的类型

按照合约给予期权持有人权利的类别，期权分为看涨期权和看跌期权两大类。

（一）看涨期权

看涨期权是指期权赋予持有人在到期日或到期日之前，以固定价格购买标的资产的权利。其授予权利的特征是“购买”，因此，看涨期权也被称为“买入期权”或“买权”。

股票期权是交易所最常见的期权类型，例如你可以从芝加哥期权交易所购买微软公司的股票期权，但微软公司本身并不出售其普通股股票的看涨期权，也不能从期权市场募集资金，那些机构投资者或个人投资者才是微软普通股股票看涨期权的购买者和出售者。

那么期权在到期日的价值如何确定呢？假设 XYZ 公司股票的看涨期权约定，购买人可以在 2018 年 6 月 1 日以 20 元的价格购买 XYZ 公司股票，那么这份合约在到期日的价值取决于 XYZ 公司股票在到期日的价值。

假设 6 月 1 日 XYZ 公司的股票价格为 30 元，期权购买人有权以 20 元的价格购买 XYZ 公司的股票，这样可以获得 10 元的差价，此时到期日的价值为 10 元（30 - 20）。当然如果股票价格越高，到期日价值也就越大，股票价格高于执行价格，看涨期权处于实值状态。假如 XYZ 公司股票价格为 10 元，股票价格低于执行价格，看涨期权处于虚值状态，期权购买人必然选择不执行期权，此时期权没有价值，而是 0。

（二）看跌期权

看跌期权与看涨期权正好相反，它是赋予持有人在到期日或到期日之前，以固定价格出售标的资产的权利。其授予权利的特征是“出售”，因此，看跌期权也被称为“卖出期权”或“卖权”。

假设 XYZ 公司股票的看跌期权约定，购买人可以在 20×9 年 6 月 1 日以 20 元的价格出售 XYZ 公司股票，同样，这份看跌期权的合约到期日价值同样取决于 XYZ 公司股票在到期日的价值。

假设 6 月 1 日 XYZ 公司的股票价格为 10 元，期权购买人有权以 20 元的价格出售 XYZ 公司的股票，这样可以获得 10 元的差价，此时到期日的价值为 10 元（30－20）。当然如果股票价格越低，到期日价值也就越大，股票价格低于执行价格，看跌期权处于实值状态。假如股票价格为 30 元，股票价格高于执行价格，看跌期权处于虚值状态，同样期权没有价值，期权购买人选择不执行期权，期权价值是 0。

对比看涨期权和看跌期权可以发现，对于看涨期权的持有人而言，股价越高对他越有利，而看跌期权的持有人则是股价越低对他越有利。

（三）期权的到期日价值和损益

那么期权的价值如何评估呢？我们先来了解期权的到期日价值，上述例子都是站在购买方角度分析的，但无论是看涨期权还是看跌期权，交易都涉及买卖双方，到期日价值的计算对购买人和出售人也是不一样的，也就是说，期权交易包括买入看涨期权、卖出看涨期权、买入看跌期权、卖出看跌期权四种类型，以下针对这四种类型的期权到期日价值进行分析，简便起见，假设各种期权为欧式期权，即必须在到期日执行，并忽略交易成本。

1. 买入看涨期权。买入看涨期权形成的金融头寸，被称为“多头看涨头寸”。以下通过几个例子来说明看涨期权的价值、股价以及持有人损益之间的关系。

【例 4－1】某人购买一份股票看涨期权，标的股票市价目前为 100 元，执行价格为 100 元，到期日为 3 个月后的那一天，期权价格为 5 元。

假设到期日的股价为以下五种情况：

（1）股价为 110 元，持有人会执行期权，获得收入为 10 元（110－100），即期权到期日价值为 10 元，扣除持有人支付的期权费，净损益为 5 元（10－5）。

（2）股价为 105 元，持有人会执行期权，获得收入为 5 元（105－100），即期权到期日价值为 5 元，扣除持有人支付的期权费，净损益为 0 元（5－5）。

（3）股价为 103 元，持有人会执行期权，获得收入为 3 元（103－100），即期权到期日价值为 3 元，扣除持有人支付的期权费，净损益为－2 元（3－5）。

（4）股价为100元，持有人可以选择执行也可以选择不执行期权，如果执行，获得收入为0元（100－100），即期权到期日价值为0元，扣除持有人支付的期权费，净损益为－5元（0－5）；如果不执行，则损失支付的期权费，净损益为－5元。

（5）股价为95元，持有人不会执行期权，期权价值为0，损失支付的期权费，净损益为－5元。

总结以上五种情况，多头看涨期权的到期日价值及损益可以表示为：

当股票市价＞执行价格时，多头看涨期权到期日价值＝股价－执行价格

当股票市价≤执行价格时，多头看涨期权到期日价值＝0

多头看涨期权的净损益＝多头看涨期权的到期日价值－期权费用

多头看涨期权的损益状态如图4－1所示。

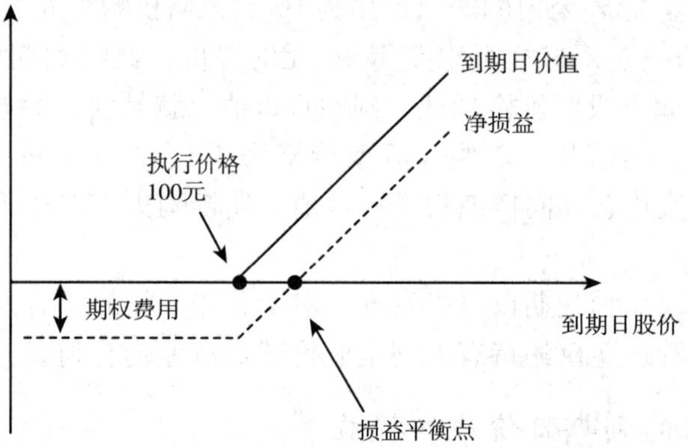

图4－1　多头看涨期权

由图4－1可以看出，只要股价超过105元，多头看涨期权就有正的损益，且收益随股票价格增长而同数量地增长。即便股价低于105元，最大的损失也不过是购买期权时支付的费用，因此，对购买方而言，看涨期权是一种“有限责任工具”，净损失有限，而净收益潜力巨大。

与购买股票比，购买期权似乎能获得更高的收益，这是否意味着购买期权就一定比购买股票更好？我们来举个例子说明。假如你有100元，有两个投资方案：（1）投资上述例子中的期权，可以买20份；（2）购买股票，可以买1股。如果到期日股价为120元，方案1的净损益＝20×（120－100－5）＝300（元），方案2的净损益＝120－100＝20（元）；如果到期日股价为80元，方案1的净损益＝－100（元），方案2的净损益＝－20（元）。由此可见，期权有巨大的杠杆作用，在股价上涨时，期权能够获得比股票更高的回报率；在股价下降时，一旦低于执行价将血本无归，而股票只要不降为0，就还有一定的价值，也就是说，投资期权比投资股票风险大得多。

2. 卖出看涨期权。看涨期权的出售人通过收取期权费，成为或有负债的持有人，此时出售者处于空头状态，持有看涨期权空头头寸。当多头方选择执行合约时，空头方有履约的义务，也就是说必须履行合约。

【例 4－2】卖方售出 1 股看涨期权，其他数据与前例相同。

假设到期日的股价为以下几种情况：

股价为 110 元，持有人会执行期权，出售人损失 10 元（110－100），加上持有人支付的期权费，净损益为－5 元（－10＋5）。

股价为 105 元，持有人会执行期权，出售人损失 5 元（105－100），加上持有人支付的期权费，净损益为 0 元（－5＋5）。

股价为 103 元，持有人会执行期权，出售人损失 3 元（103－100），加上持有人支付的期权费，净损益为 2 元（5－3）。

股价为 95 元，持有人不会执行期权，出售人获得期权费，净损益为 5 元。

总结以上几种情况，空头看涨期权的到期日价值及损益可以表示为：

当股票市价＞执行价格时，空头看涨期权到期日价值＝执行价格－股价

当股票市价≤执行价格时，空头看涨期权到期日价值＝0

空头看涨期权的净损益＝空头看涨期权的到期日价值＋期权费用

空头看涨期权的损益状态如图 4－2 所示。

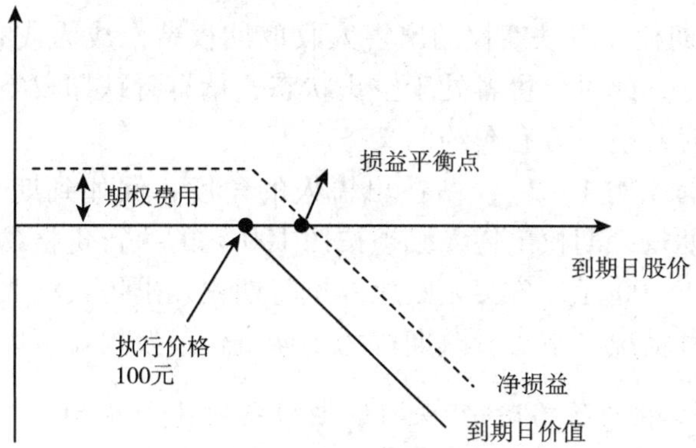

图 4－2 空头看涨期权

从图 4－1 和图 4－2 可以看出，买入看涨期权的图是卖出看涨期权的图的镜像，出售方的损失就是购买方的收益，出售方的收益就是购买方的损失，也就是说，期权是一项零和博弈。那么看涨期权的空头方亏损无穷大，收益却是有限的（期权费），那是不是就亏了呢？实务中，空头方可以通过提高期权费用或做现货对冲来作为风险补偿，而且空头往往是赚钱的。

3. 买入看跌期权。看跌期权的买方拥有以执行价格出售股票的权利，买入看跌期权形成的金融头寸，被称为“多头看跌头寸”。

【例 4－3】某人购买一份股票看跌期权，标的股票市价目前为 100 元，执行价格为 100 元，到期日为 3 个月后的那一天，期权价格为 5 元。假如到期日股票价格为 80 元，购买人可以从市场上买入一股股票，然后以 100 元的价格将其卖出，获得 20 元的收益。如果股票价格高于或等于 100 元，购买人则放弃执行期权，期权价值为 0，购买人损失了 5 元的期权费。

多头看跌期权的到期日价值及损益可以表示为：

当执行价格 > 股票市价时，多头看跌期权到期日价值 = 执行价格 − 股价
当执行价格 ≤ 股票市价时，多头看跌期权到期日价值 = 0
多头看跌期权净损益 = 多头看跌期权到期日价值 − 期权费用

看跌期权买方的损益状况如图 4－3 所示。

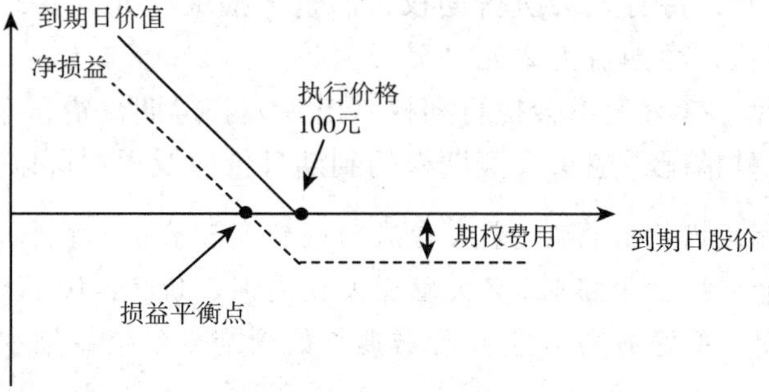

图 4－3　多头看跌期权

4. 卖出看跌期权。看跌期权的出售人收取期权费，成为或有负债的持有人，负债的金额不确定，此时出售者处于空头状态，持有看跌期权空头头寸。当多头方选择执行合约时，空头方有履约的义务。

【例 4－4】 承〖例 4－3〗，站在出售人的角度，假如到期日股票价格为 80 元，购买人执行期权，期权出售人必须按照 100 元的执行价格购进股票；如果股票价格高于或等于 100 元，购买人则放弃执行期权，出售人赚取期权费。

总结以上几种情况，空头看跌期权的到期日价值及损益可以表示为：

当股票市价 > 执行价格时，空头看跌期权到期日价值 = 0
当股票市价 ≤ 执行价格时，空头看跌期权到期日价值 = 股价 − 执行价格
空头看跌期权的净损益 = 空头看涨期权的到期日价值 + 期权费用

看跌期权卖方的损益状况如图 4－4 所示。

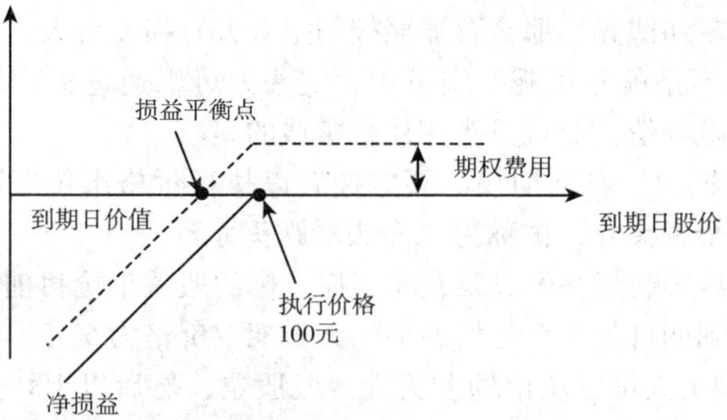

图 4－4　空头看跌期权

总之，如果标的股票的价格上涨，对于多头看涨期权和空头看跌期权的投资者有利；如果标的股票的价格下降，对于空头看涨期权和多头看跌期权的投资者有利。

（四）期权组合

上述几种情形是单一股票期权的损益状态，理论上，期权可以建立任意形式的期权组合，用于控制风险。例如购买一份股票看跌期权，同时购进一股股票，这样，当股价高于执行价格时，看跌期权价值为0，那么组合的价值等于普通股股票的价值；当股价低于执行价格时，看跌期权价值为股价的增长值，但同时股价下降，两者正好抵销，从而有效降低风险（如图4-5所示）。这种购买看跌期权同时购买标的股票的策略称为保护性看跌期权。

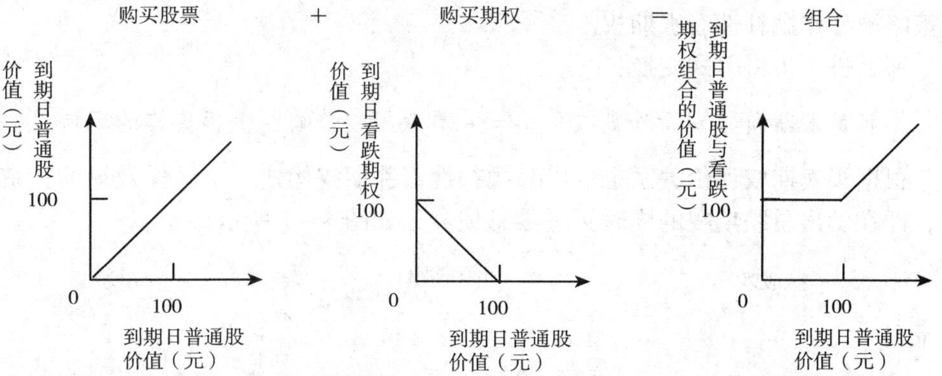

图4-5　同时购买看跌期权和股票组合的损益

我们再建立一个投资策略，购买一份看涨期权，同时购买一张与该期权同时到期，面值为50元的零息债券，组合的损益如图4-6所示。

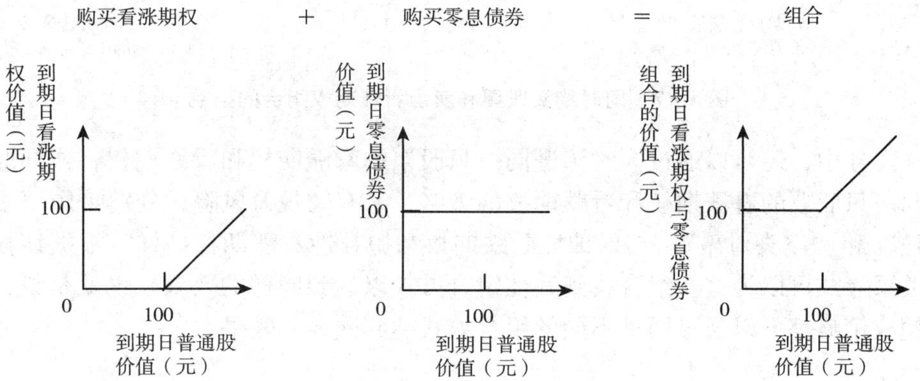

图4-6　同时购买看涨期权和零息债组合的损益

可以看出，两种组合的价值完全一样，也就是说，无论标的股票的价格发生什么变化，投资者都可以从以下两种投资策略中获得同样的收益。

（1）购买看跌期权并购买标的股票；

（2）购买看涨期权并购买零息债券。

既然两项策略能为投资者带来相同的收益，那么对于理性的投资者而言，为这两项策略所付出的成本必然是相同的，结论如下：

标的股票价格＋看跌期权价格＝看涨期权价格＋执行价格的现值

这就是买卖期权平价关系等式，它是最基础的期权关系之一。成立的前提是，看跌和看涨期权要有相同的执行价格和到期日，零息债券的到期日也要和期权的到期日一致。

除了保护性看跌期权策略外，投资者还喜欢在买进股票的同时卖出看涨期权，这样股票下降给投资人带来的损失会因看涨期权价值的增加而弥补，或因看涨期权价值为0而损失的投资人的期权费也会因股票价格的上涨而弥补，这种投资策略被称作抛补性看涨期权。

那么进一步将等式变换：

标的股票价格－看涨期权价格＝－看跌期权价格＋执行价格的现值

根据买卖期权评价关系也可以为抛补性看涨期权构建一个同样效果的投资策略，即在卖出看跌期权的同时买进零息债券，如图4－7所示。

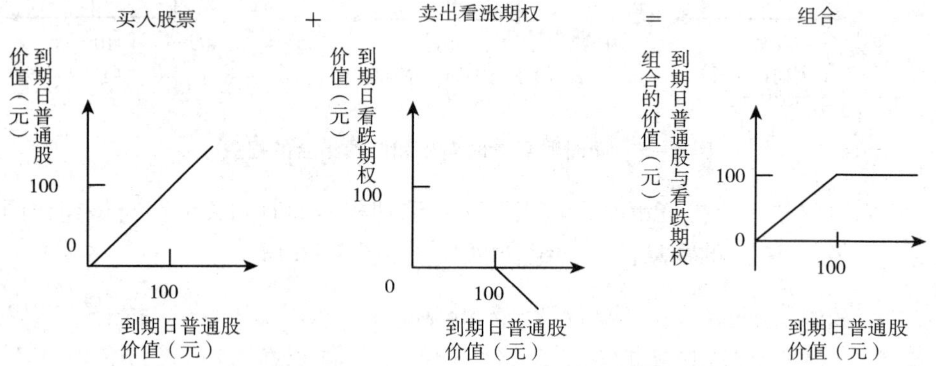

图4－7　同时购买股票和卖出看涨期权组合的损益

实务中，还可以通过同时买进同一只股票的看涨期权和看跌期权，或同时卖出同一只股票的看涨期权和看跌期权的策略，来有效规避风险，分别叫作“多头对敲”和“空头对敲”。与保护性看跌期权和抛补性看涨期权一样，根据期权平价关系等式可以为这些组合找到其他组合方式以达到同样的效果。也就是说，任何期权策略都可以通过两种不同的组合方式达到同样的效果。

第二节　期权定价

在了解了期权的到期价值后，我们更关心的是期权的当前价值，这一节主要介绍期权的定价方法，在这之前先了解一下期权价值的含义和影响因素。

一、期权价值的含义

1. 期权的内在价值和时间溢价。期权价值由两部分组成：内在价值和时间溢价。

（1）期权的内在价值。期权的内在价值，是指期权立即执行产生的经济价值。内在价值的大小，取决于期权标的资产的现行市价与期权执行价格的高低。内在价值不同于到期日价值，期权的到期日价值取决于到期日标的股票市价与执行价格的高低。如果现在已经到期，则内在价值与到期日价值相同。

对于看涨期权来说，现行资产价格高于执行价格时，立即执行期权能够给持有人带来净收入，其内在价值为现行价格与执行价格的差额（S_0-X）。如果资产的现行市价等于或低于执行价格时，立即执行不会给持有人带来净收入，持有人也不会去执行期权，此时看涨期权的内在价值为0。例如，看涨期权的执行价格为100元，现行价格为120元，其内在价值为20元（120－100）。如果现行价格为80元，则内在价值为0。

对于看跌期权来说，现行资产价格低于执行价格时，其内在价值为执行价格减去现行价格（$X-S_0$）。如果资产的现行市价等于或者高于执行价格，看跌期权的内在价值等于0。例如，看跌期权执行价格是100元，现行价格是80元，其内在价值为20元（100－80）。如果现行价格为120元，其内在价值为0。

由于标的资产的价格随时间变化，所在内在价值也是变化的。当执行期权能够给持有人带来正回报时，称该期权为“实值期权”（溢价状态）；当执行期权能够给持有人带来负回报时，称该期权为“虚值期权”（折价状态）；当资产的现行市价等于执行价格时，称该期权为“平价期权”（平价状态）。

期权处于虚值状态或平价状态时不会被执行，只有处于实值状态时才有可能被执行，但也不一定会被执行。

例如，20×2年6月1日，某公司股票的市场价格为79元，有1股看跌期权，执行价格为80元，20×2年8月到期，期权售价为4元，持有者可以在8月18日前的任意一天执行。如果持有人购买后立即执行，执行收入为1元（80－79），期权发行时处于实值状态，但持有人并不会立即执行，因为他花掉了4元的成本，此时并不划算，持有人购买看跌期权是预料未来股价会下跌，因此，他会继续等待。只有到期日的实值期权才肯定会被执行，此时已不能再等待。

（2）期权的时间溢价。期权的时间溢价是指期权价值超过内在价值的部分。

例如，股票的现行价格是120元，看涨期权的执行价格为100元，期权价格是21元，则时间溢价为1元（21－20）。如果现行价格等于或小于100元，则21元全部是时间溢价。

期权的时间溢价是一种等待的价值。期权买方愿意支付超过内在价值的溢价，是寄希望于标的股票价格的变化可以增加期权的价值。很显然，对于美式期权，在其他条件不变的情况下，离到期时间越远，股价波动的可能性越大，期权的时间溢价也就越大，如果已经到期，期权价值就只剩内在价值，因为已经不能再等待了。

期权处于虚值状态，仍然可以按正的价格售出，尽管内在价值为0，但它还有时间溢价，在未来一段时间里，如果价格上涨进入实值状态，投资人可以获得净收入；如果价格进一步下跌，也不会造成更多的损失，选择权为其提供了下跌保护。

时间溢价有时也称为期权的时间价值，但它和货币的时间价值是不同的概念，时间溢价是时间带来的波动的价值，是未来存在不确定性而产生的价值，不确定性越强，期权时间价值越大。而货币的时间价值是时间延续的价值，时间延续得越长，货币时间价值越大。

2. 期权价值的界定范围。

（1）看涨期权的下限。以美式看涨期权为例，假设股票价格是120元，而执行价格为100元，在这种情况下，期权是不能以低于20元的价格售出的。因为假设期权以15元的价格卖出，购买者可以以执行价格100元买入标的股票，在市场上以120元卖出，获得20元的差额收益，再扣除期权费用，还有5元的净收益，这个收益被称为套利利润，套利利润来自无风险且无成本的交易，它不可能在完善的金融市场上有规律地出现，否则市场上的投资者都会去购买从而抬高期权的价格。

（2）看涨期权的上限。期权价格的上限就是标的股票的价格，也就是说，购买普通股股票的期权价值不可能超过标的股票本身的价值，否则投资人就可以买入股票。

因此，看涨期权的价值必须在画线区域内，看跌期权也同理，如图4－8所示。

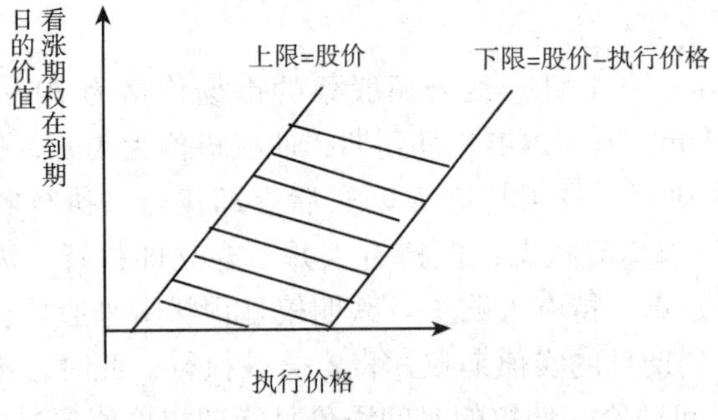

图4－8　看涨期权的上限和下限

二、期权价值的影响因素

影响期权价值的因素主要包括执行价格、到期日、股票价格、利率及股票价格的波动性。

1. 执行价格。执行价格越高，看涨期权的价值越低，假设同一股票分别有执行价格为 80 元和 90 元的两份看涨期权，合约期内某一日股票价格为 100 元，那么前者价值为 20 元，后者价值为 10 元，也就是说执行价格的提高会降低看涨期权的价值。相反，执行价格越高，看跌期权的价值也越高。

2. 到期日。对美式期权而言，相同类型的期权，期限越长，意味着持有人有更多执行期权的时间，因此，价值一般来说会更高。

3. 股票价格。在其他条件相同时，股票价格越高，看涨期权的价值也越高，看跌期权的价值则越低。

4. 股票价格的波动性。股票价格的波动性越大，期权越有价值。我们通过下面的例子来进行说明：假定看涨期权即将到期前的股票价格为 100 元的概率为 0.5，为 80 元的概率为 0.5，如果执行价格为 110 元，则看涨期权的价值为 0，因为无论在哪一种情况下股票的价格都低于执行价格。

假设股票的波动性变大，股票价格为 120 元的概率为 0.5，为 60 元的概率为 0.5，此时，股票价格的期望值没有改变，都是 90 元（$100\times0.5+80\times0.5=90=120\times0.5+60\times0.5$），但看涨期权则因有 1/2 概率股票价格增加至 120 元变得有价值。也就是说，标的股票波动性地增加使看涨期权的市场价值增加。

我们用图 4－9 进行说明，两种股票 A 和 B 价格都服从正态分布，显然股票 B 比股票 A 波动性大。这意味着股票 B 既有较大的异常高收益概率，也有较大的异常低收益概率。假定两者的执行价格相同。对期权持有人而言，如果股票价格低于执行价格时，那么两种期权价值都为 0，如果股票价格高于执行价格，显然，B 股票期权从概率分布右侧获得更高收益的概率比 A 股票期权要大，也就是说 B 股票期权的到期价值会更高。

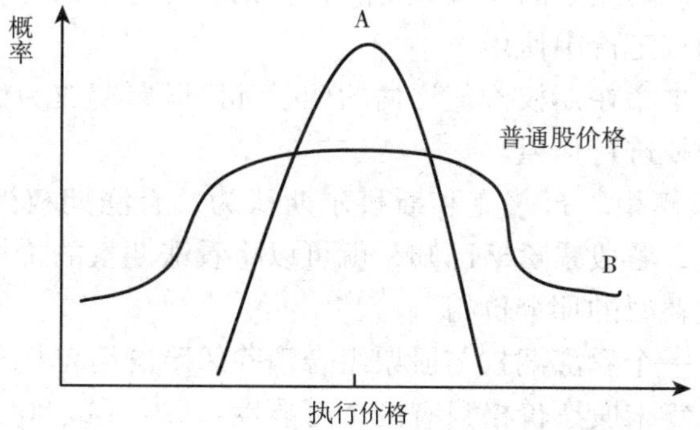

图 4－9 A 股票和 B 股票在到期时的普通股价格分布

5. 利率。利率水平也会影响期权的价格。一般认为，假设股票价格不变，高利率会导致执行价格的现值降低，增加看涨期权的价值；而对看跌期权来说，情况相反。

总结以上因素对期权价值的影响如表 4－1 所示。

表4-1　　影响期权价值的因素

项目	欧式看涨期权	欧式看跌期权	美式看涨期权	美式看跌期权
股票价格	+	-	+	-
执行价格	-	+	-	+
股票的波动性	+	+	+	+
利率	+	-	+	-
距到期日时间	不一定	不一定	+	+

三、期权定价公式

根据上文中期权价值的影响因素，我们可以认为，看涨期权是以下五个变量的函数：

(1) 标的资产的现行价格，对股票期权而言是普通股股票的价格；

(2) 执行价格；

(3) 距到期日的时间；

(4) 标的资产的方差；

(5) 无风险利率。

根据这五个因素得出期权的定价公式，即布莱克—斯科尔斯期权定价模型。需要说明的是，该公式的推导非常复杂，不适合在本教材中进行推导。因此，下文先介绍该模型的基本原理后将直接给出该公式。

在之前的学习中，我们讲述了使用现金流量折现模型计算净现值来进行项目投资评价、债券价值评估、股票价值评估等，那么现金流量折现模型是否也可以用于期权的定价呢？现金流量折现中一个非常关键的问题是确定合理的折现率，而期权的风险要比标的股票的风险大得多，且无法合理地估计，因此，现金流量折现模型无法在期权定价中使用。

为方便理解，本章在期权价值评估的例子都以股票期权为例，其他类型的期权可以参照股票期权进行估值。

1. 二叉树期权模型。布莱克和斯科尔斯认为，看涨期权的风险等于借钱购买股票策略的风险，若股票价格已知，就可以将看涨期权的价格确定为与借款购买股票获得一样收益时的那个价格。

因此，我们举一个看涨期权与股票组合消除风险的简单例子，假定股票现在的市价为100元，年末股票价格只有两个可能性：120元或80元，同时有一份以此股票为标的的看涨期权，期限是1年，执行价格为100元。投资人可以按10%的利率借款，我们的目标是确定看涨期权的价值。

在评估看涨期权的价值前，先研究以下两个策略。

策略1：买进一份看涨期权；

策略2：买进0.5股股票，同时借36.37元。

具体看一下这两种策略给投资人带来的收益（如表4-2所示）。

表 4－2　　两种策略下投资人的收益

项目	股票价格为 120 元	股票价格为 80 元
策略 1	120－100＝20（元）	0
策略 2	股票：0.5×120＝60（元） 还贷款：－36.37×1.1＝－40（元） 合计：60－40＝20（元）	股票：0.5×80＝40（元） 还贷款：－36.37×1.1＝－40（元） 合计：40－40＝0（元）

从表 4－2 中可以看出，两种策略在年末给投资人带来的损益是完全一样的，那么作为理性的投资人，愿意付出的成本也应该是一样，所以二者的初始成本相同，否则就存在套利的可能性。其中，策略 2 的初始成本为 13.63 元，即借入 36.37 元，减去买股票的成本 50 元得到－13.63 元。由于到期日看涨期权与策略 2 的收益相同，那么看涨期权的成本也应该是 13.63 元，这是看涨期权在不存在套利利润市场上的价值。

那么这两个策略中的初始借款额和买入股票数量应当如何确定呢？

（1）确定购买股票数量。由于看涨期权的价格在年末是 20 元或者 0 元，而股票价格是 120 元或 80 元，也就是说，看涨期权价格的波动为 20 元，而股票的价格的波动为 40 元，相当于股价 1 元的波动会带来看涨期权 0.5 元的波动。如果试图用股票复制看涨期权的话，应当让二者的风险相同，这样买 1 个看涨期权和 0.5 股股票的风险应该是相同的。

因此购买股票数量可以用以下比率来表示：

$$\text{德尔塔系数} = \frac{\text{看涨期权的波动}}{\text{股票的波动}}$$

这一比率被称为看涨期权的德尔塔系数。

（2）确定借贷量。买 0.5 股的股票到期末价值为 60 元或 40 元，比看涨期权的 20 元或 0 元还要多 40 元，为了实现两个策略的现金流一致，我们需要借入一定量的资金归还 40 元的本息，借款量是 40 元的现值，即 36.37 元（40/1.1）。

再来检验一下：100×0.5－36.7＝13.63（元）

（3）风险中性评估。从上面的例子可以发现，即便我们不知道股价上升或下降的可能性，也完全可以确定期权的价值。

假如有些人认为股价上升的可能性很高，而有些人认为股价上升的可能性很低，最后也可以达到相同的期权价格。也就是说，期权价格最后的确定与股价变动的概率没有关系。原因在于当前 100 元的股价已经平衡了这些人的所有观点。这时，期权反映的平衡是因为它的价值依存于股价。

这实际上提供了评估看涨期权的另一种方法。如果我们不需要概率就可以评估看涨期权你的价值，那么选用任意概率都能够获得正确的答案。

假定股票收益等于无风险利率 10%，分别有一定概率上涨 20% 和下跌 20%，那么可以得到股票收益为 10% 时的股价上涨概率。

$$10\% = \text{上涨概率} \times 20\% + (1 - \text{上涨概率}) \times (-20\%)$$

得到上涨概率为75%，下跌概率为25%。把结果用于看涨期权，可以得到：

期权一年后的期望价值 = 75% ×20 + 25% ×0 = 15（元）

期权的现值 = 15 ÷ (1 + 10%) = 13.63（元）

与前面复制方法的结果一样。

为什么要选择股票期望收益率等于10%的概率呢？这就是风险中性评估，也就是说，假设投资者是风险中性的，无论资产的风险如何，投资者都不对超出无风险收益之外的部分提出附加补偿。

如果假定股票的期望收益大于无风险利率呢？看涨期权的价值仍然是6.82元，但是计算将比较困难。例如前面例子中股票的期望收益率为11%，就需要计算看涨期权的期望收益，尽管算出来的看涨期权的期望收益率肯定比11%要高，但是计算过程将非常复杂。因此，大多数的财务学家假定风险是中性的。

综上所述，看涨期权的价值可以用以下两种方法进行评估。

（1）确定复制一个看涨期权策略的策略，这种策略是通过部分借款并投资部分股票；

（2）在假定风险中性的条件下，计算股价上涨和下跌的概率，并与无风险收益率结合，对看涨期权在到期日的期望收益进行折现。

2. 布莱克—斯科尔斯模型。上面的二叉树模型的主要原理就是复制策略，单期的定价模型假设股价只有两种可能，显然在实务中不可能会有这样的情况，特别是时间越长，股价的可能性就越多。那么如果假设时间期限可以被缩短，例如上述例子中，将到期时间分割成半年、季度、月甚至天，股价的可能性就越来越少，情况就会好很多。利用这个原理，我们可以做出2期、4期、6期、12期甚至是365期的二叉树模型，只要复制够相应的次数即可。

但这还是不够的，试想如果将时间分割成无限小，股价变动的可能性被压缩到最小，股价就成了连续分布，这就是布莱尔—斯科尔斯模型的基本前提。通过股票和借款的特定组合可以复制无限小时间水平上的看涨期权，一个时刻的股票价格变动，会引起股票和借款特定组合来复制下一个时刻的看涨期权，从而连续地复制看涨期权。通过此公式就可以：确定任何时刻的复制组合；评估基于这个复制策略的期权价值。对此，只要通过说明动态策略使其能够在现实世界中对期权进行估值，就像之前用二叉树模型对期权进行估值一样就足够了。布莱克—斯科尔斯模型的原理也正是如此，当然，对布莱克—斯科尔斯模型计算公式的实际推导要远远超出本教材的范围，我们直接给出公式本身。该公式是：

$$C = SN(d_1) - Ee^{-Rt}N(d_2)$$

$$d_1 = [\ln(S/E) + (R + \sigma^2/2)t] / \sqrt{\sigma^2 t}$$

$$d_2 = d_1 - \sqrt{\sigma^2 t}$$

看涨期权价格 C 的公式是整个财务学中最复杂的公式之一，包含五个参数：S 为现行股价；E 为看涨期权的执行价格；R 为年无风险收益率，连续复利计算；σ^2 为股票连续收益的方差（每年）；t 为至到期日的时间（单位：年）。

此外还有几个概念：$N(d)$ 为标准正态分布随机变量将小于或等于 d 的累积概率，可通过 Excel 中的 normsdist 函数进行计算；e 为自然对数的底数，约等于 2.7183；$\ln(S/E)$ 为 S/E 的自然对数。

以下通过一个具体例子来说明看涨期权价值的计算。

【例 4-5】 假定股票现在的市价为 80 元，执行价格为 100 元，该期权还有 3 个月到期，年无风险利率为 5%，相当于连续复利的无风险利率为 $\ln(1.05)=4.879\%$，该公司股票连续收益的方差为 $\sigma^2=0.09$。

根据以上资料计算期权价格如下：

$$d_1=\frac{\ln(98/100)+(4.879\%+0.09/2)\times0.25}{0.3\times\sqrt{0.25}}=0.02163$$

$$d_2=0.02163-0.3\times\sqrt{0.25}=-0.1284$$

$$N(d_1)=0.5086$$

$$N(d_2)=0.4489$$

$$C=98\times0.5086-100\times e^{-4.879\%\times0.25}\times0.4489=5.5\text{（元）}$$

现在我们来看一下布莱克—斯科尔斯公式背后的含义，公式的第一行为：

$$C=SN(d_1)-Ee^{-Rt}N(d_2)$$

它的结构与之前二叉树模型的式子很像：

看涨期权价值 = 股价 × 德尔塔系数 - 借款额

对比发现，$N(d_1)$ 相当于德尔塔系数，在本例中，$N(d_1)$ 等于 0.5086，$Ee^{-Rt}\times[N(d_2)]$ 相当于投资者为了复制看涨期权需要的借款量，本例中为 44.35 元。因此，该模型表明，我们能通过以下策略来复制例子中的看涨期权，即买入 0.5086 股股票，同时借入 44.35 元。

上述参数中，现行股价 S、看涨期权的执行价格 E、至到期日的时间 t 都容易取得，比较难估计的是无风险收益率和报酬率方差。

（1）无风险收益率。无风险收益率通常以国库券利率来表示，要选择与期权到期日一致的国库券利率，例如还有 3 个月到期，就选择 3 个月到期的国库券利率，如果没有时间相同的，要选择时间最接近的国库券利率。另外要注意此处的国库券利率是市场利率而不是票面利率。在公式中使用时要注意将其转换为连续复利利率，假设市场利率为 r，那么连续复利为 $\ln(1+r)$。

（2）股票连续收益的方差。确定股票从购买日到到期日的连续收益的方差不是一件容易的事情，因为这涉及预测股票未来的走势，因此，交易者常通过历史数据来估计方差。

3. 几个特殊问题。

（1）看跌期权。以上是针对看涨期权，那么如何来确定看跌期权的价值呢？这需要用到我们之前介绍过的期权平价关系等式：

标的股票价格 + 看跌期权价格 = 看涨期权价格 + 执行价格的现值

变换等式后可以得到：

看跌期权价格 = 看涨期权价格 - 标的股票价格 + 执行价格的现值

因此，看跌期权的价格需要先计算看涨期权价格，再根据上述公式推导出来。

（2）美式期权。在前面的例子中大都以欧式期权为例，那么是不是布莱克—斯科尔斯模型只适用于欧式期权呢？实际上，与欧式期权比，美式期权在到期前的任意时间都可以执行，有提前执行的优势。因此，美式期权的价值应至少等于相应欧式期权的价值，在某些情况下比欧式期权的价值更大。

（3）派发股利的期权定价。布莱克—斯科尔斯模型中一般假设了在期权持有期内买方期权标的股票不发放股利，那么如果在标的股票派发股利的情况下应当如何对期权进行估值呢？

股利的现值是股票价值的一部分，但是只有股东可以享有该收益，期权持有人是不能享有的。因此，在期权估值时要将期权到期日前所派发的全部股利的现值从股价中扣除，此时模型建立在调整后的股票价格而不是实际价格的基础上。

考虑派发股利的期权定价模型公式如下：

$$C = Se^{-\delta t}N(d_1) - Ee^{-Rt}N(d_2)$$

$$d_1 = [\ln(S/E) + (R - \delta + \sigma^2/2)t] / \sqrt{\sigma^2 t}$$

$$d_2 = d_1 - \sqrt{\sigma^2 t}$$

这个公式中加入了一个新的参数 δ，其余参数与前面的公式一样。δ 为标的股票的年股利报酬率。如果标的股票年股利报酬率 δ 为 0，则跟前述模型相同。

第三节　期权在财务管理中的运用

在前面的内容中，我们主要介绍了期权的概念、类型、定价等问题，那么期权在公司财务管理中还有什么作用呢？本节将从期权在合并和资本预算中的作用进行介绍。

一、合并和多元化

实践中多元化经常是公司合并的理由，那么，公司合并是否一定会提升公司价值，为投资人带来更多财富呢？先看一下下面的例子。

【例 4-6】 A 公司是一个生产泳装的公司，B 公司是一个生产羽绒服的公司，显然，这两个公司的业务具有季节性，在各自的旺季都有着很高的现金流，同时又担心淡季现金流不足，如果两个公司能够合并的话，直观上公司应该会有一个更稳定的现金流量。假设这两个公司的运营区别很大，合并并不能够带来“协同效应”或其他创造价值的可能性（如表4－3所示）。

表4－3　A、B公司合并前的数据

项目	A	B
资产的市场价值（百万元）	30	10
企业零息债券面值（百万元）	12	4
债务期限（年）	3	3
资产回报标准差（%）	50	60

连续复利计算的无风险利率为5%。那么，我们可以把每个公司的股票看成一个看涨期权，用布莱克—斯科尔斯模型计算出下列数值来确定权益的价值（如表4－4所示）。

表4－4　A、B公司股权和债券价值　单位：百万元

项目	A	B
股权的市场价值	20.424	7.001
债券的市场价值	9.576	2.999

合并后公司的资产是合并前两个公司资产价值的加总，即4 000万元，同样，债务总面值现在为1 600万元。但合并后公司的资产回报标准差为40%，这是多元化的结果，表4－5是合并后的公司数据。

表4－5　A、B公司合并后的数据

项目	合并后的公司
资产的市场价值（百万元）	40
企业零息债券面值（百万元）	16
债务期限（年）	3
资产回报标准差（%）	10

根据表4－5中的数据计算合并后的股权价值（如表4－6所示）。

表4－6　合并后公司的股权和债券价值　单位：百万元

项目	合并后的公司
股权的市场价值	26.646
债券的市场价值	13.354

对比后我们发现，股权的市场价值变成了2 664.6万元，而原来两个公司股权市场价值之和＝2 041.4＋700.1＝2 742.5（万元），也就是说，合并使得股权

价值减少了。同时，债券的市场价值反而上升了。这说明这次合并没有创造也没有损失价值，但一部分价值从股东转移到了债权人。

这个例子说明，多元化降低了公司资产回报的波动性，降低了公司的违约风险，使债券持有人受益，因此，债券的市场价值上升。

但多元化却不一定给股东带来益处，因为从另一种方式来看，股票是一种看涨期权，特定资产受益变动方差降低了股票的价值。合并使得公司的风险降低，违约甚至破产的可能性大大减小，对债权人是件好事，但对于股东而言，破产的权力是一个有价值的期权，而单纯的财务合并降低了这一期权的价值。

二、资本预算

在财务管理中，对项目投资进行评价最常用的方法就是对项目未来预期的现金流量进行折现，得出该项目的 NPV，计算 NPV 时是通过调整折现率来处理风险。那么假如项目寿命期内还有其他投资经营决策应该如何处理呢？我们通过下面的例子来进行具体说明。

【例 4－7】某石油公司正考虑购买一个油田。该油田的出售者打算以 10 万元出售，并且急于卖出。初始钻探成本为 500 万元，预期在数十年内每年可以采油 10 000 桶。由于日期比较久远且难以估计，公司将该现金流量视为永续年金，每桶油的价格按 500 元、成本按 460 元计算，那么每桶油的净利为 40 元。假设折现率为 10%，不考虑税金，判断该公司是否应该购买这个油田。

$NPV = -100\ 000 - 5\ 000\ 000 + (40 \times 10\ 000) \div 10\% = -1\ 100\ 000$（元）

显然按照 NPV 的计算结果，该公司不应该购买这个油田。

但是该公司的财务顾问进行了更加详细的分析。他认为石油价格有望以通货膨胀率上涨。不过，他指出明年是非常关键的一年，一方面，OPEC 正考虑一个未来在一定期限内将油价提高到每桶 650 元的长期协议；另一方面，电动汽车的关键技术有望迎来突破性发展，一旦落地，将全面用于市场，未来很长时期内石油的价格将被定为 350 元。这两方面的信息都将在一年后披露。

如果油价提高到每桶 650 元，那么项目的 NPV 为：

$NPV = -100\ 000 - 5\ 000\ 000 + (190 \times 10\ 000) \div 10\% = 13\ 900\ 000$（元）

如果油价降到每桶 350 元，那么项目的 NPV 会比之前的更小。因此，财务顾问向公司提出建议：应该购买该油田；是否钻探应该推迟到有关 OPEC 新协议和技术开发的信息发布之后。

这样，如果购买油田后，付出 10 万元的成本，假如立即开始钻探，NPV 就是 －110 万元，如果将是否钻探的决策留到新信息披露之后，就能做出更合适的决策。如果油价降至 350 元，则停止钻探，该项目损失 10 万元的成本；如果油价上涨至 650 元，则立即开始钻探，这时 NPV 将为 1 390 万元。无论是哪种决策，都比直接进行钻探获得更高的现金流。

这个例子给我们在进行投资评价提供了一个新的思路，上述例子中购买油田类似于购买了一个有钻探油田权利的看涨期权，执行价格为500万元。如果未来标的资产价值上升（即油价上升），这时再执行该期权；如果未来标的资产价值下降（油价下降），则放弃执行该期权，损失了期权费（购买油田的10万元）。

这实际上也指出了在经典资本预算时的一个严重缺陷，NPV的计算忽视了现实中公司决策的灵活性，在上述例子中，按照之前的NPV计算结果显然是不可接受的，然而换一种思路，让公司可以根据未来的市场态势来选择投资政策，可以更容易证明购买这个油田是合理的。

本章小结

本章全面介绍了期权的概念、特点和类型，并针对不同的期权交易形式探讨了期权的到期日价值。根据期权价值的五个因素，通过构建二叉树模型，引出期权价值的评估公式——布莱克—斯科尔斯模型。同时，还探讨了期权在公司财务管理中的应用，如合并、资本预算，为期权财务管理中的应用提供了思路。

案例分析

中航油新加坡巨亏案

中国航油公司（新加坡）（以下简称“中航油”），是中国航空油料集团公司旗下公司，公司于1993年成立，是“依托中国，走向世界”的石油类跨国企业，主要供应喷射燃料给民航以及国际石油买卖，2001年12月6日在新加坡交易所主板挂牌上市。

2003年下半年，中航油开始交易石油期权，最初涉及200万桶石油，中航油在交易中获利；2004年第一季度，油价攀升导致公司潜亏580万美元，公司决定延期交割合同，期望油价能回跌，交易量也随之增加；2004年第二季度，随着油价持续升高，公司的账面亏损额增加到3 000万美元左右，公司因而决定再延后到2005年和2006年才交割，交易量再次增加；2004年6月，公司CEO陈久霖曾在新加坡表示，原油现货并未短缺，高油价只是暂时现象，并举2000年油价高涨时，美国政府释放石油储备，压低油价的例子。就在其发表上述讲话之时，纽约原油期货一举突破43美元，创21年历史新高。

2004年10月油价再创新高，公司此时的交易盘口达5 200万桶石油；账面亏损再度大增。10月10日，面对严重资金周转问题的中航油，首次向母公司呈报交易和账面亏损。为了补加交易商追加的保证金，公司已耗尽近2 600万美元的营运资本、1.2亿美元银团贷款和6 800万元应收账款资金。账面亏损高达1.8亿美元，另外已支付8 000万美元的额外保证金。同时，有超过6家银行停止了与中航油公司的交易。10月20日，母公司提前配售15%的股票，将所得的1.08亿美元资金贷款给中航油。10月26日和28日，公司因无法补加一些合同的保证金而遭逼仓，蒙受了1.32亿美元实际亏损。11月8~25日，公司的衍生商品合同继续遭逼仓，截至25日的实际亏损达3.81亿美元。11月29日，为了挽救中航油，集团再向中航油提供1亿美元贷款，但此时已是杯水车薪，新加坡交易所不得不对中航油强制平仓（账户亏损额已超过账户内原有的保证金，即账户内保证金为零，甚至是负值，此时交易所有权对账户内所有仓位强制平仓）。12月1日，在亏损5.5亿美元后，中航油宣布向法庭申请破产保护令。

事实上，中航油在血性追杀约110亿美元的原油期货合同，以50美元/桶的强行平仓价格计算，这些合同相当于3 000万吨燃油，而中航油旗下91家机场全年仅有500万吨航油需求。中航油的期货交易远超套期保值的需要，属于纯粹的博弈投机行为。

造成中航油破产局面有以下两个原因。

1. 缺乏有效的风险控制。这是中航油巨亏的根本原因，企业没有建立起防火墙机制，即在遇到巨大的金融投资风险时，没有及时采取措施，进行对冲交易来规避风险，而是在石油价格居高不下的情况下采用挪盘的形式，继续坐等购买人行使买权，使风险敞口无限量扩大直至被逼仓。期权的卖方在出售期权之后，通常都会为期权空头头寸进行对冲，以避免较大的亏损，而中航油卖出石油看涨期权的目的就是赌石油价格下跌，并未采取对冲策略。事实上，在衍生产品交易过程中，如果没有进行相关的风险对冲，衍生产品的交易变成了纯粹的赌方向。由于衍生产品具有杠杆效应，一旦方向看错，损失将成倍增加。中航油卖出大量的看涨期权，赌油价下跌，获得期权金。然而，事与愿违，油价的飙升使中航油最终无法支付巨额的保证金而被强行平仓，造成巨额损失。

公司财务部在面临这种风险威胁时本应发挥其作用，但财务部有效的监督必须要在获得独立监控金融业务部门资金出入和头寸盈亏权力的基础之上，在亏损突破止损限额后直接向董事会报告，并停止为亏损头寸追加保证金，在风险已经显露时及时筑起一道防火墙，规避市场风险。事实上公司是建立起了由安永会计师事务所设计的风控机制来预防流动、营运风险的，但因为总裁的独断专行使得当公司在市场上“血流不止”的时候，该机制完全没有启动，造成制定制度的人却忘了制度对自己的约束的局面，可见缺乏有效的风险控制是中航油巨亏的根本原因。

2. 采取高信用风险的场外交易。在缺乏内部控制的同时，由于中航油参与的是场外期权交易，缺乏有效的外部监管。期权交易本身的高风险性使没有任何实践经验的中航油暴露在市场风险极高的国际衍生交易市场中。中航油公司从事的是场外期权交易（即OTC交易），交易双方都必须承担比交易所衍生品交易更大的信用风险。

衍生品交易所，不管是期货交易所还是期权交易所，通常都有一个结算机构来保证交易及交割的顺利进行。结算机构的职责不仅是对交易进行结算，而且还负责监督结算成员的交易风险。如果他发现某个成员的潜在交易损失超过其结算资金，那么结算机构有权强行结束他的部分交易头寸以补足其应缴的保险金。这种监督非常频繁，它能有效地防范结算成员的清算风险。中航油因为从事的是场外交易，所以没有这样的一个外部机构监督它的头寸风险，其交易风险完全由自己控制。这就是为什么它能在潜在损失已经很大的情况下急需建立头寸，进而导致巨大损失。

此外，高层管理者严重越权违规操作、母公司缺乏监管等原因共同导致了这样的后果，同时也反映了期权的风险之大足以给一个庞大的机构造成致命的冲击。衍生产品具有高杠杆性，对于套期保值者来说，可以用较少的资金规避风险，但对于投资者来说，如果看错方向，可能导致巨额损失，风险极大。国内企业参与境外衍生产品交易，目的是进行套期保值。而中航油事件中进行的石油期权场外交易，则是纯粹的投机。中航油在场外石油期权交易中，因为看跌石油价格而大量卖出石油看涨期权，期望在石油价格如期下跌后获得权利金。实际上，卖出看涨期权是期权交易中风险最大的一种，理论上，卖出看涨期权的一方最大收益有限（即齐全的权利金），而最大亏损可能是无限的（石油价格涨得越高，亏损越多），因此，为了避免这种风险，期权的卖出方通常都会在现货市场或者其他衍生品市场进行相关的对冲操作，规避标的资产价格波动风险。而中航油显然没有这么做，最终导致破产的命运。实际上，在中航油卖出期权之后不久，石油价格就一路上涨，而在其巨亏平仓之后，石油价格就大幅回落。可见，在衍生品交易中，任何侥幸的赌徒心理都是不可取的。

（资料来源：何清、段晓燕，《中国版“巴林事件”：中航油巨亏幕后调查》，载《21世纪经济报道》，2004年12月6日，经作者整理）

案例思考题

1. 卖出看涨期权有哪些风险？

2. 你认为中航油在卖出看涨期权后应该采取哪些措施进行风险对冲？

复习思考题

1. 期权的本质和作用是什么？

2. 期权的交易类型有哪些？在不同的标的资产价格下，交易双方的损益和风险如何？

3. 如何构建期权组合能够规避风险？

4. 布莱克—斯科尔斯模型的原理是什么？

5. 如何将期权定价模型用于公司财务管理中？

6. A 公司股价 1 年后将会是 53 元或 67 元。看涨期权 1 年后到期，国债利率为 5%。假设目前 A 公司股价是 58 元，如果行权价为每股 50 元，看涨期权的价值为多少？

7. 某股票目前的价格为每股 47 元，3 个月后到期，行权价为 50 元的看涨期权售价为 3.8 元。如果无风险利率按复利计算为年息 2.6%，具有相同行权价的看跌期权为多少元？

8. 具有以下特征的看涨期权和看跌期权的价值应该是多少？

股票价格 =83（元）

行权价 =80（元）

无风险利率（按复利计算）=6%（年利率）

期限 =6（个月）

标准差 =47%/年

第五章　金融衍生工具与风险管理

投资者可以对资产负债表所显示出来的风险非常了解，但却无法掌握金融衍生工具交易所具有的巨大风险。尽管有许多披露标准确实有所改变，但漏洞仍然巨大。而随着对金融衍生工具的使用日益频繁，制度上所存在的这些缺陷，总有一天会让我们付出代价。

［美］罗杰·洛温斯坦——《拯救华尔街》

第一节　金融衍生工具概述

一、金融衍生工具产生的背景①

金融衍生工具是指以原生金融工具为基础而新创造出来的虚拟金融工具。20世纪80年代以来，西方国家的政府纷纷放松金融管制，出现了金融体系自由化的趋势，再加上近些年来计算机和信息技术的发展，金融衍生工具市场迅速发展起来。

（一）金融体系国际化

国际经济环境的变化。20世纪70年代两次石油价格上涨，使石油输出国的国际收支出现了巨额顺差，其中上千亿美元流入欧洲货币市场，这些石油美元由欧洲货币市场贷出，很多又回流到非石油输出国，这在某种程度上孕育了国际金融市场全球一体化的趋势。70年代末80年代初，西方国家放松外汇管制及取消资本流动的限制，推动了金融市场的一体化和国际化的进程。

（二）国际融资证券化

所谓国际融资证券化是指在国际金融市场上筹资手段的证券化和贷款债权的证券化。

筹资手段的证券化是指20世纪80年代以后，国际金融市场上的筹资格局发生了重大变化，人们改变了长期以来主要依靠金融中介间接筹措资金的方式，转

① 汪昌云：《金融衍生工具》（第二版），中国人民大学出版社2013年版。

而利用债券市场和股票市场直接融资。在70年代，尽管国际债券市场有了较大的发展，但是国际资本市场仍以银行贷款为主。到80年代以后情况发生了变化，国际证券的筹资比重不断上升，到1986年，国际资本市场的债券发行额已远远超过银行贷款额。

贷款债权证券化是指金融机构以贷款债权作担保发行证券，即以证券交易方法贷款债权，从而实现贷款债权的流动化，加速资金的周转。导致国际融资证券化的原因很大一部分来自国际债务危机的影响。1982年在拉丁美洲爆发的世界性债务危机，使一些发达国家银行出现了巨额呆账，这不仅削弱了这些银行进一步发行新的国际贷款的能力，而且也严重影响了它们的信誉。因此，一些信誉卓著的公司转向证券市场，通过发行证券筹资，并且许多银行也在市场上出售债权。

（三）放松金融管制

金融业历来是受政府管制较严的一个部门，金融管制可分为对内管制和对外管制。对内管制主要是限制金融机构的业务经营范围及存贷款利率。对外管制主要是限制外国金融机构进入本国金融业及金融市场，限制外国银行在本国经营业务的范围及对外汇流出的管制。随着经济的发展，有些金融管制在一定程度上影响了该国金融业正常的运行机制，阻碍了金融业的发展，而有些金融管制由于受到金融创新的冲击约束力已大大降低。因此，从20世纪70年代末起，西方国家开始放松金融管制，形成了一股声势浩大的金融管制自由化的浪潮。放松金融管制主要包括以下五个方面的内容。

一是取消外汇管制。英国和瑞士在20世纪70年代末取消了限制资本流出的外汇管制；1980年日本修改了新的外汇管理法，1984年允许日元国际化；1986年法国和意大利也基本取消了外汇管制。

二是取消利率限制。美国国会1980年通过了《对存款机构放松管制与货币控制法》，规定将逐步取消联邦储备委员会《管理条例Q》关于存款利率上限的规定。此外，加拿大、联邦德国、意大利、英国等国家也相继取消了对银行存款利率的限制。

三是放宽对经营范围的限制，允许金融业务交叉。放宽对各类金融机构在业务经营范围上的限制，允许不同金融业务可以适当交叉，如美国传统上商业银行和其他储蓄机构业务区分明确，20世纪80年代新银行法出台后，美国的商业银行和非银行金融机构业务交叉，界限已趋于模糊。

四是放宽外国金融机构进入本国市场的限制。如英国于1986年金融服务法“大震”后，允许外国证券公司进入英国，日本也允许部分外国证券公司进入其股票交易所。此外，美国建立了国际银行便利，日本建立了离岸金融市场。

五是实际利率的提高。由于恶性通货膨胀，20世纪70年代很多国家的实际利率为负值，即名义利率低于通货膨胀率，因而债券对投资人的吸引力不大。80年代后期，西方国家的通货膨胀率普遍下降，名义利率超过了通货膨胀率，实际利息收益得以恢复正值，从而也使投资者恢复了对长期债券的信心和兴趣。

二、金融衍生工具的种类与特征

（一）金融衍生工具的含义与功能

1. 金融衍生工具的含义。衍生工具（derivatives），又称“衍生产品”，是与基础产品相对应的一个概念，就是由现货市场的既有产品衍生出来的产品。之所以冠上“衍生”这个词条，是因为该种产品建立在基础产品或基础变量之上，其价格随着基础产品的价格（或数值）变动而变动。例如，股票指数期货合约的价值，受到其标的资产（underlying asset）现货股票价格指数高低的影响，故股票价格指数期货合约是一种典型的衍生性产品。2004 年，《巴塞尔新资本协议》给出了衍生工具的明确定义：“金融衍生交易合约的价值取决于一种或多种基础资产的价值或相关系数，除了远期、期货、互换（掉期）和期权等基本合约形式外，具有以上一种或多种特征的结构化金融工具也称为衍生工具。”

2. 金融衍生工具的功能。衍生工具市场几乎从开始形成就遭到非议。批评者认为衍生工具的杠杆过高、风险过大。例如，期货交易者只需存入一笔交易保证金就可以进行放大 10～20 倍金额的交易，一眨眼间就可赢得巨额财富，同时，财富也可在瞬间灰飞烟灭。然而，即使投机利润巨大，期货市场也不像钢铁公司那样生产钢铁，不像银行那样提供金融服务。期货市场遭遇强烈批评还因为它们天生就与市场操纵联系在一起。在 19 世纪下半叶到 20 世纪 30 年代的美国期货市场上，市场操纵案件频繁发生。早期的期货市场发展史实际上就是市场操纵史。市场操纵引致了美国的期货立法。一谈到期货市场，人们不禁联想到荷兰的“郁金香泡沫”，以致在其后的数个世纪中，期权或类似于期权的交易都被视为纯投机而为法律明令禁止。

尽管衍生工具给人留下许多负面影响，不过现代衍生工具市场在全世界仍然得到了快速发展，这种发展趋势至今也没有停步的迹象。这是因为衍生工具有着两项重要的经济功能：风险管理与价格发现。

（1）风险管理。金融衍生工具的重要功能之一是为套期保值者提供一种有效的风险管理手段。衍生工具之所以产生和发展，主要原因是其具有对冲风险的功能。

风险是客观普遍存在的，不同的投资者对风险的承受能力不同。有的投资者愿意冒一定风险去获取较高的收益，而有的投资者只希望赚取确定的收益，不愿意承担风险。这样就产生了分离风险的客观需求。衍生工具的出现为投资者提供了一种有效的风险分配机制，该功能也是衍生工具被企业界广泛采用的初衷所在。通过套期保值使希望避免风险的人把风险转移给愿意承担风险的人，这样投资者就可以根据风险大小以及自己的偏好更有效地配置资金。2009 年 4 月，国际互换与衍生品协会（ISDA）对世界 500 强企业衍生品使用情况第二次调查报告显示：有 94% 的企业利用衍生品管理和对冲商业风险和财务风险。各种金融衍生品可以单独进行交易，也可以被用来“构造”一个更为复杂的系统，并根据需要进行调整或修改。不论是单一衍生产品还是多种衍生产品的组合，其设计的主要目的之一就是对冲风险。

（2）价格发现。金融衍生工具的另一个主要经济功能是价格发现，即提供关于未来价格信息的能力。衍生工具的交易尤其是期货交易都是在有组织的交易所进行。各交易所有明确的交易规则，交易价格等相关信息及时传递给所有交易者和对该价格有兴趣的各方。而且每一个交易者指令都必须传递到交易所的指定交易池进行公开、集中的竞价交易。这些期货期权价格是公开和公平竞争的结果，它们反映该标的商品目前以及将来一定时间内的供给和需求的关系或基本价值。期货市场形成这些均衡价格并及时将这些价格向外界发布的过程就是期货市场的价格发现功能。

由于衍生工具交易特别是场内交易集中了各方面的市场参与者，带来了成千上万种基础资产的信息和市场预期，使寻找交易对象和决定价格的信息成本大大降低。交易者在信息收集和价格动向分析的基础上，通过公开竞价的方式达到买卖协议。协议价格能够充分反映交易者对市场价格的预期，也能在相当程度上体现未来的价格走势，这就是价格发现。被衍生市场发现的价格随时随地通过各种传播方式向各地发布，这就为相应的经济领域提供了信息的产生和传递功能，为广大的生产者和投资者提供了正确的价格信号，从而使生产者和投资者可以相应制定和调整其生产与经营计划，使经济社会的每一个成员都能更快、更好地从未来价格预测中获益，促进资源的合理配置。

此外，衍生工具还有提高市场有效性的功能。即使没有衍生产品市场，证券的现货市场也可能是有效的。然而，即使在有效市场中也存在少量的套利机会。这些套利机会意味着一些资产价格在某些时刻偏离了其正常价值。衍生工具的出现增加了不同金融工具市场和不同国家之间的联系，衍生品市场低廉的成本和简便的方式有助于套利交易和迅速地交割调整，以消除套利机会的存在，从而有利于减弱市场的不完善性，加强市场的竞争，缩小金融工具的买卖价差，消除或修正某些市场或金融工具的不正确定价。

（二）金融衍生工具的种类与特点

按照最基本、最常见的分类，衍生工具可以分为远期合约、期货合约、期权合约和互换合约四大类。

1. 远期合约。远期合约（forward contract）是交易双方约定在未来某一特定时间内，以某一特定价格买卖某一特定数量和质量的合约标的物的一种协定。远期合约主要有商品远期合约、远期外汇交易、远期利率协议等。

远期合约交易是通过现代化通信方式在场外进行的，交易双方互相认识，合约内容由交易双方互相协商，具有较高的灵活性。远期合约交易不需要保证金，没有初始投资，但是远期合约的履约也没有保证。当价格变动到对一方有利时，另一方可能无力或无诚意履行合约，因此远期合约的违约风险较大。由于远期合约为非标准化合约，每份合约千差万别，同时由于远期交易没有固定、集中的交易场所，因此远期合约的流动性较差，大部分交易都导致最后进行实物交割。

2. 期货合约。期货合约简称期货（future），是交易双方约定在未来某一特定时间，以某一特定价格买卖某一特定数量和质量的合约标的物的一种正式合约性规定。当合约到期时，合约双方必须履行交割义务，即买方交钱、卖方交货，以完成合约所规定的事项。为了保证在一方违约时另一方不致遭受损失，在签订合约时买方和卖方都被要求支付一定数量的保证金，并视期货价格的变动情况确定其是否追加保证金。期货衍生类工具主要包括商品期货、外汇期货、利率期货、股票期货、股票指数期货等。

期货交易所需资金较少。进行期货交易不需要按实际期货合约的价值缴纳现金，而只需要缴纳较低比例的保证金。期货交易在多数情况下不进行实物交割。多数的期货交易者在期货合约到期之前就通过对冲了结了履约义务，真正需要现货交割的，一般只占期货合约总额的1% ~2%。期货交易的地点、方式等都有严格的限制。期货交易的对象是一张期货合约，期货合约中明确限定了交易商品的等级、数量、交易方式和交易地点，投资者可以选择的只是价格和交货期。

期货交易风险较大。在期货交易中，买卖双方都要支付保证金，而且随价格的变化，有可能需要追加保证金，而且交易双方所承担的风险损失都是无限的。

3. 期权合约。期权合约简称期权（option），又称选择权，期权交易实质上是一种权利的买卖。期权的一方向对方支付一定数额的权利金后，即拥有在某一特定时间，以某一特定价格买卖某一特定种类、数量、质量的原生资产的权利。期权类衍生工具主要包括商品期权、外汇期权、利率期权、股票期权、股票指数期权等。

期权交易对象特殊。期权交易是以某一特定的权利为买卖对象的交易，是一种权利的有偿使用，即期权的买方向期权的卖方支付了一定数额的权利金后，就拥有了在规定的有效期内按照事先规定的履约价格向期权的卖方买进或卖出一定数量某种商品期货合约的权利。

买卖双方的权利义务不对等。在期权交易中，期权的买方有权确定是执行权利还是放弃权利，卖方只有义务按买方的要求去履约，只有当买方放弃此权利时卖方才不必执行合约。

买卖双方的风险收益结构不对等。期权交易的买方在成交时要支付一定的权利金，但没有实际执行合同的义务，所以期权买方的亏损是有限的，其最大的损失就是权利金；而期权交易的卖方收取权利金，出卖了权利，其损失可能是无限的。

买卖双方履约保证金不同。在期权交易中，期权的买方没有执行期权合同的义务，因此，不需要交纳保证金；而期权的卖方则不然，其在期权交易中所面临的风险损失很难准确预测，为此必须预先缴纳一笔保证金，以表明其具有履约的能力。

4. 互换合约。互换合约（swap）是指交易双方在未来某一时期相互交换某种资产的合约。更为准确地说，互换合约是当事人之间签订的在未来某一期间内相互交换他们认为具有相等经济价值的现金流的合约。较为常见的互换类衍生工具是利率互换和货币互换，其他互换类衍生工具还有商品互换、股票指数互换等。互换交易的主要目的就是防范利率风险、外汇风险，降低筹资成本，提高资产的收益。

互换交易是表外交易。所谓表外业务，是指那些不会引起资产负债表内业务发生变化，却可为交易者带来业务收入或减少风险的中间业务。互换交易就是一种衍生工具的表外业务。互换交易的期限较长，可进行长期安排（2～20年），因此，在资产负债长期管理中，互换交易更为适用。互换交易是场外交易，按非标准形式进行（目前有标准化趋势），具有较高的灵活性，以适应各种交易者的需要。但正是由于互换交易的非标准化形式，它的交易成本较高，谈判比较复杂，同时违约风险也较大。

互换可以暂时改变给定资产或负债的风险与收益，而不必出售原始资产或负债。这对于流动性较差的资产或负债来说很重要。

三、全球金融衍生品市场概述

1. 全球衍生品市场发展及成交概况。

（1）全球衍生品市场的发展历程。国际衍生品市场的发展，大致经历了由商品期货、金融期货到期权、互换，交易品种不断增加、交易规模不断扩大的过程。

1848年，芝加哥期货交易所（Chicago Board of Trade，CBOT）的诞生以及1865年标准化合约的推出，标志着现代衍生品交易的开始。随着现货生产和流通的扩大，新的期货品种不断出现，除了农产品期货外，又增加了金属期货。1876年成立的伦敦金属交易所（LME）是第一家金属期货交易所，至今该交易所的期货价格依然是国际有色金属的晴雨表。

20世纪70年代初，国际经济形势发生急剧变化，布雷顿森林体系的解体使得固定汇率制被浮动利率制取代，利率管制等金融管制政策逐渐取消，汇率、利率频繁剧烈波动，促使金融期货、期权和互换合约产生。1972年5月，芝加哥商业交易所（CME）设立了国际货币市场分部（IMM），首次推出包括英镑、加拿大元、联邦德国马克、法国法郎、日元和瑞士法郎等在内的外汇期货合约。1973年，期货交易所出现了革命性的变化，标志着现代意义上的期权交易产生。此后，世界各地的交易所纷纷开始进行期权交易，交易品种也由股票期权逐渐扩展至货币、指数及期货期权等，交易量迅速膨胀。1975年10月，芝加哥期货交易所上市了国民抵押协会债券（Government National Mortgage Association，GNMA）期货合约，从而成为世界上第一个推出利率期货合约的交易所。1982年2月，美国堪萨斯期货交易所（KCBT）开发了价值线综合指数期货合约，使股票价格指数也成为期货交易的对象。1985年12月，以活跃在互换市场的银行、证券公司为中心，众多的互换参与者组建了旨在促进互换业务标准化和业务推广活动的国际互换交易协会，为之后衍生品市场的深入发展创造了良好条件，大大提高了交易效率。

20世纪80年代以来，全球金融市场处于动荡不安中，从拉丁美洲债务危机到亚洲金融危机、俄罗斯债务危机、巴西和阿根廷金融危机、日本“泡沫经济”的破灭、欧洲债务危机以及美国次贷危机，全球信用环境恶化，信用风险上升，各国银行对信用风险问题的日益关注促进了信用衍生品的迅速发展。1993年，历史上第一笔信用衍生品交易是由美国信孚银行（Bankers Trust New York Corporation）和瑞士信贷银行金融产品部（CSFP）针对日本房地产危机而做的。自此后，信用违约互换、总收益互换、信用利差远期和期权等传统信用衍生产品逐渐规范。1998年，ISDA制定了第一个关于信用衍生产品的协议文本，为信用衍生品交易提供参考，提高了交易的规范性和效率，降低了交易协商成本。1999年，ISDA又修订了信用事件的定义，降低了交易双方对信用事件分歧引起的法律风险。违约偿付逐渐由实物交割为主转变为现金结算为主，避免了基础资产交割，降低了交易成本。交易以信用违约互换为主，占交易量的90%以上，并且以单名互换为主，多名违约互换很少。2002～2007年，信用衍生品市场快速发展，市场规模迅速膨胀，根据美国货币监理署（OCC）统计，2007年美国商业银行持有的信用衍生品合约的名义金额为14.41万亿美元，是2001年的36倍多，而同期银行贷款仅增长72%。2001年，信用衍生产品同银行贷款的比例是10.05%。到2007年，这一比例上升到212.55%。同时，信用衍生品也出现了许多复杂的结构衍生工具，如CDD、ABS、CDOs、CDO2等。同传统的信用衍生产品相比，结构产品更复杂，信用风险分散更广，风险链条延长，投资者难以掌握结构产品的风险，信用评级成为投资者决策的主要依据。但是，信用评级机构并不能准确预测结构金融工具的风险。大量高风险资产的风险通过信用衍生品扩散放大，金融市场蕴藏了巨大风险；次贷违约率上升引发了蕴藏的风险，形成了灾难性的金融危机。信用衍生品投资者遭受巨大损失，甚至破产。由此，信用衍生产品交易萎缩，尤其是高风险基础资产和复杂结构信用衍生产品的交易量下降。

（2）全球金融衍生品市场的成交概况。虽然现代衍生品市场的发展历史较短，但是衍生品市场一直是增长速度最快的金融市场。

美国期货业协会（FIA）于2022年1月19日发布了2021年度全球86家交易所的场内衍生品交易数据（成交、持仓手数）。2021年全球期货与期权成交量为625.85亿手，同比增长33.68%，成交规模大幅增长。其中，不同衍生品类别、标的资产以及交易地区的成交规模变化情况各异。

金融、商品成交均增长，金融期权从标的资产种类来看，金融类和商品类衍生品的成交规模均有一定幅度增长。商品类衍生品以期货为主，期权占比不足5%。2021年，金融类衍生品总成交量为519.92亿手，同比增长39.70%，占场内衍生品总成交量的 83.07%，其中，金融期货成交 191.78 亿手，占比 36.89%；金融期权成交 328.14 亿手，占比 63.11%。商品类衍生品[1]总成交量为 105.93 亿手，同比增长 10.37%，占场内衍生品总成交量的 16.93%，其中，商品期货成交 100.98 亿手，占比 95.32%；商品期权成交 4.95 亿手，占比 4.68%。具体如表 5－1 和图 5－1 所示。

表 5－1　　2021 年度全球场内期货与期权成交量

项目		2021 年成交量（亿手）	2020 年成交量（亿手）	同比增减（%）	2021 年占场内衍生品总市场份额（%）
金融类	期货	191.78	163.32	17.42	30.64
	期权	328.14	208.85	57.12	52.43
	金融类小计	519.92	372.17	39.70	83.07
商品类	期货	100.98	92.17	9.55	16.13
	期权	4.95	3.81	30.11	0.79
	商品类小计	105.93	95.98	10.37	16.93
总计		625.85	468.15	33.68	100.00

资料来源：FIA。

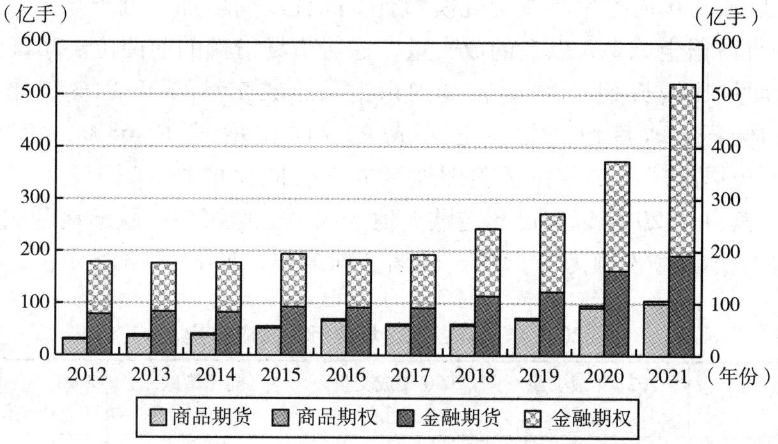

资料来源：FIA。

图 5－1　2012～2021 年全球场内衍生品成交规模变化情况

能源、贵金属类成交下降，其他类别均增长。从产品细分类别上看，除能源、贵金属类之外的其他类别交易量均有所增加。另外，居市场份额前两位的股指类和个股类衍生品成交量稳步增长，占据近七成的成交量，如表 5－2 所示。

---

① 全球场内衍生品按标的资产种类分为股指类、个股类、利率类、外汇类、农产品、能源类、非贵金属类、贵金属类和其他类。其中，其他类包括基于商品指数、信用、化肥、运费、住房、通胀、木材、塑料以及天气等开发的衍生品。由于其他类衍生品的标的资产大多为商品，故将其归入商品类衍生品。

表 5－2　　2021 年基于各类标的资产的场内衍生品成交量

项目		2021 年成交量（亿手）	2020 年成交量（亿手）	同比增减（%）	2021 年占场内衍生品总市场份额（%）
金融类	股指	281.22	186.37	50.89	44.93
	个股	137.37	99.45	38.12	21.95
	外汇	55.56	45.20	22.94	8.88
	利率	45.77	41.15	11.22	7.31
	金融类小计	519.92	372.17	39.70	83.07
商品类	农产品	28.19	25.69	9.69	4.50
	能源	27.27	31.64	－13.81	4.36
	非贵金属	20.05	14.33	39.86	3.20
	贵金属	7.59	9.83	－22.74	1.21
	其他	22.83	14.48	57.66	3.65
	商品类小计	105.93	95.98	10.37	16.93
总计		625.85	468.15	33.68	100.00

资料来源：FIA。

亚太地区成交手数继续领先全球。从衍生品交易地区来看，除欧洲继续萎缩外，其他区域的场内衍生品成交规模均有不同程度的增加。近十年来，亚太与北美地区一直占据全球2/3 以上的成交量，稳居市场份额的前两位。2021 年，亚太地区成交量同比增长 51.63%，占场内衍生品总成交量的 48.81%，比重持续扩大，继续居于全球首位。北美地区成交量同比增长 19.68%，市场份额为 24.58%，位居全球第二。拉丁美洲地区成交量同比增长 37.51%，市场份额为 14.21%，其自 2020 年以来已超越欧洲地区成为全球第三。欧洲地区成交量同比下降 2.79%，市场份额为 8.71%，位居全球第四，如表 5－3 所示。

表 5－3　　2021 年全球各地区场内衍生品成交量

地区	2021 年成交量（亿手）	2020 年成交量（亿手）	同比增减（%）	2021 年占场内衍生品总市场份额（%）
亚太	305.50	201.47	51.63	48.81
北美	153.82	128.52	19.68	24.58
拉丁美洲	88.94	64.68	37.51	14.21
欧洲	54.52	56.09	－2.79	8.71
其他	23.07	17.40	32.64	3.69
合计	625.85	468.15	33.68	100.00

注："其他" 包括希腊、以色列、南非和土耳其。

资料来源：FIA。

全球场内衍生品交易排名情况。按场内衍生品成交手数计算，2021 年全球排名前三的交易所为印度国民证券交易所（NSE）、巴西圣保罗证券期货交易所（B3）和芝加哥商业交易所集团（CME Group），与2020年全年排名相比，前三名保持一致。其中，NSE和B3自2018年以来成交量增幅连年超过40%，主要原因是其股指类衍生品的成交量猛增。郑州商品交易所、上海期货交易所、大连商品交易所和中国金融期货交易所衍生品成交手数的全球排名依次为第7、8、9、27名，具体如表5－4所示。

表5－4　2021年全球交易所场内衍生品成交量排名情况

2021年排名	2020年排名	交易所	成交量（亿手）	同比增减（%）
1	1	印度国民证券交易所（NSE）	172.55	94.97
2	2	巴西圣保罗证券期货交易所（B3）	87.56	38.04
3	3	芝加哥商业交易所集团（CME Group）	49.43	2.53
4	4	洲际交易所（ICE）	33.18	18.97
5	5	纳斯达克集团（NASDAQ Group）	32.93	23.76
6	6	芝加哥期权交易所集团（CBOE）	30.96	18.42
7	12	郑州商品交易所（ZCE）	25.82	51.73
8	9	上海期货交易所（SHFE）	24.46	14.90
9	7	大连商品交易所（DCE）	23.64	7.12
10	8	韩国交易所（KRX）	22.82	4.43
11	10	莫斯科交易所（MOEX）	21.02	－0.87
12	13	伊斯坦布尔证券交易所（BIST）	20.81	37.14
13	11	德意志交易所集团（DBG）	17.17	－8.35
14	14	印度孟买证券交易所（BSE）	16.08	73.92
15	15	迈阿密国际证券交易所集团（MIAX）	13.38	61.72
16	19	多伦多证券交易所集团（TMX Group）	6.13	92.76
17	17	中国香港交易所集团（HKEX）	4.33	－0.91
18	18	中国台湾期货交易所（TAIFEX）	3.92	14.88
19	16	日本交易所集团（JPX）	3.34	－26.55
20	20	新加坡交易所（SGX）	2.32	－6.22

资料来源：FIA。

2. 我国衍生品市场发展及交易概况①。

（1）我国衍生品市场的发展历程。以1990年10月12日郑州粮食批发市场的开业为标志，我国衍生品市场已经走过了近三十年的发展历程，大致可以划分为三个阶段：1990～1993年初创时期的盲目发展阶段，1994～2000年以政策调控为主的治理整顿阶段和2001年至今的复苏与规范发展阶段。

① 中国证券监督管理委员会、中国证券业协会：《中国期货业年鉴（2016年）》，中国财政经济出版社2017年版。

在我国商品期货盲目发展的初创阶段，曾出现过50多家商品交易所、300余家期货经纪公司和2 000多个期货兼营机构。由于行政主管部门不明确，无法可依，期货市场混乱，欺诈行为盛行。1998年8月，国务院确立中国证监会统一负责全国证券、期货业的监管，并发布《关于进一步整顿和规范期货市场的通知》，明确了“继续试点、加强监管、依法规范、防范风险”的原则，将14家交易所合并为上海、郑州和大连3家，仅保留12个商品期货交易品种。2000年12月28日，中国期货业协会成立大会在北京举行，期货业监管和自律体系完全确立，治理整顿阶段全面结束。2001年3月，“稳步发展期货市场”被写入“十五”规划纲要，标志着我国商品期货市场复苏阶段的开始。2004年6月，期货市场经历多年清理整顿后的第一个新品种——棉花期货合约在郑州商品交易所成功上市。之后，商品期货市场获得长足发展，燃料油、玉米、黄大豆2号、豆油、白糖、棕榈油、黄金等期货品种陆续上市，期货交易规模逐年扩大。大连期货交易所于2003年进入全球十大期货交易所行列，标志着我国的商品期货市场逐渐走向成熟。2005年，我国又相继开放了国债远期交易市场、股票权证市场、人民币远期交易市场以及抵押债券市场。2006年5月，中国期货保证金监控中心成立（2015年4月更名为中国期货市场监控中心），作为期货保证金的安全存管机构，中国期货市场监控中心为有效降低保证金挪用风险、保证期货交易资金安全以及维护期货投资者利益发挥了重要作用。2006年9月8日，中国金融期货交易所（以下简称“中金所”）在上海成立，交易所积极筹划推出期权，并深入研究开发国债、外汇期货及期权等进入衍生品。2010年4月16日，中金所正式推出沪深300股指期货合约。2013年9月6日，中金所又推出了国债期货合约。这说明我国衍生品市场正在不断地发展进步。

（2）我国衍生品市场的成交概况。从期货市场交易的品种来看，无论金融期货还是商品期货，都有了进一步的拓展。截至2017年底，国内期货市场共有52个期货期权品种。2017年新上市5个期货品种和1个期权品种，分别为镍、锡、上证50股指期货、中证500股指期货、10年期国债期货、上证50ETF期权。2017年我国期货市场交易品种如表5-5所示。

表5-5　2017年我国期货市场交易品种分布情况

交易所名称及代码	交易所所在地	品　种
上海期货交易所（SHFE）	上海	铜、铝、锌、铅、黄金、天然橡胶、燃料油、螺纹钢、线材、白银、沥青、热轧卷板、镍、锡
大连商品交易所（DCE）	大连	豆一、豆二、豆粕、玉米、豆油、线性低密度聚乙烯、棕榈油、聚氯乙烯、焦炭、焦煤、铁矿石、鸡蛋、胶合板、纤维板、聚丙烯、玉米淀粉
郑州商品交易所（ZCE）	郑州	强麦、普麦、棉花、白糖、PTA、菜籽油、早籼稻、甲醇、玻璃、油菜籽、菜籽粕、动力煤、粳稻、晚籼稻、硅铁、锰硅、铁合金、棉纱、苹果
中国金融期货交易所（CFFE）	上海	沪深300股指期货、5年期国债期货、10年期国债期货、上证50股指期货、中证500股指期货

从交易规模来看，2021 年中国期货市场成交量创历史新高，连续三年大幅增长；在全球场内衍生品市场中，中国四家期货交易所的成交量排名稳中有升；期货期权新品种稳步增加，衍生品体系更加完善；期货公司资本实力增强，经纪业务收入大幅增长。

2021 年，中国期货市场成交 75.14 亿手（单边，下同）和 581.2 万亿元，同比分别增长 22.13% 和 32.84%。分交易所来看，上海期货交易所成交 23.7 亿手和 193.1 万亿元，同比分别增长 14.39% 和 37.92%。郑州商品交易所成交 25.82 亿手和 108 万亿元，同比分别增长 51.75% 和 79.73%。大连商品交易所成交 23.64 亿手和 140.5 万亿元，同比分别增长 7.12% 和 28.62%。中国金融期货交易所成交 1.22 亿手和 118.2 万亿元，同比分别增长 5.86% 和2.37%。①

第二节 金融衍生工具与商品价格风险管理②

供求关系的异常波动、国家宏观政策的调整、季节性和突发性因素，会给商品的价格带来不确定性，由此给买卖商品的企业或个人带来收益或损失，这就是商品价格风险，衍生工具的产生为管理商品价格风险提供了新的手段。

一、远期商品合约与商品价格风险

远期商品合约可以说是最早出现的衍生性产品，可以追溯到中古世纪，主要是供农产品的避险之用。比如，对于种黄豆的农夫来说，当黄豆尚未成熟时，黄豆的价格是不确定的，一旦黄豆收成，价格下跌，对农夫是不利的。因此，对农夫而言，黄豆价格的波动是相当大的风险。相反，对黄豆的收购商、以黄豆为原料加工的工厂来说，如果黄豆歉收、价格上涨，也是不利的，他们也承受着黄豆价格波动的风险。因此，农夫和黄豆收购商为回避风险，在黄豆尚未收成以前，签订一个远期合约，以一个约定的价格买卖黄豆，由此帮助双方消除未来价格变动带来的风险。目前，人们对远期合约的定义是：一种在现在约定未来特定时日交易特定标的物的合约。合约的买方同意在未来的约定日，按照约定价格支付一定金额，以交换卖方特定数量的商品。远期商品合约发展演变至今，因其在规避商品价格风险、发现商品价格、商品价格投机等方面的特殊功能，仍然在金融市场中发挥着重要作用。

生活中常有利用远期商品合约对冲商品价格风险的例子。例如，企业签订的长期房屋租赁合同，提前锁定了其办公室的租金；电力公司与煤炭企业签订的远

---

① 资料来源：中国期货业协会，《2021 年度中国期货市场发展综述》。
② 刘淑莲、任翠玉：《 高级财务管理》（第 2 版），东北财经大学出版社 2017 年版。

期商品合约，事先确定了煤炭的供应价格；钢铁公司与采矿公司签订的远期商品合约，提前确定了铁矿石的供应价格。通过远期商品合约，签约双方都能实现使他们的原材料或产品的价格保持稳定的目的。

2000年初，当油价接近20美元/桶时，美国西南航空的CFO——加里·凯利（Gary Kelly）就实施了一项可以保护公司免受油价剧烈上涨危害的策略，即签订了一份购买燃油的远期合约。合约约定到期时以每桶23美元的价格购买燃油。当年年底，油价飞涨到30美元/桶，航空运输业因此陷入了财务危机，而西南航空公司因为之前签订的合约而保证了它可以以每桶23美元的价格购买燃油，由此带来的资金节约额总和几乎达到了西南航空公司当年收益的50%，西南航空公司仍继续采用这种策略对冲燃油成本的上升。2004年，如果没有燃油合约提供的45 500万美元的成本节约，西南航空当年31 300万美元的收益也就付之东流了。

当然，对冲商品价格风险并不总能提升公司利润。如果在2000年秋天油价下跌至每桶23美元以下，但西南航空必须依据合约仍以每桶23美元的价格购买燃油，成本的上升会减少公司的收益，但是由于每桶23美元的价格是事先约定并且是企业可以接受的价格，所以即使购买燃油的成本高于市价，也不至于引起财务危机。换句话说，不论油价如何变化，远期商品合约将西南航空的收益稳定在一个可以接受的水平上。

远期商品合约通常是由买卖双方协商签订的双边合约，这种合约存在一些潜在的缺陷：第一，合约的每一方都面临着对方可能违约或不履行合约条款的风险，这种合约使公司避免了商品价格风险，但又使公司暴露于信用风险之下；第二，合约内容依据买卖双方的个性化需要定制，不是标准化合约，且不在交易所内交易，因此，中途转让困难，流动性差；第三，公司可能不容易确认合约在任何时点的市场价值，难以追踪合约的收益和损失。为避免这些缺陷，公司可以选择期货合约来对冲风险。

二、期货合约与商品价格风险

期货合约是在未来某一时点，以现在锁定的价格交割资产的协议。期货合约以公开的市场价格在交易市场上匿名交易，流动性强，买方或卖方都可以在任何时间以当时的市场价格将合约出售给第三方。利用期货合约规避价格风险的交易策略是套期保值，它可在现货与期货之间、近期与远期之间建立一种对冲机制，以使价格风险降到最低。

“套期保值”，又译为“对冲交易”，其一般性的定义为，买进（或卖出）与现货数量相等但交易方向相反的期货合约，以期在未来某一时间再通过平仓获利来抵偿由现货市场价格变动带来的实际价格风险。常用的避险策略一般可分为空头套期保值和多头套期保值。

（一）空头套期保值

空头套期保值是指由于持有现货商品，但担心将来因价格下跌而遭受损失，所以在期货市场中出售期货合约，通过持有空头头寸为现货市场的多头头寸保值，以规避现货市场价格可能下跌的风险，通常为直接生产者、加工商、出口商、贸易商及储运商等采用。

【例5-1】某供销公司，5月份购入100吨天然橡胶，预计8月份将天然橡胶出售，价格按市价计算，售价1.2万元/吨可保证其正常利润。由于预期天然橡胶价格在8月份可能下跌，供销公司担心价格下跌，于5月份在上海期货交易所做了空头套期保值，卖出8月份天然橡胶期货100吨，8月份天然橡胶期货价为每吨1.25万元。空头套期保值情况分析如表5-6所示。

表5-6 空头套期保值分析

现货市场	期货市场
5月1日购入天然橡胶100吨 目标销售价格1.2万元/吨	卖出8月份天然橡胶期货100吨 期货价格1.25万元/吨
8月1日出售天然橡胶100吨 实际销售价格1.1万元/吨	买进8月份天然橡胶期货100吨 期货价格1.15万元/吨
现货亏损 0.1万元/吨 合计亏损 100 000元	期货盈利 0.1万元/吨 合计盈利 100 000元

根据表5-6可知，该供销公司由于准确预测了价格变化趋势，通过入市保值，成功地以期货市场每吨盈利0.1万元弥补了现货交易每吨的损失，考虑期货市场的盈利，最终天然橡胶的实际销售价格为1.2万元/吨（1.1+0.1），达到了目标值，从而规避了价格下跌带来的损失。

（二）多头套期保值

多头套期保值是指由于未来要购入现货商品，但担心将来因价格上涨而遭受损失，所以在期货市场中买入期货，以期货市场的多头头寸来为现货市场的空头头寸保值，以规避现货市场价格可能上涨的风险，通常为加工商、供应商、进口商等采用。

【例5-2】某油脂厂7月份计划两个月后购进10 000吨大豆，当时的现货价格为每吨0.22万元，9月份期货价格为每吨0.23万元。该油脂厂担心价格上涨，于是在期货市场买入10 000吨大豆期货进行套期保值。到了9月份，现货价格果然上涨至每吨0.24万元，而期货价格为每吨0.25万元。多头套期保值情况分析如表5-7所示。

表5－7　　多头套期保值分析

现货市场	期货市场
7月1日计划两个月后购入大豆10 000吨 目标成本价格0.22万元/吨	买进9月份大豆期货10 000吨 期货价格0.23万元/吨
9月1日买入大豆10 000吨 实际成本价格0.24万元/吨	卖出9月份大豆期货10 000吨 期货价格0.25万元/吨
现货亏损　0.02万元/吨 合计亏损　2 000 000元	期货盈利　0.02万元/吨 合计盈利　2 000 000元

根据表5－7中的分析可知，该油脂厂以期货市场每吨盈利200元抵补了现货大豆成本的上涨，则实际的大豆成本为0.22万元/吨（0.24－0.02），达到了既定的保值目标，并且避免了库存及资金占用，降低了成本。

但是，期货市场毕竟是不同于现货市场的独立市场，它还会受到其他因素的影响，因而期货价格的波动时间与波动幅度不一定与现货价格完全一致，即存在基差风险。套期保值不能完全抵销价格风险，这是需要特别注意的。

第三节　金融衍生工具与利率风险

利率风险是指因利率变动，导致附息资产（如贷款或债券）承担价值波动的风险。一般来说，当利率上升时，固定利率债券价格会下降。20世纪70年代的两次石油危机导致世界能源价格上升，引发全球性成本推进型通货膨胀。为了抑制通货膨胀，美国政府采取了提高利率的政策，但结果未减轻通货膨胀，失业率反而上升，造成严重的社会问题。无奈美国政府只得降低利率，但是利率降低，物价再度上升。20世纪70年代美国的利率水平每月都在变化。利率的反复波动，给银行、公司以及其他投资者带来了与利率相关的金融风险。投资者为了保证资本不受利率的影响，管理利率风险的衍生工具应运而生。

一、远期利率

远期利率是从未来某时点起算的一段时间的利率，例如，从1年后起算的半年期或2年期利率；相对地，即期利率是从目前时点起算的利率。虽然远期利率是从未来时点起算的利率，无法直接从市场上观察到，但依据市场上的无套利原理，仍可计算出远期利率值。例如，一笔资金先投资3年（报酬率为3年期即期利率），再将本利和投资2年（报酬率为3年后的2年期远期利率），其总收益应该等于直接投资5年（报酬率为5年期即期利率）的收益，否则便有套利机会。

二、远期利率的计算

在计算远期利率前，我们要弄懂的一个概念是 n 年期即期利率。它是指从即日起计算并持续 n 年的投资利率。这里考虑的投资是中间没有任何支付的纯粹投资，即所有的本金和利息在 n 年末一次性支付给投资者，一般也被称为 n 年期零息票利率，即 n 年期的零息票债券的收益率。

我们以 r_{12} 表示第一年年末至第二年年末这段时期的远期利率，r_1 表示 1 年期的即期利率，r_2 表示 2 年期的即期利率，r_{12} 的计算方法为：

$$(1+r_2)^2=(1+r_1)(1+r_{12})$$

它的含义为：为期 2 年的投资可以按照两种方法进行，第一种方法是先投资 1 年，然后将第 1 年投资的收益连同投资的本金一起再投资 1 年；第二种方法是直接投资 2 年。由于市场是无套利的，所以两种投资的收益也是一样的。即由远期利率和第 1 年的即期利率所得的收益与采用 2 年期即期利率所得到的收益相同。可得：

$$r_{12}=\frac{(1+r_2)^2}{(1+r_1)}-1$$

三、远期利率协议与利率风险管理

远期利率协议（forward rate agreement，FRA）是 1983 年以来在欧洲货币市场上出现的为管理远期利率和调整利率不相匹配（指资产和负债的浮动利率和固定利率形式不一致）而产生的金融创新工具之一，是一种场外交易的远期利率合约方式。原来主要在伦敦银行间进行，后来扩大到银行与非银行金融机构之间以及银行与其他客户之间。

远期利率协议实质上是不通过期货交易所而在场外交易的远期金融合约，它不是标准化的，交易金额、交割日期都不受限制，也不需要缴纳保证金。其不足的地方表现在：远期利率协议是场外交易，无集中市场，相互寻找适合的交易对手不容易；在期货交易所内的期货合约既可以买进，也可以卖出，而远期利率协议买入后不能出售，只能与另一笔远期利率协议对冲；期货交易买卖双方均以统一的清算机构为交易对手，不管买卖双方是谁，其信用风险极小，但远期利率协议由于实际场外交易对手信誉度的不同而面临较大的信用风险。

远期利率协议的买方为避免利率上升的风险，协议的另一方即卖方为避免利率下跌的风险，双方商定就未来某个期限的一笔资金使用事先约定的一个协议利率，并规定以何种利率为参考利率；在将来的利息起算日，按规定的协议利率、期限和本金额，由当事人一方向另一方支付协议利率与参考利率利息差额的贴现值。双方商定的市场参考利率一般以伦敦银行间同业拆放利率（LIBOR）为基准，协议的本金额由双方协商确定，但无须交付本金，只是用来计算利息。如果清算日的LIBOR结算利率高于协议利率，则协议卖方向买方支付利差，反之则由买方向卖方支付利差，采用现金结算。如图5－2所示。

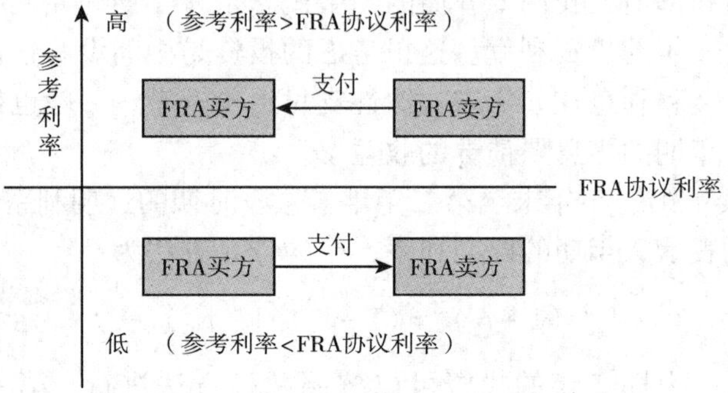

图5－2　FRA协议利率与参考利率的关系

国际上主要的远期利率协议市场主要集中在伦敦，其次是纽约。市场交易的币种主要有美元、英镑、瑞士法郎、日元和欧元，其中美元利率的交易占到总交易量的90%以上。每笔协议金额在2 000万～5 000万美元。远期利率协议的期限通常为3～12个月，最常用的有“3个月对6个月（3×6）”“6个月对9个月（6×9）”“6个月对12个月（6×12）”。FRA的价格是指从利息起算日开始的一定期限的协议利率，FRA的报价方式和货币市场拆出拆入利率表达方式类似，但FRA报价方式多了合约指定的协议利率期限，具体如表5－8所示。

表5－8　　FRA市场报价举例

时间	美元	FRA（%）
7月15日	3×6	8.08～8.14
	2×8	8.16～8.22
	6×9	8.03～8.09
	6×12	8.17～8.23

表5－8报价第三行“6×9，8.03%～8.09%”的市场术语做如下解释：“6×9”（6个月对9个月，英语称为six against nine）表示期限，即从交易日（7月15日）起6个月末（即次年1月15日）为起息日，而交易日后的9个月末（次年4月15日）为到期日，协议利率的期限为3个月。“8.03%～8.09%”为报价方报出的FRA买卖价：前者是报价银行的买价，后者是报价银行的卖价，具体如图5－3所示。

远期利率协议是指交易双方约定在未来某一日期，交换协议期间内一定名义本金基础上分别以合同利率和参考利率计算利息的金融合约。签订该协议的双方同意，交易将来某个预先确定时间的短期利息支付，用以锁定利率和对冲风险敞口为目的的衍生工具之一。其中，远期利率协议的买方支付以合同利率计算的利息，卖方支付以参考利率计算的利息。

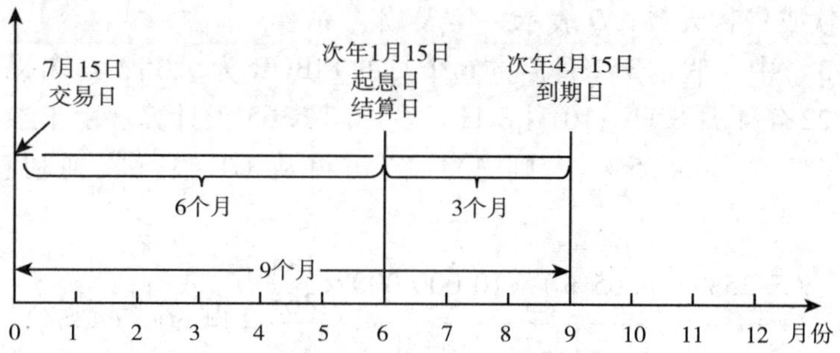

图 5－3　远期利率协议的时间关系

【例 5－3】 AYG 公司准备在 3 个月后借入 1 000 万美元，借款期为 6 个月。公司的财务部门担心未来 3 个月的 LIBOR 利率会上升，希望通过远期利率协议来对冲利率风险。2×22 年 1 月 8 日，AYG 公司向 CT 银行买入一份"3×9"的 FRA，名义本金为 1 000 万美元，协定利率为 5.05%。参照利率根据 3 个月后的 6 个月的 LIBOR 确定。

"3×9"是指合约的交易日和结算日之间为 3 个月，交易日至名义贷款最终到期日之间的时间为 9 个月，则名义贷款期为 6 个月。因此，该合约的交易日为 1 月 8 日，结算日（起息日）为 4 月 8 日，到期日为 10 月 8 日，它们之间的关系如图 5－4 所示。

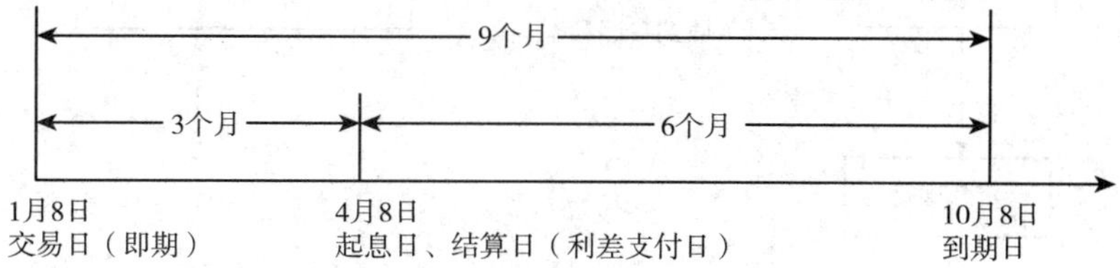

图 5－4　远期利率协议的时间关系

在远期利率协议的买卖中，买卖双方交易的只是名义本金（用于计息的基础），实际上并没有任何本金的转移，双方交割的仅仅是利差部分。在〖例 5－3〗中，3 个月后（2×22 年 4 月 8 日），如果 LIBOR 大于 5.05%，CT 银行将支付给 AYG 公司利息之差；如果 LIBOR 低于 5.05%，AYG 公司将支付给 CT 银行利息之差。由于在远期利率协议条件下，没有本金的流动，所以远期利率协议可以成为资产负债表外的金融工具。

远期利率协议的结算日通常为名义贷款或名义存款的起息日，FRA 差额的支付是在结算日，而不是在到期日，因此，结算日所交付的差额按参考利率折现方式计算，即：

$$结算金 = \frac{(R_{ref} - R_k) \times NP \times \dfrac{T}{D}}{1 + R_{ref} \times \dfrac{T}{D}}$$

其中，R_{ref}表示参照利率，R_k表示协定利率，NP 表示合约的名义本金，T 表示合约规定的存款或贷款天数，D 表示一年天数。

〖例5－3〗中，假定3个月后的6个月的LIBOR为5.35%，名义贷款天数为184天（2×22年4月8日～10月8日），一年按365天计算。由于参照利率大于协定利率（5.35%＞5.05%），则AYG公司将从CT银行收到利息差额的现值，即：

$$\text{结算金}=\frac{(5.35\%-5.05\%)\times 10\ 000\ 000\times \frac{184}{365}}{1+5.35\%\times \frac{184}{365}}=14\ 609\text{（美元）}$$

由此可见，虽然未来的市场利率上升对AYG公司不利，但是AYG公司从远期利率协议中得到利息的补偿，从而使其实际负担的利息成本锁定在协定利率的水平上。因此FRA最重要的功能在于预先锁定将来实际交付的利率，从而避免了利率变动的风险。

图5－5表明了AYG公司签订的远期利率协议，以及它希望通过这一协议规避利率风险的相关货款。AYG公司从CT银行收到以LIBOR计息的利息恰好弥补了贷款需要支付的利息，因此，远期利率协议使公司将支付的贷款利率预先固定在5.05%的水平上。

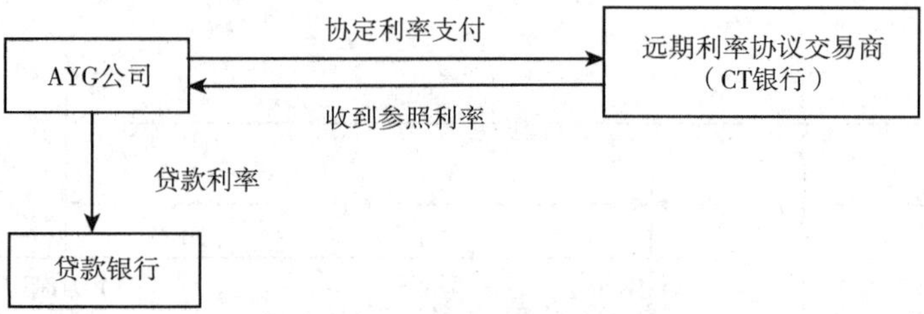

图5－5　贷款加远期利率协议

签订远期利率协议后，不管市场利率如何波动，协议双方将来收付资金的成本或收益总是固定在合同利率水平上。如果市场利率发生对自己不利的变化，则应当可以从远期利率协议中得到利息补偿；如果市场利率发生对自己有利的变化，则这种变化产生的好处会被向远期利率协议另一方支付的结算金抵销。

远期利率协议是防范将来利率变动风险的一种金融工具，其特点是预先锁定将来的利率。在远期利率协议市场中，远期利率协议的买方是为了防止利率上升引起筹资成本上升的风险，希望在现在就锁定将来的筹资成本。用远期利率协议防范将来利率变动的风险，实质上是用远期利率协议市场的盈亏抵补现货资金市场的风险，因此，远期利率协议具有预先决定筹资成本或预先决定投资报酬率的功能。

四、利率期货与利率风险管理

（一）利率期货合约产生的背景

利率期货合约最早于1975年10月由芝加哥期货交易所推出，在此之后利率期货交易得到迅速发展。虽然利率期货的产生较外汇期货晚了三年多，但发展速度却比外汇期货快得多，应用范围也远较外汇期货广泛。在期货交易比较发达的国家和地区，利率期货早已超过农产品期货而成为成交量最大的一个类别。在美国，利率期货的成交量甚至已占到整个期货交易总量的一半以上。

20世纪70年代中期以来，为了治理国内经济和在汇率自由浮动后稳定汇率，西方各国纷纷推行金融自由化政策，以往的利率管制得以放松甚至取消，导致利率波动日益频繁而剧烈。面对日趋严重的利率风险，各类金融商品持有者，尤其是各类金融机构迫切需要一种既简便可行，又切实有效的管理利率风险的工具。利率期货正是在这种背景下应运而生的。

1975年10月，芝加哥期货交易所推出了政府国民抵押贷款协会（GNMA）抵押凭证期货合约，标志着利率期货这一新的金融期货类别的诞生。在这之后不久，为了满足人们管理短期利率风险的需要，1976年1月，芝加哥商业交易所的国际货币市场推出了3个月期的美国短期国库券期货交易，并大获成功，在整个70年代后半期，它一直是交易最活跃的短期利率期货。

在利率期货发展历程上具有里程碑意义的一个重要事件是，1977年8月22日，美国长期国库券期货合约在芝加哥期货交易所上市。这一合约获得了空前的成功，成为世界上交易量最大的一个合约。此前的政府国民抵押贷款协会抵押凭证期货合约，虽然是长期利率期货，但由于交割对象单一、流动性较差，不能完全满足市场的需要。而长期国库券则信用等级高、流动性强，对利率变动的敏感度高，且交割简便，成为市场的首选品种，甚至美国财政部发行新的长期国库券时，都刻意选择在长期国库券期货合约的交易日进行。继美国推出国债期货之后，其他国家和地区也纷纷以其本国的长期公债为标的，推出各自的长期国债期货。其中，比较成功的有英国、法国、德国、日本等。

（二）利率期货合约的发展

1981年12月，国际货币市场推出了3个月期的欧洲美元定期存款期货合约。这一品种发展很快，其交易量现已超过短期国库券期货合约，成为短期利率期货中交易最活跃的一个品种。欧洲美元定期存款期货之所以能够取代短期国库券期货的地位，其直接原因在于后者自身的局限性。短期国库券的发行量受到期债券数量、当时的利率水平、财政部短期资金需求和政府法定债务等多种因素影响，在整个短期利率工具中，所占总量的比例较小。许多持有者只是将短期国库券视为现金的安全替代品，对通过期货交易进行套期保值的需求并不大。

同时，由于在利率变动时，短期国库券价格的变动幅度要大于信用等级较低的其他短期债务工具，不利于投资者对其债市投资组合实现高效的套期保值。于是人们又不断创新出新的短期利率期货。其中相对重要的有1981年7月由国际货币市场、芝加哥期货交易所及纽约期货交易所同时推出的美国国内可转让定期存单期货交易，但由于实际交割的定期存单往往由信用等级最低的银行所发行，给投资者带来了诸多不便。欧洲美元定期存款期货的产生，则有效地解决了这一问题。由于欧洲美元定期存款不可转让，因此，该品种的期货交易实行现金结算的方式。所谓现金结算，是指期货合约到期时不进行实物交割，而是根据最后交易日的结算价格计算交易双方的盈亏，并直接划转双方的保证金以结清头寸的一种结算方式。现金结算方式的成功，在整个金融期货的发展史上具有划时代的意义，它不仅直接促进了欧洲美元定期存款期货的发展，并且为股指期货的推出铺平了道路。

（三）利率期货合约的种类及特点

利率期货合约的种类按照时间的性质分为短期品种和长期品种。

1. 短期品种。短期利率期货是指期货合约标的的期限在一年以内的各种利率期货，即以货币市场的各类债务凭证为标的的利率期货均属短期利率期货，包括各种期限的商业票据期货、国库券期货及欧洲美元定期存款期货等。短期利率期货以短期利率债券为基础资产，一般采用现金结算，其价格用100减去利率水平表示。两种最普遍的短期利率期货是短期国债期货和欧洲美元期货。

2. 长期品种。长期利率期货则是指期货合约标的的期限在一年以上的各种利率期货，即以资本市场的各类债务凭证为标的的利率期货均属长期利率期货，包括各种期限的中长期国库券期货和市政公债指数期货等。美国财政部的中期国库券偿还期限在1～10年，通常以5年期和10年期较为常见。中期国库券的付息方式是在债券期满之前，每半年付息一次，最后一笔利息在期满之日与本金一起偿付。长期国库券的期限为10～30年，以其富有竞争力的利率、保证及时还本付息、市场流动性高等特点吸引了众多外国政府和公司的巨额投资，购买者主要是美国政府机构、联邦储备系统、商业银行、储蓄贷款协会、保险公司等。

（四）利率期货合约的功能

1. 价格发现。利率期货交易是以集中撮合竞价方式，产生未来不同到期月份的利率期货合约价格。同时，和绝大多数金融期货交易一样，利率期货价格的变动一般领先于利率现货市场价格的变动，并有助于提高债券现货市场价格的信息含量，并通过套利交易，促进价格合理波动。

2. 规避风险。投资者可以利用率期货来达到如下保值目的：（1）固定未来的贷款利率：利率期货合约可以用来固定从经营中所获得的现金流量的投资利率或预期债券利息收入的再投资率；（2）固定未来的借款利率：债券期货合约可以用来锁定某一浮动借款合同的变动利息支付部分。

3. 资产优化。利率期货交易具有优化资金配置的功能，具体表现在以下几个方面：首先是降低交易成本，利率期货的多空双向交易制可以使投资者无论在债券价格涨跌时都可以获得，以避免资金在债券价格下跌时出现闲置。其次是利率期货可以方便投资者进行组合投资，从而提高交易的投资收益率。最后是提高资金使用效率，方便进行现金流管理。由于期货交易的杠杆效应能极大地提高资金使用效率，使投资者建立同样金额头寸的速度要比现货市场快得多。

【例5-4】 BZH公司是一家经营处于扩张阶段的汽车制造商。为了弥补资金的不足，公司计划于9月1日向银行申请贷款以支付货款5 000万美元。假定目前6月1日银行公布的贷款年利率为9.75%。该公司考虑若9月份利率上升，必然会增加借款成本。于是，该公司准备利用短期国库券期货做套期保值（每张期货合约的面值为100万美元），以规避利率变动风险。假设6月1日，90天期国库券期货报价为90.25；9月1日，报价为88.00。假定9月1日银行公布的贷款年利率为12%，那么BZH公司利用短期利率期货套期保值的结果如何？该公司的贷款实际利率是多少？

BZH公司套期保值交易策略及结果如下：由于利率期货价格与实际利率呈反方向变动，BZH公司欲固定未来的借款成本，避免利率上升造成的不利影响，因此，应采用空头套期保值的交易方式：即在6月1日卖出90天期国库券期货，待9月1日向银行贷款时，再买进90天期国库券期货平仓。期货交易数量为50张（5 000/100）合约。则期货交易盈利为：

$225 \times 25 \times 50 = 281\ 250$（美元）

其中，225为期货报价变动基点数，25为最小波动值［等于最小报价单位（1个基点）乘以标准合约单位乘以期限，即 $25 = 0.00001 \times 100$ 万 $\times 3/12$］，50为合约数量。

如果BZH公司9月1日贷款需支付的利息为：

$50\ 000\ 000 \times 12\% \times 3/12 = 1\ 500\ 000$（美元）

套期保值后实际利息成本 = 利息成本 - 期货交易盈利

$= 1\ 500\ 000 - 281\ 250 = 1\ 218\ 750$（美元）

贷款实际利率 $= 1\ 218\ 750 \div 50\ 000\ 000 \times 12/3 \times 100\% = 9.75\%$

由此可见，BZH公司最终将贷款利率锁定在6月1日9.75%的水平。然而，如果财务经理预测失误，在到期日前实际利率下跌，这时期货价格就会上涨，期货合约平仓后的损失将吞噬利率下降而节约的债务利息，最终利率仍然锁定在近于9.75%的水平。

上面所提到的利率风险主要是来自债务的偿付，但实际上这不是公司唯一的利率风险，公司的另一个较大的利率风险存在于公司持有的利率敏感性有价证券。债务记录在资产负债表的右边，而有价证券记录在资产负债表的左边，代表公司潜在的收益和利息收入流。因此，财务经理不仅要利用利率期货锁定未来支付的成本，也需要利用利率期货锁定未来的利息收益。不同的保值目的采用的策略也不相同。表5－9列示了两类基本利率风险和利用利率期货防范利率风险的策略。

表5－9　　利用利率期货防范利率风险的策略

风险头寸	期货交易	利率变化	平仓结果
未来某日支付利息	卖出期货合约（空头）	利率上升 利率下降	期货价格下跌，空头获利 期货价格上涨，空头损失
未来某日收取利息	买入期货合约（多头）	利率上升 利率下降	期货价格下跌，多头亏损 期货价格上涨，多头获利

五、利率互换与利率风险管理

利率互换是指两笔货币相同、债务额相同（本金相同）、期限相同的资金，做固定利率与浮动利率的调换。这个调换是双方的，如甲方以固定利率换取乙方的浮动利率，乙方则以浮动利率换取甲方的固定利率，故称互换。互换的目的在于降低资金成本和利率风险。利率互换与货币互换是适用于银行信贷和债券筹资的一种资金融通新技术，也是一种新型的避免风险的金融工具，目前已在国际上被广泛采用。利率互换之所以会发生，是因为存在两个前提条件：一是存在筹资成本差异（利率互换双方因信用等级不同而存在筹资成本差异）；二是存在相反的筹资意向。

（一）利率互换的原理

利率互换交易的基本原理就是大卫·李嘉图的比较优势理论与利益共享。首先，根据比较优势理论，由于筹资双方信用等级、筹资渠道、地理位置以及信息掌握程度等方面的不同，在各自的领域存在着比较优势。因此，双方愿意达成协议，发挥各自优势，然后再互相交换债务，达到两者总成本的降低，进而由于利益共享，最终使得互换双方的筹资成本都能够得到一定的降低。下面举一个简单的例子进行说明。

假设有甲、乙两家公司，其信用等级及各自在固定利率市场和浮动利率市场上的借款成本如表5－10所示。

表5－10　　甲、乙公司的信用等级、固定利率、浮动利率

项目	甲公司	乙公司
信用等级	AAA	BBB
固定利率	9%	10.5%
浮动利率	6个月LIBOR＋0.2%	6个月LIBOR＋0.5%

通过表5－10中的数据可以看出，甲公司由于信用等级高，在浮动利率市场和固定利率市场都有优势。但是，不难发现两公司固定利率之差为1.5%，而浮动利率之差仅为0.3%。因此，可以认为甲公司在固定利率市场具有比较优势。假设甲公司根据资产匹配的要求希望支付浮动利率利息，而乙公司希望支付固定利率利息，如果二者按照各自原本的借款成本借款，总的成本为：6个月LIBOR＋0.2%＋10.5%＝6个月LIBOR＋10.7%。根据双方的比较优势，甲公司借入固定利率贷款，乙公司借入浮动利率贷款，然后再进行互换，总的成本为：9%＋6个月LIBOR＋0.5%＝6个月LIBOR＋9.5%。很显然，相对于不进行互换而言，共节省成本1.2%。双方可以按照事先确定的比例分享这部分节省下来的成本。比如，按照利益均分原则每一方就可以节省0.6%。具体的操作流程如图5－6所示。假设两者利益均分，即每一方节省0.6%，$X=9.4\%$，那么，甲公司的实际贷款成本为：9%＋LIBOR－9.4%＝LIBOR－0.4%，而乙公司的贷款成本为：LIBOR＋0.5%－LIBOR＋9.4%＝9.9%。双方成本都节省了0.6%。

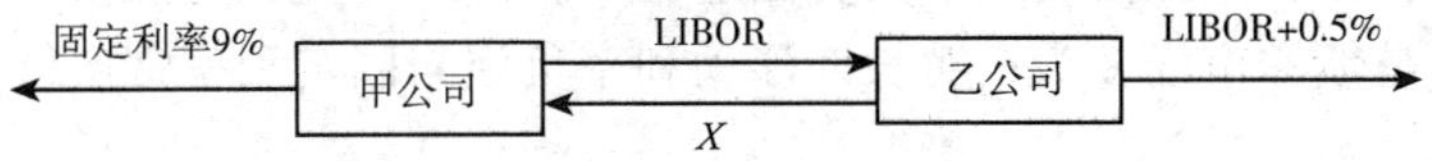

图5－6 操作流程

（二）利率互换的特点

1. 逃避利率管制。利率互换作为金融衍生工具，为表外业务，可以逃避利率管制、税收限制等管制壁垒，有利于资本的流动。绝大部分利率互换交易的期限在3～10年，由于期限较长，因此，投机套利的机会比较少，另外，利率互换一般属于大宗交易，金额较大。

2. 交易的成本较低，流动性强。利率互换是典型的场外市场交易（OTC）工具，不能在交易所上市交易，可以根据客户的具体要求设计产品，无保证金要求，交易不受时间、空间以及报价规则的限制。具体交易事项都由交易双方自主商定，交易手续简单，费用低。因此，成本较低，交易相当灵活。

由于利率互换不涉及本金交易，信用风险仅取决于不同利率计算的利息差，而且其中包含了数个计息期，能够有效地避免长期利率风险。互换交易的双方一般信用较高，因为如果信用太低，往往找不到合适的互换对手，久而久之，就被互换市场所淘汰，能够顺利参与交易的大都信用等级比较高。

（三）利率互换的功能

一是降低融资成本。出于各种原因，对于同种货币，不同的投资者在不同的金融市场的资信等级不同，因此，融资的利率也不同，存在着相对的比较优势。利率互换可以利用这种相对比较优势进行互换套利以降低融资成本。二是资产负债管理。利率互换可将固定利率债权（债务）换成浮动利率债权（债务）。三是对利率风险保值。对于一种货币来说，无论是固定利率还是浮动利率的持有者，都面临着利率变化的影响。对固定利率的债务人来说，如果利率的走势下降，其可用更低成本重新融资，原先的固定利率对其不利；对于浮动利率的债务人来说，如果利率的走势上升，则成本会增加。

（四）利率互换的交易机制

利率互换是受合同约束的双方在一定时间内按一定金额的本金彼此交换现金流量的协议。在利率互换中，若现有头寸为负债，则互换的第一步是与债务利息相配对的利息收入；通过与现有受险部位配对后，借款人通过互换交易的第二步创造所需头寸。利率互换可以改变利率风险。

固定利率支付者：在利率互换交易中支付固定利率；在利率互换交易中接受浮动利率；买进互换；是互换交易多头；称为支付方；是债券市场空头；对长期固定利率负债与浮动利率资产价格敏感。浮动利率支付者：在利率互换交易中支付浮动利率；在利率互换交易中接受固定利率；出售互换；是互换交易空头；称为接受方；是债券市场多头；对长期浮动利率负债与固定利率资产价格敏感。

（五）利率互换的报价方式

在标准化的互换市场上，固定利率往往以一定年限的国库券收益率加上一个利差作为报价。例如，一个10年期的国库券收益率为6.2%，利差是68个基点，那么这个10年期利率互换的价格就是6.88%，按市场惯例，如果这是利率互换的卖价，那么按此价格报价人愿意出售一个固定利率为6.88%，而承担浮动利率的风险。如果是买价，就是以一个固定收益率6.2%加上63个基点，即为6.83%，按此价格报价人愿意购买一个固定利率而不愿意承担浮动利率的风险。由于债券的二级市场上有不同年限的国库券买卖，故它的收益率适于充当不同年限的利率互换交易定价参数。国库券的收益率是组成利率互换交易价格最基本的组成部分，而利差的大小主要取决于互换市场的供需状况和竞争程度，利率互换交易中的价格利差是支付浮动利率的交易方需要用来抵补风险的一种费用。

【例5-5】CZH公司在中国建设银行有一笔银行贷款，本金为人民币1 000万元，利息采用浮动利率（SHIBOR）计息。为了规避利率上涨所带来的利率风险，2×22年1月，CZH公司向中国工商银行申请办理1年期人民币利率互换业务，将浮动利率转换为固定利率。工商银行对此笔利率互换的报价为5.46%。双方约定，CZH公司每季度支付按固定年利率5.46%计算的名义本金1 000万元的利息给工商银行，工商银行每季度支付按浮动利率计算的名义本金1 000万元的利息给公司。CZH公司将收到的浮动利息收入转付给借款银行（中国建设银行），因此锁定借款的利息成本为5.46%，从而规避利率上涨的风险，锁定融资成本。利率互换图如图5-7所示。当然，一般利息的支付采用利率差额来支付，固定利率为5.46%，如果浮动利率为5.51%，则CZH公司收到工商银行0.05%与名义本金1 000万元的乘积的利息。

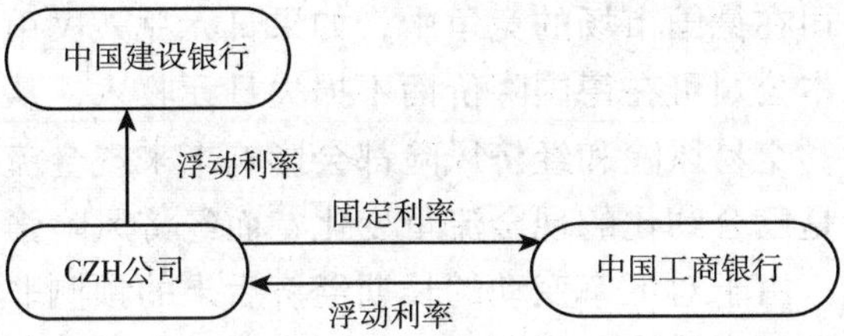

图5－7　利率互换示意

也许有人会问这样的问题：为什么公司要把固定利率换成浮动利率或把浮动利率换成固定利率？它们为什么不终止现有贷款然后再重新安排一笔贷款？原因是，重新安排一笔贷款的交易成本可能太高。因为提前终止现有的贷款涉及大笔的终止费用，而安排新贷款又会发生发行成本。但是进行互换交易就经济多了，即使是在利用银行作为中介的情况下，由于银行在互换的安排中只担任中介的角色，所以它不承担任何违约风险，中介费很低。表5－11列示了利用利率互换防范利率风险的策略。

表5－11　　利用利率互换防范利率风险的策略

债务头寸	利率变化	利率互换策略
固定利率债务	利率上升 利率下降	不进行互换 用浮动利率换固定利率
浮动利率债务	利率上升 利率下降	用固定利率换浮动利率 不进行互换

第四节　金融衍生工具与外汇风险

随着世界经济一体化的发展，跨国投资已经比较常见，而跨国公司必须特别注意的是对其外汇风险的管理，即由于各种货币间相对价值的变化而造成损失的可能性。

通常将外汇风险分为三类：交易风险、折算风险和经济风险。交易风险是指在汇率变动前发生的金融负债在汇率变动后进行结算时金融负债价值变化的风险，它度量的是由现存合同义务导致的现金流变化。例如，一家美国公司从中国进口零件，该美国公司面临人民币升值从而使零件的美元价格上涨的风险。折算风险是指跨国公司在合并财务报表时，将国外子公司的外币向母公司货币折算而产生折算收益或损失的可能性。例如，一家美国公司在英国投资了一个子公司，该公司面临英镑贬值，从而使在合并报表中以美元表示的子公司利润减少的风险。经济风险是指由于相关汇率发生意外变化所引起的未来营运现金流量变化，进而导致公司价值变化的风险。这一风险与公司的竞争力相关。例如，一家美国公司和一家日本公司在德国市场的竞争中，如果日元兑人民币贬值而美元兑人民币汇率不变，则日本公司可在德国降价而不损失日元收入，从而相对美国公司具有竞争优势。其中，交易风险和经济风险都会影响未来现金流量的变化，两者的区别在于交易风险是已合约化的现金流量变化，而经济风险强调的是未合约化的预期现金流量变化。由于对汇率变动的长期经济后果的预测非常复杂，因此，大多数企业并不对长期经济风险进行套期保值。对于折算风险，即使管理者采取积极的措施努力降低折算风险，也不可能同时规避交易风险和折算风险。如果必须在两者之间做出选择，那么管理者应优先选择规避交易风险，因为它将产生实际的损失。

一、远期外汇合约与外汇风险管理

（一）远期外汇合约概述

远期外汇合约（forward exchange agreement，FXA）。远期外汇合约是一种外汇衍生工具，其结算基于合约起始日的远期汇率与结算时的即期汇率之差。远期外汇合约是指外汇买卖双方在成交时先就交易的货币种类、数额、汇率及交割的期限等达成协议，并用合约的形式确定下来，在规定的交割日双方再履行合约，办理实际的收付结算。远期外汇合约的主要目的就是规避汇率风险，不论是有远期外汇收入的出口企业，还是有远期外汇支出的进口企业，都可以与银行订立远期外汇合约，按预约的价格，在将来到期时进行交割，避免进口产品成本上升和出口销售收入减少的损失，以控制结算风险。

（二）远期外汇合约的分类

1. 远期外汇合约的分类。按照远期的开始时期划分，远期外汇合约又分为直接远期外汇合约（outright forward foreign exchange contracts）和远期外汇综合协议（synthetic agreement for forward exchange，SAFE）。

2. 远期外汇合约的特点。外汇远期合约的交易地点并不固定，通常是通过现代通信手段进行，交易时间也不受限制，可以24小时交易，因而属于无形市场。外汇远期合约是交易双方经协商后达成的协议，在交易币种、汇率、交割方式、金额等方面能够灵活地满足交易双方的偏好，因而是非标准化的合约。外汇远期合约双方当事人都要承担信用风险。

3. 外汇远期合约、金融期货和金融期权三者间的区别。外汇远期合约是指约定未来某一时间交割一定外汇的合约，金融期货也是约定未来某一时间交割一定金融产品的合约，但它是标准化（固定的数量、价格等）的合约，且须在交易所进行；金融期权是买进（或卖出）某一金融产品的选择权，但如果实际价格低于（高于）合约的规定，可以放弃这种权利。

【例5-6】中国香港特区某公司在3个月后要向一个法国供货商支付200万

美元的货款。目前银行报出的远期汇率是 1 美元 = 7.771 港元。为了规避港元兑美元汇率下跌的风险，该公司可以与银行签订个远期合约，按照 1∶7.771 的价格从银行买入这笔美元。无论接下来的 3 个月里汇率发生什么样的变化，通过这个合约，中国香港某公司在现在这个时点就已经锁定了 3 个月后支付 200 万美元的港元价值为 1 554.2 万元，因此，不会随汇率的变动而变动。

远期合约允许交易双方自定义合约的各项条件，因此具有较高的灵活性，但是，由于其属于场外交易，交易双方的信用风险较高。

二、外汇期货与外汇风险管理

（一）外汇期货的发展历程

1972 年 5 月，芝加哥商业交易所正式成立国际货币市场分部，推出了七种外汇期货合约，从而揭开了期货市场创新发展的序幕。从 1976 年以来，外汇期货市场迅速发展，交易量激增了数十倍。1978 年纽约商品交易所也增加了外汇期货业务，1979 年，纽约证券交易所亦宣布，设立一个新的交易所来专门从事外币和金融期货。1981 年 2 月，芝加哥商业交易所首次开设了欧洲美元期货交易。随后，澳大利亚、加拿大、荷兰、新加坡等国家和地区也开设了外汇期货交易市场，从此，外汇期货市场便蓬勃发展起来。目前，外汇期货交易的主要品种有：美元、英镑、欧元、日元、瑞士法郎、加拿大元、澳元、新西兰元等。从世界范围看，外汇期货的主要市场在美国，其中又基本上集中在芝加哥商业交易所的国际货币市场（IMM）和费城期货交易所（PBOT）。

此外，外汇期货的主要交易所还有：伦敦国际金融期货交易所（LIFFE）、新加坡国际货币交易所（SIMEX）、东京国际金融期货交易所（TIFFE）、法国国际期货交易所（MATIF）等，每个交易所基本都有本国货币与其他主要货币交易的期货合约。在外汇市场上，存在着一种传统的远期外汇交易方式，它与外汇期货交易在许多方面有着相同或相似之处，常常被误认为是期货交易。在此，有必要对它们做出简单的区分。所谓远期外汇交易，是指交易双方在成交时约定于未来某日期按成交时确定的汇率交收一定数量某种外汇的交易方式。远期外汇交易一般由银行和其他金融机构相互通过电话、传真等方式达成，交易数量、期限、价格自由商定，比外汇期货更加灵活。在套期保值时，远期交易的针对性更强，往往可以使风险全部对冲。但是，远期交易的价格不具备期货价格那样的公开性、公平性与公正性。远期交易没有交易所、清算所为中介，流动性远低于期货交易，而且面临着对手的违约风险。

（二）外汇期货的定义及内容

外汇期货是在集中形式的期货交易所内，交易双方通过公开叫价，以某种非本国货币买进或卖出另一种非本国货币，并签订一个在未来的某一日期根据协议价格交割标准数量外汇的合约。为了说明方便，我们先把广义的外汇期货交易与狭义的外汇期货交易区别开来。广义的外汇期货交易，包括外汇期货合约交易和外汇期权合约交易两种方式，而狭义的外汇期货则专指外汇期货合约。外汇期货的主要的内容包括：交易单位、最小变动价位、每日价格最大波动限制、合约月份、交易时间、最后交易日、交割日期、交割地点等。

外汇期货交易是指在约定的日期，按照已经确定的汇率，用美元买卖一定数量的另一种货币。外汇期货买卖与合约现货买卖有共同点亦有不同点。合约现货外汇的买卖是通过银行或外汇交易公司来进行的，外汇期货的买卖是在专门的期货市场进行的。全世界的期货交易所主要有：芝加哥期货交易所、纽约商品交易所、悉尼期货交易所、新加坡期货交易所、伦敦期货交易所。期货市场至少要包括两个部分：一是交易市场；二是清算中心。期货的买方或卖方在交易所成交后，清算中心就成为其交易对方，直至期货合同实际交割为止。外汇期货和合约外汇交易既有一定的联系，在具体运作方式也有一定的区别。

国际货币市场对每一种外汇期货报价的最小报价单位做了规定。在交易场内，经纪人所做的出价或叫价只能是最小报价单位的倍数。8 种主要外汇期货合约的最小报价单位如下：英镑 0. 0001 美元、加元 0. 0001 美元、荷兰盾 0. 0001 美元、德国马克 0. 0001 美元、日元 0. 0000001 美元、墨西哥比索 0. 00001 美元、瑞士法郎 0. 0001 美元、法国法郎 0. 00005 美元。此外，国际货币市场对每日涨跌停板额也做了相关规定。每日涨跌停板额是一项期货合约在一天之内比前一交易日的结算价格高出或低过的最大波动幅度。6 种外汇期货合约的涨跌停板额规定如下：马克 1 250 美元、日元 1 250 美元、瑞士法郎 1 875 美元、墨西哥比索 1 500 美元、荷兰盾 1 250 美元、法国法郎 1 250 美元，一旦报价超过停板额，则成交无效。

（三）外汇期货的发展前景

随着中国经济的不断发展与人民币国际化进程的加快，一方面外汇储备不断增加，另一方面汇率改革后的人民币汇率波动加大，我国迫切需要有效管理汇率风险的金融衍生品工具。目前国际上流行的汇率对冲工具有外汇远期合约、互换和外汇期货，而我国的人民币汇率衍生品目前只有远期和互换，将来外汇期货的上市只是时间问题。当人民币可自由兑换后，汇率将更加稳定，中国资产也成为更重要的金融工具，届时对外汇期货的需求将呈爆发式增长。

外汇期货合约是以外汇作为交割内容的标准化期货合同，每一份外汇期货合约都由交易所规定标准交易单位。例如，英镑期货合约的交易单位为每份62 500 英镑、德国马克期货合约的交易单位为每份 125 000 马克、日元为 12 500 000 日元；国际货币市场所有外汇期货合约的交割月份都是一样的，为每年的 3 月、6 月、9 月和 12 月，交割月的第三个星期三为该月的交割日；在具体操作中，交易所和期货佣金商以及期货行情表都是用代号来表示外汇期货。8 种主要货币的外汇期货的通用代号分别是：英镑为 BP、加元为 CD、荷兰盾为 DG、德国马克为 DM、日元为 JY、墨西哥比索为 MP、瑞士法郎为 SF、法国法郎为 FR。

【例 5－7】6 月 1 日，一个英国汽车制造商订立了一份合同，向一个美国汽车交易商卖出 100 辆英国生产的运动跑车，每辆的售价为 50 000 美元，合同约定于 12 月 1 日收取 500 万美元的货款。该制造商担心英镑会在接下来的数月内升值，从而导致收入减少（当前的即期汇率是 1 英镑＝1.4310 美元，相关的英镑期货合同的交易价为 1 英镑＝1.4275 美元。假设 6 个月后的即期汇率是 1 英镑＝1.4800 美元，期货价格是 1 英镑＝1.4790 美元）。

分析：如果不进行套期保值，12 月 1 日现货市场出售的 5 000 000 美元得到的英镑相对于 6 月 1 日而言要减少 115 682 英镑（3 494 060－3 378 378），而期货交易的收益等于 121 791 英镑（180 250÷1.4800），完全抵销了现货市场的损失。

〖例 5－7〗表示的是一个理想的决策，因为英镑的确发生了升值，因此使现货市场的收益比原先减少了 115 682 英镑，但是期货合约产生了 121 791 英镑的收益，抵销了现货市场的损失还绰绰有余。空头套期保值的原理也一样，只要英镑的即期汇率和期货汇率沿着同一方向运动，套期保值就可以成功地降低现货市场中的部分损失。但如果英镑贬值，则期货市场必然亏损，也会蚕食一部分现货市场的收益。但是，套期保值的目的不是为了获利，而是为了规避汇率变动的风险，套期保值能够达到预期目的。利用外汇期货合约构建多头套期保值如表 5－12 所示。

表 5－12　利用外汇期货合约构建多头套期保值

日期	现货市场	期货市场
6 月 1 日	即期汇率是 1 英镑＝1.4310 美元，出售 5 000 000 美元等于： 5 000 000÷1.4310＝3 494 060（英镑）	12 月份英镑期货合同的交易价为 1 英镑＝1.4275 美元，则 500 万美元的当前英镑价值为： 5 000 000÷1.4275＝3 502 627（英镑） 因为英镑合同的标准数量是 62 500 英镑，因而适当的合约数量是：3 502 627÷62 500＝56（份） 买进 56 份期货合约
12 月 1 日	即期汇率是 1 英镑＝1.4800 美元，出售 5 000 000 美元等于： 5 000 000÷1.4800＝3 378 378（英镑）	12 月份英镑期货合同的交易价为 1 英镑＝1.4790 美元，则卖出 56 份期货合约的总收益为： 56 份合同×515 基点×最小波动值 6.25 美元＝180 250 美元＝121 791（英镑） 卖出 56 份期货合约 注：最小波动值＝期货合约交易单位 62 500×最小报价单位 0.0001 美元。
结果	亏损 115 682 英镑	盈利 121 791 英镑

三、外汇期权与外汇风险管理

（一）外汇期权概述

外汇期权又称货币期权（currency option）是一种选择契约，其持有人即期权买方享有在契约届期或之前以规定的价格购买或销售一定数额某种外汇资产的权利，而期权卖方收取期权费，则有义务在买方要求执行时卖出（或买进）期权买方买进（或卖出）的该种外汇资产。产品定义：客户支付一定数额的期权费后，有权在将来的特定时间按约定的汇率向银行买入约定数额一种货币，卖出另一种货币。期权可以在现货市场价格上升时候得到保障，也同时在价格下降的时候不会错失赚取额外利润的机会。买期权只需要缴付期权费，所以不需要准备充足的流动资金来应付保证金的需求。不过卖期权是要交保证金的。

（二）外汇期权的功能与特点

外汇期权买卖是近年来兴起的一种交易方式，它是原有的几种外汇保值方式的发展和补充。它既为客户提供了外汇保值的方法，又为客户提供了从汇率变动中获利的机会，具有较大的灵活性。外汇期权买卖实际上是一种权利的买卖。权利的买方在支付一定数额的期权费后，有权在未来的一定时间内按约定的汇率向权利的卖方买进或卖出约定数额的外币，权利的买方也有权不执行上述买卖合约。

（三）外汇期权的相关概念

买进期权是指合约持有者有权利以执行价格买进一定数量的外汇。卖出期权是指合约拥有者有权利以执行价格卖出一定数量的外汇。外汇期权的持有者，有权力决定是否“履行”合约，或听任合同到期而不执行。履约价格或执行价格：即期或远期合约上的价格，都是反映当时的市场价格。外汇期权中，未来结算所履行的价格称为履约价格或执行价格。履约价格决定于合约签订的当初，可能完全与即期和远期汇率不同。外汇期权合约有一个最后的到期日。期权的持有者如果希望履行合约，必须在合约到期前通知另一方。到期日表示为某年、某月、某日的某个时间。

如果期权的履约价格（即合同价格）等于当时的即期汇率，称为即期—平价。如果履约价格等于当时对应的远期汇价，称为远期—平价。如3个月期的期权履约价格与3个月期的远期汇率都是1.7500 DEM/USD。对于期权的持有者来说，当履约价格（例如1.5000的DEM卖出期权）优于即期汇率（例如1.8000 DEM/USD）时，即为即期—折价。对于远期—折价亦然。很容易猜出，溢价就是指对于期权的持有者来说，当履约价格（例如1.8000的DEM卖出期权）不如即期汇率（例如1.5000 DEM/USD）时，即为即期—溢价。

（四）外汇期权的履约方式

期权包括欧式期权、美式期权两种。欧式期权的买方只能到期行权，即必须在期权到期日当天才能行使期权。美式期权的买方可以择期行权，可以在成交后有效期内任何一天行使期权。因此，同样条件下，美式期权的价格相对较高。如盛宝银行为客户提供的欧式外汇标准期权交易，即期权只在到期日行使或到期，并于美国东部标准时间（纽约时间）10：00 截止，期权持仓在到期前不能行使。

【例5-8】某家合资企业手中持有美元，并需要在一个月后用日元支付进口货款，为防止汇率风险，该公司向中国银行购买一个“美元兑日元，期限为一个月”的欧式期权。假设，约定的汇率为1美元=110日元，那么该公司则有权在将来期权到期时，以1美元=110日元向中国银行购买约定数额的日元。如果在期权到期时，市场即期汇率为1美元=112日元，那么该公司可以不执行期权，因为此时按市场上即期汇率购买日元更为有利。相反，如果在期权到期时，1美元=108日元，那么该公司则可决定形式期权，要求中国银行以1美元=110日元的汇率将日元卖给他们。由此可见，外汇期权业务的优点在于客户的灵活选择性，对于那些合同尚未最后确定的进出口业务具有很好的保值作用。

另外，当公司并不特别明确是否会在未来的某个时点涉及外汇交易时，则要使用外汇期权进行套期保值。例如，当一家美国公司竞争投标英国的一项建筑工程合同，竞标价格用英镑提交，那么当公司将投标书提交以后，就必须做好准备，一旦竞投成功必然有大量英镑入账。因为这是一家美国公司，所以它必须将英镑兑换成美元，但是如果在支付日英镑贬值，该公司实质收入的美元金额就会减少。当然，公司可以利用远期合约或期货合约对汇率变动进行套期保值，但是如果竞投失败，就意味着这家公司将不会有英镑收入，而对已建立的远期合约或期货合约，公司只能针对该合约再做一个对冲合约，或者等合约到期时履行交割货币的义务。为了避免这个问题，外汇期权可以发挥其独特的功能：在投标成功的情况下，当英镑贬值时，现货市场的英镑亏损会被执行看跌期权所形成的收益所抵减；当英镑升值时，看跌期权合约到期，只损失权利金。在投标失败的情况下，当英镑贬值时，执行看跌期权会给公司带来可观的盈利；当英镑升值时，看跌期权合约到期，只损失权利金。当然公司也可以选择不使用套期保值工具，但是如果投标成功，一旦英镑大幅贬值，则公司所获收益就会减少很多，期权合约的套期保值给公司提供了一种很好的策略选择。当然，有时远期合约或期货合约的效果更好。总而言之，选择何种合约避险取决于对两者期望值的差异及管理者的风险偏好。

本章小结

衍生工具是由基础工具衍生出来的各种金融合约及其各种组合形式。衍生工具具有风险管理功能、价格发现功能和增强市场有效性功能。按照最基本、最常见的分类，衍生工具可以分为远期合约、期货合约、期权合约和互换合约四大类。

远期合约是交易双方约定在未来的某一确定时间、以确定的价格买卖一定数量的某种金融资产的合约。合约规定交易的标的物、有效期和交割时的执行价格等项内容，是必须履行的协议。远期合约主要有远期利率协议、远期外汇合约、远期股票合约。

期货合约是指由期货交易所统一制定的、规定在将来某一特定的时间和地点交割一定数量和质量商品的标准化合约。期货类衍生工具主要包括商品期货、外汇期货、利率期货、股票期货、股指期货等。

期权合约是一种赋予交易双方在未来某一日期，即到期日之前或到期日当天，以一定的价格买入或卖出一定相关工具或资产的权利，而不是义务的合约。

互换合约又称掉期合约，是一种内交易双方签订的在未来某一时期相互交换某种资产的合约。更为准确地说，互换协议是当事人之间签订的在未来某一期间内相互交换他们认为具有相等经济价值的现金流（cash flow）的合约。

案例分析

航空公司套保巨亏事件

2008年金融危机，国际油价从2007年的60美元起步涨到140美元的高位，又暴跌到40美元，上演了一场“过山车”行情。而之前暴涨的时候一直奏效的套期保值，这次没保值，反而让航空公司遭受了巨额损失。著名财经评论员叶檀2008年撰写了《企业套保就是自我毁灭》一文，把几家航空公司航油期权产生公允价值损失的事件统归于期货套保，在业界引起了强烈反响，一时间，套期货保值这一风险管理工具，再度成为千夫所指的风险祸根。

2008年11月27日，一纸《关于航油套期保值业务的提示性公告》，东航航油套保巨亏才浮出水面。公告显示，截至2008年10月31日，东航航空燃油套保亏损共计18.3亿元。同时公告提出，所签订的套期保值合约实际亏损额将随着航油价格变动。随后，47亿元、50亿元、62亿元，窟窿越来越大，截至2008年12月31日，根据东航的套保合约及当日纽约WTI原油收盘价计算，这个窟窿在2008年底被定格在62亿元。截至2009年4月30日，国航、东航、南航、海航、上航五大航空公司的年报无一盈利，亏损总额高达305.79亿元，而在此前，国际航空运输协会发布的报告显示，2008年全球航空公司的亏损总额约合人民币540亿元。这也就意味着，在全球230多家航空公司中，中国五大航空公司的亏损总额就占约57%。

在对亏损原因进行分析时，几家航空公司都把“全球金融危机导致航空运输需求急剧下滑和燃油成本大幅攀升”作为2008年主营业务亏损的理由。然而有人发现，国航、东航巨额亏损还有一个重要原因，在两家公司“关于燃油套期保值的提示性公告”中披露出这样的信息：2008年，在东航139.28亿元的亏损中，燃油套期保值业务的损失为64.01亿元，占比46%；而国航的油料套期保值业务损失达74.72亿元，竟然占总亏损额91.49亿元的82%。

2008年，全球金融危机对各国的实体经济都产生了巨大冲击，航空业当然也不例外，客流急剧减少、油价大起大落。但是，从几家航空公司的公告中我们发现，亏损主要来自并非主营业务的燃油套期保值。那么，同样经历了2008年的境外航空企业又有什么样的遭遇呢？

为了了解境外航空公司2008年的盈亏状况，我们对北美、欧洲、亚洲和澳洲的8家大型航空公司的年报进行了分析，结果发现，8家航空公司都进行了航油套期保值操作，其中美利坚航空、英国航空、澳洲航空和新加坡航空这4家公司的套期保值业务均实现了盈利。德国汉莎航空公司虽然套期保值业务出现了1.6亿欧元的亏损，但主营业务盈利13.83亿欧元，公司总体盈利。

在8家大型航空公司中，只有3家的套期保值业务和主营业务均出现亏损，分别是美国达美航空、奥地利航空和中国香港特区的国泰航空。2008年年报显示，美国达美航空的亏损总额为8.964亿美元，其中主营业务亏损8.314美元，占比92.75%，套期保值业务亏损0.65亿美元，占比7.25%；中国香港特区的国泰航空的亏损总额为87.6亿港元，其中主营业务亏损79.29亿港元，占比90.51%，套期保值业务亏损8.31亿港元，占比9.49%；奥地利航空的亏损总额为4.2亿欧元，其中主营业务亏损3.121亿欧元，占比74.31%，套期保值业务亏损0.47亿欧元，占比11.19%。

通过对比不难发现，境外3家航空公司亏损总额的大约90%来自航空运输主营业务，套期保值的损失还不到10%。相比之下，国内两大航空公司的亏损总额中却有60%来自套期保值业务的亏损。同样是套期保值，为什么境内外的航空公司会有这么大的差异呢？为了进一步了解情况，我们详细分析东航的燃油套期保值策略。

在东航的2007年年报中，在交易性金融资产及交易性金融负债一栏的航油期权合约中写道："本集团通过航油期权合约来降低市场航油价格波动对于飞机航油成本所带来的风险。截至2007年12月31日，根据签订的航油期权合约，本集团需以每桶50～95美元的价格购买航油约7 980 000桶，并以每桶43～115美元的价格出售航油约230 000桶，此等合约将于2008～2009年间到期。"东航在2008年的半年报中曾透露消息，公司在2008年6月30日签订的航油期权合约是以每桶62.35～150美元的价格购买航油约1 135万桶，并以每桶72.35～200美元的价格出售航油约300万桶，此等合约将于2008～2011年间到期。在东航签订的期权合约组合中，主要包括3种期权买卖：

（1）买入看涨期权，即东航以比较高的约定价（如在半年报中提到的每桶150美元）在未来规定的时间从对手方买入定量的油，在行权日，东航有权选择是否购买，对手方必须接受。

（2）卖出看跌期权，即东航以较低的约定价（如在半年报中提到的每桶62.35美元）在未来规定的时间向对手方卖出定量的油，但在行权日，对手方有权选择是否买油，东航必须接受。

（3）卖出看涨期权，即东航以更高的约定价（如在半年报中提到的每桶200美元）在未来规定的时间向对手方卖出定量的油，在行权日，对手方有权选择是否买油，东航必须接受。

显然，这样的套期保值策略，其风险与收益是不对称的。当然，这是期权的交易特色。根据东航的公告，东航平均每年需买入航油378万桶。如果东航卖出的看涨期权被行权，东航需卖出航油100万桶，即当燃油价格（P）在72.35～150美元时，协议不会给东航带来大额亏损，因为东航可以选择行权，以对冲对手方行权可能造成的损失；当P在150～200美元时，东航必然行使买入的看涨期权，以150美元/桶的价格买入燃油。如果东航卖出的看涨期权不被行权，协议最多产生收益18 900万美元［$(200-150)\times378$］；当P在62.35～72.35美元时，东航卖出的看跌期权和卖出的看涨期权都不会被行权，协议产生的亏损最多为买卖期权的费用差额；当$P>200$美元时，东航的买入看涨期权和卖出看涨期权都将被行权，行权后可能给东航带来的亏损为——$(P-200)\times100$万桶，燃油价格越高，亏损额越大；当$P<62.35$美元时，东航卖出的看跌期权将被行权，协议将为东航带来的亏损为——$(62.35-P)\times100$万桶，油价越低，协议亏损额越大。

［资料来源：改编自以下材料。黄抒扬，《航空公司套保巨亏回顾》，雪球网，2016年，https://xueqiu.com；CCTV经济半小时，《内地五大航空公司深陷套保门 亏损额占全球总额56%》，2009年5月20日；刘淑莲、任翠玉，《高级财务管理》（第二版），东北财经大学出版社2017版］

案例讨论题

1. 什么是套期保值？套期保值业务应如何操作？
2. 为什么航空公司要进行燃油套期保值业务？
3. 套期保值只是一种交易手段，那么为什么东方航空公司却出现巨额亏损？
4. 多家航空公司套期保值业务的亏损给我们带来什么启示？

复习思考题

1. 有些公司的老板宣称，由于操作衍生品的风险太大，他们公司绝对不会进行衍生品交易，以免增加公司的风险。这一观点是否正确？

2. 假设你是一位向英国出口电子设备的公司的财务经理，请讨论：你将来用什么样的策略对冲外汇风险？你将如何用这一策略获得公司董事会以及公司高管的认可？

3. 使用期货来对冲风险，请解释为什么按市场价格定价会产生现金流问题。

4. 完美对冲是否总能成功地将未来交易的价格锁定在当前的现货价格上？请解释你的观点。

5. 3月，某公司预计7月需要1 000吨大豆做原料，当时大豆的现货价格是2 500元/吨。该公司预测未来大豆价格可能上涨，于是在期货市场进行大豆套期保值交易，当时7月大豆期货价格为2 550元吨。若4个月后，大豆的现货价格上涨到2 700元/吨，期货市场当时交割的价格为2 750元/吨，为规避由于大豆价格上涨所带来的成本上升的风险，该公司应如何进行套期保值？

第六章　企业并购与重组

第一个让全世界认识到并购价值的是一位叫摩根的美国人。1901 年 2 月，这位金融大亨以 4 亿美元收购钢铁大王卡耐基的资产，组建了世界上第一家资产超过 10 亿美元的股份公司，一举控制美国钢产量的 65%。美国商界有这样一句俗语："虽然上帝创造了世界，但在 1901 年又被摩根重组了一回。"摩根的故事告诉人们，企业成长原来还有另一条道路。20 世纪初的横向并购推动了现代大工业形成，从 20 世纪 20 年代起，大规模的纵向并购造就了寡头垄断，直到 50～60 年代，多元化并购又孕育了一批超大型企业。从此，并购成为一种越来越频繁的经济活动。

第一节　企业并购概述

企业并购是企业最常见的一种资本运营形式。并购也是企业实现快速扩张、更快地实现企业战略目标的重要途径。正如诺贝尔经济学奖获得者乔治·斯蒂格勒（George Stigler）所说："每一个美国大公司都是通过某种程度、某种方式的兼并收购而成长起来的，几乎没有一家大公司主要是靠内部扩展起来的。"

企业并购作为市场经济的产物，已经成为西方发达国家一个十分重要的经济现象。在当今市场经济发达的国家，企业越来越重视利用并购这一手段拓展经营，实现生产和资本的集中，达到企业外部增长的目的。特别是进入 20 世纪 90 年代以后，企业并购更是愈演愈烈，规模之大、时间之长、影响之广泛是前所未有的，2000 年的全球并购交易额已占当年世界经济总量的 1/10。作为新兴资本市场的中国企业并购也日趋活跃，特别是国内企业整合的意愿大幅上升。2018 年 1 月 4 日，汤森路透发布 2017 年度亚太地区并购市场财务顾问报告。报告显示，2017 年全年亚洲（不含日本，下同）已公布并购交易额达 10 200 亿美元，已公布交易为 13 516 笔。房地产业、工业和金融行业位列 2017 年最活跃行业前三位，总市场份额为 47.5%。其中房地产行业占比 21.7%，工业和金融行业占比分别为 13.5% 和 12.3%。2017 年已公布的亚洲最大交易是中国香港 Wharf Real Estate Investment 交易额为 233 亿美元的分拆交易。2017 年亚洲已完成并购交易的估算财务顾问费用为 73 亿美元，较 2016 年同期增长 69.7%。其中中国工商银行以2.21亿美元位列第一，高盛和摩根士丹利分别以2.04亿美元和1.99亿美元位列其后[①]。据Wind统计，2017年我国并购规模达到16 732亿元，同比降低0.13%，并购数量达到4208笔，如图6－1所示。

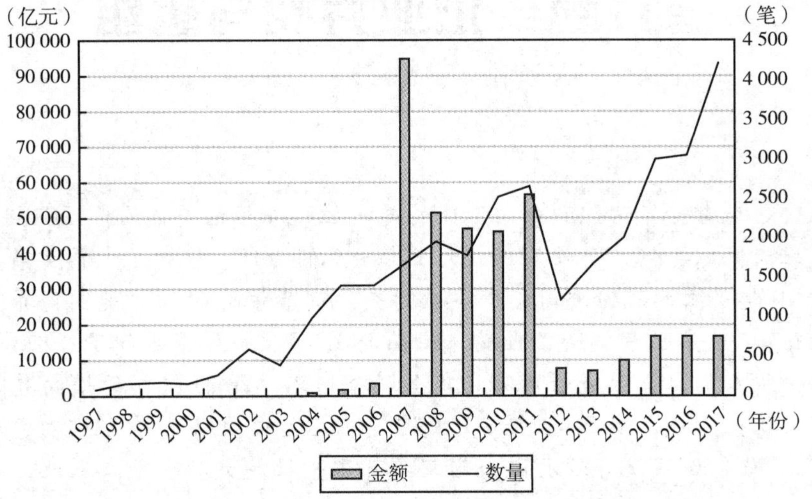

图6－1　1997～2017年中国并购市场统计

因此，深入研究企业并购问题，对指导当前我国国有企业混合所有制改革，实现国有企业资产的优化配置，促进企业经济效益的提高，具有十分重要的现实意义。

一、企业并购的概念

企业并购（merger & acquisition，M&A）是企业兼并与收购的统称。

兼并通常是指并购方以现金、证券或其他形式购买目标公司的产权，使目标公司丧失法人资格或改变法人实体，并取得对目标公司控制权的经济行为。我国《公司法》第172条规定，公司合并可以采取吸收合并或者新设合并。吸收合并是指一个公司吸收其他公司而存续，被吸收公司合并后解散。新设合并是指两个或两个以上的公司合并设立一个新的公司，合并各方的法人实体地位都消失。

收购是指一个公司用现金或有价证券等方式购买目标公司的部分或全部资产或股权，以获取对目标公司的某项资产或全部资产的所有权，或对目标公司控制权的一种经济行为。收购的对象一般有两种：股权和资产。收购股权与收购资产的主要差别在于：收购股权是购买目标公司的股份，收购方将成为被收购方的股东，要承担该公司的债权与债务；而收购资产则仅仅是一般资产的买卖行为，由于在收购目标公司资产时并未收购其股份，收购方无须承担其债务。

在实际的资本运作中，兼并、合并与收购常统称为“并购”或“购并”，泛

① 王文嫣：《汤森路透发布2017年度亚太地区并购市场财务顾问报告》，中国证券网，http：//news.cnstock.com/news，jg－201801－4172197.htm

指在市场机制作用下公司为了获取其他公司的控制权而进行的产权交易活动。并购的实质是在企业控制权运动过程中，各权利主体依据企业产权做出的制度安排而进行的一种权利让渡行为。并购活动是在一定的财产权利制度和企业制度条件下进行的，在并购过程中，全部或某一部分权利主体通过出让所拥有的对企业的控制权而获得相应的受益，另一部分权利主体则通过付出一定代价而获取这部分控制权。企业并购的过程实质上是企业权利主体不断变换的过程。

二、企业并购的类型

企业并购的类型多种多样，按照不同的分类标准可以划分为不同的类型。

（一）按并购双方所处行业分类

按并购双方产品与产业的联系不同，可将其划分为横向并购、纵向并购和混合并购。

1. 横向并购。当并购方与被并购方处于同一行业、生产或经营同一产品，并购使资本在同一市场领域或部门集中时，则称为横向并购。如国美公司并购永乐电器、东方航空收购上海航空、携程收购艺龙及去哪儿网等。这种并购的目的主要是确立或巩固公司在行业内的优势地位，扩大公司规模，使公司在该行业领域里占有垄断地位。

2. 纵向并购。纵向并购是对生产工艺或经营方式上有前后关联的企业进行的并购，即同一产业链中上下游企业之间的并购。如新能源行业由于起步较早，特别是光伏行业，已经产生了一些规模较大、资金相对充裕的上市公司，这些企业存在对产业链上下游纵向一体化发展的需求，因此积极地采取纵向并购行为。如中粮并购五谷道场、蒙牛乳业和万威客等食品终端企业，目的在于实现全产业链战略；江西塞维向下游收购了意大利光伏系统集成商 SGT 公司，其主要目的是整合产业链条和实现产销一体化。一般来说，纵向并购较少受到各国的有关反垄断法律政策的限制。

3. 混合并购。混合并购是指对处于不同产业领域、产品属于不同市场，且与其产业部门之间不存在特别的生产技术联系的企业进行并购。如美国在线并购时代华纳。采取这种方式并购可通过分散投资、多样化经营降低企业风险，达到资源互补、优化组合、扩大市场活动范围的目的。

（二）按并购实现方式分类

按并购的实现方式不同，可将其划分为承担债务式并购、现金购买式并购和股份交易式并购。

1. 承担债务式并购，是指在被并购企业资不抵债或资产债务相等的情况下，并购方以承担被并购方全部或部分债务为条件，取得被并购方的资产所有权和经营权。

2. 现金购买式并购，即以现金形式购买目标企业的资产或股权。具体包括两种情况：（1）并购方筹集足额的现金购买被并购方全部资产，使被并购方除现金外没有持续经营的物质基础，成为有资本结构而无生产资源的空壳，不得不从法律意义上消失；（2）并购方以现金通过市场、柜台或协商购买目标公司的股票或股权，一旦拥有其大部分或全部股本，目标公司就被并购了。

3. 股份交易式并购。也有两种情况：（1）以股权换股权，即换股并购。这是由并购公司向目标公司的股东发行并购公司自己的股票，以换取目标公司的大部分或全部股票，达到控制目标公司的目的。通过并购，目标公司或者成为并购方的分公司、子公司或者解散并入并购方。（2）以股权换资产。并购公司向目标公司发行并购公司自己的股票，以换取目标公司的资产，并购方在有选择的情况下承担目标公司的全部或部分责任。目标公司也要把拥有的并购公司的股票分配给自己的股东。

（三）按并购动机分类

按并购动机分类，可将其划分为善意并购和敌意并购。

1. 善意并购，是指并购公司事先与目标公司协商，征得其同意并谈判达成收购条件的一致意见而完成收购活动的并购方式。这种并购方式一般先由并购公司寻找被并购公司，即目标公司，然后设法与目标公司的管理者接洽，商讨并购事宜，诸如购买条件、价格、支付方式和收购后企业地位及目标公司人员的安排等问题，通过讨价还价，在双方都可以接受的条件下，签订并购协议，最后经双方董事会批准，股东大会2/3以上赞成票通过，由于双方在自愿、合作、公开的前提下进行，故善意并购成功率较高。

2. 敌意并购，是指当友好协商遭拒绝时，并购公司不顾目标公司的意愿而采取非协商性购买手段，强行并购目标公司，或并购公司事先不与目标公司协商，突然直接向目标公司股东开出价格或收购要约的并购行为。进行敌意收购，一般收购价格比股票市价高出20%～40%，以此吸引股东不顾经营者的反对而出售股票。因此，对于收购方而言，收购需要大量的资金支持，在比较大规模的并购活动中银行或证券商往往出面提供短期融资。同时，被收购公司在得知收购公司的收购意图之后，可能采取一切反收购措施，如发行新股票以稀释股权，或收购已发行在外的股票等，这都将使收购的成本增加和成功率降低。理论上说，只要收购公司能够收到51%的股票，就可以改组董事会，从而最终达到并购目的。但在实际工作中，由于股权比较分散，有时拥有20%甚至10%的股票，也能达到控制的目的。此外，由于敌意并购易导致股市的剧烈波动，甚至影响公司发展的正常秩序，各国政府都对敌意并购在法律上予以一定的限制。如我国的《反垄断法》《公司法》中都有相关规范。

（四）按并购资金来源划分

按照并购资金来源，可将其划分为杠杆收购和非杠杆收购。

1. 杠杆收购（leveraged buy-out，LBO），是指并购公司以债务融资方式进行的收购。在杠杆收购中，收购公司以目标公司的资产或经营现金流作抵押发行债务融资，取得资金用于购买目标公司的股权，收购完成后，以目标公司的资产或经营现金流偿还债务。

杠杆收购的主要特点是：（1）在杠杆收购交易中，大部分的资金来源于债务融资。收购公司通常只需提供10%～30%的资金，其余部分通过债务融资方式筹集。债务融资中一部分为商业银行提供的短期和中期贷款，通常占5%～20%；另一部分为机构投资者和杠杆收购基金提供的长期债务，比例达到40%～80%。因此，杠杆收购实际上是通过高负债、高风险实现“小鱼吃大鱼”的并购效果。（2）并购公司并不是以自身资产作担保，而是以并购后的目标公司资产或现金流作担保和还款来源。目标公司的资产是并购债务融资的担保品，因此，并购交易中，贷款人只能向目标公司求偿，目标公司资产的抵押价值是贷款方关注的主要问题。并购公司除了投资有限资金外，并不以自身资产对债务承担担保责任。

2. 非杠杆收购，是指不用目标公司的资产及经营现金流作为并购融资的担保和还款来源的并购方式。非杠杆收购并不意味着不运用债务融资，只是债务融资的担保品并非目标公司，而是并购公司以自身资产对债务融资承担担保责任。

（五）按协议是否通过证券交易所分类

按协议是否通过证券交易所，可将其划分为要约收购和协议收购。

1. 要约收购，是指并购公司通过证券交易所的证券交易，当持有一个上市公司（目标公司）已发行股份的30%时，依法向该公司所有股东发出收购上市公司全部或部分股份的要约，以特定价格收购股东手中持有的目标企业股份的行为①。要约收购是对公司的公开收购行为，收购公司通过公开收购股份，达到一定比例就可以获得公司的控制权。因此，要约收购通常被视为是一种敌意收购行为。

2. 协议收购，是指并购公司不通过证券交易所，直接与目标公司的股东通过协商的方式签订股份转让协议，并购公司取得目标公司股份达到一定比例，并获得目标公司的控制权的行为。协议收购是并购公司与目标公司股东之间私下协商后，通过协议方式取得目标公司的控制权，因此其通常属于善意收购的方式。协议收购是目前我国上市公司并购的主要方式。

三、企业并购的理论分析②

对于并购活动的产生原理，理论界提出了许多不同的观点。这些观点大致可

---

① 我国《证券法》第88条规定：“通过证券交易所的证券交易，投资者持有或者通过协议、其他安排与他人共同持有一个上市公司已发行的股份达到百分之三十时，继续进行收购的，应当依法向该上市公司所有股东发出收购上市公司全部或者部分股份的要约。”

② 陆正飞、朱凯、童盼：《高级财务管理》（第2版），北京大学出版社2013年版。

以分为两类：效率理论和代理理论。其中，效率理论认为，并购活动产生的主要原因是并购后整体经营效率会提高，从而实现双赢。而代理理论认为，并购活动是为降低管理层代理问题的一种市场约束行为。

（一）效率理论

效率理论认为并购活动可以提高并购各方的经营效率，主要是公司经营业绩的提高或获得某种形式的协同效应，即“1+1>2”的效应，从而可以提高整个社会的收益和福利。效率理论的基本逻辑顺序是：效率差异→并购行为→提高个体效率→提高整个社会经济的效率。按照效率理论的观点，并购交易之所以存在，是因为并购产生的资源重组会带来相应的协同效应，如经营协同效应、财务协同效应等，进而增加资源的整体利用效率，提高经济效益。由于协同效应产生的原因、方式不同，由此形成不同的理论。

1. 效率差异化理论。效率差异化理论，又称管理协同效应理论。通俗地讲，如果A公司的管理效率优于B公司，那么在A公司并购B公司后，B公司的管理效率将被提高到A公司的标准，从而效率由于两公司的合二为一得到了促进，那么这不仅给私人带来经济利益，也给社会带来经济效益，整个经济的效率水平将因此类并购活动而提高。效率差异化理论认为，购并活动产生的原因在于交易双方的管理效率是不一致的。该理论可以形象地称之为管理协同效应理论。该理论一般限定为并购公司具有目标公司所处行业所需的特殊经验并致力于目标公司管理效率的提高。因此，这是横向并购的理论基础。

该理论有两个基本假设：（1）如果收购方有过剩的管理资源且能轻易释放出过剩资源，并购活动将是没有必要的；但如果作为一个整体且不可分割，或受到规模经济制约，那么通过并购交易使其剩余的管理资源得到充分利用将是可行的。（2）对于目标公司而言，其管理效率低下可经由外部经理人的介入和增加管理资源的投入而得到改善。

2. 经营协同效应理论。经营协同效应理论认为，公司可以通过横向并购、纵向并购或混合并购来提高经营效率和业绩，因此，经营协同效应可能包含在横向并购或纵向并购中。对横向并购而言，可以形成规模经济，所以两个或两个以上企业合并形成一个企业时引起收益增加或成本减少。该理论的一个重要假设前提是：在行业中存在着规模经济，并且在合并之前，公司的经营活动水平达不到实现规模经济的潜在要求。规模经济也同样存在于纵向并购和混合并购之中。按照交易成本理论通常的分析，纵向并购通过降低上下游企业的交易费用，避免各种形式的讨价还价和机会主义行为，从而提高企业经营效率；混合并购则可以通过公共支出的分摊降低单位管理费用。

3. 财务协同效应理论。20世纪70年代以后，并购活动已从单纯地横向并购、纵向并购发展为混合型并购，这使人们对管理协同效应理论在纯粹混合并购中的适用性产生了怀疑，认为应该还存在其他效应。企业纯粹混合并购有可能是为了谋求财务协同效应。财务协同效应认为，公司内部融资与外部融资存在成本上的差异，由于外部融资的交易成本以及股利的差别税收待遇，公司通过并购可以实现从边际利润较低的生产活动向边际利润较高的生产活动转移，从而提高公司资本分配效率，同时也为混合公司的存在提供了现实基础。例如飞利浦·莫利斯公司对大众食品公司的收购。飞利浦·莫利斯公司是从事烟草经营的企业，但是烟草业规模由于“无烟社会”运动的发起而逐渐缩小。因而将其资金投向食品工业，这为食品公司提供了成长的机会，对于食品公司而言，新产品的开发是其发展壮大的重要来源。这一成功的并购使资金流向了更高回报的投资机会，在并购后的企业中形成了显著的财务协同效应。

4. 多元化优势效应理论。多元化优势效应理论认为，企业通过经营相关程度较低的不同行业可以分散经营风险、稳定收入来源、提高企业价值。该理论主要用于解释混合并购产生的动机。

（二）代理理论

詹森和麦克林（Jensen & Meckling，1973）在其经典论文中，系统地阐释了代理问题的含义。代理问题产生的根本原因在于管理者和所有者间的合约不可能无代价地签订和执行。由此而产生的代理成本包括：（1）缔结一系列合约的成本；（2）委托人对代理人进行监督和控制的成本；（3）剩余损失，即由于代理人的决策和委托人福利最大化的决策间发生偏差而使委托人所遭受的福利损失。

代理理论对企业并购动因有以下四种解释。

1. 并购作为制约代理问题的手段。该理论认为，潜在的被并购威胁可能会减少股东的监督成本。因为通过要约收购或代理权争夺，可以使外部管理者战胜现有的管理者，从而取得对目标企业的决策控制权。曼尼（1965）用代理问题解释并购活动，他强调，市场对公司治理的作用，如果公司的管理层因为无效率或代理问题而导致经营管理滞后的话，公司就可能会被接管。按照代理理论的观点，并购市场是解决委托人与代理人之间的代理问题所提供的一种外部解决办法（Manne，1965）。

2. 并购的管理主义动机。与并购可以解决代理问题的观点相反，缪勒（Mueller，1969）认为并购活动只是代理问题的一种表现形式，而不是解决办法。该理论假定管理者的报酬是公司规模的函数，那么管理者往往采用较低的投资报酬率。詹森和鲁贝克（Jensen & Ruback，1983）总结了公司并购的经验证据，发现在并购决策宣告日，并购公司的股票价格不但没有上升，反而有所下降，他们认为，并购固然可以有效解决目标公司的代理行为，但是并购公司本身存在的代理问题可能导致为并购支付过高的价格，浪费并购公司股东财富。

正如前面所讨论的，代理理论认为，当管理者市场无法解决代理问题时，公司间的市场或并购活动赖以进行的市场将会发挥作用。因此，该理论认为，并购活动是代理问题的一种解决方法。而管理主义假说认为，并购活动难以解决并购公司本身的代理问题，并购活动有可能是并购公司管理者低效率的一种表现形式。

3. 管理层自负假说。罗尔（Roll，1986）认为，目标企业在并购过程中价值的增加，是并购企业的管理者由于野心、过分自大或骄傲而在评估并购机会时犯了过分乐观的错误。在并购活动中，并购企业确定一个潜在的目标企业并对其价值进行评估。当估价低于市场价值时，并不会提出报价。只有当估价超过当前的市场价值时，并购公司才提出报价并进行并购接管尝试。如果没有协同效应或其他接管收益，估价的平均值将等于市场价值。只有当估价极高时才会有公司提出报价。所以并购溢价只是一种误差，是竞价者在估价时所犯的错误。

4. 自由现金流量假说。詹森（1986）认为，自由现金流量是公司代理问题的主要来源，减少自由现金流量可以在解决管理者和股东间的利益冲突时发挥重要作用，并购则是减少自由现金流量的重要方式。所谓自由现金流量，是指公司现金支付了所有净现值为正的投资项目资金需要之后所剩余的现金流量。他认为，公司若想有效率和使股价最大化，自由现金流量就必须支付给股东。自由现金流量的支出降低了管理者所控制的资源量，从而削弱了管理层支配自由现金流量的权力。另外，当他们为额外的投资寻求新的资本而进行融资时，就可能会受到资本市场的约束。因此，公司通过并购活动，适当地提高负债比率，可以减少公司的自由现金流量，降低代理成本，提高公司价值。

（三）税收节约理论

税收节约理论认为，企业兼并收购活动是出于减少税收负担的目的，即为了避税效应或税收最小化的考虑。通过并购获得税收效应的主要途径包括以下三种。

第一，根据税法中亏损递延条款的规定，当一家有累积税收损失和税收减免的企业（目标公司）与有正收益或具有应税利润的企业（收购公司）进行合并重组并满足“利益的连续性”的要求时，合并重组后的企业就可以进行合法避税。也就是说，在合并重组后的企业，有累积税收损失和税收减免的企业（即目标公司）的纳税属性得到了继承，可以利用损失递延的规定实现避税效应。

第二，债务的利息支付具有税收抵减的能力。如果并购前企业的负债水平都比较低，当企业主要利用负债来为并购融资时，并购后的企业提高了财务杠杆比率而获得较多的税收规避，企业因此获得债务利息支付的避税效应。

第三，利用不同资产收入的税率差别获得税收节省。如美国税法对资本利得课征的税率通常低于一般所得税的税率，并且税收可延至收入实现时才缴纳。一般来说，成长型企业往往没有或只有少量的股利支出，但其有着很好或大量的投资机会，因此要求有持续的资本性或非资本性开支，而内部投资机会较少的成熟企业则会形成冗余资金，如果这些资金作为股利支出则必须缴纳一般所得税。这样，成熟企业通过收购一家成长型企业，可以为被收购企业提供必要的资金，并在被收购企业的成长期过后将其出售而实现资本利得，便可获得用资本利得税来代替一般所得税、实现税收节省和延迟纳税时间的好处。

四、企业并购的历史演进

（一）西方企业并购简史

西方发达国家的企业成长史实质上就是一部并购史，以美、英、日、德等发达国家为代表的并购活动按历史进程大致可以划分为五个阶段，在每一个阶段总有一种特定的并购方式处于主导地位。

1. 第一次并购浪潮。第一次并购浪潮发生于1893年“大萧条”之后，以横向并购为基本特征，并购后形成了一批具有大规模、具有垄断特点的公司，主要发生在经济发展较充分的美国、英国、德国等老牌资本主义国家，其中以美国最为突出。1895～1904年，美国并购资产总额达59亿美元，75%的公司因并购而消失。据尼尔森（Nelson，1959）的估计，被并购企业达3 000多家，300家最大的公司规模增长了400%，并控制了全美产业投资的40%。第一次并购浪潮在8个主要行业经历了最重要的并购行为，包括钢铁、食品加工、化工、交通设备、石化、金属制造产品、机械、煤矿。

19世纪下半叶，科学技术取得巨大进步，大大促进了社会生产力的发展，为以铁路、冶金、石化、机械等为代表的行业大规模并购创造了条件，各个行业中的许多企业通过资本集中组成了规模巨大的垄断公司。如美国钢铁公司、杜邦公司、美国烟草公司、美国橡胶公司等。在1899年美国并购高峰时期，公司并购达到1208起，是1896年的46倍，并购的资产额达到22.6亿美元。1895～1904年的并购高潮中，美国有75%的公司因并购而消失。在工业革命发源地——英国，并购活动也大幅增长，1880～1981年，有665家中小型企业通过兼并组成了74家大型企业，垄断着主要的工业部门。后起的资本主义国家德国的工业革命完成比较晚，但企业并购重组的发展也很快，1875年，德国出现第一个卡特尔，通过大规模的并购活动，1911年就增加到550～600个，控制了德国国民经济的主要部门。在这股并购浪潮中，大企业在各行各业的市场份额迅速提高，形成了比较大规模的垄断。

2. 第二次并购浪潮。美国第二次企业并购浪潮发生在20世纪20年代。第一次世界大战刚刚结束，很多国家处于战争创伤恢复阶段，经济开始复苏，急需各种生产资料和消费资料，这些都给美国提供了相当广阔的市场。美国在经济增长的同时，又掀起了历史上第二次规模巨大的企业并购浪潮。第二次并购浪潮与第一次有着显著的不同，在这段时期，由于反垄断法的出台，限制了企业以扩大公司规模为主要目的的横向并购，这一阶段并购的典型特征是纵向并购为主，通过并购将产品生产的各个环节、各个零部件厂商都整合到一个公司里，各个工序相互结合、连续生产，形成一个统一运行的联合体，形成寡头垄断。真正的并购高峰发生在1926～1929年，在此期间，共发生了4 600起并购案，最活跃的并购领域是钢铁、铝与铝制品、石油产品和食品、化工产品和运输设备行业。第二次并购浪潮最终被美国历史上最严重的1929年经济大危机打断。由于美国反托拉斯法的立法不断完善，特别是1914年国会通过克莱顿法案（Clayton Act），对行业垄断的约束和监管更加严格，反垄断的措施更加具体、执行更加有效。

第二次并购浪潮中有85%的企业并购属于纵向并购。通过这些并购，主要工业国家普遍形成了主要经济部门的市场被一家或几家企业垄断的局面。虽然在此次并购浪潮中仍然有很多横向并购的案件，但是更多的是上下游企业之间的整合和并购。因此，如果说第一次并购浪潮是导致垄断巨头产生的并购，那么，第二次并购浪潮产生的更多是占据很大市场份额的寡头公司，它们不是一家而是类似的几家占据某一产品的巨大市场份额。美国有许多至今仍然活跃的著名大公司就是在此期间通过并购形成的，例如通用汽车、IBM公司和联合碳化合物公司。

3. 第三次并购浪潮。第三次企业并购浪潮发生在20世纪60年代。在第二次并购浪潮结束后，由于世界经济的衰退以及第二次世界大战的影响，并购活动一直处在低谷。直到20世纪60年代，在资本主义国家的经济复苏时期，并购活动才再次活跃起来。这一阶段的并购以多元化经营和品牌重组为主要特征，主要是混合并购。第三次并购浪潮无论就其规模还是速度来说，都大大超过了前两次，第二次并购浪潮的规模比第一次大1倍，而第三次并购浪潮的规模又要超出第二次1倍以上；1925～1931年7年间，美国并购企业数平均每年为835起，1965～1971年7年间，美国并购企业数平均每年为1 511起①。并且被并购企业的规模之大也是史无前例的。1960年，资产在1 000万美元以上被并购的大公司数量是51家，1965年增至62家，1968年达到了173家，仅占并购数3.3%的被并购企业的资本存量总和，却占到了所有被并购企业的资本存量的42.6%。从被并购的资产总额来看，从1960年的15.3亿美元增至1968年的125.5亿美元，增长了7倍多。第三次并购浪潮，主要是大型企业之间的并购，企业和市场的垄断程度进一步提高。并购形式以互不关联的企业之间的混合并购为主。与美国相似，英国也出现了许多大企业之间的并购。这种大规模的大企业的并购，使得英国各行业的垄断程度大大提高，联合体和多数行业的集团化趋势得到了进一步的发展。

4. 第四次并购浪潮。20世纪80年代兴起的第四次并购浪潮的显著特点是以融资并购为主，并购数量多、规模大创历次并购之最。从并购数量上看，1975年并购总数为2 297起，1985年达到3 000起，从1980～1987年并购总数已突破20 000起。不仅并购的数量大，交易的金额也是相当巨大的。1983年美国10亿美元以上的并购案件有6起，1984年是17起，1988年达到37起。1975年，平均每起并购案件的交易额为522.4万美元，而到1984年，这个数字增加到了4 797.4万美元。例如，1981年7月，美国最大的化学公司杜邦公司出资87亿美元收购了在美国石油开采中名列第六的石油垄断企业大陆石油公司；1984年3月，谢夫隆石油公司以133亿美元购进美国第五大石油公司海湾石油公司。不仅

---

① *The Statistical History of the United Stated：From Colonial Times to* 1970，Washington，D.C：U.S. Department of Commerce，Bureau of the Census，1975. P. 914.

石油行业，其他行业的并购活动也同样非常活跃。1985 年底，通用电气公司（GE）以 60 亿美元买下美国无线电公司。此外，英国、德国、荷兰等国家在这一时期同样发生了大规模的并购活动。英国在 1970 ~ 1975 年的 6 年内，工商业中发生并购 4 911 起，总价值为 71.318 亿英镑，平均每起 145.2 万英镑，而在 1985 ~ 1990 年的 6 年内，共发生并购 6 309 起，并购数量只增加了 28.5%，但同期并购的价值却达 948.17 亿英镑，增加了 12 倍，平均每起为 1 502.8 万英镑，增加了 9 倍。1980 ~ 1988 年间企业并购总数达到 20 000 起，1985 年达到顶峰。

第四次企业并购浪潮的特征可以归结为融资型并购。与前三次并购浪潮相比，这次并购浪潮中横向并购、纵向并购和混合并购都存在。但最为突出的是金融型并购，尤其是由于“垃圾债券”的发明和运用，小公司可以用杠杆融资的方式筹集到巨额资本，从而大大推动了企业并购的发展。20 世纪 80 年代，以这种杠杆融资方式并购的公司总价值达到 2 350 亿美元，涉及 2 800 家公司。其中最为突出的是 1988 年底发生的亨利·克莱维斯收购雷诺烟草公司。此起收购中，亨利·克莱维斯公司以 250 亿美元的价格收购了雷诺烟草公司，其中 99.04% 的资金是通过发行垃圾债券获得的，而克莱维斯本人动用的资金仅为 1.59 亿美元。此外，潘特里公司收购露华浓公司也是比较典型的案例，1985 年，资产仅为 1.5 亿美元的潘特里公司以 58 亿美元的价格收购了净资产为 10 亿美元的露华浓公司。

5. 第五次并购浪潮。第五次并购浪潮始于 20 世纪 90 年代初，主要特征为“强强联合”和“跨国并购”。这次并购浪潮中参与并购的企业数量之多、单件并购交易额规模之大、影响之广泛都是空前的。例如，1998 年底，美国埃克森石油公司宣布以 810 亿美元兼并美孚石油公司；1999 年美国的世界微波通信公司以 1 270 亿美元收购斯普林特公司。价值数百亿美元、经营数十年甚至上百年的公司以及一些大型跨国公司都成为这次并购浪潮的并购对象，出现了像波音—麦道公司那样的世界性行业垄断集团。以往的并购活动主要集中在几个行业，而这次并购浪潮席卷了通信、化工、机械、航空、电子、零售、医疗保健、银行等行业，促进了产业结构的调整。例如，1995 年美国化学银行与大通银行的合并，1996 年美国波音公司与麦道公司的合并都是横向并购的典型。第五次并购浪潮中各种并购方式都被使用了，但较多的是同行业或者相近行业的跨国横向并购。2000 年全球跨国并购额达到 11 438 亿美元。但是，从 2001 年开始，由于受欧美等国经济增长速度的停滞和下降以及“9·11”事件的影响，全球跨国并购浪潮出现了减缓的迹象，但从中长期的发展趋势来看，跨国并购还将得到继续发展。

（二）中国企业并购简史①

中华人民共和国成立以来，我国企业并购的发展，大致可以分为两个时期：第一时期为 1993 年以前。这一时期我国的企业并购主要是通过政府无偿划拨或通过产权交易市场进行的。第二时期以 1993 年的“宝延风波”为起点，中国的

---

① 王化成：《高级财务管理》（第四版），中国人民大学出版社 2016 年版。

企业并购进入了以公司形态为主、通过股权交易进行并购的阶段。公司制企业的发展与证券市场的建立和发展是这一时期的两个基本条件。

第一时期的企业并购带有浓重的行政色彩，大多数企业并购都是在政府的推动下实施和完成的[①]。在这一时期，最有名的并购模式是“保定模式”和“武汉模式”。“保定模式”采取自上而下的程序，由政府根据产业政策，以所有者代表身份直接参与并购，进行干预、引导、牵线搭桥，推动企业并购。1984年，保定市政府以“用大型企业带动小型企业，以优势企业带动劣势企业”的思路，将四家亏损企业卖给优势企业，从而消灭了一批亏损企业，并且满足了部分优势企业的扩张欲望，收到了比较好的效果。“武汉模式”采取自下而上的程序，企业在双方自愿自主的基础上充分协商并达成协议，报双方主管部门批准即可。“保定模式”偏重产业政策，“武汉模式”强调自愿互利，但本质上都是通过政府推动的。1988年，武汉市成立第一家企业产权转让市场。同年，成都、保定、郑州、洛阳、太原等地也相继组建了产权交易市场。产权交易市场的建立也为企业并购提供了一个重要的途径，并促进了企业并购在全国范围内的迅速发展。1989年2月，国家体改委、国家计委、财政部、国家国有资产管理局联合发布了《关于企业兼并的暂行办法》，这是我国规范企业并购活动的第一个正式法规。

第二个时期的企业并购按照相关法律制度的建立和完善，大致可以划分为三个阶段。

第一阶段（1993～1999年），1993年4月22日国务院发布了《股票发行与交易管理暂行条例》，在第四章专门规范了“上市公司的收购”，正式确立了上市公司并购的相关法规。1993年10月，深圳宝安集团在上海证券交易所通过购买股票方式，收购了上海延中实业公司16.8%的上市流通股票。1994年4月，宝安集团完成对延中实业公司的控股。这是中国第一起通过国内证券市场进行的股权收购，标志着我国企业并购活动进入了一个新的阶段。1994年4月28日，珠海经济特区恒通集团股份有限公司斥资5 160万元，以每股4.3元的价格收购上海市建筑材料集团总公司持有的上海棱光实业股份有限公司1 200万股国有法人股，占该公司股份的35.5%，成为棱光公司第一大股东。完成收购后，1995年12月22日，恒通集团将其属下全资子公司恒通电能仪表有限公司以16亿元的价格转让给棱光公司。这次收购不仅首开国有股协议转让的先河，而且完成了中国第一例完整意义上的“买壳上市”，该事件被称为“恒棱事件”。此后，许多因政策限制而被排除在证券市场之外的民营企业开始通过“买壳”的方式间接上市。1997年，上市公司并购与促进产业结构调整和产业升级联系在一起，进一步丰富了并购重组的内涵。1998年，民营科技企业成为并购重组的主角，出现了清华同方与鲁颖电子的吸收合并、申能股份国有股回购等一系列市场运作的实践创新，到1999年，中国证券市场的并购模式创新已基本成熟。

第二阶段（1999～2006年），1999年7月1日开始实施的《中华人民共和国

---

① 郑海航、李海舰、吴冬梅：《中国企业兼并研究》，经济管理出版社2000年版。

证券法》明确规定了股权转让的两种方式，即上市公司的股权可以以协议转让和二级市场收购两种形式实施，同时，证监会对并购信息的披露要求更加严格。2002 年 10 月 18 日公布的《上市公司收购管理办法》和《上市公司股东持股变动信息披露管理办法》，以及 2002 年 11 月发布的《关于向外商转让上市公司国有法人股有关问题的通知》等规定文件标志着我国上市公司收购的法律框架基本完成。在这个阶段的并购方式、支付手段、并购数量、并购目的等都有了较大的发展和改变，逐步出现了一些上市公司的战略性并购，上市公司并购重组的数量也日益增多，并购的方式、支付的方式、并购的目的等都有了全面的发展和变化。从并购方式与支付方式看，有了无偿划拨、资产置换、协议转让、吸收合并、收购母公司、司法拍卖、MBO 等；从并购的目的看，除了以上提及的保壳、保配等原因外，还有外资并购、敌意收购、竞争收购等新情况的出现，具体情况如表 6－1 和表 6－2 所示。

表 6－1　　1993～2004 年中国公司并购数量　　单位：起

年份	数量	年份	数量	年份	数量	年份	数量
1993	1	1996	9	1999	84	2002	168
1994	3	1997	33	2000	103	2003	170
1995	1	1998	70	2001	119	2004	161

资料来源：朱宝宪，《公司并购与重组》，清华大学出版社 2006 年版，第 40 页。

表 6－2　　1997～2004 年的中国企业并购方式及数量

并购方式		1997 年	1998 年	1999 年	2000 年	2001 年	2002 年	2003 年	2004 年
无偿划拨	数量（起）	7	18	30	27	25	29	35	27
	占比（%）	21.2	25.7	35.7	26.3	21	17.3	20.6	16.8
司法拍卖/法院裁定	数量（起）	0	0	1	3	14	10	12	9
	占比（%）	0	0	1.2	2.9	11.8	6	7.1	5.6
购买上市公司股权	数量（起）	26	47	46	68	70	104	72	74
	占比（%）	78.8	67.1	54.7	66	58.8	61.9	42.4	46.0
购买母公司股权	数量（起）	0	4	5	2	4	11	20	15
	占比（%）	0	5.7	6	1.9	3.4	6.5	11.8	9.3
母公司改造	数量（起）	0	1	2	2	6	14	9	29
	占比（%）	0	1.4	2.4	1.9	5	8.3	5.3	18.0
合计		33	70	84	103	119	168	170	161

资料来源：朱宝宪，《公司并购与重组》，清华大学出版社 2006 年版，第 41 页。

第三阶段（2006 年至今），伴随着《上市公司收购管理办法》《公司法》《证券法》的修改以及中国资本市场股权分置改革，2006 年可谓是中国并购市场的一个重要分水岭，并购在资源配置中扮演着越来越重要的角色。2006 年，一场有关外资与经济安全的讨论引发了对频频上演的外资并购的反省与思考，并直接推动了政策完善的进程。同年9月8日，商务部等六部门联合发布了《关于外国投资者并购境内企业的规定》，对外国投资者并购境内企业做了更加细致的规定。

2008年全球金融危机全面爆发，随着金融危机向实体经济蔓延，各国政府纷纷出台各种政策，希望借此来缓减金融危机对实体经济所造成的影响。在此背景下，我国出台《关于十大产业调整振兴规划》，在十大产业政策规划中对九个产业明确提出要扶持大企业，支持并购重组，这引起了我国企业新的并购浪潮。2008年以来，中国企业的并购活动日益活跃，并购活动呈现出纵向并购增加、大量中小企业加入并购大军、国内企业与国外企业的联动并购频繁等趋势。尤其是海外并购活动比较活跃。当前形势下，企业并购对于中国实现产业优化升级，积极参与国际竞争具有重要意义。受金融危机的冲击，虽然全球企业并购步伐放缓，并购交易额明显下降，但中国还是一枝独秀。2008年我国并购交易创下了1 643亿美元的历史新高，增幅达18%。

“十二五”时期，国内外经济形势发生了很大变化，经济一体化与经济全球化的同时，伴随着国际贸易保护主义的抬头，我国市场经济体制改革继续向纵深发展，并购也逐步从国内走向海外，并购主体从清一色的国有企业变为有民营企业的参与，呈现跨地域、跨所有制、跨国界的特征。在体制转轨、经济转型过程中，市场体系逐渐走向完备，政府促进企业兼并重组的一个总体思路应该是从台前走到幕后，从操纵者转变为管理者，从直接介入转向间接调控，致力于政策和法律法规的建设以及对企业兼并行为的合法性、国有资产安全性的监控，创造一系列有利于企业并购的条件，最终帮助实现产业结构调整和工业的转型升级。

“十三五”时期，我国经济发展的显著特征就是进入新常态。2018年上半年，美国的“贸易保护主义”持续升温，并且在4月底的中兴制裁事件发生后达到高潮。另外，我国与欧洲、“一带一路”沿线国家的贸易合作更加紧密。清科研究中心数据显示，2018年上半年跨境并购并未受到太大影响，2018年4月博鳌亚洲论坛的成功召开以及国家领导人频繁出访新兴经济体、欧盟国家，都表现出了中国坚定对外开放的决心，并为中企“走出去”和外资“引进来”营造了良好的环境。清科研究中心发布数据显示：2018年上半年，中国并购市场共完成并购交易1 258起，披露金额的并购案例总计1 073起，共涉及交易金额6 503.56亿元人民币。在流动性紧缩的大环境下，中国并购市场在2018年上半年仍保持着较高的活跃度。经济结构持续转型，收购新技术和新模式仍是行业实现新旧动能转换的有效途径之一，基于战略布局、行业整合等目的进行的收购活动也依然频繁。此外可以看到，以阿里巴巴、美团点评为代表的资金实力雄厚的互联网企业在本期大额并购交易中表现非常亮眼。从交易类型来看，我国并购市场仍以国内并购为主。本期国内并购交易规模最大的一笔即阿里巴巴集团以597.37亿元收购饿了么100%股权。跨境并购共完成交易104起，披露金额的交易规模为790.39亿元，本期跨境并购交易规模最大的一笔是九鼎集团以90.04

亿元收购富通亚洲 100% 股权①。

中国证监会发布了一系列相关法规，除了《上市公司收购管理办法》以外，还出台了《关于上市公司重大购买、出售、置换资产若干问题的通知》《中国证监会上市部关于上市公司主要股东变更审查工作的通知》《上市公司国有股权监督管理办法》等法规以及对券商的考核与管理办法等，已经摸索出一套适合于中国这样转轨时期新兴并购市场发展与管理的模式。从实际经济的发展态势来看，全球的并购已经进入一个高潮，亚洲特别是中国将会是未来全球并购关注的焦点。

第二节　企业并购的财务战略

一、并购的一般程序

并购可能给公司带来迅速而巨大的发展机遇，也可能给公司造成沉重的负担和财务危机。公司并购活动的指导思想必须服从于公司的发展战略，并根据公司战略的要求制定相应的并购战略。

企业并购是一项非常复杂的交易过程。根据企业既定的并购战略，寻找和确定潜在的并购目标，并对并购目标的发展前景及技术经济效益等情况进行战略性调查和综合论证，以此来评估目标企业的价值，策划融资方案，确保企业并购战略目标的实现。企业并购通常按照法律规定的程序进行，其过程大致分为五个阶段：准备阶段、谈判阶段、公告阶段、交接阶段、重整阶段。从财务的角度来看，并购程序通常包含以下步骤，如图 6－2 所示。

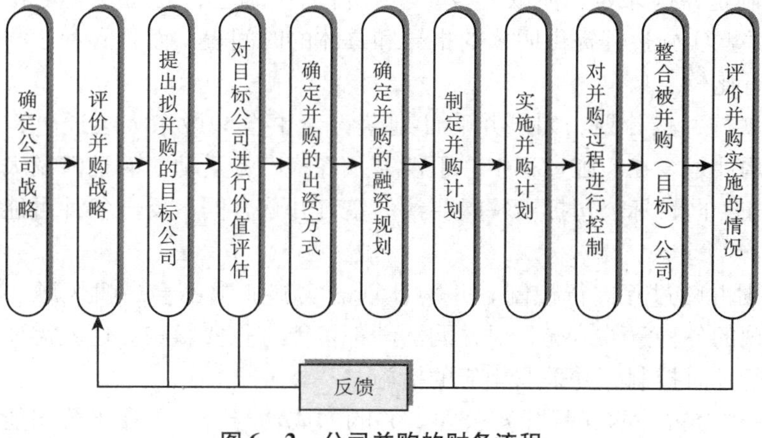

图 6－2　公司并购的财务流程

资料来源：陆正飞、朱凯、童盼，《高级财务管理》（第 2 版），北京大学出版社 2013 年版，第 228 页。

① 清科研究中心：《2018 年第二季度中国并购市场研究报告》，https：//report. pedata. cn/

（1）确定公司战略。并购是并购公司为实现某种战略目标而采取的一种手段。并购方案的设计取决于公司的战略规划和战略选择，同时受并购结果、对目标公司的评估框架、目标公司形象以及并购后的整合等因素的影响。因此，确定公司的基本发展战略，并明确并购在公司战略中的地位，是实施有效并购的重要前提。

（2）评价并购战略。由于并购决策存在固有风险，所以战略考虑要优先于财务分析。公司必须根据自身的战略目标来评价并购活动。并购战略应当对目标公司进行战略分析，研究并购对公司竞争能力和企业运营风险的可能影响。

（3）提出拟并购的目标公司。提出并购方案的应当是公司的高级管理人员，高级管理人员根据本公司的发展战略和目标公司的有关情况，确定并购的对象。在这个过程中，公司可以聘请财务顾问，以保障并购的顺利进行。

（4）对目标公司进行价值评估。对目标公司进行价值评估就是根据目标公司当前所拥有的资产、负债价值、运营状况和市场价值等指标，确定公司的出价，即对目标公司进行价值评估。对目标公司的估价应建立在对其未来的风险—收益评价的基础上。

（5）确定并购的出资方式。在现代并购实务中，现金出资并不是唯一的方式。在确定并购出资方式时，通常要考虑并购持续经营、税收、财务风险及市场价值等指标，确定是现金出资，还是股票出资，或是其他出资方式等。

（6）确定并购的融资规划。在确定并购所需资金数量和形式后，公司就需要制定相应的筹资计划，决定筹资的方式和数量。在筹资规划中，公司必须考虑由此而产生的公司价值和风险可能的变动，在尽量降低风险的同时，保持公司的最优资本结构。

（7）制定并购计划。在以上各步骤分析的基础上，公司要制定相应的并购计划，为并购实施过程提供明确的指导和具体的时间表，而且有利于与并购的完成情况进行比较。

（8）实施并购计划。如果并购计划获得董事会和股东大会通过，公司就可以实施并购计划。在实施过程中，不仅涉及许多财务活动，而且涉及大量的法律事务。例如，向目标公司提出并购要约、签订并购合同、反击各种可能的并购防御措施等。

（9）对并购过程进行控制。并购计划的实施通常不会一帆风顺。在实施过程中，出现的各种意外情况，对并购活动都可能有重要影响。这就需要公司对并购过程进行及时控制，并采取相应的措施。

（10）整合被并购（目标）公司。并购的成功与否，不在于公司能否完成并购，而在于并购能否实现公司预定的战略发展目标。公司必须根据战略目标和具体情况，有计划地将目标公司与本公司进行整合。

（11）评价并购实施情况。并购活动的事后评价可以为公司提供反馈信息，也可以为未来提供重要经验。对并购实施情况进行及时评价，可以防止公司盲目并购而陷入困境，及时改正因并购失误而可能导致的不良后果。

二、并购的战略目标与基本分析方法

公司战略涉及对公司整体业务活动进行安排，目的是在公司这一层面实现某种预先确定的目标。这些目标包括对公司活动进行有序的改变，将某一业务内的盈余资金调拨到其他有盈利增长的业务上去，对公司投资组合中现有的或预期的业务相互依存关系进行开发利用，降低风险。并购必须在公司整体战略指导下，才能发挥其促进公司增长和发展的应有作用。

除了这种投资组合的管理作用外，公司战略的另一个重要目的是开发出公司的独特能力或核心竞争力，并将其转化为公司持久的竞争优势，从而获得价值增值。公司竞争战略的确定要做到“知己知彼”，迈克尔·波特（Michael Porter，1985）提出的五力模型为分析公司的竞争环境提供了重要的分析工具，如图6-3所示。

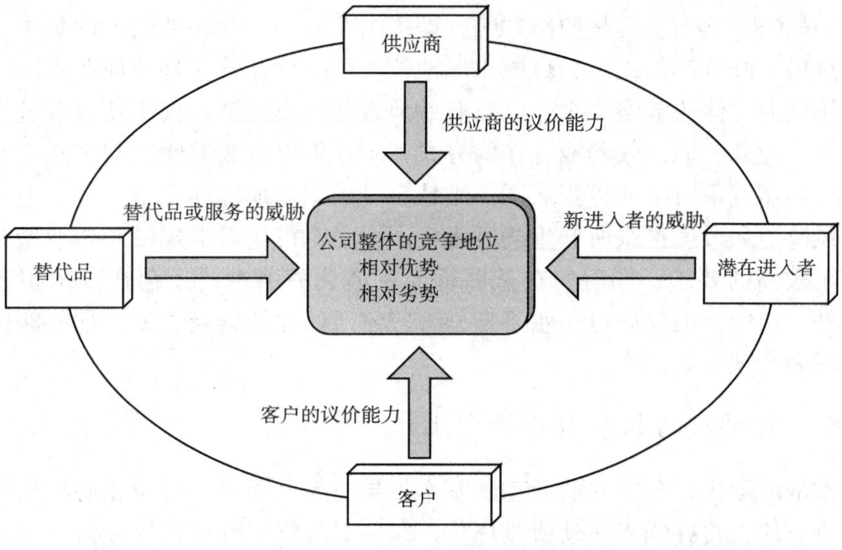

图6-3 波特五力竞争力模型

（一）并购的战略目标

公司在明确其竞争环境、选择了相应的竞争战略后，公司并购就成为实现战略的重要手段之一。公司的并购战略，主要是根据公司整体发展的需要，希望通过并购跨入新的具有发展前途、能够给公司带来长期利益的行业，实现收购后与本公司资源整合，以获得综合收益。从这个角度而言，根据并购对象的差别，将并购战略划分为纵向一体化战略和横向一体化战略。

1. 纵向一体化战略。纵向一体化战略，又称垂直一体化战略，是指公司通过并购与本公司生产经营有关联的上游公司及下游公司以实现规模经济的战略，是企业在两个可能的方向上扩展现有经营业务的一种发展战略，是将公司的经营活动向后扩展到原材料供应或向前扩展到销售终端的一种战略体系。包括后向一体化战略和前向一体化战略，也就是将经营领域向深度发展的战略。其基本指导思想是：公司只有控制生产的每一过程，才可以获得长远利益。因此，要实现这一战略目标，必然要并购其他公司，特别是在产业进入壁垒较高的情况下。

纵向一体化是企业经常选择的战略体系，但是，任何战略都不可避免地存在风险和不足，纵向一体化的初衷是希望建立起强大的规模生产能力来获得更高的回报，并通过面向销售终端的方略获得来自市场各种信息的直接反馈，从而促进不断改进产品和降低成本进而取得竞争优势的一种方法。纵向一体化是一种典型的价值链体系，在这种体系下产生了完整的价值传递过程，作为企业的战略制定者可以不断向纵深渗透，伊利奶业已经向后进入奶源基地的建设，奥康和美特斯邦威已经向前进入专卖店建设。

2. 横向一体化战略。横向一体化战略，是指为了扩大生产规模、降低成本、巩固企业的市场地位、提高企业竞争优势、增强企业实力而与同行业企业进行联合的一种战略。其实质就是横向并购，即资本在同一产业和部门内的集中，目的是扩大规模、降低产品成本、巩固市场地位。国际化经营就是一种形式。

采用横向一体化战略，企业可以有效地实现规模经济，快速获得互补性的资源和能力。此外，通过收购或合作的方式，企业可以有效地建立与客户之间的固定关系，遏制竞争对手的扩张意图，维持自身的竞争地位和竞争优势。但也存在一定的风险，如过度扩张所产生的巨大生产能力对市场需求规模和企业销售能力都提出了较高的要求；同时，在某些横向一体化战略中，还存在技术扩散的风险。此外，组织上的障碍也是水平型整合战略所面临的风险之一，如并购中存在的文化不融合现象等。

（二）并购战略的基本分析方法①

并购战略动机是公司并购活动的基本指导思想。同时，公司还必须运用一些战略评价方法，将并购战略动机具体化，以便对战略进行可行性评价。常用的评价方法有产品生命周期分析法和波士顿咨询公司评价法。

1. 产品生命周期分析法。产品生命周期假设大多数产品从投入市场开始，到最终被新的产品代替而退出市场为止所经历的时间，可以清楚地划分为引入期、成长期、成熟期及衰退期四个阶段（如图6－4所示）。

图6－4不仅显示了生命周期中四个阶段的销售量，而且显示了相应的利润和现金流状况。在引入期，利润通常是负的，进入成长期后则很快上升，到成熟期后则逐步下降；现金流则在引入期和成长期都是负的，表示需要投入资金，这些投资将在成熟期和衰退期得到回收。

① 陆正飞、朱凯、童盼：《高级财务管理》（第2版），北京大学出版社2013年版。

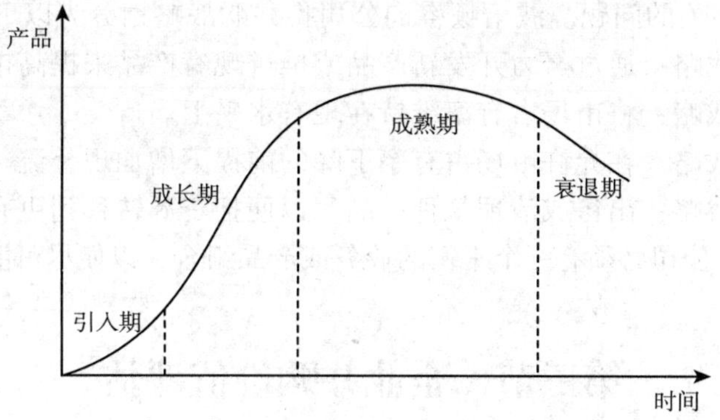

图6-4 产品生命周期

对任何一个公司而言，大多数产品都存在一个有限的市场生命周期，对那些技术变革迅速的产业来说更是如此。在并购目标公司时，并购公司应了解其产品正处在生命周期的哪个阶段，以便确定并购过程中所投入的资金是否能够很快得到回收，从而降低并购风险。

2. 波士顿咨询公司的增长—市场占有率矩阵评价法。波士顿咨询公司的增长—市场占有率矩阵模型是一个二维矩阵，纵轴表示市场增长率，横轴表示市场份额（如图6-5所示），它可以为公司并购的战略制定提供分析框架。

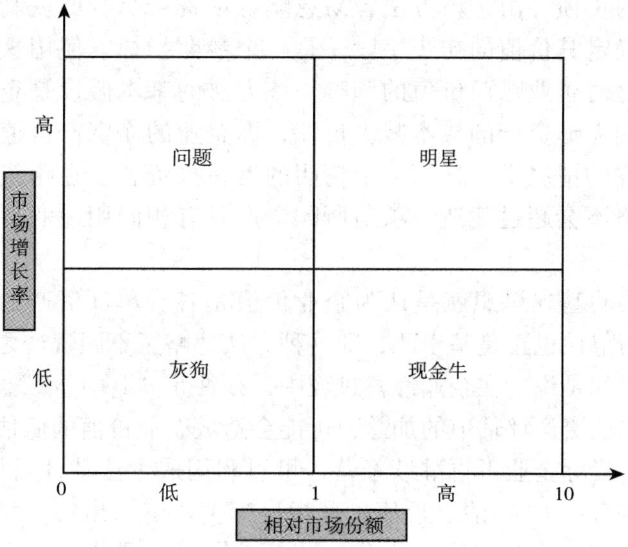

图6-5 波士顿咨询公司的增长—市场占有率矩阵

具体而言，纵轴上的市场增长率代表这项业务所在市场的年销售增长率，大于10%的增长率一般认为是高的。横轴上的相对市场份额是以相对市场占有率来表示的，为该战略业务单位的市场占有率与该市场最大竞争者的市场占有率之比，一般以1为分界线，大于1者为高，小于1者为低。

在引入产品生命周期、市场占有率之后，需要制定一个合适的战略，以便用于考虑与并购相关的问题。波士顿咨询公司将并购战略划分为以下四组。

（1）建设战略：通过努力开发新产品或推进现有产品来提高市场占有率。

（2）维持战略：将市场占有率维持在现有水平上。

（3）收获战略：在允许市场占有率下降的前提下增加现金流。

（4）放弃战略：出售或清理某种产品，以便把资源转移到更有利的领域。

综合而言，公司必须有一个平衡的业务或产品组合，以便尽可能地降低风险。

第三节　企业并购价值评估

对目标公司的价值评估是并购方对目标公司股东出价的基础，估价过高将导致并购公司利益受损，从而导致收购失败；而估价过低将会导致目标公司股东拒绝此项交易。因此，对目标公司的估价，既是并购公司分析并购成本的基础，也是决定并购能否成功的关键。对并购目标企业进行价值评估大致有以下三种方法。

一、资产基础法

以资产负债表为基础，考虑被评估企业所拥有的所有有形资产、无形资产以及应当承担的负债。由于该方法容易忽略各项资产综合的获利能力，因而只能是目标企业确定其价值的初步手段，是一个参照指标。使用这种方法获得的价值，实际上是对企业账面价值的调整。该方法的基本假设是企业的价值等于所有有形资产和无形资产的成本减去负债，即企业的净资产价值。其基本原理是：在条件允许的情况下，任何一个精明的潜在投资者，在购置一项资产时所愿意支付的价格不会超过建造一项与所购资产具有相同用途的替代品所需要的成本。

资产基础法的基本思想就是认为企业价值是各个单项资产的简单加总。因此，该方法的局限性也正是基于此，即这种方法忽略了不同资产之间的协同效应和规模效应。也就是说，在企业经营过程中，往往是“1+1>2”，企业的整体价值往往要大于单项资产评估值的加总，可能会造成企业价值的低估。

如果并购后目标企业不再继续经营，可以利用成本法估计目标企业的价值。常用的计价标准有：（1）清算价值，是指目标企业清算出售，并购后目标企业不再存在时其资产的可变现价值；（2）净资产价值，是指目标企业资产总额减去负债总额即目标企业所有者权益的可变现价值；（3）重置价值，是指将历史成本标准换成重置成本标准，以资产现行成本为计价基础的价值。

二、收益率法

收益法就是根据目标企业的收益和市盈率确定其价值的方法，也可称为市盈率模型。应用市盈率法对目标企业估值的步骤如下。

1. 确定目标公司的收益。一方面要考虑会计资料的真实、可靠，以及所使用的会计政策是否合理合法；另一方面是选择、计算目标企业估价收益指标。可采用的收益指标包括：目标企业最后一年的税后利润；目标企业最近三年税后利润的平均值；目标企业以并购企业同样的资本收益率计算的税后利润。

2. 选择标准市盈率。通常可选择的标准市盈率有：在并购时点目标企业的市盈率、与目标企业具有可比性的企业的市盈率、目标企业所处行业的平均市盈率。选择市盈率时应确保在风险和成长性上的可比性。

3. 计算目标企业的价值。利用选定的股价收益指标和标准市盈率，就可以计算出目标企业的价值，计算公式如下：

$$目标企业的价值 = 估价收益指标 \times 标准市盈率$$

采用市盈率法估算目标企业的价值，标准市盈率的选择至关重要，如果选择不当，则会对测算结果产生较大影响。市盈率反映投资者愿意为公司的盈利能力付出多大的代价。一个高的市盈率说明市场认为股票的收益很可能迅速增长，投资者对股票的前景抱乐观态度，愿意支付更多投资成本；一个低的市盈率说明股票未来的预期收益是不景气的，投资者怀有悲观失望的心理，不愿支付较多的成本。一般来说，一个具有增长前景的公司，其股票的市盈率一定较高；反之，一个前途暗淡的公司，其股票的市盈率必定较低。市盈率乘数法主要有两大难点：标准市盈率的确定和作为估价基础的税后利润的确定。

此外，对于新经济下出现的新业态公司，由于其商业模式或盈利模式不同于传统企业，对新业态下的公司估值方法，可以考虑采用第三章中的市销率法，诸如美团、拼多多、美图等。

三、现金流量折现法

现金流量折现法是企业并购中评估目标企业价值最为常用的方法。它是根据目标企业被并购后各年的现金净流量，将按照一定的折现率所折算的现值作为目标企业价值（不包括非营运资产的价值）的一种评估方法。其基本公式为：

$$V = \sum_{t=1}^{n} \frac{CF_t}{(1+r)^t} + \frac{FV}{(1+r)^n}$$

其中，V 为企业价值；r 为折现率；t 为资产的寿命；CF_t 为资产在 t 时刻产生的现金流量；FV 为资产的最终价值。

采用现金流量贴现法评估目标企业价值的过程，其实就是资本预算问题。在风险与预测期一定的情况下，目标企业未来产生的现金净流量越多，企业的价值就越高；目标企业未来产生的现金净流量一定的情况下，风险越大，折现率就应越高，从而企业价值也就越低。

运用现金流量折现法对目标企业估价的步骤是：（1）预测各期现金流量；

（2）估计贴现率或加权平均资本成本；（3）计算现金流量现值，估计购买价格；（4）现金流量折现值的敏感性分析。

现金流量折现法从动态的角度来考虑企业的价值。由于现金流量折现法以预测的未来现金流量与折现率为基础，而预测又带有一定的主观性，再加上一些不可预测的因素，会加大评估结果的风险性。因此，这种方法常常与反映公司长远发展不同经营状况的概率权重分析法结合使用。评估人员设计几种可能的未来财务计划方案，分别代表在理想情况，普通情况及恶劣情况下企业未来的经营状况，并据此计算出企业的现金净流量折现值。然后以各种方案的可能性百分比为权数，分别乘以该方案的现金净流量折现值，将其结果相加即得出一个比较合理的企业价值。这种方法的最大优点是适用面广，既可评估上市公司，也可评估非上市公司，且参数少、计算明了。最大的缺点是，对未来各期现金流量和预期折现率两大因素的依赖过大，也忽略了经营灵活性的价值。

第四节　企业并购的交易结构设计

一、交易结构概述

交易结构设计的基本目标是有效实现公司的目标和决定风险承担的方式。一般认为交易结构包括相互关联的六个部分：并购载体、支付方式、并购形式、交易后组织设计、会计处理和税收筹划。本节主要分析支付方式、并购形式，简要介绍并购的会计处理及税收筹划。

二、支付方式

任何实施并购的企业必须充分考虑采取何种方式完成并购，充分认识不同支付方式的差异，依据具体情况做出决策。实践中，企业并购的支付方式主要有现金支付、股票支付和混合证券支付三种方式。

（一）现金支付

1. 现金支付的特点。现金支付是指并购企业支付一定数量的现金，以取得被并购企业的所有权。一旦目标企业的股东收到对其拥有股份的现金支付，就失去了对原企业的任何权益。在实际操作中，并购方的现金来源主要有自有资金、发行债券、银行借款和出售资产等方式。

现金支付的优势是显而易见的。首先，现金支付操作简单，能迅速完成并购交易。其次，现金的支付是最清楚的支付方式，被并购企业可以将其虚拟资本在短时间内转化为确定的现金，股东不必承受因各种因素带来的收益不确定性等风险。最后，现金支付不会影响并购后企业的资本结构，因为普通股股数不变，并购后每股收益、每股净资产不会由于稀释原因有所下降，有利于股价的稳定。现金支付的缺陷在于：对并购企业而言，现金并购是一项重大的即时现金负担；对被并购企业而言，无法推迟确认资本利得，当期交易的所得税负亦大增。因此，对于巨额收购案，现金支付的比例一般较低。纵观美国收购历史，亦可发现"小规模交易更倾向于至少是部分地使用现金支付，而大规模交易更多地至少是部分使用股票支付"。

2. 现金支付的影响因素。

（1）并购企业的短期流动性。现金支付要求并购方在确定日期支付一定数量的货币，立即付现可能会导致现金紧张，因此有无足够的即时付现能力是并购方首先要考虑的因素。

（2）并购企业的中长期流动性。有些企业可能在很长时间内都难以从大量的现金流出中恢复过来，因此，并购企业必须认真考虑现金回收率以及回收年限。

（3）被并购企业所在地股票销售的税收规定。不同地方对资本收益的赋税水平是不一样的，尤其在跨境并购交易过程中，这是一个重要的影响因素，因为被并购企业所在地的资本收益税将影响并购企业的现金支付的出价。

（4）被并购企业股份的平均股本成本。因为只有超出被并购企业股份的平均股本成本的部分才应支付资本利得税，如果被并购企业股东得到的价格并不高于平均股本成本（每股净资产值），则即使是现金支付，也不会产生任何税收负担。如果并购企业确认现金支付会导致目标企业承担资本利得税，则必须考虑可以减轻这种税收负担的特殊安排。否则，被并购企业也只能以实际得到的净收益为标准，做出是否接受出价的决定，而不是以并购企业所支付的现金数额为依据。通常情况下，一个不会增加税收负担的中等水平的出价，要比一个可能导致较高税收负担的高出价更具有吸引力。

3. 现金支付时的筹资。通常情况下，并购一家企业需要的资金数量相当庞大，在采用现金支付方式时，利用并购企业的营运资金流进行融资对于并购企业而言有很大的局限性，除非并购企业有充分的甚至比例过高的流动资产变现，因此，一般不作为企业并购融资的主要方式，并购企业通常都要在本企业以外去寻找必要的现金。常见的筹资方式有以下四种。

（1）增资扩股。最为重要的是考虑增资扩股对并购企业股权结构的影响，大多数情况下，股东更愿意增加借款而不愿增资扩股。这也是大多数并购企业在并购以后，财务费用大幅度上升，财务负担沉重，结果导致经营困难、并购失败，甚至破产的一个主要原因。

（2）向金融机构借款。无论在国内还是在国外，这都是比较普遍采用的筹资方式。在向银行提出贷款申请时，首先要考虑的是贷款的安全性，即考虑贷款将来用什么资金偿还。一般情况下，至少有一部分贷款的偿还是来源于被并购企业未来的现金流入。这种现金流入有两种来源，即被并购企业以后的生产经营所产生的收益和变卖被并购企业一部分资产所获得的现金。

（3）发行公司债券。我国《公司法》允许具有一定条件的公司，为筹集生产经营资金，发行公司债券或可转换债券。

（4）发行认股权证。认股权证通常和企业的长期债券一起发行，以吸引投资者来购买利率低于正常水平的长期债券。由于认股权证代表了长期选择权，所以附有认股权证的债券或股票，往往对投资者有较大的吸引力。

（二）股票支付

1. 股票支付的特点。股票支付是指并购方通过增加发行本公司的股票，以新发行的股票替换被并购公司的股票，从而达到并购目的的一种支付方式。

股票支付主要有以下几个特点：并购方不需要支付大量的现金，因而不会影响并购公司的现金状况；并购完成以后，被并购公司的股东不会失去他们的所有权，而是成为并购完成后企业的新股东。但一般来说，并购公司的股东在经营控制权上占有主导地位。需要注意的是：由于被并购公司的股东要保留自己的所有者地位，因此，股票支付对于并购公司的股东来说，会使其股本结构发生变化，并购公司股权稀释的极端后果是，被并购公司的股东通过并购公司增加发行的股票取得了对并购完成后企业的主导控制权。另一个不足之处是使用股票支付所需的手续较多，耗时耗力，不像现金支付那样简洁迅速。股票支付常见于善意收购，当并购双方的规模、实力相当时，可能性较大。

2. 股票支付的影响因素。

（1）并购企业的股权结构。并购企业主要大股东对股权稀释程度的认可决定着股票支付方案的采用与否。因为股票支付方式对并购企业的股权将产生重大影响。

（2）每股收益的变化。增发新股会对每股收益产生不利的影响，如目标企业的盈利状况较差，或者是支付的价格较高（即增发的新股较多），则会导致每股收益的减少。虽然在许多情况下，每股收益的减少只是短期的，长期来看还是有利的，但无论如何，每股收益减少仍可能给股价带来不利的影响，导致股价下跌。所以，并购企业在采用股票支付方式前，要确认是否会产生这种不利情况，如果发生这种情况，那么在多大程度上是可以接受的。

（3）当前股价水平。这是并购企业决定采用现金支付还是股票支付的一个主要影响因素。一般来说，在股票市场处于上升过程中时，股票的相对价格较高，这时以股票作为支付方式可能更有利于并购企业，增发的新股对目标企业也会有较强的吸引力；否则，被并购企业可能不愿持有新股，即刻抛空套现，导致股价进一步下跌。因此，并购企业应实际考虑本企业股价所处的水平，同时还应预测增发新股会给股价带来多大程度的影响。

此外，影响股票支付的因素还可能包括每股净资产的变动、财务杠杆比率和当前股息收益率等。

（三）混合证券支付

混合证券支付是指并购方的支付方式为现金、股票、认股权证、可转换债券等多种形式的证券组合。

单一的支付方式总有不可避免的局限性，通过把各种支付工具组合到一起，能集中各种支付工具的优势而避免他们的劣势。由于这种优势，近年来混合证券支付在各种出资方式中的比例呈现出逐年上升的趋势。

1. 认股权证。认股权证是一种由上市公司发行的证明文件，赋予持有人在指定的时间内，用指定的价格认购由该公司发行的一定数量新股的权利。

认股权证对并购方有利的地方在于可以因此延期支付股利，从而为公司提供了额外的股本基础。对被并购方的不利之处在于会涉及并购方控制权的改变。因此，并购公司发行认股权证必须认真考虑认股权证的行使对企业股权结构的影响；但可以使被并购方股东行使优先低价认购公司新股的权利，也可以在市场上将认股权证出售获取现金。

2. 可转换债券。可转换债券是企业向其持有者提供在某一给定时间内、可以以某一特定价格将债券转换为股票的选择权的证明文件。

（四）股票或混合证券支付时的筹资

在并购中，并购企业用股票或综合证券支付时，发行的证券要求是已经上市或者将要上市的。因为只有这样，证券才有流通性，并有一定的市场价格作为换股参考。

1. 发行普通股。并购企业可以通过将以前的库藏股重新发售或者增发新股给被并购企业的股东，换取被并购企业的股权。普通股支付有两种方式：第一种方式是由并购企业出资收购目标企业的全部股权或部分股权，被并购企业取得资金后认购并购企业的增资股，并购双方不需要另筹资金即可完成并购交易；第二种方式是由并购企业收购被并购企业的全部资产或部分资产，被并购企业认购并购企业的增资股，这样也达到了股权置换的目的。

2. 发行优先股。有时候向被并购企业发行优先股可能会是并购企业更好的选择。如果被并购企业原有的股利政策是发放较高的股息，为了保证被并购企业股东的收益不会因并购而减少，被并购企业可能会提出保持原有的股利支付率的要求；对于并购企业而言，如果其原有的股利支付率低于目标企业的股利支付率，提高股利支付率，则意味着新老股东的股利都要增加，这会给并购企业的财务带来很大的压力。此时，发行优先股可避免这种情况。

3. 发行债券。由于债券融资成本一般会低于普通股融资成本，而且可以保证企业清算解体时，债务人先于股东得到偿还，对被并购企业的股东就会有吸引力；而对并购企业而言，收购了一部分资产，股本额仍保持原来的水平，增加的只是负债，从长期来看，股东权益被稀释。由此可见，发行债券对并购双方都是有利的。

三、并购形式及会计处理

并购形式是实现目标公司资产或股权向并购公司转移的机制，也是并购公司为了获得目标公司价值创造能力可以选择的手段。尽管现实中的并购形式千变万化，但是最常用的基本形式主要有两种：资产收购和股票收购。

资产收购包括并购公司以现金、资产或以承担债务等方式收购目标公司全部或部分资产；股票收购则是并购公司以现金、股票或以承担债务等方式获得目标公司股票的交易形式。

公司并购通常会涉及复杂的会计问题。在实务中的重要问题之一，就是将并购设计为权益结合还是购买，因为这两种方式对应着不同的会计处理，对并购后公司整体的财务状况和经营成果有着不同程度的影响。并购的会计处理主要有两种方法：权益结合法和购买法。

权益结合法，也称股权结合法、权益联营法，认为企业合并为参与合并的双方通过股权的交换形成的所有者权益的联合，而非资产的交易，而且合并后，股东在新企业中的股权相对不变。换言之，它是由两个或两个以上经营主体对一个联合后的企业或集团公司开展经营活动的资产贡献，即经济资源的联合。在权益结合法中，在相同会计期间的经营成果可以直接相加，作为并购后公司的全部经营成果。

在购买法下，并购公司被认为是资产的购买者，它购买了另一个公司的资产。也即将企业并购视为并购公司以一定的价款购进目标公司的机器设备、存货等资产项目，同时承担该公司所有负债的行为，从而按并购时的公允价值计量目标公司的净资产，将投资成本（购买价格）超过净资产公允价值的差额确认为商誉。

四、并购的税收筹划

税法通常会对不同条件和类型的交易确定不同的税率和纳税优惠政策。因此税收筹划是并购交易设计的重要因素。公司并购过程中可以税收筹划的空间主要有：利用税收递延条款、支付工具、财务杠杆效应、资产的重估增值等。

2009年4月30日，财政部和国家税务总局联合下发《财政部、国家税务总局关于企业重组业务企业所得税处理若干问题的通知》（以下简称《通知》），与以往相比，《通知》中明确了重组业务中一般性税务处理和特殊性税务处理适用条件及其纳税要求。

1. 一般性税务处理。《通知》第四条第三款规定，企业股权收购、资产收购重组交易，相关交易应按以下规定处理：

（1）被收购方应确认股权、资产转让所得或损失；

（2）收购方取得股权或资产的计税基础应以公允价值为基础确定；

（3）被收购企业的相关所得税事项原则上保持不变。

2. 特殊性税务处理。企业重组同时符合下列条件的，适用特殊性税务处理规定：

（1）具有合理的商业目的，且不以减少、免除或者推迟缴纳税款为主要目的；

（2）被收购、合并或分立部分的资产或股权比例符合《通知》规定的比例；

（3）企业重组后的连续12个月内不改变重组资产原来的实质性经营活动；

（4）重组交易对价中涉及股权支付金额符合《通知》规定比例；

（5）企业重组中取得股权支付的原主要股东，在重组后连续12个月内，不得转让所取得的股权。

2014年12月25日，财政部和国家税务总局联合下发了《关于促进企业重组有关企业所得税处理问题的通知》，将适用特殊性税务处理的股权收购和资产收购比例由不低于75%调整为不低于50%，因此，满足以下条件可申请特殊性税务处理，暂时不用缴纳税款：

（1）具有合理的商业目的，且不以减少、免除或者推迟缴纳税款为主要目的；

（2）被收购、合并或分立部分的资产或股权比例符合《通知》规定的比例（50%）；

（3）企业重组后的连续12个月内不改变重组资产原来的实质性经营活动；

（4）重组交易对价中涉及股权支付金额符合本通知规定比例（85%）；

（5）企业重组中取得股权支付的原主要股东，在重组后连续12个月内，不得转让所取得的股权。

第五节 企业反并购策略

公司并购主要研究公司的扩张问题，但是对于高度分散化的大型公司来说，需要考虑是否能够通过改变资产结构、证券组合方式以及经营模式来提高公司价值。所有这些可能提高公司价值的方法就是公司重组战略。公司重组的方式主要有经营重组、所有权重组和破产清算。

在面临收购的情况下，公司可以采取一定的反收购措施，打击并购方的并购意图和并购行动。公司重组为股东创造的价值越高，反收购措施就越有效。

在市场经济条件下，一个企业可能因外延扩张需要而并购其他企业，同样，其他企业也可能因外延扩张需要而并购该企业，当然出于股东利益或其他目的，被并购企业的管理当局也可能会采取防御企业并购的各种措施。本节我们将从被并购企业的角度说明企业并购的防御措施。

一、预防性反并购策略

1. "毒丸计划"。"毒丸计划"包括"负债毒丸计划"和"人员毒丸计划"两种。其中，"负债毒丸计划"是指目标企业在收到并购威胁的情况下大量增加自身负债，降低企业被并购的吸引力。例如，发行债券并能够约定在企业股权发生大规模转移时，债券持有人可要求立刻兑付，从而使并购企业在并购后立即面临巨额现金支出的危险，从而降低了并购企业的并购兴趣；“人员毒丸计划”是指企业的绝大部分高级管理人员和关键岗位的技术人员共同签署协议，在企业被低价并购的情况下，协议签署人中只要有1人在并购后被降职或革职，则这些协议签署人将集体辞职。“人员毒丸计划”对预防需要专属管理知识和专有技术的混合并购的收效较大，但对于不需要专属管理知识和专有技术的横向并购或纵向并购的收效可能较小。

2. “金色降落伞”。企业一旦被并购，其高层管理人员将遭到撤职或降职的危险。“金色降落伞”是一种补偿协议，它规定目标企业被并购的情况下，高层无论是被迫还是主动离开企业，都可以领到一笔巨额的安家费，这将增大并购企业的并购成本。当然，也可能会诱使高层管理人员低价将企业卖出。如在雅虎被威瑞森（Verizon）以48亿美元收购后，包括梅丽莎·梅耶尔（Marissa Mayer）在内的几位高管，获得了8 900万美元的“金色降落伞”（作为管理层离职时的补偿）。其中，梅丽莎·梅耶尔获得价值逾2 300万美元的巨额离职补偿金，包括300万美元现金和2 000万美元的股权。

3. 适时修改公司章程。这是企业对潜在并购企业或诈骗者所采取的预防措施。常用的反并购条款包括：董事会轮换制、超级多数条款和公平价格条款等。

（1）董事会轮换制。董事会轮换制是指企业每年只能改选很少比例的董事。即使并购企业已经取得了多数控股权，也难以在短时间内改组被并购企业董事会、委任管理层，实现对被并购企业董事会的控制，从而增大操作目标企业的行为难度。

（2）超级多数条款。超级多数条款规定企业被并购等重大事项必须取得2/3或80%甚至更高的投票权。这样，若企业管理层和员工持有企业相当数量的股票，那么即使并购方控制了剩余的全部股票，并购也难以完成。

（3）公平价格条款。公平价格条款规定并购企业必须向少数股东支付目标企业股票的“公平价格”。所谓公平价格，通常是以目标企业股票的市盈率作为标准，而市盈率的确定是以企业的历史数据并结合行业标准为基础。这样就增加了并购企业的并购成本。

二、主动性反并购策略

1. 寻找“白衣骑士”。“白衣骑士”是指目标企业为免遭敌意并购而自己寻找的善意并购企业。企业在遇到并购威胁时，为不使企业落入恶意企业之手，可选择与其关系密切并有实力的企业，以更优惠的条件达成善意并购。一般地讲，如果并购企业出价较低，目标企业被“白衣骑士”拯救的希望就大；反之，并购企业的出价很高，则“白衣骑士”的并购成本也相应提高，目标企业获救的机会相应就减少。

2. 出售“皇冠上的明珠”。从资产价值、盈利能力和发展前景诸方面衡量，企业内部经营最好的分支机构被喻为“皇冠上的珍珠”。这类企业通常会诱发并购企业的并购动机，成为并购企业的并购目标。为此，被并购企业为保全其他分支机构，可将“皇冠上的珍珠”这类经营好的分支机构出售或抵押，从而降低并购企业的并购兴趣，以达到反并购的目的。

第六节 企业重组

一、企业重组方式①

公司重组是对公司所有权或控制权结构的一种重新安排。从资产负债表来看，公司重组的影响要素包括资产、负债及股权，因此，公司重组可分为资产重组、债务重组和股权重组，而债务重组和股权重组又常被合并在一起称为财务重组。

公司重组也涉及合并或收购，但公司重组与公司并购所涉及的合并或收购略有不同。公司并购是不同实际控制人之间的控制权交易行为；而公司重组是在同一实际控制人的主导下进行的公司之间的控制权转移行为，它所导致的结果是实际控制人对控制权结构的一种重新配置。简单地说，公司重组所涉及的合并或收购是同一控制下的合并或收购。

例如，2006 年 10 月 24 日，上海文广新闻传媒集团传出消息将对旗下新媒体业务进行重组：将负责跨媒体互动增值服务的上海文广新媒体有限公司并入专注于移动多媒体业务的上海东方龙移动信息有限公司。分析认为，上海文广此举与当年 4 月中央电视台彻底改版 CCTV. com 并大力整合央视国际网络的新媒体业务所带来的压力有关，同时也是其为新媒体业务寻找盈利模式的再次尝试。这种实际控制人主导的合并是一种典型的公司重组形式。

公司重组所涉及的合并或收购，与本教材前面所指的并购本质上并无太大差别。因此，本节将讨论的重点集中在公司控制权收缩的重组方式。

二、资产重组

资产重组是指企业改组为上市公司时将原企业的资产和负债进行合理划分与结构调整，经过合并、分立等方式，将企业资产和组织重新组合与设置。

（一）剥离

剥离，也称为资产出售（asset sales），是指公司将其现有部分子公司、部

① 参考资料：上海国家会计学院，《企业并购与重组》，经济科学出版社 2010 年版。

门、产品生产线、其他固定资产等出售给其他公司，并取得现金或有价证券作为回报。剥离目前被频繁使用，主要原因在于众多企业致力于集中加强自己的核心优势，降低多元化经营的程度。

1. 剥离的类型。按照剥离是否符合公司的意愿，剥离可以划分为自愿剥离和非自愿或被迫剥离。自愿剥离，是指当公司管理人员发现通过剥离能够对提高公司的竞争力和资产的市场价值产生有利影响时而进行的剥离。非自愿剥离或被迫剥离则是指政府主管部门或司法机构以违反反托拉斯法为由，迫使公司剥离其一部分资产或业务。经常发生的情况是，在兼并与收购活动中，政府可能认为兼并后的公司将在某一市场上造成过度垄断或控制，损害公平竞争，从而要求公司剥离其一部分资产或业务。

按照剥离业务中所出售资产的形式，剥离又可以划分为出售固定资产、出售无形资产、出售子公司等形式。出售固定资产是指将公司的部分厂房场地、设备等固定资产以及与生产某一产品相关的全部机器设备等出售给其他公司；出售无形资产比较少见，但如果一个品牌很有价值而收购方开出的收购条件非常诱人时，卖家也会考虑出售；出售子公司是指将一个持续经营的实体出售给其他公司，这时被剥离的对象不仅包括产品生产线，而且还包括相关的职能部门及其职能人员。

三六零中概股回归A股，就是较为典型的资产剥离拆分上市。三六零公司此次借壳上市估值为504亿元，低于此前在美股私有化时的651亿元，原因在于此次上市只是资产分拆后的部分资产。在上市的部分中，三六零公司保留了奇虎科技、奇虎360、测腾等涉足互联网安全的公司，而其他板块如北京良医、奇信智控等均被排除在资产包以外。这次的剥离拆分，让三六零公司可以把更多的精力放在企业核心定位即主营业务互联网安全上。

一般企业做资产剥离有如下动机：一是企业存在不良资产，严重影响到了整体企业的财务状况，在企业急需优化财报数据的动机下，将该部分不良资产剥离出售就是较好的解决办法。二是企业认为当前的宏观经济环境或微观企业状况更有利于集中发展主营业务，某些资产干扰了其主业的运营。三是应对行业竞争压力，企业需要转型或进行产业升级，在这种情况下，剥离某些资产可以使得企业轻装简从，更好地收缩产业展现。四是从收购的目标企业中剔除不需要的业务，以最大化收购的效用。

2. 剥离与收购业务之间的联系。例如，在收购业务完成之后，收购方公司可能采用剥离的方式出售部分被收购公司的资产或业务，以取得所需要的现金回报；可能会通过剥离公司原有部分资产或业务的方式，避免受到反托拉斯法的起诉；有时还可以通过剥离的方式来纠正一项草率的甚至是错误的收购业务。从被收购的角度看，在目标公司受到来自其他公司的收购威胁时，可能会采用剥离掉所谓的“皇冠上的明珠”，抵制收购方的收购意图。

尽管剥离和收购两种业务之间存在着上述种种联系，且两者之间也有着一些共同的特征，但是不应简单地把剥离看作购并的反过程。与收购和兼并相比，剥离通常有着不同的动因和不同的目的，需要采用不同的分析手段和实施方法。

（二）分拆

分拆，也称股权出售，是指母公司将资产的一部分转移到新设立的子公司，再将子公司股权对外出售给第三方。分拆的过程中，母公司通过将其在子公司中所拥有的股份按比例分配给现有母公司的股东，从而在法律上和组织上将子公司的经营从母公司的经营中分离出去，最终出现两家独立的、股权结构相同的公司。

如果一家公司通过子公司公开发行股份（IPO）的方式将子公司分拆，使子公司成为一个新的上市公司，这种方式又被称为分拆上市。与一般的分拆相比，分拆上市不过是将股权出售给公众而非少数私下协商的股权购买者，但分拆上市可获得更高的市盈率，因此，对母公司的股东往往更具吸引力。

分拆与剥离通常均会使母公司获得现金流，但分拆一般是对母公司所持有的子公司的股权而言，而剥离一般是对母公司所持有的资产而言。

在国外成熟资本市场，分拆上市作为一种金融创新工具已成为许多企业高速扩张的重要手段。随着青鸟天桥和同仁堂分别于 2000 年 7 月和 10 月从中国内地 1 000多家上市公司中率先分拆青鸟环宇和同仁堂科技在中国香港创业板上市，分拆上市在资本市场上逐渐获得更多的认识。

（三）分立

分立是与剥离不同的一种企业产权裂变方式。公司分立是指一个公司依法签订分立协议，不经清算程序，分设为两个或两个以上公司的法律行为。公司分立可以采取派生分立和新设分立两种形式。

派生分立，也称存续分立（split-off），指一个公司按照法律规定的条件和程序，将其部分资产或营业进行分离，另设一个或数个新的公司或分支机构，原有公司继续存在的公司分立形式。新设分立，也称解散分立（split-up），指一个公司按照法律规定的条件与程序，将其资产或业务进行分割，然后分别设立两个或两个以上的新设公司，原有公司的法律主体资格消灭的公司分立。

在实践中，总公司为了实现资产扩张，降低投资风险，往往把其分公司改组成具有法人资格的全资子公司。此时总公司转化为母公司。母公司仅以其投资额为限对新设子公司债务负有限责任。解散分立是指一个公司分散为两个以上公司，本公司解散并设立两个以上新的公司。

分立与剥离的区别在于后者可为实施剥离的主体带来现金流，而分立通常不会给实施分立的主体带来现金流。

（四）资产置换

资产置换（asset swap）是指以自己的资产交换另一公司的资产，包括整体资产置换和部分资产置换等形式。企业整体资产置换是指一家企业以其经营活动的全部或其独立核算的分支机构与另一家企业的经营活动的全部或其独立核算的分支机构进行整体交换，资产置换双方企业都不解散。资产置换后往往企业的产业结构将得以调整，资产状况将得以改善。

三、财务重组

剥离、分拆和分立是公司资产重组的常见形式，除此之外，公司重组还可能采取其他形式，比如资产清算、破产、股份回购、管理层收购等财务重组。

（一）债务重组

债务重组又称债务重整，是指债权人在债务人发生财务困难时，如果债权人对公司的继续经营与发展充满信心，可以本着友好协商的原则，在法律的监督下，就债务的推迟偿还做出的安排。一般来说，这对负债公司有利，如果公司可以摆脱困境，扭亏为盈，债权人也将受益。如果双方分歧很大，无法达成协议，负债公司可能就不得不进行破产清算。

债务重组的主要方式：

（1）以非现金（包括库存现金和银行存款，下同）资产清偿全部或部分债务。

（2）修改负债条件清偿全部或部分债务。包括延长还款期限、降低利率、免去应付未付的利息、减少本金等。

（3）债务人通过发行权益性证券清偿全部或部分债务。但是，以发行权益性证券用于清偿全部或部分债务，在法律上有一定的限制。例如，我国《公司法》规定，公司发行新股必须具备一定的条件，只有在满足《公司法》规定的条件后才能发行新股。

（4）以上述三种形式组合的方式清偿全部或部分债务。

【实务链接】

华夏幸福基业股份有限公司（600340）关于实施债务重组的公告

本公司董事会及全体董事保证本公告内容不存在任何虚假记载、误导性陈述或者重大遗漏，并对其内容的真实性、准确性及完整性承担个别及连带责任。

2021年12月27日，华夏幸福基业股份有限公司（以下简称公司或华夏幸福）第七届董事会第十七次会议审议通过《关于实施债务重组的议案》，就《华夏幸福债务重组计划》（以下简称《债务重组计划》）中涉及的债务重组交易的相关事项进行审议并授权。现将具体情况公告如下：

一、债务重组概述

受宏观经济环境、行业环境、信用环境叠加多轮疫情影响，公司流动性出现阶段性紧张。为化解公司债务风险，加快促进公司有序经营，公司积极协调各方商讨多种方式解决当前问题。在省市政府及专班的指导和支持下，公司于2021

年10月8日披露了《关于重大事项进展暨股票复牌的公告》(具体内容详见上海证券交易所网站公告的临2021-074号公告),其中披露了《债务重组计划》的主要内容。金融机构债权人委员会已于2021年12月表决通过该计划。目前公司正在省市政府及专班的指导下,积极推进债务重组协议洽谈、签署等《债务重组计划》有关事项的落地。

根据《债务重组计划》,公司金融债务将通过多种方式妥善安排清偿。为推动债务重组计划的落地实施,董事会授权公司管理层根据《债务重组计划》的债务清偿方案,就债务重组协议的内容与相关债权人进行协商,并签署债务重组协议。在具体实施《债务重组计划》及执行债务重组协议过程中,如涉及资产处置等需公司单独履行决策程序事宜的,公司将依法履行相应的决策程序。

根据《上海证券交易所股票上市规则》的规定,上述事项无须提交公司股东大会审议。

二、债务重组交易对方情况

公司金融债务的债权人包括关联方和非关联方。债权人为关联方的,公司将按照《上海证券交易所股票上市规则》《上海证券交易所上市公司关联交易实施指引》等的相关规定,就关联交易事项履行相应的审批程序。

三、债务重组协议的主要内容

(一)关于"带"的部分

"带",即出售资产带走金融债务约500亿元,该部分的债务重组协议的主要内容包括:

1. 出售项目公司自身金融债务,随项目公司股权出售一并带走并转出华夏幸福,由项目公司依据债务重组协议约定还本付息。债务本金展期至债务重组协议签署日后5年期,到期后根据实际情况可协商继续展期。如该金融债务本金原到期日晚于上述展期到期日的,则到期日不做调整。债务重组协议签署后,年利率调整为3.85%。

2. 出售项目公司通过债务置换方式,有条件承接华夏幸福统借统还的金融债务,具体置换方式由华夏幸福、可出售项目公司的收购方、相关金融债权人具体协商。置换后债务本金期限至债务重组协议签署日后5年期满,到期后根据实际情况可协商继续展期。如该金融债务本金原到期日晚于上述展期到期日的,则到期日不做调整。债务重组协议签署后,年利率调整为3.85%。

(二)关于"展"的部分

"展"即优先类金融债务展期或清偿约352亿元,该部分的债务重组协议的主要内容包括:

(1)应收账款质押和实物资产抵押的金融债务,维持原财产担保措施不变。如若实物资产抵押相关担保物被处置或出售的,所担保债权可在担保物处置或出售价款范围内优先清偿;应收账款质押的,按年度分期按比例偿还。债务本金展期至债务重组协议签署日后5年期满,到期后根据实际情况可协商继续展期。如该金融债务本金原到期日晚于上述展期到期日的，则到期日不做调整。债务重组协议签署后，年利率调整为2.5%，利随本清。

(2) 与房地产开发建设等业务相关的开发贷，由相关金融机构维持开发贷余额不变，利率下调，存量项目逐步销售偿还，新增项目逐步投放。债务重组协议签署后，年利率调整为2.5%，利随本清。

(三) 关于“兑”“抵”“接”部分

“兑”即出售资产回笼资金中约570亿元用于兑付金融债务；“抵”即以持有型物业等约220亿元资产设立信托，以信托受益权份额抵偿约220亿元金融债务；“接”即剩余约550亿元金融债务由华夏幸福承接，逐步清偿。“兑”“抵”“接”部分的债务重组协议的主要内容包括：

1. 部分现金清偿

按照一定的现金清偿比例，以公司出售资产现金回款对债权人部分债权予以现金偿付。

2. 部分信托受益权抵偿

以公司持有型物业等资产设立信托计划，并以设立后的信托受益权份额偿付相关金融债务。信托计划期限初定为8年。在信托计划到期前，由受益人大会根据实际情况决议是否对信托计划期限予以延期，每次延期不超过3年。相关金融债务依据信托受益权份额分配清偿完毕的，该信托计划可提前终止。

3. 剩余部分展期留债

剩余约550亿元金融债务由华夏幸福承接，债务本金展期至债务重组协议签署日后8年期满，如该金融债务本金原到期日晚于上述展期到期日的，则到期日不做调整。债务重组协议签署后，年利率调整为2.5%，利随本清。该部分金融债务通过后续经营发展逐步清偿。展期届满后，根据企业后续经营情况，可协商直接清偿或继续展期。

(四) 欠息、罚息等事项

由于企业经营困难，债务重组计划项下的金融债务，已发生未支付的利息豁免或利随本清，如选择利随本清，则利率调整为2.5%；已发生未支付的罚息、违约金、复利及其他违约责任予以豁免。

(五) 担保措施

如存在以下两种情形：一是按照上述“兑”“抵”“接”等方式清偿的债务存在股权质押的，二是涉及可出售资产或项目公司的担保措施、确因出售资产或上市公司监管要求需要解除担保的，申请债权人配合解除相应担保措施。

四、对公司的影响及其他说明

公司处于债务重组计划实施的重要阶段，签署债务重组协议是实施《债务重组计划》的重要环节。债务重组协议签署后，将对公司财务状况和经营成果产生积极影响，有助于减轻公司债务压力，改善公司的财务状况。

五、相关风险

债务重组协议的具体条款尚需根据《债务重组计划》与各债权人进行协商，

协议签署的时间存在一定的不确定性。公司将持续关注上述事项的进展情况，及时履行信息披露义务。敬请广大投资者注意投资风险。

特此公告。

华夏幸福基业股份有限公司董事会

2021 年 12 月 28 日

（资料来源：华夏幸福基业股份有限公司　关于实施债务重组的公告，2021 年 12 月 28 日）

1. 公司清算。公司清算是指公司解散后，为最终了结现存的财产和其他法律关系，依照法定程序，对公司的财产和债权债务关系，进行清理、处分和分配，以了结其债权债务关系，从而消灭公司法人资格的法律行为。公司除因合并或分立而解散外，其他原因引起的解散，均须经过清算程序。公司清算的种类包括：（1）普通清算是指公司依法自行组成的清算组，按法定程序进行的清算。（2）特别清算是指公司在普通清算过程中，出现了显著的障碍或发现其债务有超过其实有资产的可能时，依法由法院和债权人进行直接干预和监督的清算。（3）破产清算是指公司因不能清偿到期债务被宣告破产后，由法院组织清算组对公司财产进行清理、估价、处理和分配，并最终消灭公司法人资格的清算。在破产清算中，法院和公司债权人直接参与公司清算。

2. 公司破产。破产简单地说是无力偿付到期债务。具体地说，破产是指企业长期处于亏损状态，不能扭亏为盈，并逐渐发展为无力偿付到期债务的一种企业失败。企业失败可分为经营失败和财务失败两种类型。财务失败又分为技术上无力偿债和破产。破产是财务失败的极端形式。

公司宣告破产以后，由破产管理人接管公司，对破产财产进行清算、评估和处理、分配。破产清算程序简要整理如下：

第一，进入破产清算程序。严重亏损，无力清偿到期债务的企业，由其债权人或债务人向企业所在地法院提交破产申请，然后人民法院依法裁定并宣告企业破产，企业由此正式进入破产程序。

第二，指定破产管理人及管理人接管企业。人民法院裁定受理破产申请的，应当同时指定管理人。管理人一般由律师事务所、会计师事务所、破产清算事务所等社会中介机构担任，通过人民法院摇号产生。产生破产管理人后，管理人将全面接管企业，包括印章、营业执照、合同、账册等的全部接收。

第三，破产企业的财务审计。对破产企业的财务进行审计，包括破产企业历任法定代表人、主要负责人及财务人员责任的审计情况；破产企业有无在破产案件受理前六个月的无效行为的情况。

第四，破产财产的清理、清算。破产企业财产的清理，主要是指清算组对破产企业的财产进行权属界定、范围界定、分类界定和登记造册的活动，以及通告、公告债权人，召开债权人会议，确定债务人财产等。

第五，制定破产财产分配方案。经债权人会议讨论通过，报请人民法院裁定后执行。

第六，制定破产清算报告，提交债权人会议和法院。破产清算报告的内容包括：管理人的成立情况；完成的主要清算工作；破产企业大宗资金的走向及回收情况；破产企业法定代表人及经营管理人员的离职在职审计情况等。

第七，人民法院裁定破产终结。破产人无财产可供分配，及破产财产清算分配完毕，由管理人向人民法院汇报清算分配工作的情况，并提请人民法院裁定破产终结。

【实务链接】

引入实力重组方及联合投资人——超日公司

上海超日太阳能科技股份有限公司（以下简称超日公司）是国内较早从事太阳能光伏生产的民营企业，注册资本1.976亿元。2010年11月，超日公司股票在深圳证券交易所中小企业板挂牌交易。2012年3月7日，超日公司发行了存续期限为5年的“11超日债”。此后超日公司整体业绩持续亏损，生产经营管理陷入停滞，无力偿付供应商货款，银行账户和主要资产处于被冻结、抵押或查封状态，应付债券不能按期付息，“11超日债”也因此成为我国债券市场上的首个公司债违约案例。受制于财务负担沉重以及光伏产业整体处于低谷时期等因素的影响，超日公司已经很难在短期内通过主营业务的经营恢复持续盈利能力。2014年4月3日，债权人上海毅华金属材料有限公司以超日公司不能清偿到期债务为由，向上海市第一中级人民法院（以下简称上海一中院）申请对超日公司进行破产重整。

管理人通过公开招标，确定由9家公司作为联合投资人。2014年10月8日，管理人公告发布《超日公司重整计划草案》《关于确定投资人相关情况的公告》等文件。管理人结合超日公司的实际情况以及对意向投资人综合考察，确定由江苏协鑫能源有限公司等九家单位组成联合体作为超日公司重整案的投资人。九家联合投资人将出资19.6亿元用于超日公司重整，其中18亿元用于支付重整费用和清偿债务，剩余1.6亿元作为超日公司后续经营的流动资金。根据重整计划，超日公司职工债权和税款债权全额受偿；有财产担保债权按照担保物评估价值优先受偿，未能就担保物评估价值受偿的部分作为普通债权受偿；普通债权20万元以下（含本数）部分全额受偿，超过20万元部分按照20%的比例受偿。此外，长城资产管理公司和久阳投资管理中心承担相应的保证责任，“11超日债”本息全额受偿。超日公司更名为协鑫科技股份有限公司，并于2014年实现盈利。

（资料来源：上海超日太阳能科技股份有限公司破产重整案，2016年6月15日，https://www.chinacourt.org/article/detail/2016/06/id/1909072.shtml）

（二）股权重组

股权重组是指企业对股权结构以及资本结构的重新安排。其中，股权结构重组是指股东、股东持股比例、股份级别等方面的变更。常见的形式包括：

（1）股权转让，即企业股东将其拥有的股权或股份，部分或全部转让给他人；（2）增资扩股，即企业向社会募集股份，新股东投资入股或原股东增加投资扩大股权，从而增加企业的资本；（3）管理层收购；（4）员工持股计划；（5）双重股份资本重组；（6）股份回购。

资本结构重组，又称资本重组，指股权与债务结构的重组。资本重组常常是为了使公司的资本结构更稳健。资本重组往往涉及一种融资工具代替另一种融资工具，比如将优先股转换为债券以改变资本结构。资本重组的原因很多，可能是防御敌意接管、进行税收筹划或者是风险投资者的退出策略。发达资本市场常见的资本重组方式包括杠杆化资本重组、交换发行等。

1. 管理层收购。管理层收购（management buy-outs，MBO）是指目标公司的经理层或管理层利用杠杆融资或股权交易收购本公司股份的行为。通过收购，公司的经营者变成了公司的所有者，公司所有权结构、公司控制权和资产结构都发生改变，进而达到重组目标公司目的的一种收购行为。

2. 员工持股计划。员工持股计划（ESOP）是指由企业内部员工出资认购本企业部分股权，委托员工持股会作为社团法人托管运作，集中管理，员工持股管理委员会或理事会作为社团法人进入董事会参与按股份分享红利的一种新型股权形式。员工持股计划可以激励人员努力工作，吸引人才，起到留人的作用，同时能够使企业获得低成本的资金。

3. 股份回购。股份回购（stock repurchase）是指公司出于特定目的将已发行在外的股份重新购回的行为。与公司控制权相关的是，股份回购减少了流通在外的普通股数量，从而降低了接管威胁。

本章小结

本章系统地分析了企业并购与重组的问题，不仅阐释了并购的概念、分类及特点，企业并购的理论分析及其历史演进等，而且围绕并购的财务战略与目标企业价值评估进行分析与论述，同时，分析了并购的交易结构设计，最后简要分析了企业重组与反并购策略。

案例分析

海尔并购通用家电案例分析

一、案例的背景介绍

（一）并购双方简介

1. 海尔集团简介。海尔集团成立于1984年，位于山东省青岛市，是世界白色家电的领先品牌，其在全球共有5大研发中心，21个工业园，66个贸易公司，143 330个销售网点，用户遍布全球100多个国家和地区。海尔集团是世界白色家电第一品牌，其2016年全球大型家电销售数量位居全球第一，自2009年以来连续八年蝉联全球第一。青岛海尔和海尔电器分别是海尔集团旗下的两大上市公司，参与此次并购的是海尔集团旗下的青岛海尔。

青岛海尔1993年11月在上海证券交易所上市，截至2015年9月30日，青岛海尔已于证券登记结算机构登记的发行总股数为6 123 154 268股。青岛海尔的控股股东为海尔电器国际股份有限公司，截至 2015 年 9 月 30 日，海尔电器国际股份有限公司持有青岛海尔约 20.56% 的股权。海尔集团通过直接和间接的方式合计持有青岛海尔 40.89% 的股份，成为青岛海尔的实际控制人。青岛海尔是全球最大的白色家电制造企业之一，在国内市场，其冰箱、洗衣机、热水器等产品份额多年保持行业第一，空调产品市场份额在 2014 年位居行业第三；在全球市场，海尔冰箱、洗衣机、冷柜、酒柜的全球零售量多年蝉联全球第一。

2. 通用电气简介。通用电气公司（General Electric Company，GE），是世界上最大的电器和电子设备制造公司及提供技术和服务业务的跨国公司。通用电气旗下家电业务（General Electric Appliances，GEA）涵盖冰箱、洗衣机、空调、热水器、厨房电器等多种家电产品，其已有长达 100 多年的发展历史。如今通用电气已发展成为一个集厨电产品、制冷产品、洗衣产品、洗碗机和家庭护理产品于一体的综合型家用电器制造商，为消费者提供约 30 种不同类别、数千款不同型号的领先家用电器产品，在业内积累了丰富深厚的行业经验、领先的研发水平和技术、强大的战略营销网络和世界级的物流和分拨能力，拥有极具影响力和竞争力的行业地位。通用电气是美国第二大被用户认可的家电品牌，拥有超过一万名员工，并在全美设有 9 个配套设施完善、生产技术先进、管理模式领先的生产基地。根据 Stevenson 公司的调研报告，按照销量份额 GEA 在美国家电份额为 19%；分产品份额如下：厨电为 27.9%、洗碗机为 20.7%、冰箱为 18%、洗衣机为 15.4%，其中厨电份额以绝对领先优势位居行业第一。

（二）青岛海尔海外并购的历程和动因

海尔与通用的渊源可以追溯到 20 世纪 90 年代，通用首次进入中国市场时海尔便是其收购对象之一。众所周知，通用是以行业第一或者第二原则选择决定进入或者退出，在 2008 年 5 月的时候，受到经济发展以及其他多个方面的影响，通用电气家电业务的业绩增长明显放慢，不能满足通用电气年增长率必须高于 10% 的要求，所以通用决定将家电业务出售。通用电气首次公开消息时，这个消息立即受到全球白色家电行业的关注，韩国的三星、LG、瑞典的伊莱克斯、中国的美的以及土耳其和墨西哥的家电企业都对通用家电有着浓厚的兴趣，而在众多的竞标者中，海尔也是其中的一员，最后因通用电气放弃出售计划而作罢。

2014 年 9 月 8 日，通用电气和伊莱克斯公司共同宣布，通用电气与伊莱克斯达成协议，以 33 亿美元的价格将通用电气家电部分出售给伊莱克斯。在通用与伊莱克斯达成协议之前，包括海尔在内的多家公司都参与了竞标。然而，2015 年 7 月 1 日，美国司法部以交易将妨害竞争为由而将伊莱克斯和 GE 告上法庭，要求法院判决阻止该交易，美国司法部拒绝了伊莱克斯为减轻反垄断法担忧而提供的解决方案，伊莱克斯未能和美国司法部达成和解。所以，伊莱克斯与通用终止了合同。这再次给海尔留下了机会。

从 2015 年开始，通用电气开始对整个集团的业务进行重整，提出了加快推进致力于增长性和收益性高的基础设施相关业务的战略，其核心业务确立转向能源、医疗、家庭、交通运输、金融等领域，而家电等消费型业务则属于被剥离之列。所以，通用再次为海尔打开了大门。虽然有了机会，但是海尔依然面临许多劲敌，不仅有国外的 LG、三星这样的大公司，还有来自中国的美的。美的与 GE 有着多年的合作关系，并且在近两年收购了日本东芝和德国工业机器人制造商库卡公司。

2016 年 1 月，欧美地区家电业将迎来新一轮的重组，海尔与美的都参与了通用电气家电部分新一轮的收购竞标，在收购事件愈演愈烈之时，美的集团董事局主席何享健表示彼此的企业文化区别较大，且自身没有太多的海外并购经验，整合成本太高，所以放弃收购通用家电。尽管参与本次竞价的不乏欧洲、亚洲等知名家电企业，但因为海尔过去在整合收购品牌时的独特模式，对其文化的尊重与融合，以及双方在工业互联网、智能制造等方面的共同认知，从而赢得了通用家电。至此，海尔将通用家电收入囊中，成为海尔家族中的一员。

青岛海尔开展海外并购的动因有以下几方面：

1. 实现外延式发展，助推海尔全球化战略。时至今日，海尔集团将企业的发展历程划分为五个阶段：名牌战略发展阶段（1984～1991 年）、多元化战略发展阶段（1991～1998 年）、国际化战略发展阶段（1998～2005 年）、全球化品牌战略发展阶段（2005～2012 年）和网络化战略阶段（2012 年至今）。海尔将以整合通川家电作为重要手段，深入加拿大、美国和拉美市场，不断完善海尔在全球范围内的战略布局，通过内生式发展和外延并购相结合的方式成为全球家电行业的领导者。此外，海尔通过并购通用旗下家电业务资产将有助于青岛海尔高效快速地深入以及拓展美国家电市场，增大企业所占美国家电市场的份额，从而进一步助推青岛海尔全球化战略的实施，提升其在全球家电市场的竞争实力，孕育新的盈利增长点。

2. 整合业内资源，提升海尔品牌影响力。海尔对于通用家电的并购有利于整合业内资源，凭借通用家电在美国的市场地位，有助于迅速打开并深入美国市场。海尔将这个百年老店背后的客户群转换为用户群，转化为可以在海尔平台上实现交互的粉丝群体。相比通用家电所积累的庞大而又稳定的用户群体，其他对于海尔而言都是次要的，海尔希望通用家电能够承担起“桥梁”的作用，与通用家电齐头发展的同时，使海尔的自有品牌可以借助通用家电跨洋出击，与美国的消费者建立坚固的关系，并形成覆盖所有客户群体的高、中、低端的全系列品牌，同时通过 Mabe 公司在拉美和加拿大市场健全的设计、研发、制造三位一体布局和不可撼动的市场地位，使海尔在拉美和加拿大的家电市场份额迅速攀升，从而在全球家电行业形成较大的品牌影响力。

3. 注入优质资源，提升海尔的盈利能力。通用电气家电业务拥有百年以上的悠久历史，传承了发明家托马斯·爱迪生的技术，是通用电气传统起家业务和主要业务部门之一，也是全球最大的家用电器制造商之一。通用家电凭借享誉全球的声誉与优秀的运营管理优势，长久以来拥有良好的业绩表现和稳健的增长预期。海尔通过这次并购整合了通用家电优质资源，进一步优化了海尔的资产质量以及资本结构，提升企业的盈利水平，将海尔的业务拓展和全球化带上新的高度并创造了新的利润增长点，让双方公司的长远利益以及上市公司的长远目标有了更好的保障，实现“1+1>2”的效应。

4. 战略转型中的投资并购。青岛海尔在 2008～2010 年共并购了海尔电器集团 52.03% 的股权，2010 年整合其 100% 的股权，并增加了热水器的业务。

2011 年青岛海尔并购了智能电子公司、三洋电机以及其子公司和附属公司以及精密塑胶公司在内的 10 家公司的股权，增加了模具、特种钢板、电机等业务，实现了供应链的纵向整合。

2012 年，海尔完成了对新西关斐雪派克家电业务的并购，交易约合 7.66 亿美元。

2013 年并购了上海贝业新兄弟物流公司 60% 的股权，拥有了青岛海尔专门的物流配送公司。

2014 年，收购了海尔集团旗下的四家公司的少数股权。

2015 年，青岛海尔并购了一家专注于高端智能厨电的互联网公司，增加了智能烤箱及烘焙产品，有效地提高了青岛海尔在白色家电方面的优势。同年并购了三菱重工，拥有三菱 45% 的股权，并购了海尔开利冷冻设备公司，拥有了海尔开利冷冻设备公司 49% 的股权。其中三菱重工是一家生产制造空气调和机和相关配件的企业，而海尔开利冷冻设备公司是一家集研发、制造、销售及售后全套的制造冷冻设备的企业。2015 年，青岛海尔又收购了海尔集团在亚洲、欧洲、中东、非洲以及美国等国家和地区的海外白色家电业务并受托管理斐雪派克相关资产。

2016年青岛海尔并购了通用电气家电，通用电气家电在北美和南美的市场有良好的销售渠道，海尔完成这次并购之后，可以打通青岛海尔在北美和南美的市场。海尔可以将通用家电推向国内以及东南亚市场，同时可以让三洋以及斐雪派克的品牌进入北美和南美的市场，实现共赢，进一步实现全球化战略。在发展过程中不断提升自己的研发技术以及增加产品，完善了白色家电的产品业务线，有效地提高了其国内外的核心竞争力。

二、青岛海尔并购通用家电过程

（一）并购方案概要

2016年1月15日，海尔集团与GENERAL ELBCTRICCOMPANY（简称“通用电气”或者“GE”）在美国签署了合作谅解备忘录，海尔和通用都希望在工业联网、先进制造等相关领域提升彼此的竞争，在全球范围内开展业务合作。根据上述协议，海尔集团控股40.89%的青岛海尔股份有限公司拟出资54亿美元整合通用电气的家电业务。

（二）交易标的

2016年1月16日，海尔集团与通用电气签署了《股权与资产购买协议》发布收购计划预案，拟通过现金方式向通用电气（GE）购买其家电业务相关资产。青岛海尔收购通用电气及其子公司所持有的家电业务资产包括：住宅和商业用途的电器及相关产品的开发、设计、制造、仓储、分销、交付、安装、回收、采购营销、广告、推广、出售和服务等。青岛海尔整合通用电气家电所购买的标的资产包括非股权资产、股权资产和相关负债，其中来自通用电气及其子公司持有的非股权资产为本次收购业务的主要组成部分，该部分非股权资产包括不动产、主要生产设备、办公设备、存货、与经营相关的应收应付款项、相关知识产权、其他与业务有关的资产等，其业务范围包括厨电产品、制冷产品、洗衣产品等产品线。股权资产包括10家全资子公司、3家合资公司股权以及3家公司的少数股权。此外，合作之后海尔集团还获得了通用电气40年的商标全球范围内的使用权，在使用的前20年内无须支付商标使用费，20年之后以10年为周期对于商标使用权进行协商。

10家全资子公司股权如下表所示。

编号	公司名称	转让股权（%）
1	Advanced Services, Inc.	100
2	GEA Bloomington Production Operations, LLC	100
3	GEA Parts, LLC	100
4	GEA Products, L. P.	100
5	Monogram Refrigeration, LLC	100
6	Microfactory, Inc.	100
7	Product Distribution Company	100
8	Roper Corporation	100
9	GE Appliances (Bermuda), Ltd.	100
10	GE Appliances Caribbean and Co.	100

3 家合资公司股权如下表所示。

编号	公司名称	转让股权（%）
1	Wuxi Little Swan General Appliances Co. , Ltd.	30
2	Controladora Mabe. S. A. de C. V.	48.42
3	Middle East Air Conditioning Company，Limited	49

3 家公司中的少数股权如下表所示。

编号	公司名称	转让股权
1	Precision Tool，Die and Machine Co. , Inc.	1 667 722 股 A 类普通股，895 股 A 类可转换优先股，555 000 段 B 类普通股，500 000 股 B 类可转换优先股。
2	International Wire Group，Inc.	0.0492%（总计 2 283 股普通股）
3	Appliance Recycling Centers of America. Inc.	3%（总计 207 391 股普通股）

（三）交易价格

海尔收购通用电气家电业务的基础交易价格为 54 亿美元。此次收购，海尔是通过 40% 的自有资金和 60% 国家开发银行发放的贷款来完成的。

本次交易的最终交易价格按以下交割调整机制确定，即：本次交易交割前，通用电气应预估截至紧临交割日前一天的修订营运资本（以下简称“预估修订营运资本”）和目标营运资本，前述二者的差额即为交割调整。

本次交易交割时，公司将向通用电气支付的最终交易价格应依照以下方式确定：1. 若交割调整为正值，则以基础交易价格与交割调整之和为最终交易价格；2. 若交割调整为负值，则以基础交易价格与交割调整绝对值的差额为最终交易价格。

本次交易交割日后的 90 日内，公司应计算截至紧临交割日前一天的修订营运资本及目标营运资本，并由交易双方就该金额达成一致。若交易双方存在分歧，则应共同聘请独立会计师事务所来确定交割后修订营运资本及目标营运资本，并以两者的差额作为最终营运资本调整。在最终营运资本调整与交割调整不一致的情况下，如两者差额为正数，则差额部分由海尔向通用电气支付；如二者差额为负数，则由通用电气公司向海尔支付。

（四）青岛海尔收购通用家电交易标的的变动情况及交易对价支付情况

1. 收购中交易标的的变动情况。

（1）根据海尔与通用电气于 2016 年 5 月 25 日签署的补充协议（side letter），鉴于无锡小天鹅股份有限公司已行使优先购买权，公司于交割日不购买通用电气（中国）有限公司持有的无锡小天鹅通用电器有限公司（“小天鹅”）30% 的股权，与该等股权对应的价款 1 000 万美元从交易对价中相应扣除。

（2）通用电气已于 2016 年 1 月将其持有的 Precision Tool，Die and MachineCo. , Inc. 上述股份转让与第三方。根据《披露函》中的陈述，通用电气及其下属公司有权在交割日前向第三方转让所持有的 Precision Tool，Die and Machine Co. Inc. 的少数股权部分。上述股份转让后，该部分少数股权不再列入收购标的范畴。

（3）通用电器持有的少数股权公司之一 Appliance Recycling Centers of America，Inc. 的股

份数由207 391股变更为52 645股。根据《股权和资产购买协议》及《披露函》的相关约定，通用电气有权在交割完成之前向第三方转让其在Appliance Recycling Centers of America，Inc.中持有的少数股权部分，交易双方无须就该等股份数变化调整本次交易对价。

2. 收购中交易对价的支付情况。根据海尔收购通用家电的交易方案，为承接收购的交易标的，海尔已通过其香港全资子公司海尔香港在美国、荷兰、新加坡、印度、韩国、BVI等国家和地区设立公司，用于承接交易标的并支付交易价款。收购交易的境内外架构搭建情况具体如下图所示。

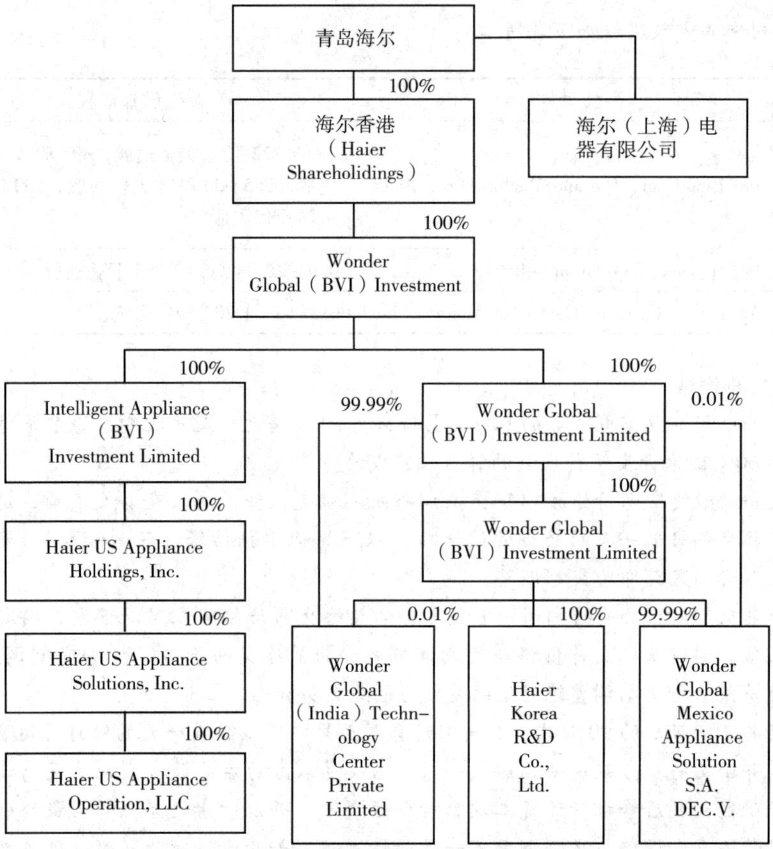

2016年6月7日，青岛海尔已依照《股权和资产购买协议》的约定将本次交易对价5 580 349 597.26美元支付给通用电气及相关主体，青岛海尔与通用电气签署了青岛海尔并购通用电气家电公司所需要的各种文件，这标志着通用电气家电公司正式成为海尔商业生态圈中的一员。

2017年1月10日，海尔、通用电气及相关各方签署《补充协议》，并根据《购买协议》约定的价格调整机制将本次交易的最终交易对价确定为5 611 601 583美元。

（五）青岛海尔并购通用家电的相关事项

1. 2016年1月14日，海尔召开第八届董事会第二十九次会议，审议通过海尔并购通用的相关议案。

2. 2016年2月26日，青岛市商务局向公司下发《企业境外投资证书》。

3. 2016年3月3日，美国联邦贸易委员会并购前申报办公室（Federal Trad Commission Bureau of Competition Premerger Notification Office）向公司和通用电气公司发出信函，根据该信

函，本次交易的相关事宜已通过美国反垄断审查。

4. 2016年3月14日，公司召开第八届董事会第三十次会议，审议通过本次交易的相关议案。通过了“重大资产购买报告书（草案）”等相关文件。

5. 2016年3月18日，中华人民共和国国家发展和改革委员会向公司下发《项目备案通知书》，同意对本次交易予以备案。

6. 2016年3月31日，公司召开2016年第二次临时股东大会，审议通过了《通用电气公司与青岛海尔股份有限公司股权和资产购买协议》等12项议案。

7. 2016年5月21日，公司收到墨西哥联邦经济竞争委员会（Comisión Federalde Competencia Econó́mica）做出的决议，根据决议，本次交易的相关事项通过墨西哥反垄断审查。

8. 2016年6月2日，公司和通用电气收到百慕大金融事务管理局出具的《无异议函》（No Objection），准许GE Appliances（Bermuda），Ltd原股东Banco Nacionade México将其所持GE Appliances（Bermuda），Ltd. 注册资本转让予青岛海尔全资子公司Wonder Global（Netherlands）Investment B. V.。

9. 2016年6月6日（美国东部时间），通用电气向公司提供其秘书执照（Secretary Certificate）经过公证的真实副本并确认通用电气董事会已授权其签署、交付及履行《股权和资产购买协议》并完成本次交易。

（资料来源：改编自中国专业学位案例教学中心库案例，《跨洋并购，强强联合：青岛海尔并购通用家电案例分析》，作者：陈建林，杨晨一。内容有删减）

案例讨论题

本案例试图通过青岛海尔并购通用家电这一并购事件，并结合其自身的战略定位深入发现并购双方的真实动机和相关效应。虽然现在看来两者结合对于双方来说是利大于弊的，但能不能降低并购所带来的各种风险问题，能不能使强者更强是问题的关键所在。要求讨论以下问题：

1. 青岛海尔并购通用家电的真实动机是什么？
2. 通用家电选择青岛海尔的真实动机是什么？
3. 青岛海尔并购通用家电的并购绩效如何？产生了怎样的协同效应？
4. 青岛海尔并购通用家电可能存在什么风险？它们是如何防范的？
5. 青岛海尔走出国门，跨洋并购通用家电对其他企业有什么借鉴和启示？

复习思考题

1. 简述并购的概念、类型及特点。
2. 企业并购的理论观点有哪些？
3. 何为并购的财务战略？
4. 企业并购价格评估方法有哪些？
5. 什么是企业并购的交易结构设计？包括哪些内容？
6. 企业为什么要进行重组？
7. 并购重组方式有哪些？
8. 企业反并购策略有哪些？

第七章　资本运营

资本运营就是资本和资产的交易。用资本换资产为投资，以资产换资本为融资。既然资本运营是一场交易，那么交易至少需要两种角色：运营资本者，被称为资本家；运营资产者，被称为企业家。人们常常把两者混为一谈，是因为很多企业家或资本家身兼两种角色。如果从商业模式的角度考察，两者赚钱的方式有本质区别。资本家靠钱来赚钱，而企业家主要是用时间、精力和资源来赚钱。你可以只当资本家，把钱存入银行吃利息，或者把钱交给投资基金获取分红，全靠资金理财赚钱；你也可以只做企业家，像传统的农场主、手工业者或当今的"知本家"一样，只用资源、经验和知识赚钱，完全靠经营利润滚动发展。资本运营离开两者的交易便无从谈起。

第一节　资本运营概述

中国在社会主义建设中，长期以来讳言资本，但社会主义市场经济体制下的企业与一切市场经济的企业一样，必须要有自有资本，并且必须区分自有资本和借入资本（包括商业信用、银行信贷和社会直接融资），以此作为企业经营和财务管理的一条原则。这是国内外企业经营实践的共识。1992 年 12 月，财政部颁行的《企业财务通则》和《企业会计准则》，从财务会计的业务实践上，确认了区分自有资本和借入资本的管理原则，第一次超越四十多年讳言资本的理论障碍而做出了重大突破。自此，资本运营在实践中成为事实并得到快速发展。

一、资本运营的概念及特点

（一）资本运营的概念

目前所说的资本运营都是狭义的概念，主要是指可以独立于生产经营而存在的以价值化、证券化了的资本或可以按价值化、证券化操作的物化资本为基础，通过流动、裂变、组合、优化配置等来提高运营效率和效益的经济行为和经营活动。从广义的角度来说，资本运营是指以资本增值最大化为根本目的，以价值管理为特征，通过企业全部资本和生产要素的优化配置和产业结构的动态调整，对企业的资本进行综合有效运营的一种经营方式。

资本运营（又称资本运作）还可以理解为利用市场法则，通过资本本身的技巧性运作或资本的科学运动，实现价值增值、效益增长的一种经营方式。具体包括：发行股票、发行债券（包括可转换公司债券）、配股、增发新股、转让股权、派送红股、转增股本、股权回购（减少注册资本），企业的合并、托管、收购、兼并、分立以及风险投资等，资产重组，对企业的资产进行剥离、置换、出售、转让，或对企业进行合并、托管、收购、兼并、分立的行为，以实现资本结构或债务结构的改善，为实现资本运营的根本目标奠定基础。

简而言之，资本运营，作为企业实现快速扩张、全球战略的一种重要经营方式，是以股权或实质控制权为工具，对企业的各种有形资源与无形资源，通过流动、重组、收购等各种方式来优化配置，提高资本运营效率和效益，以实现最大限度增值目标的经济行为和经营活动。资本运营一般包括四个要素：运营主体、运营资本、运营对象和运营手段。此外，还需要有一个良好的运营环境，即资本市场。

资本运营是与传统的“商品运营”相对应的一个概念。“商品运营”是在公司既定的股权结构下进行的产品（或劳务）市场与生产要素市场的运作。而资本运营的对象是资本，其核心是通过资本市场上的股权或控制权安排实现企业价值增值的管理行为。资本运营作为一种更高层次的资源配置方式，从财务理念以及运作方式上，都对只关注商品经营下的财务管理理论提出重大挑战。无论在经营目标、经营主体还是经营内容和方式等方面都有别于商品经营。

1. 资本运营的财务目标——符合企业战略下的资本收益最大化。在资本运营理论中，企业是一个运用资本进行经营的单位，是资本生存、资本增值和获取资本收益的载体，通过各种资本运营方式获取资本收益或者说产权收益的最大化应该是资本运营追求的目标。

2. 资本运营的财务主体——资本所有者。按照财务分层理论，财务管理主体分为出资者财务、经营者财务和财务经理财务，他们的管理特征分别是监督权、决策权和执行权。但在资本经营中，无论是兼并、收购还是重组，主要是涉及所有者主体之间控制权的交易。因此可以说，资本经营的主体是资本所有者或者出资人，而不是经营者。

3. 资本运营的对象——资本控制权。资本运营的一系列形式如兼并、联合、出售等都表现为对资本的投入、整合、价值增值的收回等，在这种价值流动的形式下，资本运营的实质即控制权或产权的经营。资本运营的过程实际上就是一个不断获取或放弃控制权的过程，也就是所控制资产不断优化的过程。通过这一过程，企业实现资本收益的最大化，社会实现资源配置的优化。

资本运营与商品运营是企业经营的两个“车轮”，相互独立，但更多的是相互依赖。商品经营始终是企业经营运作的基本形式，也是企业资本运营的基础。

4. 资本运营的形式——种类繁多的经营形式。资本运营主要通过对出资者产权的运作，实现产权收益的最大化，在具体形式上纷繁复杂。常见的主要方式包括 IPO 发行上市、再融资、私募股权投资、并购、资产重组等。虽然表现形式多样，但其实质可以概括为以股权或控制权为工具，进行的资源整合行为。

（二）资本运营的特点

资本运营不同于企业产品生产经营的运作过程，它是一个庞大而复杂的系统工程。资本运营和商品经营、资产经营在本质上存在着紧密的联系，但它们之间存在着区别，不能将资产经营、商品经营与资本经营相等同。资本经营具有如下特征：

1. 资本运营是一项以资本运动为对象，利用价值形式进行的综合性分析与决策的活动。在资本运营过程中，不论是存量的资本还是增量的资本，在运动过程中，既可以表现为各种实物形态的变化，又更多地表现为价值形态的变动或变换。于是，企业主体及其资本运营的人员，便可以利用货币这种价值尺度作为共同的尺度，综合分析各种运作模式或方案及其资本增值的成果，进行统一的分析评价，从而对各种运作模式或方案进行决策。

2. 资本运营是一项创新性的活动，因而具有高风险性、高收益性的特点。资本运营的创新是指人们在使用资本进行价值增值的过程中，创造出不同于过去的新思想、新概念、新模式、新工具、新方法和新事物，并用于达到预期的资本增值的目的。创新活动的成果是创造性劳动的结晶，它是前人或别人没有能够认识或没有加以利用的，即使是有同类性的成果存在，但也有质的提高或使资本得到更好的利用。正是这种创新活动的创造性，决定了资本运营的风险性。实践已经反复证明，资本运营的创新是否成功以及在多大程度上获得成功，的确存在着不确定性，因而具有风险性。资本运营活动，风险的不确定性与利益并存。任何投资活动都是某种风险的资本投入，不存在无风险的投资和收益。但创新一旦成功，又能获得极高的甚至是意想不到的收益。创新的风险高，但效益更高，创新的风险性和效益性呈正相关关系。这就要求经营者要力争在进行资本经营决策时，认识到创新的风险性，必须同时考虑资本的增值和存在的风险，应该从企业的长远发展考虑，企业经营者要尽量分散资本的经营风险，同时吸收其他资本参股，实现股权多元化，优化资本结构，从而增强资本的抗风险能力，保证风险一定的情况下收益最大，这是资本运营管理的核心所在。

3. 资本运营注重资本的流动性。资本运营的基本思想之一是认为资本的闲置和沉淀是万恶之源，是最大的浪费。资本是能够带来价值增值的价值，资本的闲置就是资本的损失，资本运营的生命在于运动，资本是有时间价值的，一定量的资本在不同时间具有不同价值，今天一定量的资本，比未来的同量资本具有更高的价值。资本只有在运动中、在流动中才能实现其价值增值。因此，资本运营中的一切模式和手段，都是围绕着资本的运动、循环、盘活沉淀的或闲置的资本存量，加快资本周转的过程来展开的。

4. 资本运营追求的是资本与制度的效率性。为实现这一目标，资本运营要求以资本导向为中心的企业运作机制，它不仅关注企业经济活动中的资本保值，更关心资本的安全性和效率性，关注资本的投入产出的比率，注重资本结构的优化。它包括资本来源的数量和比例的平衡及优化，产品结构和技术结构的优化，存量资本与增量资本结构的优化，实业、金融、产权（股权）和无形资本结构的优化等，以保证资本形态变换的连续性和继起性。而使其目标实现的根本保证则是企业制度和经营机制，因而资本运营本身又包含了企业制度的创新和经营机制的变革等内容。

5. 资本运营注重对资本的支配和使用，力图通过对资本的组合来规避经营风险。资本运营的主要手段是兼并、控股、收购、合资等形式，希望以此获得对更大资本的支配权，以这种不同的产品组合、企业控制形式和业务组合的多元化、多产业化的经营来支撑企业的运作，降低和分散企业的经营风险，以减轻外部环境的不确定性给企业带来的风险。当然，这也包括了企业以各种战略同盟等形式来与其他企业进行合作、开拓和占领市场，获得各种资源，增强竞争能力，以获得更大的资本增值。实现资本增值，是资本运营的本质要求，也是资本的内在特征。资本的流动与重组的目的是实现资本增值的最大化。企业的资本运动，是资本参与企业再生产过程并不断变换其形式，参与产品价值形成运动，在这种运动中使劳动者的活劳动与生产资料物化劳动相结合，资本作为活劳动的吸收器，实现资本的增值。

二、资本运营的类型

（一）按照资本运营的形式和内容来划分

按照资本运营的形式和内容可以将其分为实业（或实体）资本运营、金融资本运营、产权（股权）资本运营和无形资本（资产）的运营。

实业（实体）资本运营是以实业（实体）为对象所进行的资本运营。这种运作往往带有运用增量资本的投入对企业实业（实体）的存量资本进行调整和重组，使之形成新的生产经营能力并获取收益和实现资本的保值增值。一般来说，实业（实体）资本运营往往是伴随着企业的实际生产经营活动而同时进行的资本运营活动，它具有资本投入的回收期较长、回收速度较为缓慢、资本的流动性较差、变现能力低、资金利润率高、收益较为稳定、受市场通货膨胀的影响较小等特性。

金融资本运营，是指产权主体以金融商品为对象所进行的一系列资本运营活动。它基本上不涉及企业的劳动资料（如厂房、设备等）、劳动对象（如原料、在制品等）和企业的产品，其运作过程中资本的表现形态主要是有价证券等金融商品，运作的结果是追求资本的价值增值。同实业（实体）资本运营相比，金融资本运营的资金流动性极高，变现能力较强，经营所需要的资本额度可大可小，但运作风险较大，收益波动性大，效果不稳定，运作人员的心理素质对运作效果的影响巨大且直接。

产权（股权）资本运营是以产权为运作对象所进行的资本运营活动。运作的主要方式是产权交易。在运作中，往往利用企业合并（吸收合并）、股份回购、可转换公司债券、股权套作、分立等手段，实现资本的集中或分散，从而达到优化资本结构、提高资本使用效率的目的。在现实生活中常采用合资经营、吸收合并、企业分立、投资控股、产权转让或收购、兼并、参股、租赁、发行企业债券和可转换债券、直接上市融资等多种方式来实现资本的保值增值。产权（股权）资本运营的主要目标是对企业所有的各种经济资源进行优化配置，以控股等方式来增加企业的实力，盘活企业闲置资产或进入新的有发展前途的行业。

无形资本（资产）运作是以无形资本（资产）为对象所进行的资本运营活动。具体地说，就是对企业所拥有的各类无形资产（如商标、专利、专有技术、商誉等）进行运筹和谋划，使之实现其价值增值的活动。

（二）按照资本的运动状态来划分

按照资本的运动状态可以将其划分为存量资本运营和增量资本运营。

存量资本运营指对企业现有资产（以前投资形成的资产）所进行的运筹和经营活动。通过企业联合、兼并、收购、出售、资产剥离、企业分立、股份制、租赁、承包、托管和破产等方式，促进存量资产合理流动、重组和优化配置，把存量资产盘活，使之产生更大的价值增值，充分发挥作用。

增量资本运营指对新增投资所进行的运筹和经营活动，包括投资方向选择、投资决策、资本筹措和投资管理等。在实际工作中，资本运营本身往往是同时进行增量资本和存量资本的运作，这两者一般是密不可分的。特别是对实业资本和产权资本进行运作时，增量和存量一般是同时存在的。

此外，还有按照资本运营对企业规模的影响划分为扩张型资本运营、收缩型资本运营和内变型资本运营，以及按照资本运营过程中是否进行资本交易划分为交易形式的资本运营和非交易形式的资本运营等。

第二节　私募股权基金

一、私募股权基金概述[①]

（一）私募股权基金的概念

在私募股权基金的历史文献中，曾多次提及“哥伦布”这个名字，如果没

---

① 参考资料：曹永峰，《资本运营概论》（第二版），清华大学出版社2019年版。

有西班牙王室的支持，哥伦布就不可能发现新大陆，这可谓是私募股权基金概念的源起。近代意义的私募股权基金于20世纪40年代出现在美国，其投资目的是给年轻的新创型企业提供在企业发展过程中所需要的资金，并从其发展中获利。美国私募股权基金发展从1945年美国研究和发展公司（ARD）成立起至今，历经了萌芽阶段、发展阶段、高速增长阶段和成熟阶段，在美国已是发展相当成熟的行业。

私募是指其运作模式的非公开性，相对于公募而言，私募股权基金仅向一定范围内的机构或特定个人投资者募集资金。私募股权基金不可通过宣传资料、媒体广告或研讨会等宣传方式进行推销，而募集资金的对象相较于公募面向广大的公众投资者，私募仅对少数特定且具有丰富的行业投资经验和充足资金的投资者募集资金[①]，例如，银行、保险公司、养老保险基金等大型机构以及富有的个人投资者，投资起点较高，基金的持有人一般不超过200人。

私募股权基金（private equity fund，PE），是指投资于非上市股权或者上市公司非公开交易股权的一种投资方式。从投资方式看，私募股权基金是指通过私募形式募集资金，并对私有企业即非上市企业进行的权益性投资，在交易实施过程中附带考虑了将来的退出机制，即通过上市、并购或管理层回购等方式出售持股获利。

（二）私募股权基金的特点

1. 私募性。在资金募集上，主要通过非公开方式募集，不通过广告或公共市场方式，而是由基金发起人与投资者通过私人关系、协商、召开专门基金路演会等方式进行。在投资方式上也是以私募形式进行，绝少涉及公开市场的操作，一般无须披露交易细节。在引进私募股权投资的过程中，可以对竞争者保密，因为信息披露仅限于投资者而不必像上市那样公之于众。

2. 权益型投资。在投资方式上，私募股权基金多采取权益型投资方式，绝少涉及债权投资。投资对象多为未上市、高成长的公司股权，也包括部分上市公司。投资后采取“资金+服务”的运作方式，不仅单纯提供被投资企业资金，还参与其经营管理，提供增值服务。投资的获利渠道主要有企业上市、转让给第三方企业以及转让给企业管理层。

3. 投资期限长。在投资期限上，一般为5~10年，甚至更长，属于中长期投资，并且大多数情况下投资期内不能中途退出，或只能通过并购、IPO和管理层赎回等方式退出，所以流动性较差，因而投资者会要求高于公开市场的回报。

4. 资金来源广泛。私募股权基金的资金来源广泛，如富有的个人、风险基金、杠杆收购基金、战略投资者、养老基金、保险公司等都有可能成为其资金来

---

① 随着金融市场的发展，私募股权基金的私募、非公开的概念也非绝对，已有少数私募股权基金为提高企业的透明度、加强资金流动性，而选择上市、通过股票市场募集资金。例如，2006年5月，美国私募股权基金KKR Private Equity Investors在泛欧交易所——阿姆斯特丹上市；美国私募股权基金黑石公司于2007年6月在纽约交易所上市。

源。募集对象具有较强的抗风险能力和自我保护能力。对引资企业来说，私募股权基金不仅有投资期长、增加资本金等好处，还可能给企业带来管理、技术、市场和其他需要的专业技能。相对于波动大、难以预测的公开市场而言，私募股权基金是更加稳定的融资来源。

此外，私募股权基金没有现成的市场供非上市公司的股权出让方与购买方直接达成交易。而持币待投的投资者和需要投资的企业必须依靠个人关系、行业协会或中介机构来寻找对方。私募股权基金多采取有限合伙制，有限合伙制是指在有一个以上的合伙人承担无限责任的基础上，允许更多的投资人承担有限责任的经营组织形式。这种企业组织形式有很好的投资管理效率，并避免了双重征税的弊端。

（三）私募股权基金的分类

根据被投资企业的发展阶段，从广义的角度可以把私募股权基金分为风险投资、成长资本、重振资本、并购基金、夹层资本、Pre-IPO 资本（如 Bridge Finance）以及其他如上市后的私募投资（private investment in public equity，PIPE）等。

1. 风险投资。风险投资（venture capital，VC）主要是指向新兴的、发展迅速的、具有发展潜力的初创企业提供资金支持并取得股权的一种投资基金，即主要投资处于种子期、初创期及成长早期等各个时期的中小型未上市的新建企业。

2. 成长资本。成长资本（development capital）主要投资于相对成熟并正在进行资本扩张或经营重组的企业，也包括进入新的市场或在控制权不发生变化下的并购融资等。此时企业已在市场上具有一定的占有率，营销模式和管理模式也已初步确立，拥有良好的治理结构，管理团队人员基本稳定，已可从市场获取经营收入与利润，但企业仍急需资本以进一步扩大市场占有率、调整经营方向或投资进入其他市场领域。一般认为成长资本不同于风险投资，其投资的企业处于扩张期，能够产生收入但尚不能盈利或难以为未来发展提供足够的现金流。

3. 重振资本。重振资本（turnaround）是指向业绩不佳的企业投资，改善企业的经营状况。这类企业一般处于传统行业，出现财务危机或者处于重组中，但仍具有长期的市场生存能力。投资后，重振资本通过改善经营管理、提高经营效率、改组经营团队等手段协助公司走出困境。

2007 年中国投资有限责任公司（China Investment Corporation，CIC）首笔投资就是重振资本的一个案例。2007 年 9 月，黑石集团正式宣布出资 6 亿美元购入蓝星集团 20% 的股权，这是黑石集团对中国企业的首笔投资，在 2008 年 1 月 10 日由发改委审批通过。

4. 并购基金。并购基金（buy out/buy in fund）是私募股权基金运用较为广泛的投资方式之一，并购业务可以说是私募股权基金业务的核心组成部分。并购基金主要专注于对目标企业进行并购的资本，通过收购目标企业股权，获得对目标企业的控制权，然后对其进行一定的重组，改善企业资产结构并提升业绩，必要时可能更换企业管理层和经营机制，运作成功并持有一段时间后再转让出售。并购基金投资于相对成熟的企业，这类投资包括帮助企业新股东融资以收购其他企业、帮助企业融资以扩大规模和产能。

并购基金与其他类型投资的不同表现在于，风险投资主要投资于创业型企业，并购基金选择的对象是成熟企业；其他私募股权投资对企业控制权无兴趣，而并购基金意在获得目标企业的控制权。因此，一般而言，并购基金的交易额较大，通常会运用杠杆收购（LBO）方式募集资金，在国际资本市场中，并购基金的身影通常出现在内部管理层收购（MBO）及外部管理层收购（MBI）中。

5. 夹层资本。夹层投资（mezzanine capital）的目标主要是已经完成初步股权融资的企业。夹层投资是一种兼有债权投资和股权投资双重性质的投资方式，其实质是一种附有权益认购权的无担保长期债权。为补偿夹层资本提供者的风险，此类债权通常伴随着相应的认股权证，可于约定的时间和价格条件，购买该企业的股权或将剩余的债权转换为股权，即夹层资本提供者将资金贷予借款人，除要求借款人还本付息外，在一定条件下还可以将剩余债权转换为股权或另行认购。因此，对投资者来说，夹层投资的风险和收益低于股权投资，高于优先债权。在公司的财务报表中，夹层投资也处于底层的股权资本和上层的优先债（高级债）之间，因而被称为“夹层”。

与风险投资不同的是，夹层投资很少寻求控股，一般也不愿长期持有股权，更倾向于迅速退出。当企业在两轮融资之间，或者处在希望上市之前的最后冲刺阶段，资金处于青黄不接的时刻，夹层投资者往往就会从天而降，带给企业最需要的现金，然后在企业进入新的发展期后全身而退。这也是它被称为“夹层”投资的另一个原因。夹层投资的操作模式风险相对较小，因此，寻求的回报率也低一些，一般在18%~28%。

6. Pre-IPO资本。Pre-IPO资本（pre - initial public offerring investment）主要投资于短期内将要首次公开发行股票并上市的企业，或预期将要上市的企业。Pre-IPO资本一般在上市后从公开市场出售股票退出，其中一部分股份也可按发行价通过公开发售旧股的方式退出。Pre-IPO资本投资的时点是在企业规模与盈利已达到上市条件时，甚至企业已经站在股市门口时。

一般而言，Pre-IPO投资者主要有投行型投资基金和战略型投资基金两类。

（1）投行型投资基金如高盛、摩根士丹利等投资基金，它们具有双重身份——既是私募股权投资者，又是投资银行家。作为投资银行家，它们能够为企业的IPO提供直接的帮助；而作为私募股权投资者的身份则为企业的股票进行价值“背书”，有助于提升公开市场上投资者对企业股票的信心，因此，投行型投资基金的引入往往有助于企业股票的成功发行。

（2）战略型投资基金，致力于为企业提供管理、客户、技术等资源，协助企业在上市之前建立起规范的法人治理结构，或者为企业提供专业的财务咨询。Pre-IPO投资具有风险小、回收快的优点，并且在企业股票受到投资者追崇的情况下，可以获得较高的投资回报。

7. PIPE 投资。PIPE（private investment in public equity）投资是指购买上市公司股权的私募股权投资，其投资方式包括以市场价格的一定折价率直接购买上市公司原有股东的旧股、参与配股、增发新股、资产注入或将上市公司私有化。PIPE 投资适合于上市公司的私募再融资，或适合不希望应付传统股权融资复杂程序的快速成长为中型企业的上市公司。

二、私募股权基金的组织形式

目前，私募股权基金的主要组织形式包括公司制、信托制（契约制）和有限合伙制。其中，有限合伙制是其最主要的组织形式，大约80%的私募股权基金均采用有限合伙的组织形式。从私募股权基金的募集和设立形式上，我国初步形成了公司制、信托制和有限合伙制私募股权基金的基本法律框架，即：一是以《公司法》《创业投资企业管理办法》为主形成的对公司制私募股权基金的法律规范；二是以《信托法》《信托公司管理办法》《信托公司集合资金信托计划管理办法》为主形成的对信托制私募股权基金的法律规范；三是以《合伙企业法》为主形成的对有限合伙制私募股权基金的法律规范。

1. 公司制私募股权基金。公司制私募股权基金是股份投资公司的一种形式，公司由具有共同投资目标的股东组成，并设有最高权力机关股东大会、执行机关董事会和监督机关监事会。通过对这三大机关进行相应的权力配置和制衡，使公司尽最大努力为股东的利益服务。同时，投资者通过购买公司的基金份额，即成为该公司的股东，并享有《公司法》所规定的参与权、决策权、收益分配权及剩余资产的分配权等。公司制私募基金既有利于聚集社会广大的闲散资金，进行规模化投资运作，又有利于抵抗资本市场的投资风险，从而提高资本收益的回报率，但公司制私募基金的主要不足是双重纳税，即公司需要缴纳各种所得税，而投资者须就分红缴纳个人所得税。这在一定程度上抑制了股东投资的积极性，同时也限制了股份投资公司的规模效应。

2. 信托制私募股权基金。所谓“信托制”私募基金，一般理解为受托人（信托公司）接受投资者的委托，通过私募方式把分散的不等额出资汇集成基金，组织有关专家人才，运用他们的专业和经验进行专家理财，把基金投资于信托契约规定用途的项目群（产业），收益和风险按照出资比例进行分享和共担的一种投资方式。它是私募基金的一种形式，是一项符合新的《信托公司管理办法》的非债权融资信托业务，既符合信托行业的功能定位，又能体现信托制度的优势，发挥信托公司运作领域广泛、手段灵活的业务特点。私募与公募的区别在于，私募基金是非公开市场发行、由特定客户投资群体委托受托人而组成，用章程或契约的形式组织和规定投资的来源和运用资金的一种金融投资工具。如果信托公司作为受托人来做，就是信托制私募基金；而公募基金是公开化的市场发行、无特定客户投资群体参与，根据基金章程而运作，可公开流通转让。由于私募基金的风险较大，信息披露不充分，故往往采取非公开募集的形式，向有风险辨别和承受能力的机构或个人募集资金。“信托制”私募是一种方便易行、科学理想的组合投资金融工具，它的法律依据是信托法和银保监会颁布相关业务规定。“信托契约”是其重要组成部分和核心内容，它规定和约束信托当事人的责任和权力，明确投资来源和运用的总方式。受托人通过尽职理财，提高收益，可获得基金管理一定比例的佣金和利润提成。

信托制私募股权基金的运作模式如图 7－1 所示。

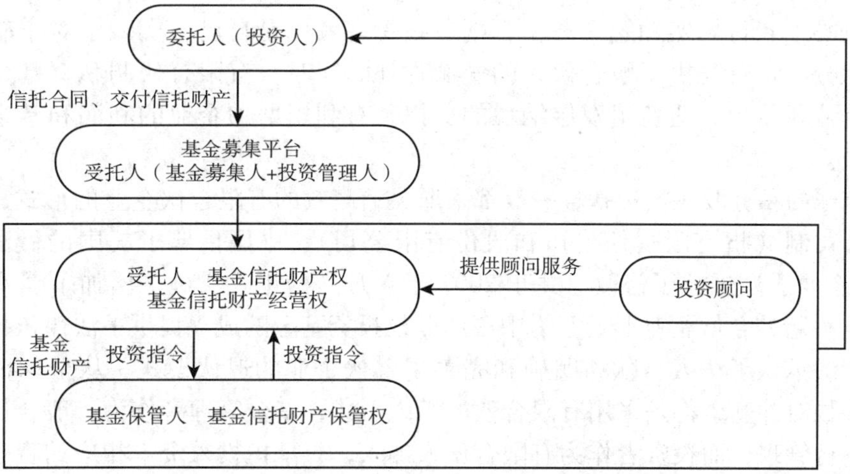

图 7－1 信托制私募股权基金的运作模式

由图 7－1 可知，信托制私募股权基金的运作模式为：（1）信托公司作为受托人根据信托合同通过信托平台募集资金和设立基金，发行基金凭证；（2）投资者作为委托人，购买基金凭证，将财产委托给受托人管理，信托合同一经签订后，基金财产的所有权和经营权随即全部转移给受托人；（3）基金保管人（往往是第三方监管银行）对基金财产行使保管权和监督权，并办理投资运作的具体清算交收业务；（4）受托人以自己的名义管理基金账户，在发现投资目标后，向受资公司进行投资，通过受资公司上市或资产并购受益，投资成果的分配依据合同的约定进行；（5）受托人聘请投资顾问就筛选项目、项目投资决策提供专业咨询意见；（6）项目退出后，信托受益人（委托人）根据信托合同享受信托受益或承担风险。

3. 有限合伙制私募股权基金。有限合伙制私募股权基金，以美国为代表的海外私募股权投资基金绝大多数采用有限合伙制。有限合伙制的基金一般包括普通合伙人（general partner，GP）和有限合伙人（limited partner，LP）。普通合伙人实际上同时是基金的管理者，他们承担部分出资，掌握管理和投资等各项决策权，也承担有限责任；有限合伙人即基金的投资者，只承担以其出资额为限的有限责任。有限合伙制下，基金能够采取比较灵活的分配方式，也提供了可以把经济利益和控制权分开的灵活性。按照国际惯例，基金的普通合伙人一般可得到20%左右的利润分成。为了有效规避风险和最大限度地、有效地组建符合项目投资需要的基金，在法律结构上，这种有限合伙制的私募股权投资基金一般都是多层的。

由于基金管理人承担有限或无限连带责任，这就大大地加强了对基金管理合伙人的责任约束，使之真正对基金运作履行诚信义务。有学者指出，有限合伙制私募基金妥善地解决了基金管理者和基金投资者之间深层矛盾；最大限度地化解了所有权和经营权分离出现的道德风险，减少了监督成本。一方面，基金管理者也是基金的投资者，他具有所有者和经营者的双重身份，其利益很大一部分和有限合伙人是一致的。另一方面，一般合伙人要承担无限连带责任。这客观要求管理人必须履行忠实勤勉义务，否则最终受害者也是自己，实践中对于基金的亏损部分，也首先由一般合伙人的份额弥补。同时，有限合伙制私募基金不须交纳企业所得税，避免了双层纳税的负担，有利于增加企业的利润和基金投资的收益。

全球的私募股权投资基金一般都采取灵活高效的有限合伙企业的形式，很少采取公司制（指有限责任公司和股份有限公司）；中国借鉴了美国的做法，对《合伙企业法》进行了修改，并于2007年6月开始正式实施，增加了“有限合伙”这种新的合伙企业形式，为中国的股权投资基金的成立提供了法律依据。同时，该法承认了法人合伙，明确和完善了合伙企业的退伙模式。从全球范围来看，多数对冲基金都是采用有限合伙的组织形式，基金管理者作为一般合伙人对资金进行管理，而投资者作为有限合伙人加入，只承担投入资本相应的责任。该法的颁布为国内新类型私募的产生奠定了基础，但是该法更多地是方便了合伙制股权类私募基金的成立，由于合伙制企业不能开设证券账户，合伙制证券投资私募基金仍然有难以逾越的鸿沟。2009年12月21日，经修改的《证券登记结算管理办法》开始施行。修改后的《证券登记结算管理办法》第十九条将向证券登记结算机构提出开户申请的投资人定义为中国公民、中国法人、中国合伙企业及法律、行政法规、中国证监会规章规定的其他投资者。至此，合伙制私募基金不能开户的最后障碍被扫除。2010年2月，国内第一只合伙制私募基金“银河普润”成立。该基金完全绕开信托，投资者出资作为有限合伙人入伙，银河财富资产管理有限公司作为一般合伙人对资金进行管理。

三、私募股权基金的运作流程分析①

私募股权基金的运作可以分为三个部分，即资金募集、投资决策选择和退出渠道分析。这三个部分将私募股权基金如何能够充分募集到资金、如何运用资金投资以及如何把资金从企业中安全地撤离并获取收益有效地连接在一起，从而使私募股权基金能良好地运作。

---

① 参考资料：曹永峰，《资本运营概论》（第二版），清华大学出版社2019年版。

（一）资金募集

私募股权基金在运作过程中主要包括三个行为主体：一是投资者，提供投资的资本，可以是自然人或企业机构等组织；二是中介机构（私募股权基金管理公司），专门从事投资活动，负责投资组合及基金的日常管理；三是投资对象，是资金的最终需求者，也是私募股权基金的利润贡献者。

筹集资金是发起设立私募股权基金的第一步，将资金通过各种渠道募集起来，继而才可以通过有效的组织形式进行运作。私募股权基金投资期限长，因此，募集对象一般为长期投资者，私募股权基金的主要投资者有政府、机构投资者、大型企业和个人等。

（1）政府。从私募股权基金在各国的发展来看，因政府资金具有资金稳定性及可信度较高的优点，使其已成为私募股权基金重要的资金来源之一。例如，美国小企业投资公司即是典型的政府出资推动中小企业发展的例子。为了推动中小企业发展，美国通过立法设立小企业管理局，由政府提供部分资金，并以募集方式吸引个人、养老金和其他机构投资者等民间资本，设立中小企业投资公司。

一般而言，政府出资组建或参与私募股权基金，其主要目的不仅是在获利，更是为了配合其产业政策、积极引导市场、促进就业及经济发展之目的。尤其是某些新兴产业或高科技产业处在种子期时，由于市场前景不明朗，不仅银行融资困难，甚至风险投资基金也望而却步，此时政府资金所扮演的角色能有助于引导市场资金流向此行业。从国际现状来看，英国、日本、新加坡及以色列等国政府都直接参与私募股权基金，并对基金的投资行为进行一定程度的干预。此外，政府部门也可运用其准财政资金或储备资金投资私募股权基金。例如，我国于2007年9月29日成立中国投资有限责任公司，是专门从事外汇资金投资管理业务的国有独资公司。

（2）机构投资者。机构投资者是私募股权基金的重要资金来源。机构投资者是指使用自有资金或者从分散的大众募集资金专门进行投资活动的机构组织。一般而言，投资公司、保险公司、养老基金、各种社会福利基金及银行等金融机构是比较常见的机构投资者。

（3）大型企业。出于战略考虑而希望将盈余资金投资于相关企业的大型企业往往也是私募股权基金的重要资金来源，如通用汽车、英特尔等。许多大型企业会以合资或联营等方式将盈余资金投资于与自身战略利益相关的企业。而随着大型企业对创业投资参与程度的加深，此类投资不再局限于相关行业，为了实现资本增值和利润增长而转向其他行业。

（4）个人。拥有大量资金的个人有将资金投入私募股权基金而获取投资收益的需求，此类资金来源通常稳定性较差、数量相对较少，且容易受投资者经济状况影响。而个人参与私募股权基金的途径主要来自购买创业投资信托计划，随着个人财务实力及风险承担能力的增长，也有个人投资者以有限合伙人身份参与有限合伙型私募股权基金。

在募集过程中，私募股权基金通常采用承诺制，即机构投资者通常先承诺给基金管理公司特定数额的资金，但不是一次性交付。以有限合伙制为例，基金管理公司在设立时并不要求所有合伙人投入预定的资本额，有限合伙人可以给予承诺。当一般合伙人发现适当的投资机会时，他们只需要提前一定时间通知有限合伙人，有限合伙人在一定时间内投入资金即可。因此，基金宣称的筹集资本是承诺资本额，并非实际投资额。

（二）投资决策选择

因为私募股权基金的投资项目具有高风险特点，所以对投资项目的筛选和评估是基金运作成功的关键一步。具体而言，投资决策选择这一过程又可以分为项目寻找、项目评估和项目管理三个部分。

1. 项目寻找。寻求投资项目是一个双向的过程：一方面，私募股权基金可通过发布投资项目指南，由企业提交项目投资申请书，经基金的专门委员会进行评审筛选；另一方面，基金也可以采用主动出击的方式寻找投资项目，如通过朋友、银行、证券公司等中介机构的介绍，并在一定程度上依赖于人际关系和行业网络。一般而言，企业所在行业及发展阶段是私募股权基金筛选项目时的首要考虑因素。

2. 项目评估。私募股权基金初步筛选投资项目后，应通过尽职调查获取目标公司更详尽的资料，以便于进一步进行项目评估。第一，评估目标公司管理团队的素质能力；第二，判断对投资项目的技术水平及可行性；第三，评估投资项目未来市场潜力，包括未来预期成本及定价等；第四，对投资公司进行财务评估，分析资金需求等；第五，评估投资项目的风险。

3. 项目管理。项目确定并进行投资决策仅仅是私募股权基金投资的开始。为了使基金达到预期回报，需要对目标企业进行一系列的项目管理运作。

（1）资金投入过程。在确定对目标企业进行投资后，投资方与目标企业会进行条款的谈判，通过谈判确定一种权益安排，使双方互惠互利、共担风险、共享收益并将其体现在契约中。契约条款一般包括：投资的金额、投资工具的安排、投资者监管和考察企业权利的确认、投资保护性条款及投资失利协定等，有时候还包括管理层激励条款。

私募股权基金以企业达到事先设定的目标为前提逐步注入资金。在投资过程中，根据基金及企业项目具体情况的不同，管理者可能采取联合投资的策略，这样，一方面可以控制投资规模；另一方面也便于管理和借鉴其他基金的经验。

（2）投资后的管理整合。为了防范风险，私募股权基金通常不仅对目标公司的日常运营进行监督管理，而且还介入目标公司的经营战略、组织结构调整等重大问题的决策。

这主要是通过以下方式实施的：第一，在董事会中发挥影响力，委派在行业里经验丰富的专家加入董事会；第二，作为股东参与企业重大事项的决策与经营方针、战略及长期规划的制定；第三，参与企业人事管理，对管理层行为进行限制；第四，帮助企业寻求进一步发展所需的资金支持和合作伙伴，为IPO创造条件。

（三）退出渠道

私募股权基金投资企业的最终目的就是通过出售投资企业的股权从而实现资本增值。大多数私募股权基金会在整个投资期结束之后才向投资者分配利润。因此，选择退出方式关系到投资者的利益，退出方式主要有以下四种。

1. 首次公开发行（IPO）。在投资企业IPO上市后，权益可以流通，私募股权基金通过公开市场逐步实现资本退出。此外，还可以通过反向收购（买壳或借壳上市）的方式实现公开市场退出。这种退出方式的优势表现在：第一，IPO上市表明投资企业取得了良好业绩，得到了监管机构、证券市场及投资者对公司业绩和发展前景的认可；第二，IPO上市之后，企业获得了持续融资的渠道，有利于企业未来发展；第三，给私募股权基金带来高收益。

IPO作为最理想的退出方式，具有实现PE和目标企业双赢的效果。但就现实情况来看，IPO退出也存在一定的局限：一是上市门槛高；二是IPO所需时间长、机会成本高；三是IPO退出面临诸多风险。

2. 并购。当投资公司由于各种因素导致无法短期公开上市时，可以通过自行招标或借助中介机构等渠道寻找第三方，并向第三方出售股权。当第三方购得股权并获得企业控制权时，私募股权基金也实现了资金的退出，这种方式被称为并购。并购的优点是方便快捷，并且费用低，但通常收益低于公开上市。

并购退出的优势：第一，并购退出更高效、更灵活。并购退出在企业的任何发展阶段都能实现，对企业自身的类型、市场规模、资产规模等都没有规定，双方在经过协商谈判达成一致意见以后即可执行并购，迅速实现资本循环，有利于提高基金公司的资本运作效率，减少投资风险。第二，并购退出只要在并购交易完成后即可一次性全部退出，交易价格及退出回报较为明确。而IPO退出则要等待1~3年的上市解禁期，增加了退出回报的不确定性。第三，并购退出可缓解PE的流动性压力。

通过并购方式退出的弊端主要表现在：（1）潜在的实力买家数量有限；（2）收益率较IPO低；（3）企业管理层可能对并购持反对意见。并购成功后，企业的产权或者控制权可能会发生转移，原先的管理层需要让渡一部分权力与利益，从自身利益考虑可能会出现抵制并购的情况。

3. 股权回购。私募股权基金还可以将所持目标公司的股权卖给该企业的内部人员，可以迅速退出企业并获得收益，称为股权回购。这种方式又可分为管理层收购（MBO）、员工收购（EBO）和期权形式，其中期权形式又可以分为卖股期权和买股期权。设定卖权便于控制基金的投资风险，而设定买权可以激励管理层，能提前收回投资。股权回购可以保证一定的收益，但收益较低。

4. 清算。当私募股权基金确认目标企业失去了发展潜力或者成长速度太慢以至于无法使基金获得所要求的高回报时，应果断地清算企业，尽可能地减少损失，将资金投入下一个投资循环。清算退出是基金公司最不愿意采取的方式，只有在目标企业前景堪忧或者客观上已经资不抵债的情况下，基金公司才会不得已而为之。Ruhnka（1992）研究发现，以清算方式退出的投资大约占私募股权基金总投资的32%，而这种退出方式一般仅收回原投资金额的64%。通过破产清算的方式退出，往往意味着投资失败，可能会引起外界对该私募股权基金投资能力及市场判断力的质疑。

第三节　首次公开募股

一、IPO 概述

首次公开发行股票（initial public offering，IPO）是指公司通过证券交易所首次公开向社会公众投资者发行股票，以筹集权益资金的过程。IPO 是公司第一次将其股票在公开市场上向社会公众销售，IPO 之后公司股票可以实现在证券交易所挂牌交易。

首先，IPO 是一种公开筹集权益资本的运作方式。通过向社会公众公开发行股份，筹集大量权益资本，可以迅速扩大公司的规模，解决公司发展的资金瓶颈。其次，IPO 将促进公司管理平台的升级。公司 IPO 上市以后，公司管理将从原来的产业平台进一步发展到资本平台，从原来的只关注产业、市场变化发展到更要关注资本市场、关注社会公众投资者利益。公司的管理层导向将发生重要转变，对企业管理水平的提升提出更高的要求。再次，在 IPO 过程中，公司的历史沿革、规范运作、治理结构等方面都需要进行清晰的梳理和规范，这有助于促进公司在规范管理方面实现重要跨越。最后，IPO 过程也是风险投资和企业投资者的重要退出机制，上市后产生的财富效应对风险投资者、企业创业者而言都具有巨大的吸引力。因此，对公司的长远发展而言，IPO 是一项重要的里程碑式事件。

二、IPO 上市

一家公司上市可以有很多选择，图 7－2 简要列示了主要的选择路径。从方式上看，公司可以选择直接上市或间接上市，所谓间接上市主要是指借壳上市。本节主要分析通过国内 IPO 直接上市的企业行为。

（一）我国企业 IPO 上市的要求

1. 主板市场的上市要求。目前，我国 IPO 上市采取保荐制度，即由保荐人

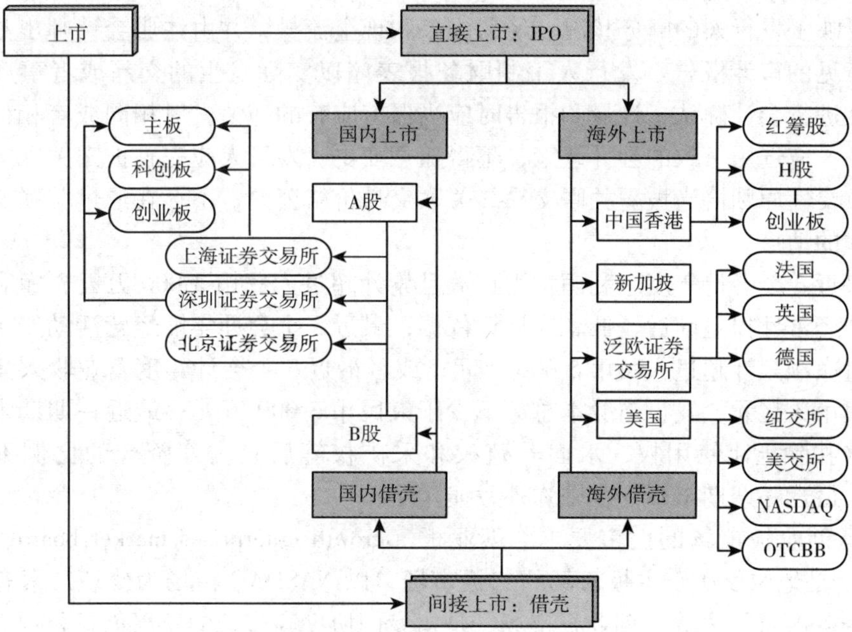

图7-2　企业上市的路径选择

（通常为具有保荐人资格的证券公司）负责拟上市公司的筛选，并向证券监督管理机构推荐，证券监督管理机构根据拟发行人的条件予以核准或不予核准。根据《首次公开发行股票并上市管理办法》的规定，发行人应具备以下条件。

（1）主体资格。发行人应当是依法设立且合法存续的股份有限公司。发行人自股份有限公司成立后，持续经营时间应当在3年以上，但经国务院批准的除外。发行人的注册资本已足额缴纳，发起人或者股东用作出资的资产的财产权转移手续已办理完毕，发行人的主要资产不存在重大权属纠纷。发行人的生产经营符合法律、行政法规和公司章程的规定，符合国家产业政策。发行人最近3年内主营业务和董事、高级管理人员没有发生重大变化，实际控制人没有发生变更。发行人的股权清晰，控股股东和受控股股东、实际控制人支配的股东持有的发行人股份不存在重大权属纠纷。

（2）独立性要求。发行人应当具有完整的业务体系和直接面向市场独立经营的能力。发行人的独立性要求是为了确保上市公司与其控股股东、实际控制人及其控制的其他企业在资产、人员、财务、机构和业务等方面保持独立，以保护中小股东利益。

（3）规范运行。发行人运行应当规范，应当建立完善的公司治理制度、内部控制制度等，以确保上市公司的有效运营和财产安全。

（4）财务与会计要求。发行人资产质量良好，资产负债结构合理，盈利能力较强，现金流量正常。发行人的内部控制在所有重大方面是有效的，并由注册会计师出具了无保留意见的内部控制鉴证报告。发行人会计基础工作规范，财务报表的编制符合《企业会计准则》和相关会计制度的规定，在所有重大方面公允地反映了发行人的财务状况、经营成果和现金流量，并由注册会计师出具了无保留意见的审计报告。发行人编制财务报表应以实际发生的交易或者事项为依据；在进行会计确认、计量和报告时应当保持应有的谨慎；对相同或者相似的经济业务，应选用一致的会计政策，不得随意变更。发行人应完整披露关联方关系并按重要性原则恰当披露关联交易。关联交易价格公允，不存在通过关联交易操纵利润的情形。

最近3个会计年度净利润均为正数且累计超过人民币3 000万元，净利润以扣除非经常性损益前后较低者为计算依据；最近3个会计年度经营活动产生的现金流量净额累计超过人民币5 000万元；或者最近3个会计年度营业收入累计超过人民币3亿元；发行前股本总额不少于人民币3 000万元；最近一期期末无形资产（扣除土地使用权、水面养殖权和采矿权等后）占净资产的比例不高于20%；最近一期期末不存在未弥补亏损。

2. 创业板市场的上市要求。创业板（growth enterprises market board，GEM board）是地位仅次于主板市场的二板市场，以NASDAQ市场为代表，素有“高科技企业摇篮”之称。创业板市场，是指专门协助高成长的新兴创新公司，特别是高科技公司筹资并进行资本运作的市场，是国家“十二五”规划提出的多层次资本市场的重要组成部分。与主板市场不同，它是一个前瞻性市场，注重于公司的发展前景与增长潜力，其上市条件相对要低于成熟的主板市场。2009年10月23日，深圳证券交易所正式启动创业板开板仪式，首批28家创业板公司于10月30日在深交所挂牌交易，市场代码以300开头，标志着我国的创业板市场正式成立并开市交易。这是专为自主创新及其他成长型创业企业发展提供融资服务的新平台，是我国多层资本市场的重要组成部分。

创业板市场主要服务于广大进入成长期的早期阶段的成长型企业，尤其是在高新技术产业，在促进高新技术产业的发展和进步方面起到了至关重要的作用。创业板市场的最大特点就是低门槛进入、严要求运作，有助于有潜力的中小企业获得融资机会，促进企业的发展壮大。针对创业型公司自主创新能力强、业务模式新、规模较小、业绩不确定性大、经营风险高等特点，与主板市场相比，在创业板市场上市的企业标准和上市条件相对较低（即降低了上市门槛），但创业板更加注重盈利的持续性和稳定性。根据《首次公开发行股票并在创业板上市管理暂行办法》，创业板市场的发行人应具备的条件如表7-1所示。

表7-1　主板与创业板上市条件比较

条件	主板IPO	创业板IPO
1. 主体资格	依法设立且合法存续的股份有限公司	依法设立且持续经营三年以上的股份有限公司
2. 经营年限	持续经营时间应当在3年以上（有限公司按原账面净资产值折股整体变更为股份公司可连续计算）	持续经营时间应当在3年以上（有限公司按原账面净资产值折股整体变更为股份公司可连续计算）

续表

条件	主板 IPO	创业板 IPO
3. 盈利要求	最近 3 个会计年度净利润均为正数且累计超过人民币 3 000 万元，净利润以扣除非经常性损益前后较低者为计算依据	最近两年连续盈利，最近两年净利润累计不少于 1 000 万元；或者最近一年盈利，最近一年营业收入不少于 5 000 万元
	最近 3 个会计年度经营活动产生的现金流量净额累计超过人民币 5 000 万元；或者最近 3 个会计年度营业收入累计超过人民币 3 亿元	净利润以扣除非经常性损益前后孰低者为计算依据
	最近一期不存在未弥补亏损	（注：上述要求为选择性标准，符合其中一条即可）
4. 资产要求	最近一期期末无形资产（扣除土地使用权、水面养殖权和采矿权等后）占净资产的比例不高于 20%	最近一期期末净资产不少于 2 000 万元，且不存在未弥补亏损
5. 股本要求	发行前股本总额不少于人民币 3 000 万元（主板上市）发行后不少于 5 000 万股	企业发行后的股本总额不少于 3 000 万元
6. 上市公众持股要求	公众持股至少为 25%；如果发行时股份总数超过 4 亿股，发行比例可以降低，但不得低于 10%	公众持股至少为 25%；如果发行时股份总数超过 4 亿股，发行比例可以降低，但不得低于 10%
7. 主营业务要求	最近 3 年内主营业务没有发生重大变化	发行人应当主要经营一种业务，其生产经营活动符合法律、行政法规和公司章程的规定，符合国家产业政策及环境保护政策。发行人最近 2 年内主营业务没有发生重大变化
8. 董事及管理层	最近 3 年内没有发生重大变化	最近 2 年内没有发生重大变化
9. 实际控制人	最近 3 年内实际控制人未发生变更	最近 2 年内实际控制人未发生变更
10. 同业竞争	发行人的业务与控股股东、实际控制人及其控制的其他企业间不得有同业竞争	2016 年删除此条
11. 关联交易	不得有显失公平的关联交易，关联交易价格公允，不存在通过关联交易操纵利润的情形	2016 年删除此条
12. 成长性与创新能力	无	发行人具有较高的成长性，具有一定的自主创新能力，在科技创新、制度创新、管理创新等方面具有较强的竞争优势，请参考“两高五新”
13. 公司治理结构	发行人已经依法建立健全股东大会、董事会、监事会、独立董事、董事会秘书制度，相关机构和人员能够依法履行职责	具有完善的公司治理结构，依法建立健全股东大会、董事会、监事会以及独立董事、董事会秘书、审计委员会制度，相关机构和人员能够依法履行职责； 发行人应当建立健全股东投票计票制度，建立发行人与股东之间的多元化纠纷解决机制，切实保障投资者依法行使收益权、知情权、参与权、监督权、求偿权等股东权利

续表

条件	主板 IPO	创业板 IPO
14. 募集资金用途	应当有明确的使用方向，原则上用于主营业务	2016 年删除此条
15. 限制行为	(1) 发行人的经营模式、产品或服务的品种结构已经或者将发生重大变化，并对发行人的持续盈利能力构成重大不利影响	(1) 发行人的经营模式、产品或服务的品种结构已经或者将发生重大变化，并对发行人的持续盈利能力构成重大不利影响
	(2) 发行人的行业地位或发行人所处行业的经营环境已经或者将发生重大变化，并对发行人的持续盈利能力构成重大不利影响	(2) 发行人的行业地位或发行人所处行业的经营环境已经或者将发生重大变化，并对发行人的持续盈利能力构成重大不利影响
	(3) 发行人最近一个会计年度的营业收入或净利润对关联方或者存在重大不确定性的客户存在重大依赖	(3) 发行人在用的商标、专利、专有技术以及特许经营权等重要资产或者技术的取得或者使用存在重大不利变化的风险
	(4) 发行人最近一个会计年度的净利润主要来自合并财务报表范围以外的投资收益	(4) 发行人最近一年的营业收入或净利润对关联方或者有重大不确定性的客户存在重大依赖
	(5) 发行人在用的商标、专利、专有技术以及特许经营权等重要资产或技术的取得或者使用存在重大不利变化的风险	(5) 发行人最近一年的净利润主要来自合并财务报表范围以外的投资收益
	(6) 其他可能对发行人持续盈利能力构成重大不利影响的情形	(6) 其他可能对发行人持续盈利能力构成重大不利影响的情形
16. 违法行为	最近 36 个月内未经法定机关核准，擅自公开或者变相公开发行过证券，或者有关违法行为虽然发生在 36 个月前，但目前仍处于持续状态；最近 36 个月内无其他重大违法行为	发行人最近 3 年内不存在损害投资者合法权益和社会公共利益的重大违法行为；发行人及其股东最近 3 年内不存在未经法定机关核准，擅自公开或者变相公开发行证券，或者有关违法行为虽然发生在 3 年前，但目前仍处于持续状态的情形
17. 发审委	设主板发行审核委员会，25 人（证监会 5 人）	设创业板发行审核委员会，35 人，加大行业专家委员的比例，委员与主板发审委委员不互相兼任
18. 初审征求意见	征求省级人民政府、国家发改委意见	无
19. 保荐人持续督导	首次公开发行股票的，持续督导的期间为证券上市当年剩余时间及其后 2 个完整会计年度；上市公司发行新股、可转换公司债券的，持续督导的期间为证券上市当年剩余时间及其后 1 个完整会计年度。持续督导的期间自证券上市之日起计算	在发行人上市后 3 个会计年度内履行持续督导责任； 上市公司发行新股、可转换公司债券的，持续督导的期间为证券上市当年剩余时间及其后 2 个完整会计年度。持续督导的期间自证券上市之日起计算

续表

<table>
<tr><th>条件</th><th>主板 IPO</th><th>创业板 IPO</th></tr>
<tr><td rowspan="6">20. 创业板其他要求</td><td colspan="2">（1）发行人的经营成果对税收优惠不存在严重依赖</td></tr>
<tr><td colspan="2">（2）在公司治理方面参照主板上市公司从严要求，要求董事会下设审计委员会，并强化独立董事履职和控股股东责任</td></tr>
<tr><td colspan="2">（3）要求保荐人对公司成长性、自主创新能力作尽职调查和审慎判断，并出具专项意见</td></tr>
<tr><td colspan="2">（4）要求发行人的控股股东对招股说明书签署确认意见</td></tr>
<tr><td colspan="2">（5）要求发行人在招股说明书显要位置做出风险提示，内容为“本次股票发行后拟在创业板市场上市，该市场具有较高的投资风险。创业板公司具有业绩不稳定、经营风险高等特点，投资者面临较大的市场波动风险，投资者应充分了解创业板市场的投资风险及本公司所披露的风险因素，审慎作出投资决定”</td></tr>
<tr><td colspan="2">（6）不要求发行人编制招股说明书摘要</td></tr>
</table>

资料来源：中国证监会，《关于修改〈首次公开发行股票并上市管理办法〉的决定》《关于修改〈首次公开发行股票并在创业板上市管理办法〉的决定》，2018 年 6 月 6 日。

2021 年 4 月 6 日，深交所主板与中小板正式合并。两板合并的总体安排是“两个统一、四个不变”。“两个统一”指统一主板与中小板的业务规则，统一运行监管模式。“四个不变”是指板块合并后发行上市条件不变，投资者门槛不变，交易机制不变，证券代码及简称不变。2004 年 5 月，深交所在深市主板内设立中小板，作为分步推进创业板的重要步骤。经过 16 年的发展，中小板上市公司在市值规模、业绩表现、交易特征等方面与主板趋同。合并主板与中小板是顺应市场发展规律的自然选择，也是构建简明清晰的市场体系的内在要求。此后，深市形成以主板、创业板为主体的市场格局，有利于优化深交所板块结构，更好地满足不同发展阶段企业的融资需求。

2019 年 6 月 13 日，上海证券交易所设立科创板，并在该板块内进行注册制试点，主要服务于符合国家战略、突破关键核心技术、市场认可度高的科技创新企业。设立科创板并试点注册制是提升服务科技创新企业能力、增强市场包容性、强化市场功能的一项资本市场重大改革举措。通过发行、交易、退市、投资者适当性、证券公司资本约束等新制度以及引入中长期资金等配套措施，增量试点、循序渐进，新增资金与试点进展同步匹配，力争在科创板实现投融资平衡、一二级市场平衡、公司的新老股东利益平衡，并促进现有市场形成良好预期。

2021 年 9 月 3 日，北京证券交易所（简称北交所）成立，这是对资本市场更好服务构建新发展格局、推动高质量发展作出的新的重大战略部署，是实施国家创新驱动发展战略、持续培育发展新动能的重要举措，也是深化金融供给侧结构性改革、完善多层次资本市场体系的重要内容，对于更好地发挥资本市场功能作用、促进科技与资本融合、支持中小企业创新发展具有重要意义。

与主板市场对发行人的要求相比，创业板市场对发行人的要求在主体资格、独立性、规范运行方面基本一致，只是在主体资格上，要求最近两年主营业务和董事、高级管理人员均没有发生重大变化，实际控制人没有发生变更，相对于主板市场的三年期要求，要求略有降低。在财务与会计方面，与主板市场相比，我国创业板市场对企业发行前的净利润要求有所降低，但与国外的创业板市场相比仍然偏高。在成长性方面，创业板市场要求高于主板市场。总体来说，主板主要面向经营相对稳定、盈利能力较强的大型成熟企业；创业板主要面向尚处于成长期的创业企业，重点支持自主创新企业；科创板是专为科技型和创新型中小企业服务的板块，重点面向尚未进入成熟期但具有成长潜力且满足有关规范性及科技型、创新型特征的中小企业。我国多层次资本市场如图7－3所示。

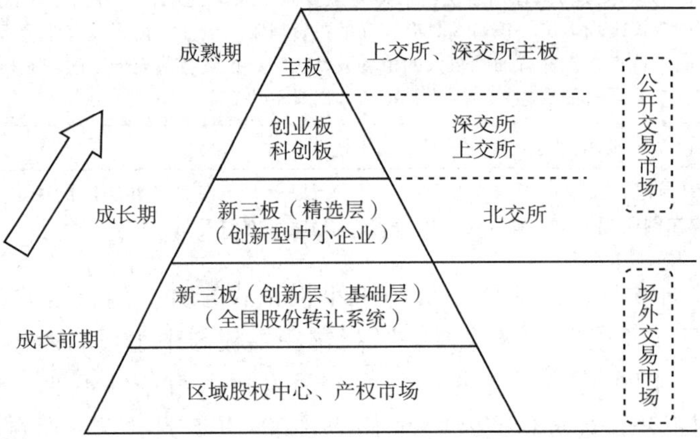

图7－3　多层次资本市场

（二）IPO的主要程序

从发行人的角度，主板市场与创业板市场的IPO程序基本相同，主要包括以下几个阶段，具体如图7－4所示①。

1. 股东大会决策。企业IPO的第一步是从投资人或管理层形成上市意向开始的，根据《公司法》的基本原则，公司决策中涉及经营的问题可以由董事会决策，但是涉及股权和股东资产变更等事宜，必须经过股东大会决策。股东通过的公司上市决策，是整个程序中最重要的法律文件，意味着上市的程序启动。通过对企业基本情况的判断，并通过向财务顾问或证券公司初步咨询，分析公开发行并上市的可能性。进一步在投资人与管理层之间形成共识，明确IPO上市目标。

2. 聘请中介机构。明确上市目标之后，需要聘请专业的中介机构，包括证券公司、律师、会计师事务所以及资产评估机构形成上市专业团队。各中介机构从不同角度对发行人进行初步的尽职调查，然后按照双向选择的原则，确定合作关系。

3. 达到上市标准。这一环节包括改制与重组、上市辅导等。

（1）改制与重组。明确上市中介机构以后，由企业和各中介机构协商制定

① 房西苑：《资本的游戏》（第2版），机械工业出版社2012年版。

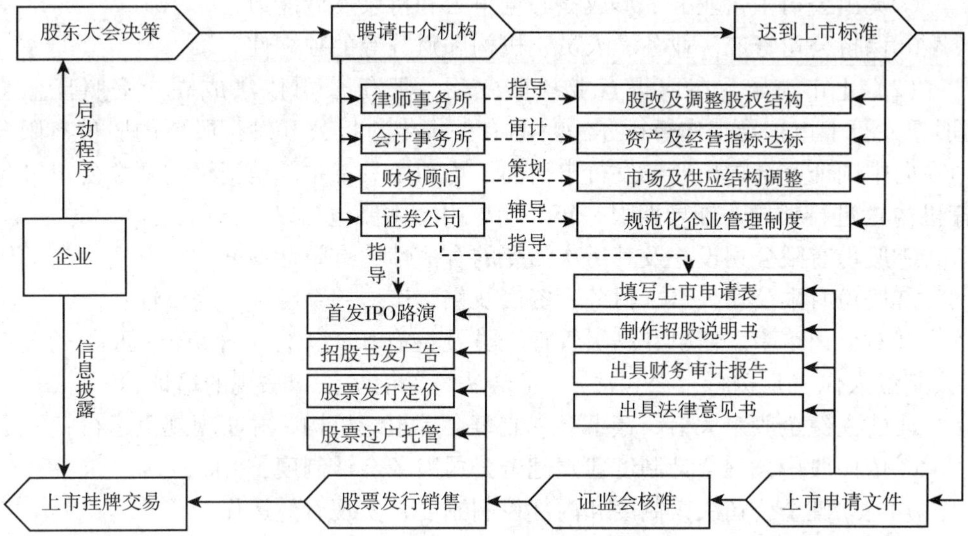

图7-4 企业上市的一般操作流程

企业改制方案。通过改制与重组过程，将企业改组为股份有限公司形式，为规范运作和发行上市打下良好基础。股份改制的主要方式包括三类：第一类是以发起设立的方式设立股份有限公司，按照设立过程中的资产剥离情况，又可以进一步分为整体改制、部分改制和合并改制。第二类是有限公司以整体变更的形式变更为股份公司，整体变更过程中对原有限公司的账面净资产按照一定的折股比例折算为股份公司的股本。整体变更过程中的账面资产不需要按照资产评估结果作账面调整，否则无法连续计算持续经营年度。第三类是以公开募集设立的方式设立股份有限公司。这种方式是以原公司的投资人作为发起人，通过公开发行募集资金的方式设立股份有限公司。目前第一类方式和第二类方式是我国企业股份制改组的主要形式。

股份制改组从形式上最终表现为完成股份公司设立并办理工商登记。其实质是通过股份制改组确定明晰的法人财产权，建立符合上市公司要求的、规范的公司治理结构与运行架构。

改制与重组的总体要求：

①按照《公司法》《上市公司治理准则》的要求建立合理的公司治理结构、规范运作，明晰产权关系，转换企业经营机制；

②股份公司的设立要与日后公开发行的规模、募集资金投向、资产负债率等因素统筹考虑；

③符合国家颁布的法律、法规对资产结构和有关比例的规定；

④合理重组资产，确保股份公司形成完整、健全、独立的生产经营体系；

⑤合理分离资产、债务，确保股份公司、控股股东（或集团）的正当权益和发展潜力，合理确立控股股东（或集团）与股份公司的经济关系；

⑥严格禁止控股股东与股份公司的同业竞争，减少和规范关联交易；

⑦突出公司主营业务，形成核心竞争力和持续发展能力；

⑧保持公司资产、业务、人员、机构和财务等的独立性。

（2）上市辅导。在取得营业执照之后，股份公司依法成立，按照证监会《股票发行上市辅导工作暂行办法》的有关规定，拟公开发行股票的股份有限公司在向中国证监会提出股票发行申请前，均须由具有主承销资格的证券公司（保荐机构）进行辅导，辅导期限一年。辅导内容主要包括以下方面：

①股份有限公司设立及其历次演变的合法性、有效性；

②股份有限公司人事、财务、资产及供、产、销系统独立完整性；

③对公司董事、监事、高级管理人员及持有5%以上（含5%）股份的股东（或其法人代表）进行《公司法》《证券法》等有关法律法规的培训；

④建立健全股东大会、董事会、监事会等组织机构，并实现规范运行；

⑤依照股份公司会计制度建立健全公司财务会计制度；

⑥建立健全公司决策制度和内部控制制度，实现有效运作；

⑦建立健全符合上市公司要求的信息披露制度；

⑧规范股份公司和控股股东及其他关联方的关系；

⑨公司董事、监事、高级管理人员及持有5%以上（含5%）股份的股东持股变动情况是否合规。

通过辅导程序，帮助拟发行人的管理层掌握发行上市、规范运作等方面的有关法律法规和规则，知悉信息披露和履行承诺等方面的责任和义务，并协助其建立起规范的组织制度与运行机制。辅导工作由证监会驻各地的派出机构负责监督实施，并负责相应的辅导验收。辅导是目前拟上市公司申请公开发行前的法定步骤；辅导有效期为3年。即本次辅导期满后3年内，拟发行公司可以由主承销机构提出股票发行上市申请；超过3年，则须辅导。即辅导要通过监管部门验收。

4. 准备上市申请文件。一般情况下，上市申请文件都是标准格式。最主要的文件包括：填写上市申请表、制作招股说明书、出具法律意见书和财务审计报告。

我国目前的IPO发行采用保荐人制度，即企业的发行上市必须由具有保荐业务资格的保荐人保荐，保荐人的主要职责就是将符合条件的企业推荐上市，并对申请人适合上市、上市文件的准确完整以及董事知悉自身责任义务等负有保证责任。在保荐人及各中介机构的协助下，拟发行公司需要按照《公开发行证券的公司信息披露内容与格式准则第9号——首次公开发行股票并上市申请文件》和《公开发行证券的公司信息披露内容与格式准则第1号——招股说明书》的要求制作招股说明书等申报材料，由保荐人保荐并向中国证监会申报。

拟在创业板上市的公司则需要按照《公开发行证券的公司信息披露内容与格式准则第29号——首次公开发行股票并在创业板上市申请文件》和《公开发行证券的公司信息披露内容与格式准则第28号——创业板公司招股说明书》的要求制作招股说明书等申报材料，由保荐人保荐并向中国证监会申报。

5. 证监会核准发行申请。中国证监会根据发行人的申请材料，进行IPO的

“四会三审”阶段。所谓IPO的四会三审，具体是指：“四会”指见面会、反馈会及反馈意见、部例会、发审会；“三阶段”指预审阶段、初审阶段、发审阶段。

见面会：发行部有关领导、预审员与发行人领导及项目组见面，会后预审员开始审核申请文件。申请文件递交中国证监会后即进入静默期，不得与预审员进行沟通。

反馈会及反馈意见：发行部内部会议，总结发行申请材料中存在的问题，出具正式反馈意见。公司及各方中介机构根据反馈意见回复并上报后，保持与预审员的沟通，对有关问题做出解释说明。

部例会：发行部内部会议，根据前一阶段审核情况，决定项目是否具备上发审会的条件或者尚需进一步反馈。

发审会：发审委对发行人的申请文件和中国证监会的初审报告进行审核，以投票的方式对股票发行申请进行表决，提出审核意见。中国证监会依法做出予以核准或者不予核准的决定，并出具相关文件。股票发行未获核准的，自中国证监会做出不予核准决定之日起6个月后，发行人可再次提出股票发行申请。

6. 股票发行销售。发行人自中国证监会核准之日起6个月内，应当由承销商组织公开发行股票。经过公开发布招股意向书等发行文件，进行初步询价与路演推介，根据初步询价和累计投标询价（中小企业板和创业板可不经过累计投标询价）的结果确定最终的发行价格和发行数量。经过网下机构投资者配售和网上公开发行募集资金，实现公开发行股份、募集资金到位。

公开发行完成之后，发行人向证券交易所提出上市申请，由证券交易所核准同意后，发行人股票在证券交易所挂牌上市。

7. 上市挂牌交易。股票发行销售被称为上市公司的一级市场，主要目的是公募资金。然后投资者在一级市场上认购的股票进入二级市场，公开挂牌交易。二级市场上的股票交易在众多股东及股民之间进行，与公司本身的经营没有直接关系，上市公司管理层的义务，是诚实地披露企业经营状况的信息，以降低公众股东的投资风险。

三、IPO定价与市场表现

（一）IPO定价机制

IPO发行价格是新股发行过程中最关键的决策之一。发行价格决定了企业的融资额和发行风险，关系到发行人、投资者、承销商等多方利益，甚至还会影响到股票发行后二级市场的平稳性。

IPO发行价格主要取决于IPO定价机制（或称发售机制）。目前，全球范围内主要使用四种IPO定价机制，包括固定价格机制、拍卖机制、累计投标机制和混合定价机制。其中，累计投标机制最为常用，以美国、英国为代表的主要境外成熟市场大多采用该种方式对新股进行定价；固定价格机制主要应用于新兴市场国家，如马来西亚、泰国等；拍卖机制则主要应用于日本、法国、中国台湾地区等。

固定价格机制，是由承销商与发行人在发行前根据一定的标准确定一个固定的发行价格，由投资者根据该固定的发行价格进行认购。进一步，固定价格又分为允许配售与不允许配售两种方式。其中，前者是指在股票定价时，承销商拥有自由分配股票的权力，即承销商可以对一些机构投资者实行配售；后者是指不实行配售，针对全体投资者公开发行。

拍卖机制，发行价格由投资者以投标的形式竞价得出。拍卖机制能够吸引更广泛的投资者群体，普通投资者与承销商的优质客户处于完全平等的地位，并且采取公允、透明的配售机制，减少了承销商与少数投资者控制公司股票配售的情况发生。但拍卖机制存在两个突出的问题：一个是“赢者诅咒”。知情投资者只会给予合理的报价，并且会在股票报价过高的情况下退出拍卖，然而处于信息劣势的投资者却对定价合理与定价过高无区别能力，为了获取股票，报价往往过高，导致拍卖股票全部被非知情投资者所购买；另一个是“搭便车”行为。为了获得新股上市超额收益，在均一价格拍卖中，投机者往往报出高价以保证最终能够以发行价格获得股份。如果拍卖参与者中投机者比例较高，最终 IPO 定价将偏高。

累计投标制，是指承销商先向潜在的购买者推介股票，然后根据投资者的询价结果制定发行价格的定价机制。具体程序如下：首先，承销商和发行人通过路演、询价的形式，向投资者（通常为机构投资者）搜集对股票的需求订单和定价信息。其次，由承销商根据收集的询价信息建立一个询价记录，以记录新股发行的所有相关信息（包括每一个提交的报价以及对应的报价机构投资者名称及申购数量），这样，承销商就可以初步掌握股票的需求情况及销售前景，使其能够根据市场需求对发行价格进行调整，形成最终的发行价格，最后再根据询价记录的信息自主确定对投资者的股票发售与配额。

在累计投标方式下，投资者可以通过路演、与管理层交流、阅读招股意向书和研究报告等形式对发行人进行比较充分的了解，从而可以降低发行人与投资者之间的信息不对称程度。同时，承销商可以充分了解投资者对新股的需求程度，从而根据市场需求确定发行价格。累计投标机制为了保证投资者向承销商提供真实的需求信息，在发行新股时，承销商利用自由分配股份的权力，向经常性投资者适当倾斜，经常性投资者可以获得比偶然性投资者更多的新股份额，这样经常性投资者就更愿意报出其真实的需求信息。因为如果他们提供的信息经常有误，将可能失去经常性投资者的待遇。

混合定价机制，是指将上述三种基本定价机制结合起来的一种定价机制，如累计投标/固定价格、累计订单询价/拍卖、拍卖/固定价格等。其中累计投标/固定价格混合机制使用最为广泛，即在一次 IPO 过程中分别对不同的份额采用累计投标和固定价格两种方式，一般采用累计订单询价机制向境内外机构投资者配售一部分股票，另一部分额度则用固定价格发售给本地中小投资者。

按照我国《证券发行与承销管理办法》（2018 年修订）的规定，首次公开发行股票，可以通过向网下投资者询价的方式确定股票发行价格，也可以通过发行人与主承销商自主协商直接定价等其他合法可行的方式确定发行价格。公开发行股票数量在 2 000 万股（含）以下且无老股转让计划的，应当通过直接定价的方式确定发行价格。发行人和主承销商应当在招股意向书（或招股说明书，下同）和发行公告中披露本次发行股票的定价方式。上市公司发行证券的定价，应当符合中国证监会关于上市公司证券发行的有关规定。相对而言，我国目前的IPO定价方式既考虑了发行人与承销商的要求，也考虑到了市场的意愿。

（二）IPO抑价问题

IPO抑价（IPO underpricing）是指IPO发行的新股上市之后，二级市场上的首日交易价格大于一级市场的发行价格的现象。相对于更高的二级市场交易价格，人们称一级市场的发行价格存在抑价。抑价问题的直接表现即为上市首日收益率为正。

大量文献证明，IPO折价现象几乎存在于所有国家的资本市场，针对这种现象，财务理论给出了许多解释。这些理论解释中，通常可以分为两类：一类是从新股发行价过低的角度解释，如赢者诅咒假说、信号假说、承销商风险规避假说；另一类则是从新股上市首日的过度反应角度解释，如投机泡沫假说。

1. 赢者诅咒假说（winner's curse hypothesis）。罗克（1986）认为，市场中的投资者可以分为两类，即掌握信息的知情投资者和未掌握信息的非知情投资者，知情投资者对发行的股票只会给予合理的报价，并且会在股票报价过高的情况下退出，然而处于信息劣势的非知情交易者却对定价合理与否没有区别能力。如果定价过高，那么全部的新股都将由非知情投资者获得（即遭受所谓的赢者诅咒）。认识到这一点，非知情投资者将降低投资新股的热情，并只投资定价较低的新股。为吸引广大的非知情投资者认购新股，防止发行失败，新股发行价格就需要低于正常价格。

2. 信号假说。这种解释认为，由于股票的风险和收益受制于公司的经营情况，因此真正了解IPO股票价值的是发行人而不是投资者。为了向投资者传递关于股票质量的信息，高质量的公司可以将IPO的价格定低，这种定价虽然会使发行公司在IPO时蒙受一定的损失，但将来公司按照较高的二级市场价格增发新股时，可以筹得更多的资金。而低质量的公司很可能由于无法通过未来的二级市场增发收回IPO低定价所付出的成本，因此很难模仿高质量公司的这种做法。这样，IPO的折价就成为发行公司向投资者传递公司质量信息的一个信号。

3. 承销商风险规避假说。担任新股发行的承销商比发行人拥有更多的新股发行市场信息，为了减少新股承销中的发行风险，投资银行会有意识地使新股定价偏低，以保证新股能被投资者充分认购，从而减少发行失败的可能性。特别地，实力和信誉不高的承销商在承销中定价偏低的程度较大。这样股票在上市后将上涨以恢复其实际价值。

4. 投机泡沫假说（speculative bubble hypothesis）。投机泡沫假说认为二级市场对新股的估价是无效的，由于噪声交易者的参与，新股估价存在过度反应，从而造成IPO折价现象。这种观点认为，造成IPO折价并非发行定价不合理，而是由于二级市场的定价虚高造成的，市场有效程度不同会造成不同市场的IPO折价程度有所不同。按照这种理论，我国市场的高IPO折价现象并非定价机制不合理，而是由二级市场价格虚高引起的。

第四节　再 融 资

公司上市以后，随着经营规模的扩大，投资机会相应增多，仍会面临资金难题。利用资本市场进行再融资是其快速扩张和解决资金难题的一项重要措施。所谓再融资是指上市公司通过配股、增发、发行可转换债券和优先股等方式在证券市场上进行的直接融资。再融资对上市公司的发展起到了较大的推动作用，我国证券市场的再融资功能越来越受到有关方面的重视。表7-2是1992～2019年证券市场筹资情况的一个简单统计表，图7-5和图7-6分别展示了境内及境外融资规模。

表7-2　　1992～2019年我国境内外证券市场筹资情况统计

年份	境内股票筹资				境外股票筹资			
	沪深交易所				发行量（亿股）	筹资金额（亿元）		
	发行量（亿股）	筹资金额（亿元）						
		合计	首发筹资金额	再筹资		合计	首发筹资金额	再筹资
2000	122.17	1 515.82	862.56	653.26	359.26	562.08	562.08	—
2001	84.57	1 238.14	614.03	624.11	48.48	73	67.7	5.3
2002	117.34	720.05	498.75	221.29	157.54	192.28	191.12	1.16
2003	89.34	665.51	472.42	193.08	196.79	537.32	506.53	30.79
2004	56.13	650.53	361.05	289.47	171.51	647.72	433.44	214.28
2005	13.92	339.03	57.63	281.4	553.25	1 666.25	1 421.24	245.01
2006	377.89	2 374.5	1 341.7	1 032.8	936.66	3 072.57	2 925.3	147.27
2007	430.63	7 814.74	4 770.83	3 043.91	223.97	927.46	701.31	226.15
2008	114.96	3 312.39	1 034.38	2 278.01	65.38	311.38	259.92	51.46
2009	244.47	4 834.34	1 878.98	2 955.36	155.58	1 067.66	999.51	68.15
2010	553.95	9 799.8	4 882.59	4 917.21	367.04	2 343.11	1 061.09	1 282.02
2011	163.99	7 154.43	2 824.43	4 330	108.37	732.41	431.23	301.18
2012	78.86	4 542.4	1 034.32	3 508.08	220.95	997.83	515.54	482.29
2013	—	4 131.46	—	4 131.46	259.92	1 060.24	691.57	368.67
2014	70.1	8 498.26	668.89	7 829.38	288.4	2 253.4	914.51	1 338.89
2015	151.52	16 361.62	1 576.39	14 785.23	444.15	7 090.12	2 053.15	5 036.97
2016	137.47	20 297.39	1 496.07	18 801.32	—	1 271.48	1 091.46	180.02
2017	224.2	15 534.98	2 301.08	13 233.9	178.18	1 829.19	487.26	1 341.93
2018	129.2	11 377.88	1 378.15	9 999.73	652.67	1 387.61	938.45	449.16
2019	337.83	12 538.82	2 489.81	10 049.01	119.82	781.65	449.4	332.24

注：股票筹资包括首发筹资和再筹资，均按股份上市日统计。再筹资包含公开增发、定向增发、配股、权证和优先股。其中权证为2008年之后开展的业务，优先股为2014年之后开展的业务。

资料来源：《中国证券期货统计年鉴2020》。

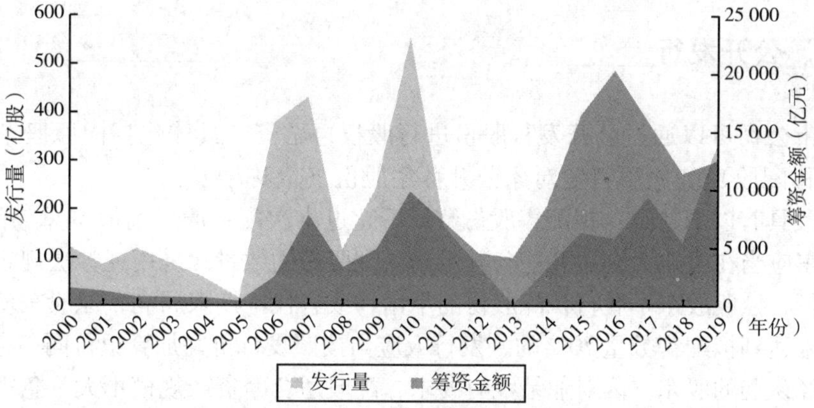

图7-5 我国境内筹资规模

资料来源：中国证监会。

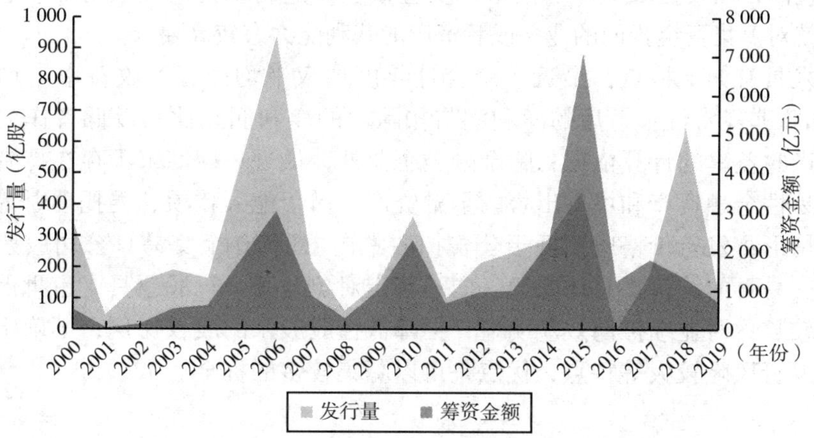

图7-6 我国境外筹资规模

资料来源：中国证监会。

1998年以前，配股是上市公司再融资的唯一方式，2000年以来，增发成为上市公司对再融资方式的另一选择，2001年开始，可转债融资成为上市公司追捧的对象。2005年4月29日，中国证监会发布《关于上市公司股权分置改革试点有关问题的通知》，正式启动股权分置改革试点工作，同年5月10日，我国上市公司拉开了股权分置改革的序幕。股权分置改革以来，为保持市场的稳定和健康发展，上市公司再融资功能处于暂停状态。2006年5月6日中国证监会制定并发布了全流通市场下新的再融资管理办法《上市公司证券发行管理办法》，对上市公司公开发行证券做了一般规定。目前A股市场上市公司再融资的主要方式有向不特定对象公开发行、向特定对象非公开发行（定向增发）、可转换公司债券、认股权和债券分离交易的可转换公司债券（以下简称“分离交易的可转换公司债券”）等四种形式。其中向不特定对象公开发行又根据投资人不同分为配股和增发新股。

一、公开发行

上市公司可以通过公开发行股份进行股权再融资，具体包括向原股东配售股份（简称配股）和向不特定对象公开募集股份（简称增发）。

配股具有以下特点：拟配售股份数量不超过本次配售股份前股本总额的30%；控股股东应当在股东大会召开前公开承诺认配股份的数量；采用证券法规定的代销方式发行；控股股东不履行认配股份的承诺，或者代销期限届满，原股东认购股票的数量未达到拟配售数量70%的，发行人应当按照发行价并加算银行同期存款利息返还已经认购的股东。因对业绩没有要求，配股适合净资产规模不大，急需融资而又难觅投资者的企业。发行价格低于股价，原股东可以以更低的价格得到更多的股份，因此配股在牛市中容易得到股东的认可。需要注意的是，配股对控股股东的资金要求较高，需要控股股东有足够的资金或资产进行认配。配股对业绩有摊薄效应，这就对募集资金投向的业务或者资产的获利能力有较高要求。

增发具有如下特点：最近3个会计年度加权平均净资产收益率平均不低于6%。扣除非经常性损益后的净利润与扣除前的净利润相比，以低者作为加权平均净资产收益率的计算依据；除金融类企业外，最近一期期末不存在持有金额较大的交易性金融资产和可供出售的金融资产、借予他人款项、委托理财等财务性投资的情形；发行价格应不低于公告招股意向书前20个交易日公司股票均价或前一个交易日的均价。总体来说，向不特定对象公开发行股票具有审批严格，审批时间较长；对业绩摊薄效应明显；会降低控股股东的股权比例；不确定性因素导致的发行风险较大等特点，优点是可以募集较多的资金。

二、非公开发行

非公开发行又称定向增发，是指上市公司采用非公开方式，向特定对象发行股票的行为。非公开发行的对象，通常为公司的大股东或战略投资者、基金公司、信托公司、财务公司、保险机构投资者、QFII以及其他投资者等。

根据《上市公司证券发行管理办法》的规定，非公开发行股票的特定对象应当符合下列规定：

（1）特定对象符合股东大会决议规定的条件。

（2）发行对象不超过10名。

（3）发行对象为境外战略投资者的，应当经国务院相关部门事先批准。

上市公司非公开发行股票，应当符合下列规定：

（1）发行价格不低于定价基准日前20个交易日公司股票均价的90%。

（2）本次发行的股份自发行结束之日起，12个月内不得转让；控股股东、实际控制人及其控制的企业认购的股份，36个月内不得转让。

（3）募集资金使用符合《上市公司证券发行管理办法》第十条的规定：

①募集资金数额不超过项目需要量；②募集资金用途符合国家产业政策和有关环境保护、土地管理等法律和行政法规的规定；③除金融类企业外，本次募集资金使用项目不得为持有交易性金融资产和可供出售的金融资产、借予他人、委托理财等财务性投资，不得直接或间接投资于以买卖有价证券为主要业务的公司；④投资项目实施后，不会与控股股东或实际控制人产生同业竞争或影响公司生产经营的独立性；⑤建立募集资金专项存储制度，募集资金必须存放于公司董事会决定的专项账户。

（4）本次发行将导致上市公司控制权发生变化的，还应当符合中国证监会的其他规定。

根据《上市公司非公开发行股票实施细则》（2017 年修订）的规定，上市公司非公开发行股票，应当有利于减少关联交易、避免同业竞争、增强独立性；应当有利于提高资产质量、改善财务状况、增强持续盈利能力。

根据《上市公司证券发行管理办法》的规定，上市公司存在下列情形之一的，不得非公开发行股票：

（1）本次发行申请文件有虚假记载、误导性陈述或重大遗漏。

（2）上市公司的权益被控股股东或实际控制人严重损害且尚未消除。

（3）上市公司及其附属公司违规对外提供担保且尚未解除。

（4）现任董事、高级管理人员最近 36 个月内受到过中国证监会的行政处罚，或者最近 12 个月内受到过证券交易所公开谴责。

（5）上市公司或其现任董事、高级管理人员因涉嫌犯罪正被司法机关立案侦查或涉嫌违法违规正被中国证监会立案调查。

（6）最近一年及一期财务报表被注册会计师出具保留意见、否定意见或无法表示意见的审计报告。保留意见、否定意见或无法表示意见所涉及事项的重大影响已经消除或者本次发行涉及重大重组的除外。

（7）严重损害投资者合法权益和社会公共利益的其他情形。

由此可知，纵观境内外证券市场相关发行制度和实践，定向增发一般具有以下特点：

（1）在发行方式上，定向增发采取的是私募发行，而非公开发行。

（2）在发行对象上，定向增发多面向事前已确定的、少数的投资者，有别于通常意义的“增发”和“配股”。同时定向增发的发行对象多为机构投资者，而鲜为个人投资者，公募增发发行对象则广得多，面向广大社会投资者。

（3）上市公司公开发行新股（“增发”和“配股”）都有盈利的要求和新发行股份数量的限制（如配股），而定向增发则无此要求和限制。

（4）定向增发的对价不限于现金，还包括权益、债权、无形资产、固定资产等非现金资产，而公开发行多以现金认购方式进行。

（5）定向增发多不需要证券公司承销，成本和费用相对公开发行要低。

（6）私募发行要求发行对象有判断和承担风险的能力，因此定向增发对发行人资格的要求和信息披露的要求较之公开发行要低。

（7）为了消化和缓解非公开发行的股票公开上市交易的风险，定向增发的股份通常需锁定一定的期限，控股股东、实际控制人因对公司和其他股东负有责任，其持有的股票锁定期更长。

（8）在市场反应上，由于定向增发总是伴随着改善公司基本面的并购重组行为，因此定向增发比较容易得到投资者的认同，股价也会走高；而公募增发由于投资者对以往上市公司"圈钱行为"的存念比较难以被投资者接受。

具体情况如表7－3所示。

表7－3　公开发行与非公开发行股票条件对比

项目	公开发行		非公开发行
	增发	配股	
盈利能力	3年连续盈利，最近3个会计年度加权平均净资产收益率平均不低于6%	3年连续盈利	—
现金分红	最近3年以现金方式累计分配的利润不少于最近3年实现的年均可分配利润的30%		—
发行数量	—	拟配售股份数量不超过本次配售股份前股本总额的30%	发行对象不超过10名
价格	发行价格应不低于公告招股意向书前20个交易日公司股票均价或前一个交易日的均价	—	发行价格不低于定价基准日前20个交易日公司股票均价的90%
锁定期	自愿	自愿	控股股东、实际控制人及其控股的企业锁定期36个月，其他投资者12个月

三、债券融资

债券是政府、金融机构、工商企业等机构直接向社会借债筹措资金时，向投资者发行，并且承诺按一定利率支付利息并按约定条件偿还本金的债权债务凭证。债券的本质是债的证明书，具有法律效力。债券购买者与发行者之间是一种债权债务关系，债券发行人即债务人，投资者（或债券持有人）即债权人。

债券作为一种重要的融资手段和金融工具具有如下特征：

（1）偿还性。债券一般都规定有偿还期限，发行人必须按约定条件偿还本金并支付利息。

（2）流通性。债券一般都可以在流通市场上自由转让。

（3）安全性。与股票相比，债券通常规定有固定的利率。与企业绩效没有直接联系，收益比较稳定，风险较小。此外，在企业破产时，债券持有者享有优先于股票持有者对企业剩余资产的索取权。

（4）收益性。债券的收益性主要表现在两个方面，一是投资债券可以给投资者定期或不定期地带来利息收入；二是投资者可以利用债券价格的变动，买卖债券赚取差额。

债券市场是发行和买卖债券的场所，包括一级市场（发行市场）和二级市场（流通市场）。目前我国债券市场包括交易所市场、银行间市场、商业银行柜台市场三个子市场。其中，银行间市场占主导地位。中国债券市场格局如图 7－7 所示。

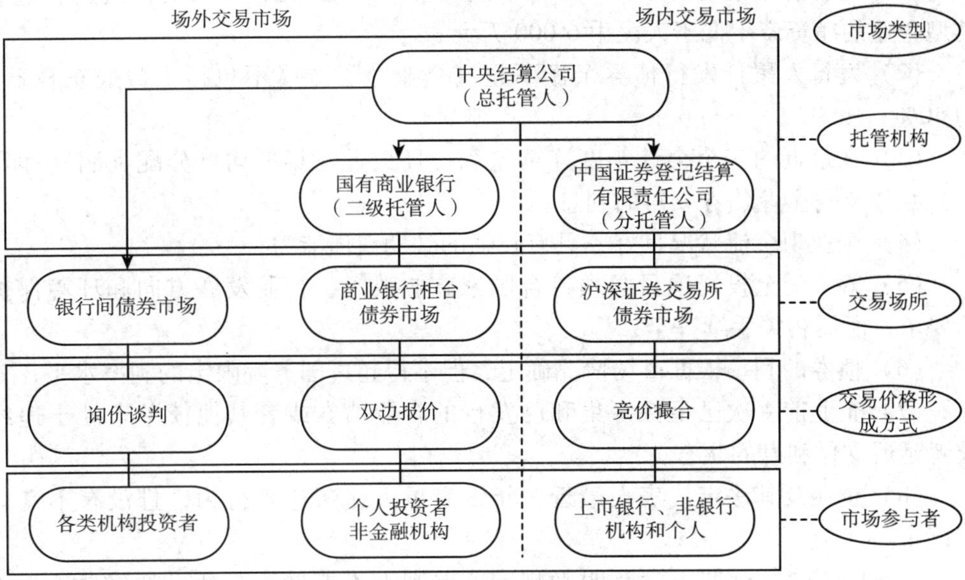

图 7－7　中国债券市场格局

中国债券市场按照交易场所结构和托管结构分别形成以下状态：从交易场所看，中国债券市场可以分为场外交易市场和场内交易市场。其中，场外交易市场主要指银行间债券市场和商业银行柜台交易市场，场内交易市场指交易所债券交易市场（包括上海证券交易所和深圳证券交易所）。从交易量来看，银行间债券市场是中国债券市场交易的主体场所，在中国债券市场发挥主导作用。从托管体系看，中央结算公司是中国债券市场的总托管人，直接托管银行间债券市场参与者的债券资产，而中证登公司作为分托管人托管交易所债券市场参与者的债券资产，国有商业银行作为二级托管人托管柜台市场参与者的债券资产。

在债券市场发行债券筹资是企业常见的融资方式之一。目前，我国企业的债务融资方式主要包括企业债券、公司债券、短期融资券、中期票据。

（一）企业债券

根据《企业债券管理条例》的规定，企业债券是指中国境内具有法人资格的企业在境内依照法定程序发行、约定在一定期限内还本付息的有价证券，但金融债券和外币债券除外。

企业债券的发行首先由国家发改委审核，国家发改委受理企业发债申请后，依据法律、法规对申请文件进行审核。符合发债条件的直接予以核准，否则应向发行人提出反馈意见或做出不予核准的决定。企业债券得到国家发改委批准并经中国人民银行和中国证监会会签后，即可进行具体的发行工作。

企业债券的发行条件包括：

（1）股份有限公司的净资产不低于人民币3 000万元，有限责任公司和其他类型企业的净资产不低于人民币6 000万元；

（2）发行人累计发行债券余额不超过企业净资产（不包括少数股东权益）的40%；

（3）在最近的三个会计年度连续盈利，且最近三年平均可分配利润（净利润）足以支付企业债券一年的利息；

（4）企业现金流状况良好，具有较强的到期偿债能力；

（5）筹集资金投资项目必须符合国家产业政策、行业发展方向和环境保护的要求，所需相关手续齐全；

（6）债券的利率根据市场情况确定，但不得超过国务院限定的利率水平；

（7）企业前一次已足额筹集和已发行的企业债券或者其他债务未处于违约或者延迟支付利息的状态；

（8）企业及其法定代表人最近三年没有重大违法违规行为，且没有不良信用记录。

企业债券的发行期限没有明确规定，原则上不能低于1年，通常为5～10年。发行利率及付息方式由发行人与承销商根据信用等级、风险程度、市场供求状况等因素协商确定，但必须符合企业债券利率管理的有关规定。企业债券发行完成后，可以申请在证券交易所上市交易，经证券交易所批准后，可以上市挂牌买卖。除了在证券交易所上市外，企业债券也可以经有关机构审批（目前为国债登记结算公司），进入银行间债券市场交易流通。

（二）公司债券

2007年8月14日，证监会颁布了《公司债发行试点办法》，并于8月16日颁布与之配套的《公开发行公司债券募集说明书》《公开发行公司债券申请文件》，作为具体操作指引。随着经济的发展，为推动债券市场监管转型，提升债券市场服务实体经济的能力，同时加强市场监管，强化投资者保护。2015年1月15日，证监会对《公司债券发行试点办法》进行了修订，修订后的规章更名为《公司债券发行与交易管理办法》。因此，公司债券是指发行人按照《公司债券发行与交易管理办法》的规定，依照法定程序发行、约定在1年以上期限内还本付息的有价证券。

从发行人的角度，公司债券与企业债券都属于一种对外公开发行的长期债券。但是公司债券由证券监督管理部门负责核准，只在证券交易所挂牌上市，2008年2月起，公司债券也可以进入银行间债券市场流通，但目前这种进入银行间债券市场流通的债券还很少。由于主管机构不同，发行条件也有所不同。

公开发行公司债券，应当符合《证券法》《公司法》的相关规定，经中国证监会核准。存在下列情形之一的，不得公开发行公司债券：

（1）最近36个月内公司财务会计文件存在虚假记载，或公司存在其他重大违法行为；

（2）本次发行申请文件存在虚假记载、误导性陈述或者重大遗漏；

（3）对已发行的公司债券或者其他债务有违约或者延迟支付本息的事实，仍处于继续状态；

（4）严重损害投资者合法权益和社会公共利益的其他情形。

资信状况符合以下标准的公司债券可以向公众投资者公开发行，也可以自主选择仅面向合格投资者公开发行：

（1）发行人最近3年无债务违约或者延迟支付本息的事实；

（2）发行人最近3个会计年度实现的年均可分配利润不少于债券一年利息的1.5倍；

（3）债券信用评级达到AAA级；

（4）中国证监会根据投资者保护的需要规定的其他条件。

未达到前款规定标准的公司债券公开发行应当面向合格投资者；仅面向合格投资者公开发行的，中国证监会简化核准程序。

公开发行公司债券，应当委托具有从事证券服务业务资格的资信评级机构进行信用评级。

在利率的确定方式上，公司债券公开发行的价格或利率以询价或公开招标等市场化方式确定。公司债券主要采用询价制，由向网下机构投资者询价确定利率区间，然后由发行人和承销商协商确定债券的票面利率。公司债券的发行对象主要为社会公众投资者，因此公司债券的发行更强调对债券持有人权益的保护和信息披露。

（三）短期融资券

短期融资券是企业在银行间债券市场发行和交易、约定在一定期限内还本付息、最长期限不超过一年的有价证券。作为一种短期债务融资方式，是银行短期贷款的一种替代融资方式。通常采用市场化的方式确定发行利率和发行价格，具有发行速度快、发行规模大等特点。其投资人主要为商业银行、证券公司等金融机构。短期融资券的发行门槛比较低，没有资本金规模限制，也没有对发行企业盈利能力和偿债能力的硬性指标限制，只要求详细披露公司的相关信息，透明度是其主要的核心条件。

（四）中期票据

中期票据是指具有法人资格的非金融企业在银行间债券市场按照计划分期发行的、约定在一定期限还本付息的债务融资工具。与短期融资券一样，中期票据也没有资本金的最低限制，没有对盈利能力和偿债能力的硬性条件，充分披露信息是其核心要求。尽管如此，从目前中期票据的发行主体来看，主要是资质较好的大型国有企业。

本章小结

本章系统分析了资本运营的问题：（1）在界定资本运营概念的基础上，分析了资本运营的特点和类型划分；（2）首次公开募股（IPO）是一种公开筹集权益资本的运作方式，主要分析了IPO上市要求、程序，并阐释了IPO定价及市场表现，主要包括IPO定价和IPO抑价问题；（3）再融资主要包括公开发行、非公开发行和债券融资，并着重梳理了企业债券、公司债券、短期融资券以及中期票据等；（4）私募股权基金是指以非公开方式向少数机构投资者或个人募集资金，主要向非上市企业进行权益性投资，并通过被投资企业上市、并购或管理层收购等方式退出而获利的一类投资基金，分析了私募股权基金缘起、概念、特点及组织形式，同时分析了对赌协议的相关概念及典型案例等。

案例分析

凤凰新媒体IPO融资研究

2011年5月12日，凤凰新媒体（NYSE：FENG）在美国纽交所上市，发行价为11美元，上市首日大涨34.09%，报收14.75美元。按照11美元的发行价计算，此次凤凰网IPO计划融资额1.4亿美元。借助数字与网络技术的进步和飞速发展，新媒体公司的发展前景广阔。而要使公司发展壮大，资本是首要的因素。没有资本的支撑，新媒体公司难以发展。包括凤凰新媒体在内的众多新媒体，在当前的市场经济大潮中，如何转变融资方式以及创新公司的融资机制，成为其筹集充足资金的首要问题。

一、背景简介

近年来，随着互联网的迅猛发展，我国社会已经走进“大众麦克风”时代，新媒体行业发展迅速。越来越多的民众开始学会通过网络平台传达信息、交流思想、表达诉求，使用论坛、博客、微博、微信等自媒体工具维护自身利益。在网络上，已经形成了一个由无数网民构成的网络舆论场，网络舆论场的诞生和发展逐渐瓦解、破坏了多年来传统媒体占主导地位的旧舆论格局。

新媒体在当今社会中的地位愈发凸显。2012年以来，在移动互联网和网络融合大势的促推下，中国新媒体用户持续增长，普及程度进一步提高。在新媒体应用上，我国超过两亿用户的新媒体应用就有十几项之多，以大数据、云计算为代表的新兴业态不断呈现，中国移动、百度、腾讯、华为等公司已经成为走向世界的中国新媒体应用民族品牌。2012年新媒体领域风云变幻，户外新媒体迎来新的发展契机，移动新媒体朝气蓬勃，网络新媒体加快整合步伐，传统媒体转型来势凶猛。自2013年以来，新媒体影视行业呈现出了更为繁荣、多元的发展态势，产业规模进一步放大，迎来了新一轮的爆发式增长。中国新媒体行业发展前景广阔。预计未来几年中国新媒体行业将继续保持高速平稳增长。

二、案例概况

（一）凤凰新媒体概况

凤凰新媒体是凤凰卫视传媒集团全资拥有的跨平台网络传媒，融合互联网、无线网和网络电视（IPTV）三大网络平台，以凤凰网为旗舰，以各类图文资讯音视频流媒体以及丰富的无线产品组成多媒体门户平台；以博客、辩论、社区等 Web 2.0 互动板块为用户提供互动与共动交流空间；以图文及音视频搜索、RSS、TAG、个性化定制等新一代互联网及无线技术满足用户的个性化需求，并为凤凰卫视中文台、资讯台、欧洲台、美洲台、电影台以及《凤凰周刊》开设专栏介绍。在宽带与移动互联网带来颠覆性革新及新旧媒体融合的时代，凤凰新媒体将继续引领互联网、移动互联网、电视的联动组合传播与 3G/4G 时代的媒体化创新。凤凰新媒体是跨平台网络新媒体公司，旗下有综合门户凤凰网、手机凤凰网和凤凰视频三大平台。

1. 凤凰网。凤凰网是凤凰新媒体旗下的一个图文音、视频综合资讯网站。提供国际、中国大陆及中国香港特区、澳门特区和中国台湾地区的时政、社会、财经、娱乐时尚、生活等综合新闻信息；以博客、论坛、辩论、调查等 Web 2.0 应用为用户提供互动与共动交流空间，以 RSS、TAG、点播、轮播、个人节目表等可定制的多媒体服务满足用户的个性化信息需求。凤凰网在对国内重大事件的报道中，给用户展现了其图文资讯特有的独家新闻视角。因此，内地用户在获取资讯的同时能够从多视角深度解读该报道。网站门户的用户群体定位与凤凰传媒一致，以年轻的白领人群为主。这种模式不仅用户定位明确，而且有针对地制作优质新闻，使得凤凰网在我国国内的传媒行业竞争中得以生根。虽然广告收入是凤凰网目前的主要盈利模式，但是网站会设置比较严格的广告准入机制来杜绝粗制滥造的广告，以此来确保用户的体验效果。

2. 手机凤凰网。手机凤凰网是凤凰网于 2007 年 6 月 29 日推出的免费 WAP 网站，手机凤凰网和凤凰移动台内容同步更新，通过 WAP 方式，可以有更多的手机用户每日获得最新的凤凰资讯，收听收看凤凰的音视频内容。手机凤凰网与凤凰网内容相同。

3. 凤凰视频。凤凰视频是凤凰网推出的视频门户，是高端用户首选的视频内容平台。凤凰视频内容涵盖新闻、纪实、播客、影视、原创等优质视频资源。通过“严肃新闻、多元内容、人文关怀、媒体品相”的特征，反映出凤凰视频的整体风格。其汇集了凤凰卫视超过 60 档精品节目的高质量视频，包括《锵锵三人行》《军情观察室》《凤凰大视野》《鲁豫有约》等众多著名栏目，同时是聚合全球优质精品视频，通过对专业机构制作的版权内容的编整组合，构建独家、优质、服务高品位受众的精品视频媒体平台。它的宗旨是打造最具有媒体价值的综合视频门户。

（二）凤凰新传媒 IPO 前的股权结构

1996 年成立的凤凰卫视，在内地拥有不错的口碑。其于 2000 年在港交所成功上市。默多克的新闻集团是其第二大股东，中央电视台也占有股份。2006 年，新闻集团向中国移动转让了其所持的凤凰卫视 19.9% 的股权，退居第三大股东。凤凰卫视正式与中国移动签署战略合作协议。

凤凰网作为凤凰卫视的公司官网于 1998 年上线，那时它的域名还是 Phoenixtv. com，内容也完全来自凤凰卫视。2005 年 11 月，刘爽出任凤凰网 CEO，正式展开在新媒体领域的拓展，制定了凤凰网、凤凰移动、凤凰宽频的发展战略。

2006 年 6 月成立了怡丰联合（北京）科技有限责任公司，在中国提供新媒体移动服务。2007 年 7 月，天盈九洲注册了 ifeng. com 域名，并将 phoenixtv. com 和 phoenixtv. com. cn 的流量全部转移到 ifeng. com。

2007 年 11 月 22 日，凤凰新媒体在开曼群岛注册成立，并成为凤凰卫视的子公司，负责凤凰卫视的新媒体业务。2008 年 5 月，凤凰卫视向公司转让其持有的凤凰卫视资讯有限公司的唯一发行股，以交换凤凰新媒体319 999 999股公司普通股。2009年11月，公司与晨兴创投、英特尔资本和贝塔斯曼亚洲达成股权收购协议。

（三）凤凰新媒体IPO上市

2011年5月12日，凤凰新媒体（NYSE：FENG）在美国纽交所上市，发行价为11美元，上市首日大涨34.09%，报收14.75美元。按照11美元的发行价计算，此次凤凰网IPO计划融资额达1.4亿美元。

凤凰新媒体招股书显示，凤凰卫视拥有凤凰新媒体3.2亿股普通股，IPO之前占总股本的64.84%；中国的香港晨兴集团旗下基金持有6 240万股普通股，IPO之前占总股本的12.64%；英特尔投资公司持有5 200万股普通股，IPO之前占总股本的10.54%；贝塔斯曼亚洲投资公司持有1 560万股，占IPO之前总股本的3.16%。管理团队整体持股比例不高，仅持有3 356.8万股普通股，IPO之前占总股本的6.68%。其中凤凰网CEO刘爽持有1516.8万股普通股，IPO之前占总股本的3.06%，凤凰网COO李亚持有1 188万股普通股，IPO之前占总股本的2.4%。在此次IPO后，凤凰卫视通过其全资子公司凤凰卫视（英属维尔京群岛）控股有限公司继续成为控股股东。

招股说明书显示，凤凰为国内综合排名第八的第三方网站，每月独立访问用户数达到2.22亿人次，2008年、2009年、2010年凤凰新媒体总收入分别为2.226亿元、2.623亿元、5.287亿元人民币；2008年净亏2 800万元，2009年净利润30万元，2010年净利润7 410万元。网络广告净收入分别为4 030万元、8 160万元和2.044亿元人民币（约合3 100万美元），年复合增长率为125.3%。付费服务收入分别为1.824亿元、1.807亿元和3.243亿元人民币（约合4 910万美元），年复合增长率为33.4%，2008年凤凰新媒体净亏损2 820万元人民币，2009年和2010年净利润分别为30万元和7 410万元人民币（约合1 120万美元），不计股票报酬，非GAAP净利润分别为180万、1 050万和9 060万元人民币（约合1 370万美元）。

（四）凤凰新媒体的盈利模式

凤凰新媒体盈利模式目前主要有三种：

1. 广告收入，以互联网广告为主，大力发展网络视频广告，并正在积极规划和探索未来的手机广告。凤凰新媒体营收首要来自广告和付费服务。根据凤凰新媒体最新公布的2014年第四季度财报，凤凰新媒体第四季度净广告营收为3.385亿元人民币，比去年同期的2.639亿元人民币增长28.3%。付费服务营业收入为9 960万元人民币，比去年同期的1.362亿元人民币下滑26.9%。凤凰新媒体第四季度移动增值服务营收为7 010万元人民币，比去年同期的1.077亿元人民币下滑34.9%，主要是由于来自电信运营商无线增值服务的营收下降。凤凰新媒体第四度来自游戏及其他业务的营收为2 940万元人民币，比去年同期的2 850万元人民币增长3.4%。

2. 内容提供和内容授权。涵盖了手机和网络宽频两大领域，这部分的收入形式主要是单纯的销售或"保底+分成"，销售是指购买方要提供购买的费用分成，就是对方把从用户中收来的费用或是从广告主收来的广告费用拿来与凤凰新媒体分成。其实，凤凰新媒体与视频网站的合作是双方面的。一方面，凤凰新媒体利用视频网站的平台来征集网友的原创内容，扩大自己的音视频资源库；另一方面，凤凰新媒体也利用视频网站的平台来发布凤凰卫视的电视原创内容或是凤凰新媒体的原创新媒体节目。凤凰新媒体在直播这些节目时，联合了PPlive、PPStream、新浪、QQ、悠视、猫扑等七大网站后时进行直播，接着又在一系列的视频分享网站进行点播式的二次传播。凤凰新媒体借助合作的视频网站作为内容输出平台，扩大了凤凰新媒体的影响力和用户群，为自己的内容做了宣传。凤凰新媒体首先为移动运营商提供内容服务，进而与运营商对相关收入进行分成。尽管凤凰新媒体与三大运营商均有合作关系，但付费收入主要来自中国移动。查看2008～2010年的三年来自中国移动的付费收入，分别为1.302亿元、1.008亿元、2.184亿元人民币，分别占当年度总付费收入的90.3%、87.0%和86.8%。也是在这三年中，其为中国移动提供手机报的固定服务贡献营收分别达到3 440万元、5 640万元和6 380万元人民币。

3. 增值服务，包括了用户付费和活动营销。无线业务和网络宽频的收费点播都是这部分收入的贡献力量。网络宽频的收费点播作为凤凰新媒体的其中一个收入模式。凤凰视频与其他国内视频网站的定位不同。首先在内容选择上，凤凰卫视既不打算“血拼”影视剧大片，也不准备在带宽上做特别大的投入，而是选择了视频资讯和纪录片这两个频道为重点，打造凤凰视频的品牌影响力，原因是其拥有独家媒体内容来源，由于依托凤凰网，凤凰视频具有先天的媒体基因。除此之外，凤凰视频也拥有影视剧、电影、娱乐综艺、原创等类型的节目，而与其他视频网站不同的是，凤凰视频在影视剧和娱乐方面的投入明显保守。由于凤凰新媒体由凤凰卫视控股，凤凰视频能够在第一时间得到凤凰卫视节月的独家版权，并有权将其拥有的独家内容进行分销。而目前网络视频市场以广告为主，优酷、土豆等其他主要视频网站的主要营收都是广告，付费点播以及版权分销业务贡献营收还微不足道。因此，凤凰视频想把收费模式做得更大，也不能仅仅停留在凤凰卫视的独家资源上，而要更深入地思考用户需求，做经营模式上的突破与创新。

三、案例启示

新媒体的盈利模式基本上包括：内容付费、广告以及无线增值业务。从与传统业务合作分成来看，现今与传统产业合作形式大不相同，如电视台与网站相连的合作形式，对某节日的宣传与播放。凤凰新媒体中的凤凰网就是与凤凰卫视结合，在凤凰频道这一栏目上对凤凰卫视的节目进行上传和播放，两者同时更新。新媒体将继续受到风险投资的追捧，但同时也应该理性地看到，追求回报是资本的核心。然而相对于普通的投资者来说，更高的回报就意味着它的风险更高，因此，要注意规避由于过度集中而导致该投资市场过热，使得市场的竞争更为激烈。要从最初就加大风险管控的力度，合理评估预期收益，这样才能真正地让新媒体行业与风险投资相互配合并健康地进行可持续发展。

（资料来源：改编自中国专业学位案例教学中心库案例，《新媒体公司IPO融资研究——以凤凰新媒体为例》，作者：肖继辉。内容有删减）

案例讨论题

1. 公司融资模式有哪些？

2. 影响公司融资模式选择的主要因素有哪些？

3. IPO融资相对于其他融资方式有哪些优势？

4. 适合进行IPO融资的公司特征包括哪些？

复习思考题

1. 与实业资本运营相比，金融资本运营的特点有哪些？

2. IPO后的长期市场有什么表现？

3. 再融资的方式有哪些？各有什么特点？在实际运作过程中，如何选择合适的再融资方式？

4. 私募股权基金的未来发展趋势如何？在后金融危机时代，如何重新认识私募股权基金？

第八章　行为财务学

在经历了导致2007~2009年全球金融危机的投机泡沫之后，我们或许会认为投资者饱受教训后理应更加理性。但之后陆续出现的高科技股虚假繁荣、房地产泡沫、比特币价格崩塌等现象仍然表明，投机性市场的行为、人类的易犯错性无法消除。实际上投资者也并不都像数理模型描述的那样，以一种理性的、可预知的、无偏见的方式做出投资决策，市场也出现了大量无法解释的资本市场异常现象。据此，以经济学的有限理性和认知心理学为基础逐渐发展出行为财务学，其研究成果广泛运用到了资本市场中。

第一节　行为财务学概述

一、行为财务学的含义

行为财务学（behavior finance）是一个金融财务领域最近关注热点的研究领域，综合了财务学、心理学和社会学等多种学科的研究成果，以经济学的有限理性和认知心理学为基础，从一种新的视角研究人们如何解释信息和采取行动，尤其是投资决策。它的贡献在于揭示了在不确定情况下，理性行为与财务二者的深刻互动。行为财务学的研究表明：投资者并不都像数理模型描述的那样，以一种理性的、可预知的、无偏见的方式做出投资决策。该理论在20世纪80年代开始受到重视，其后发展迅猛，主要应用于资本市场和公司理财。

美国学者伯勒尔和鲍曼（Burrel & Bauman）于1951年首先提出行为财务（金融）学的概念。他们认为，在衡量投资者投资收益时，不仅要建立和应用量化的投资模型，而且还应对投资者的行为模式进行研究。席（Hsee，2000）认为，行为财务学是将行为科学、心理学和认知科学上的成果运用到金融市场中产生的学科。程建伟（2002）认为，行为财务学是将心理学尤其是行为科学的理论融入金融学中，从微观个体行为以及产生这种行为的更深层次的心理、社会等动因来解释、研究和预测资本市场的现象和问题的学科。

行为财务学认为，投资者并不是完全理性，而是只具有有限理性，投资者在现实决策中存在诸多的认知偏差，这些偏差不可避免地要影响到人们的投资行为，进而影响资产定价。例如，股价对新信息的反应不是反应过度（overreation）就是反应不足（underreaction），而不是总是能够迅速且准确地反应。由于行为财务学能够较好地解释这些现象，因而逐渐受到越来越多学者的关注，使行为财务学成为目前财务学研究的显学。

作为一个新兴的研究领域，行为财务学至今还没有一个为学术界所公认的严格定义。比较一致的看法是，行为财务理论是利用行为经济学的分析框架，通过对行为主体在金融市场上真实行为的观察，探索行为主体在决策过程中的心理因素和行为特征，并以此来解释和预测其在金融市场中的真实行为。它将心理学、决策学、经典经济学等学科的理论融合于财务学中，以试图解释资本市场中投资者的实际决策与现代财务理论相违背的异常现象，研究投资者是如何在决策时产生系统性偏差的。

二、行为财务理论的形成与发展

现代传统财务理论主要包括马柯维茨（Markowitz，1952）的均值方差模型和资产组合理论，夏普（Sharpe，1964）、林特纳（Lintner，1965）和莫森（Mossin，1966）的资本资产定价模型（CAPM），以及布莱克—斯科尔斯—默顿（Black-Scholes-Merton，1973）的期权定价理论。这些理论的基础是法玛的有效市场假说（efficient market hypothesis，EMH）。EMH 认为，投资者是完全理性的，证券价格能够充分地反映人们所获得的信息集合，已知的信息对获利没有任何价值。EMH 是理性财务学发展到极致时所获得的重要结论。学术界对 EMH 的研究在 20 世纪 70 年代达到顶峰。

20 世纪 80 年代以来的实证研究不断发现，股票收益率具有可预测性的证据，EMH 的理论基础和实证检验都受到了强有力的挑战。实证研究发现了证券市场存在许多无法由 EMH 和 CAPM 加以合理解释的异常现象（market anomaly）。著名的市场异常现象主要包括三个方面；一是与市场有关的，如一月效应（January effect）等；二是与公司自身有关的，如规模效应、市净率效应、市盈率效应等；三是与投资策略有关的，股价似乎具有时间序列（time series）上的可预测性，如动量投资策略（momentum strategy）、逆向投资策略（contrarian strategy）、时间分散投资策略（time diversification strategy）和资金平均投资策略（cost average strategy）等。实证结果表明：EMH 对于资本市场存在的大量异常现象不具有解释力。与传统财务理论相比，实证研究的结果与其存在的巨大差异，引发人们对传统财务理论一系列假设的思考，人们开始质疑以有效市场假说为核心的传统财务理论。由此产生了行为财务学的萌芽，具体可以分为以下阶段：

1. 探索期。行为财务理论的研究最早可以追溯到 19 世纪，这是心理学和金融研究相结合的起点。利本（LeBon）的《群体（*The Crowd*）》和麦凯（Mackay）的《非凡的公众错觉和群体疯狂（*Extraordinary Popular Delusion and the Madness of Crowds*）》是最早研究投资市场群体行为的经典之作。凯恩斯的“选美竞赛”理论和“空中楼阁”理论（1936）开始关注投资者的心理预期在人们投资决策中的重要性。1951年，布雷尔（Burell）发表了《一种可用于投资研究的实验方法》一文，率先提出了用实验来讨论理论的必要性，因此，他成为现代意义上行为财务理论的最早研究者。随后，鲍曼和斯洛维克（Bauman & Slovic）等学者从行为学的角度出发，呼吁关注投资者的非理性心理，并指出财务学与行为学的结合应是今后财务学发展的方向。

2. 奠基期。心理学家卡尼曼和特维茨基（Kahneman & Tversky）在1979年发表的文章《前景理论：风险状态下的决策分析》，为行为财务理论的兴起奠定了坚实的理论基础，成为行为财务研究史上的一个里程碑。1982年，卡尼曼、特维茨基和斯洛维克合发了《不确定下的判断：启发式与偏差》一文，研究了人类行为与投资决策经典经济模型的基本假设相冲突的三个方面，即风险态度、心理账户和过度自信，并将观察到的现象称为“认知偏差”。这标志着行为财务理论的正式创立，也成为行为财务理论研究的强大依托。

3. 成长期。20世纪80年代中后期出现了行为财务理论的第二代核心人物，他们是塞勒和席勒（Thaler & Shiller）。行为财务学迅速发展的序幕由德邦特和塞勒（DeBondt & Thaler）在1985年发表的《股票市场过度反应了吗?》一文拉开，文章正式系统地提出了“反应过度假说”。在此之后，塞勒主要研究了股票回报率的时间模式和投资者的心理账户。席勒主要研究了股票价格的异常波动、股票市场的“羊群效应”和投机价格等。奥戴恩（Odean）对于处置效应的研究，里特（Ritter）对于IPO的异常现象的研究和卡尼曼对过度反应和反应不足之间转换机制的研究，进一步推动了行为财务理论的发展。

4. 繁荣期。20世纪90年代，德隆等（Delong et al.）关于金融市场上的“噪声交易”研究使行为财务方面的研究迅速增多。在此之后，行为财务理论更加注重投资者心理对资产定价和最优资产组合投资决策的影响。谢夫林和斯塔曼（Shefrin & Statman）在1994年提出了行为资产定价理论（BAPM），在2000年又提出了行为组合理论（BPT）。更加频繁的市场异象使行为财务理论学者更加质疑传统财务理论。行为财务理论成果和行为财务理论模型的层出不穷，也繁荣了行为财务理论。值得一提的是，席勒教授于2000年出版了《非理性繁荣》一书，他提醒投资者，不管用哪种尺度来衡量，当前美国股市的价格都已经很高了，并从行为财务的角度对美国股市的泡沫进行了深刻的剖析。此外，安德烈·施莱弗（Andrei Shleifer）的《并非有效的市场：行为财务学导论》一书也具有较强的影响。在书中，他比较详细地分析了投资者的心理变化和这些变化对证券价格的影响，这本著作对投资者和政策的制定者具有很现实的参考意义。

而我国对行为财务的研究起步于20世纪80年代，晚于西方国家，而且停留在对已有研究成果的一般性介绍阶段。我国学者们从对投资者心理偏差导致的市场异象进行实证研究着手，但至今为止我国还没能形成关于行为财务的逻辑严密的体系。行为财务理论研究人们在投资决策过程中认知、态度和感情等心理特征，以及由此而引起的市场非有效性，在此基础上对人的行为和市场的效率做出更符合实际的解释，并提出了更富有成效的指导。行为财务理论是对传统财务理论的一种变革和创新。我国学者对行为财务的研究逐渐增多①，1995 年，彭星辉和汪晓虹研究了中国金融市场投资者的行为决策。他们认为，随着投资者心理的变化，其投资策略会显著不同，这是中国对于行为财务学较早的研究。1999 年，刘力对现代金融理论提出质疑。该研究指出，现代财务的经典理论的某些基本假设与投资者在证券市场上的实际投资决策行为不相符。这一理论也成为行为财务进入中国的标志。在接下来的几年中，行为财务理论模型开始出现。杨建伟和池昂付（2001）、易洋平（2002）、郭晔（2003）、李心丹（2005）等学者都对前景理论、行为组合理论、BSV 模型、DHS 模型、统一理论模型和“羊群效应”模型进行了解释。此外，还提出了逆向投资、动量交易、成本平均和时间多样化等投资策略。随着行为财务学的不断发展，新的行为财务概念如前景理论和过度自信逐渐形成。周焯华（2009）着重分析了前景理论，认为新的财务学范式的形成将以人性化为基本特征。同阶段，陈耿宣（2010）、孟赞和杨建文（2014）等学者也对个体投资者、公司管理层、机构投资者的过度自信行为进行了分析。近几年，对于行为财务的表述不断创新，巩磊（2011）、李恒（2015）、范嘉琪（2017）等人对“日历效应”进行了解释并分析了股票市场受“日历效应”的具体影响。其中具有代表性的为田文晴（2017）对投资者情绪的研究。股市价格波动的影响因素涉及的投资者情绪指数这一概念，主要包括巨潮投资者信心指数、央视看盘指数以及好淡指数，并且研究指出好淡指数更加适合于投资者行为的研究。

尽管学术界出现了大量的行为财务学相关研究，然而我国行为财务学还是一个年轻的领域，在研究的方法和内容上还不够完善，有深入研究的空间。本教材试图对行为财务理论的全貌给予一个描述，探究这一理论对我国金融领域和企业财务领域的一些启示。

第二节 行为财务学的基本理论

一、行为财务学的现实表现

行为财务学的发展与在财务理论中引入心理学的研究成果是分不开的。心理学家们通过实验证明，人们在不确定条件下的决策中会明显地呈现出如下常见的心理特征：

（一）“羊群效应”

“羊群效应”理论（effect of sheep flock），也称羊群行为（herd behavior）、

① 本部分内容借鉴了李明钰、沈巍：《我国行为财务研究现状及问题分析》，载《时代金融》2018 年 10 月中旬刊。

从众心理。经济学里经常用“羊群效应”来描述经济个体的从众跟风心理。由于羊群行为具有传染性，因此把存在于多个行为主体之间的羊群行为现象称为“羊群效应”，主要研究信息传递和行为主体决策之间的相互影响，以及这种影响对信息传递速度和充分性的作用。金融市场中的“羊群效应”是一种特殊的非理性行为，它是指投资者在信息环境不确定的情况下，行为受到其他投资者的影响，模仿他人决策，或者过度依赖于舆论，而不考虑自己的信息的行为。由于羊群行为是涉及多个投资主体的相关性行为，对于市场的稳定性效率有很大的影响，也和金融危机有密切的关系。当股票市场中投资股票积极性大增时，个人投资者能量迅速积聚，极易形成趋同性的“羊群效应”，追涨时信心百倍蜂拥而至，大盘跳水时，恐慌心理也开始连锁反应，纷纷恐慌出逃。导致出现“羊群效应”还有其他一些因素，比如，一些投资者可能会认为同一群体中的其他人更具有信息优势。“羊群效应”也可能由系统机制引发。例如，当资产价格突然下跌造成亏损时，为了满足追加保证金的要求或者遵守交易规则的限制，一些投资者不得不将其持有的资产割仓卖出。

关于羊群行为的形成有以下几种解释。哲学家认为是人类理性的有限性，心理学家认为是人类的从众心理，社会学家认为是人类的集体无意识，而经济学家则从信息不完全、委托代理等角度来解释羊群行为，归纳起来，主要有如下几种观点：

1. 由于信息相似性产生的类“羊群效应”。弗洛特、沙尔夫斯泰因和斯坦（Froot，Scharfstein & Stein，1992）指出，机构投资者具有高度的同质性，他们通常关注同样的市场信息，采用相似的经济模型、信息处理技术、组合及对冲策略。在这种情况下，机构投资者可能对盈利预警或证券分析师的建议等相同外部信息做出相似反应，在交易活动中则表现为羊群行为。

2. 由于信息不完全产生的“羊群效应”。信息可以减少不确定性，投资者获得准确、及时和有效的信息就意味着可以获得高额利润或者避免重大的经济损失。但是在现实市场中，信息的获得需要支付经济成本，不同投资者获得信息的途径和能力各不相同，机构投资者拥有资金、技术、人才的规模优势，个体投资者在信息成本的支付上远远不能同机构投资者相比，由此导致的直接后果是机构投资者比个体投资者获得更多的有效信息，个体投资者在获取有效信息和获得投资收益时处于不利地位。个体投资者为了趋利避险、获得更多的真实经济信号，将可能四处打探庄家的“内幕消息”，或是津津乐道于“莫须有”的空穴来风，在更大程度上助长了市场的追风倾向。

3. 基于委托代理产生的“羊群效应”。在存在道德风险和逆向选择的条件下，基金持有人（委托人）的最优策略是和基金经理（代理人）签订与基准挂钩的报酬合约，使基金经理的报酬结构依据其和指数或其他基金的相对表现来确定。但这种报酬结构会扭曲经理人的激励机制，间接鼓励基金经理随指数或同行而进行投资决策，最终导致无效的投资组合。在与基准挂钩的报酬结构下，如果基金经理的表现落后于基准，那么基金经理将面临极大的压力，甚至职位不保，谨慎的策略是舍弃自己的信息或信念，尽量避免使用过于独特的投资决策，以免业绩落后于指数或同行，这样便产生了羊群行为。

（二）锚定效应

锚定（anchoring）是指人们倾向于把对将来的估计和已采用过的估计联系起来，同时易受他人建议的影响。当人们对某件事的好坏做估测的时候，其实并不存在绝对意义上的好与坏，一切都是相对的，关键看你如何定位基点。基点定位就像一只锚一样，它定了，评价体系也就定了，好坏也就评定出来了。所谓锚定效应（anchoring effect）是指当人们需要对某个事件做定量估测时，会将某些特定数值作为起始值，起始值像锚一样制约着估测值。在做决策的时候，会不自觉地给予最初获得的信息过多的重视。比如，如果某一项业务预计带来 20 000 美元收入，那么投资者预测，不考虑通货膨胀，一年后同样的业务带来的收入会为 19 000 ~ 21 000 美元，然而真实的波动范围一般要大于这个区间。换句话说，投资者的预测区间常常比真实区间更为狭窄，因为它已经被“锚定”在 20 000 美元左右。

1974 年，卡尼曼和特维茨基通过实验来证明锚定效应的存在。实验要求实验者对非洲国家在联合国所占席位的百分比进行估计。因为分母为 100，所以实际上要求实验者对分子数值进行估计。首先，实验者被要求旋转摆放在其前面的罗盘随机地选择一个在 0 ~ 100 之间的数字；接着，实验者被暗示他所选择的数字比实际值是大还是小；然后，要求实验者对随机选择的数字向下或向上调整来估计分子值。通过这个实验，卡尼曼和特维茨基发现，当不同的小组随机确定的数字不同时，这些随机确定的数字对后面的估计有显著的影响。例如，两个分别随机选定 10 和 65 作为开始点的小组，他们对分子值的平均估计分别为 25 和 45。由此可见，尽管实验者对随机确定的数字有所调整，但他们还是将分子值的估计锚定在这一数字的一定范围内。

许多金融和经济现象都受锚定效应的影响。比如，股票当前价格的确定就会受到过去价格的影响，呈现锚定效应。证券市场股票的价值是不明确的，人们很难知道它们的真实价值。在没有更多的信息时，过去的价格（或其他可比价格）就可能是现在价格的重要决定因素，通过锚定过去的价格来确定当前的价格。

锚定效应同时发生在商品定价的其他经济现象中，它类似于宏观经济学中的“黏性价格”，只要把过去的价格作为新价格的一种参考（建议），那么新价格就会趋于接近过去的价格。如果商品的价值越模糊，参考就可能越重要，锚定就可能是更重要的价格决定因素。罗伯特·席勒在其著作《非理性繁荣》中认为，若投资者是完全理性的，那么股市的心理锚将不存在，这些行为模式并不是人们无知的结果，而是人类智慧的产物，投资者总是努力做正确的事情，但是他们的能力有限，当投资者无法把握自己行为的准确性时，特定的行为模式就会决定他们的行为。据此，罗伯特·席勒教授考虑了两类锚：数量锚（quantitative anchors）和道德锚（moral anchors）。数量锚给出股市应达到的水平，人们以此为标准来衡量股市是定价过高还是过低以及是否应该买进；道德锚是促成人们购买股票的原因，由此人们判断购买股票还是将已投入（或能投入）股市的财富转向其他用途。根据数量锚，人们判断股票（或其他资产）定价是否正确；根据道德锚，投资者将投资于股市的情感或直觉力量与他们的财富和当前的消费需求相权衡。

在判断股票的价格水平时，最可能的数量锚就是记忆中离现在最近的价格，因此数量锚的影响会使得股价日复一日地趋同。其他数量锚还包括过去的股价，这一点也就成为股价发展势头会被逆转的原因之一，还包括股指在最近达到的顶峰和最近的整体水平，投资者对这种数量锚的使用有助于解释市场中的一些异常行为。对单个股票来说，价格变化往往会以其他股票的价格变化为标准，市盈率也会以其他公司的市盈率为基准。这种联系往往有助于解释为什么不同的股票会一起涨跌，为什么股票指数会如此多变。它可能也会解释为什么行业不同但总部设在同一国家的企业比行业相同但总部设在不同国家的企业有着更加相似的股价变动趋势，这一点与史蒂文（Steven L.，1994）认为行业比总部位置更能影响企业基本面的观点恰恰相反。资本市场中出现的许多异常现象实际上都是由于人们倾向于把便于参考的数字作为数量锚。

股市中的道德锚，是人们在保持投资的需要和消费的需要两者之间做出取舍，这会对股市产生重要影响。投资者可能明白股市价格的“正常”水平是多少或者超出了多大程度就算很高了，所以股市价格不会一直持续上涨。如果股票市场大幅度上涨，投资者在股市中拥有的财富数量与当前生活水平之间的差异就会使得他们不再继续持有股票。有一个例子可以帮助我们理解这一现象的本质，假设股市持续上涨使得大多数持股者都成为账面上的亿万富翁，那么除非继续持有每种股票的理由十分强烈，否则大多数人可能会卖掉一些股票兑现使自己过上亿万富翁的生活。当然，如果投资者都做出卖出决策，股价就会下降。根据此例，只有投资者认为有充分的理由不去消费新近获得的财富时，股市才会达到非常高的水平。

这种道德锚有其心理学的理论依据，即人们从想法到行动并不是基于精确的数量分析，而是喜欢以“讲故事”和“找原因”的简单形式出现。这就是为什么在道德锚的例子中，人们总是喜欢将毫无数量基础的故事与所观察到的可用于消费的金融财富数量相比较。例如，公司向公众出售股票时总是喜欢生动地描述企业历史、产品性质以及公众如何使用这种产品，这种宣传一般不会涉及对数量和概率的讨论，也不会从未来分红和收益的数量来讨论目前股价是否处于正常水平。我们还注意到，即使在投资分散化更符合利益的情况下，公司员工仍然存在投资于本企业股票的倾向。在美国有些公司如可口可乐公司员工投资于本公司的股票比例达到90%。这种投资于本企业股票的趋势与投资者受到故事的影响是一致的，员工们更了解本公司的故事，因此倾向于投资于本企业的股票。持有股票或其他投资的原因不仅可以是基于理性思考上的，也可能是道义上的。某些国家的文化可能会从道德方面解释为什么要持有股票或其他储蓄手段，持有股票行为被看成是负责任的、聪明的表现。人们总是宣扬那些富翁不会将财富兑现并用于消费，这为股票的牛市提供了不可或缺的道德锚。

（三）心理账户

心理账户是芝加哥大学行为科学教授理查德·塞勒（Richard Thaler）提出的概念，塞勒于2017年获得了诺贝尔经济学奖。1980年，塞勒首次提出“心理账户”概念，用于解释个体在消费决策时为什么会受到“沉没成本效应（sunk cost effect）”的影响。塞勒认为：人们在消费行为中之所以受到“沉没成本”的影响，一个可能的解释是卡尼曼教授等提出的“前景理论”，另一个可能的解释就是推测个体潜意识中存在的心理账户系统（psychic accounting system）。人们在消费决策时把过去的投入和现在的付出加在一起作为总成本，来衡量决策的后果。这种对金钱分门别类的分账管理和预算的心理过程就是“心理账户”的估价过程。例如，跟团旅游先支付掉旅行所有的费用和先付一部分钱，然后每次门票费再另付，可能路线、费用都一样，但舒服度是完全不同的，前一种是怎么玩乐怎么高兴，因为钱已付了；后一种情绪变化会比较大，因为总在掏钱。因此，我们千万不要让痛苦分阶段，既然痛苦不可避免，就应让痛苦一次到位，剩下的全都是好的。售房也是这样，售楼合同书一定要清晰，将所有的成交流程、费用列清，我们千万不要采取“先钓鱼再上钩”的策略，让客户一步一步地感受痛苦。

实际生活中，我们都有两个账户，一个是经济学账户，另一个是心理账户，心理账户的存在影响着我们的消费决策。经济学账户里，每一元钱都是可以替代的，只要绝对量相同。在心理账户里，对每一元钱并不是一视同仁，而是视不同来处，去往何处采取不同的态度。由于消费者心理账户的存在，人们在决策时往往会违背一些简单的经济运算法则，从而做出许多非理性的消费行为。这些行为集中表现为以下几个心理效应：非替代性效应、沉没成本效应、交易效用效应。这些效应在一定程度上揭示了心理账户对个体决策行为的影响机制。心理账户是人们在心理上对结果（尤其是经济结果）的分类记账、编码、估价和预算的过程。也就是说，人们根据资金的来源、所在和用途等因素对资金进行归类的过程。对于不同来源的资金归到不同的心理账户中。对来之不易的资金会高估，而对轻易得到意外之财可能会低估，并且会倾向于轻率地使用被低估的资产。如赌场赢得的资金、股票市场获得的横财、意想不到的遗产、所得税返还等都会被估价得比常规的收入低。人们在使用这些低估资产时会比较轻率和随意。

有别于传统财务理论中“资金可替代”假设，现实中人们会依据资金的来源和用途等因素对资金进行分类，这就是我们所要说的“心理账户”现象。塞勒教授根据“心理账户”原理，提出了公司公布消息的四个原则：

(1) 如果你有几个好的消息要发布，应该把它们分开发布；

（2）如果你有几个坏消息要公布，应该把它们一起发布；

（3）如果你有一个大大的好消息和一个小小的坏消息，应该把这两个消息一起告诉别人；

（4）如果你有一个大大的坏消息和一个小小的好消息，应该分别公布这两个消息。

（四）过度自信

心理学的文献认为，人是过度自信的，尤其对其自身知识的准确性过度自信。人们系统性地低估某类信息并高估其他信息。格瓦里斯、希顿和奥戴恩（Gervaris，Heaton & Odean，2002）将过度自信定义为，认为自己知识的准确性比事实中的程度更高的一种信念，即对自己的信息赋予的权重大于事实上的权重。关于主观概率测度的研究也发现，确实存在过度估计自身知识准确性的情况。弗兰克（Frank，1935）发现，人们过度估计了其完成任务的能力，并且这种过度估计随着个人在任务中的重要性而增强，人们对未来事件有不切实际的乐观主义。昆达（Kunda，1987）发现，人们期望好事情发生在自己身上的概率高于发生在别人身上的概率，甚至对于纯粹的随机事件有不切实际的乐观主义。人们会有不切实际的积极的自我评价，往往认为自己的能力、前途等会比其他人更好。过度自信的人往往有事后聪明的特点，夸大自己预测的准确性，尤其在他们期望一种结果，而这种结果确实发生时，往往会过度估计自己在产生这种合意结果中的作用。丹尼尔、赫什利弗和苏布拉马尼亚姆（Daniel，Hirshleifer & Subrahmanyam，1998）认为，成功者会将自己的成功归因于自己知识的准确性和个人能力，这种自我归因偏差会使成功者过度自信。过度自信的人在做决策时，会过度估计突出而能引人注意的信息，尤其会过度估计与其已经存在的信念一致的信息，并倾向于搜集那些支持其信念的信息，而忽略那些不支持其信念的信息。当某些观点得到活灵活现的信息、重要的案例和明显的场景支持的时候，人们会更自信，并对这些信息反应过度。而当某些观点得到相关性强的、简洁的、统计性的和基本概率信息支持的时候，人们通常会低估这些信息，并对这些信息反应不足。

过度自信有两种表现形式：一是人们估值的置信区间太小。例如，人们认为，置信区间包含真实值的概率有98%，而事实上置信区间包含真实值的概率只有60%左右，即人们估值的置信区间太小了。二是人们估计事件发生的概率很不准确。例如，人们估计某一事件完全可能发生，而实际发生的可能性只有80%；人们确信不可能发生的事件实际发生的可能性却有20%。为此，人们对事件发生概率的估计经常走向极端，过高地或过低地估计那些他们认为应该发生或不应该发生事件的可能性。

在传统的金融理论中都假设行为人是风险规避的，但现实中人往往是风险中性甚至是风险寻求的。弗里德曼和萨维奇（Friedman & Savage，1948）就发现，尽管赢得彩票的概率只有数百万分之一，但还是有很多人去买彩票，这种购买彩票的行为就表现为风险寻求。风险寻求的原因很可能是过度自信。在行为财务学中，过度自信投资者被定义为：第一，证券投资者往往认为自身得到的市场信息更加准确，从而高估了这类信息准确度，因而错误地认为自己掌握的信息高于市场平均准确度。第二，证券投资者对自己预估股票内在价值的能力高估了，而对价格估算的误差方差低估了，从而具备两方面因素的投资者过度自信。马哈洪（Mahajon，1992）将过度自信定义为：人们在进行决策的时候对一些事件出现的概率过高的估计的行为，这也造成了人们在事件出现后认为自己的估计是正确的从而加大这种心理因素。格瓦里斯、希顿和奥戴恩（2002）将过度自信定义为：认为自己知识的准确性比事实中的程度更高的一种信念，即对自己的信息赋予的权重大于事实上的权重。现在，"过度自信"这种情绪及其带来的行为模式被广泛地运用于解释各类金融市场中的异象。奥戴恩（1998）认为，过度自信交易者的类型和信息分布形式（即信息是如何传播的）会对金融市场产生以下影响：（1）过度自信交易者会导致市场平均交易量增加和市场深度（指在不影响当前价格条件下的成交数量）的加深，同时他们的期望效用下降；（2）不同类型的过度自信交易者会对市场价格波动程度和价格质量产生影响；（3）过度自信的理性交易者会对市场信息反应不足。

以我国资本市场为研究对象，杨德勇和彭博（2013）通过对投资者过度自信引起过度交易的实证检验结果发现，由于投资者具有将过去收益归因于自身高超的选股能力以及信息方面的优势，进行了过多的非理性交易，导致了我国股票市场上投资者普遍存在的过度交易行为。同时发现，大体上来看股市发展的时间越长，投资者过度自信引起过度交易的程度将越低。同时与熊市相比而言，在牛市的情况之下投资者过度自信引起过度交易的程度越高。早期我国股票市场投资者以中小散户为主，这些投资者的非理性投资行为特征加上政策制度以及交易机制不完善，使得股市上投机盛行，投资者追涨杀跌，将股票作为炒作的对象，使得在股市发展的早期，过度自信引起的投资者过度交易现象严重。随着股市的向前发展，一方面政策制度以及交易机制日趋完善，另一方面投资者经过早期股市中的摸爬滚打日渐成熟，并且交易行为相对成熟理性的机构投资者日益增加，使我国股市投资者由过度自信引起的过度交易程度日益降低。当股市处于牛市时，账面收益率的提高一方面使得原有投资者增加投资，频繁操作，另一方面也吸引新投资者进入市场，市场上交易量与换手率都处于高点。但由于中小投资者在知识结构与心理状况方面的不足，其将大盘上涨为其带来的收益归因于自身高超的选股能力与信息获取与准确性方面的优势，因此始终存在过度自信的认知偏差。只有当"熊市"到来，投资者面临损失时，其才会恢复理性，降低自身非理性的交易量。

过度自信的程度是否会因个人专业知识的增加而下降？学者们研究发现，个人专业知识的增加并不会减轻其过度自信的程度。当事件难以预测和把握时，专家比普通人往往更趋于过度自信。例如，某个国家的经济发展趋势、某只股票的价格走势等，普通人无法用现有的数据去预测，而专家由于能够运用模型和各种工具系统地分析，便比普通人更容易呈现出过度自信的特征。因此，过度自信现象确实随处可见，而且很难消除。

（五）后悔厌恶

投资者为什么总是捂着业绩不佳的股票、不愿意卖出？往往发觉错了还不愿止损？为什么会有“羊群行为”？从心理学上探究，这很可能是由于害怕后悔而努力避免后悔，受到避免承认其投资决策失误的心理影响，而不仅是为了避免损失。后悔厌恶（regret aversion）是指当人们做出错误的决策时，会对自己的行为感到痛苦。这是对自己能力的怀疑，使人们感到要为损失承担责任，所以后悔比损失更让人感到痛苦。为了避免后悔，人们往往会做出一些非理性的行为。

为避免后悔，人们往往不愿立即使“账面损失”成为“真实损失”，或急于套现价格已上涨的股票。实证研究表明，“后悔厌恶”与“羊群效应”有强烈的正相关关系。如羊群行为，在投资过程中，为了减少在遭受损失时感到的痛苦，人们会与其他投资者保持一致并做相同的决策，这样对错误决策的责任感就会相对减少。再比如，股票投资者在股票价格上涨后会及早地卖出股票，防止以后价格下跌而感到后悔；当股票价格下跌时反而会长时间持有，等待价格上涨的时机，防止立即兑现后而感到后悔。这种为了避免后悔，投资者倾向于继续持有具有资本损失的股票，变现具有资本利得的股票的现象，被称为“处置效应”（disposition effect），处置效应是资本市场中一种普遍存在的投资者非理性行为，这种持有亏损股票而过早卖出盈利股票的“售盈持亏”的心态在国内和国外投资者中同样存在，反映了人类的天性。

谢夫林和斯塔曼做了如下验证“处置效应”的实验。假如投资者持有的股票买价为50元，而目前价格为40元，投资者有以下两种方案可以选择：方案A，卖出，马上确认10元损失；方案B，继续持有，有50%的可能挽回损失，还有50%的可能再损失10元。两位学者认为，由于存在后悔厌恶，投资者不会选择方案A，而倾向于选择方案B来试图挽回损失。另外，如果目前市价为60元，投资者依然有两种方案可选择：方案A，卖出股票，马上确认10元的盈利；方案B，持有股票，有50%的可能再盈利10元，还有50%的可能损失10元。研究表明，由于后悔厌恶，投资者不会选择方案B，因为这要承担可能产生的损失所带来后悔的痛苦，而倾向于卖出股票马上兑现10元盈利。不愿卖出已下跌的股票，是为了避免一次失败投资的痛苦和后悔心情，向其他人描述投资亏损的难堪，也使其不愿卖出已亏损的股票。

投资决策受到后悔厌恶情绪的影响是正常的，但对投资的不利影响，是表现出寻求“后悔最小化”而非“收益最大化”的典型特征。

此外，投资者在做出决策过程中还存在启发式偏差（heuristics bias）、框定偏差（framing bias）等认知心理特征。

二、从现代财务理论到行为财务理论的演化路径

现代财务理论向行为财务理论的发展和演化路径，我们可以总结为以下几点①：

1. 金融环境的变化为行为财务理论的发展提供了动力。20 世纪 70 年代末，金融市场的波动性进一步加剧，出现了一些现代财务理论无法解释的异常现象，人们逐渐认识到现代财务理论存在的严重不足。

2. 现代财务理论的缺陷为行为财务理论的发展提供了空间。随着人们对金融市场的进一步认识，发现现代财务理论假设与实证检验的不一致，这主要表现在：

（1）人的非理性是经常化的。经济学中的理性被定义为一种对未来的预测与未来实际发生的结果完全吻合的行为。由于对未来的预测准确与否只有等发生以后才能验证，而金融体系的难以预测性使得人们总是期望能够预测准确，然而往往事与愿违。另外，由于人具有天生趋利避害性、偏好多样性、投机性等经济人行为，导致人的非理性是经常化的。

（2）市场无摩擦是不现实的。在信息获得成本、资产买卖冲击成本的作用下，市场的摩擦是普遍存在的。

（3）正态分布与实证检验的不相容性。传统资本市场理论中有关资本市场价格变化遵循随机游动模型，其概率分布服从高斯型正态或对数正态分布的假设，从其提出之日起，就不断地受到实证研究的抵制。后来，法玛（1965）、弗里德曼（1968）和彼得斯（Peters，1968）等都曾对证券市场收益率的分布做过实证研究，都得出了不同于正态分布假设的结论。

（4）非均衡是市场常态。以往的理论工作者似乎比较偏爱“均衡”，西方主流经济学理论是建立在一般均衡假设之上的，计量经济学是以均衡的理念为前提的，经典物理学也精雕细刻于均衡的物质世界理论。“然而，如果我们看一看一个有生命的世界的生态——例如地球的生态——就会发现大自然不喜欢均衡。一个物种或一个系统要想生存，它就必须进化，如普里高洋（Prigogine）所宣称的那样，它必须‘远离均衡’”。这也就是说，一个充满生机的系统必然处在开放的状态下，不断地与外界交换物质、能量或信息，不断地进行新陈代谢，不断地进化。一个系统如果最终达到了均衡而不再有变化，那也就意味着其生命的消失。

因此，金融市场所具有的“有限理性、摩擦、非正态分布、非均衡”是客观的，而现代财务理论采用“理性、无摩擦、正态分布、均衡”的假设来研究、分析、揭示资本市场必然会出现偏差，甚至完全背离。

---

① 刘超、刘丽：《系统金融理论：未来金融理论研究范式的演化方向——兼现代金融理论、行为金融理论、系统金融理论比较》，载《上海金融》2012 年第 5 期。

3. 心理学、社会学及行为科学的产生与完善为行为财务理论的发展提供了工具。在这一时期心理学、社会学、行为科学得到了迅速的发展，尤其是实验心理学的一些理论。如雷宾（Matthew Rabin，1998）所述，“由于心理学系统研究人类的判断、行为和满足感，它能够告诉我们实际上人类（活动）怎样与传统（主流）经济学的（基本）假定不同”。到了 20 世纪 90 年代，一些学者开始将其他学科应用于经济学，而主流经济学中的一些经济学大师也较早注意到心理学可能对经济学产生的影响，并致力于推动心理学理论在经济学中的应用。金融市场“异象”的出现、现代财务理论的不足以及心理学等相关学科的发展，使更多的学者寻找理论上的突破，以建立更符合实际的金融理论。行为财务理论应运而生，成为金融理论领域的一次革命。

三、行为财务学的基本假设

1. 理性人假设和有限理性。赫伯特·西蒙（Herbert A. Simon）在 1947 年出版的《管理行为》一书中提出有关决策的合理性理论。他认为人的基本生理限制导致人的认知限制、动机限制以及二者的相互影响，从而表明人类存在有限理性而不是完全理性。而这些有限理性在决策时是起相当大的作用的，决策者的决策受环境的影响，也受决策者本身理论与经验常识、个性特征、搜索方案的难易以及所承担责任的多少等因素的共同影响，以此来进行决策，从而获得问题解决。西蒙的研究既强调了决策过程中的认知过程，又强调开发式的应用。一些心理学家受到启发，开始致力研究人在决策中的启发式策略。

2. 不确定性判断：启发式偏见。遵循西蒙的有限性学说，卡尼曼和特维茨基通过对判断的研究说明，人们在不确定环境下做出的判断依赖于有限的启发。三种重要的启发式偏见包括：代表性、可得性以及锚定与调整。人们通常认为，从一个有 70 个红球 30 个白球的箱子里取出 4 个红球 2 个白球的可能性比从 30 个红球 70 个白球取出 4 个红球 2 个白球的可能性大，这个就是代表性启发的应用。再比如下面这个问题，英文字母“K”通常出现在英文单词第一个字母还是第三个字母？绝大多数人认为字母“K”通常出现于单词的开头，而事实上，后者是前者的 3 倍。根据首因效应，回忆首字母为“K”的单词比回忆第三个字母为“K”的单词容易得到，这个问题就是可得性启发式偏见的运用。而锚定与调整则说明了人们通常会对他们所熟悉的事情做出快速的判断，在新的环境下，会对初始判断做出调整，由此引发的偏差叫锚定偏差，人们在形成某项判断时，往往会倾向初始的想法，并做出相对不充分的调整。

四、行为财务学典型理论内容

（一）前景理论

心理学家实验发现，人们在做决策时往往违反按照预期效用理论所作的预测。基于心理学关于人们偏好的研究，卡尼曼和特维茨基提出了前景理论（prospect theory）。前景理论的提出为行为财务理论的发展提供了重要的理论基础，也是行为财务理论中被公认的理论。所谓前景理论，就是研究人们在不确定条件下如何做出决策并用于合理解释非理性选择等决策行为的理论。前景理论有三个基本原理：第一，人们在决策时更多看重的是财富的变化量而非财富的最终量。第二，人们在面对潜在获利时，倾向于回避风险；在面对潜在损失时，倾向于追求风险。第三，人们对损失比对获利更敏感一些，即等量的获利和等量的损失所带来的快乐和痛苦是不同等的，而后者往往要大于前者。卡尼曼和特维茨基将个人的选择和决策过程分成两个阶段，并且利用两种函数来描述个人的选择行为：一种是价值函数（value function）v；另一种是决策权重函数（decision weighting function）π(p)。其中价值函数取代了传统预期效用理论中的效用函数，决策权重函数则将预期效用函数的概率 p 转变成决策权重 π(p)。价值函数的应用较为广泛，其形状如图 8－1 所示。

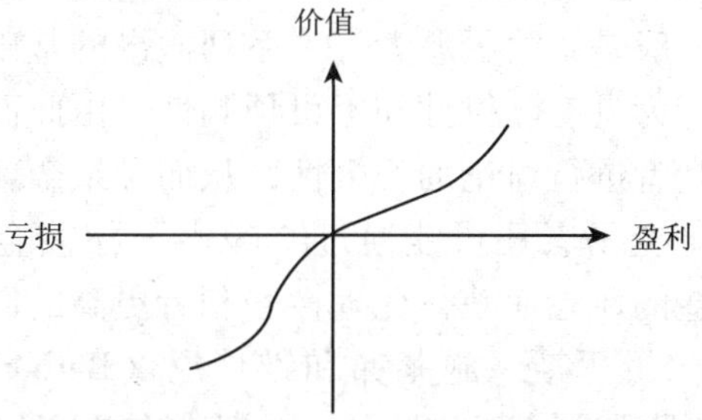

图 8－1　前景理论的价值函数

在第 1 象限中的图形表现为凹函数，体现决策者面对获利时的风险回避。第 3 象限图形表现为凸函数，体现决策者面对损失时的风险偏好，而价值函数在损失区间比在收益区间更加陡峭，即表明决策者对边际损失比边际收益更加敏感。曲线在坐标轴的原点处发生转折，意味着决策者在该点时对风险的态度发生了巨大变化。

前景理论还假设：在计算一个前景的期望价值时，个人会低估或高估所用的概率（即后验概率小于或者大于按照贝叶斯模型推算出来的概率）。低估概率是过度自信的结果。因此，非投资者自己收集的信息将会被压低权重，比如报告盈利的好消息，结果，投资者低估了公司未来业绩良好的后验概率。基于同样的原因，坏消息也会被压低权重，投资者也会低估公司未来业绩不好的后验概率。高估概率是代表性偏误作用的结果，投资者会加大现有证据的权重。比如，一只股票的价格将飞涨，即使股票价格飞涨是很少发生的事情，这种倾向导致可能出现的事件的后验概率太低，而不可能出现的事件的后验概率又太高。这些后验概率加起来并不需要等于 1。

将收益和损失分开评估，并赋予不同的概率权重，会导致一系列非理性行为。比如，害怕损失可能导致投资者不敢入市，即使按照决策理论计算出的期望收益是正的。再如，投资者对坏消息的反应可能过于迟钝，继续持有遭受损失的证券，甚至买入更多此种遭受损失的证券以避免损失的出现，从而承担了更多的风险。因此，在前景理论下，与根据贝叶斯定理计算出的概率不同的收益概率，面对收益时的风险规避和面对损失时的风险承担以一种复杂的方式决定着投资者的行为。

（二）行为财务学理论实证模型

随着证券市场的发展，有关证券市场的理论和实证研究也日渐增多，但是仍有许多市场异象无法解释。行为财务研究者基于投资者心理偏好的预期和投资者的风险偏好，并结合前景理论，提出了一些行为理论模型，较为有效地解释了这些市场异象。比较突出的有DSSW模型、BSV模型、DHS模型、HS模型和“羊群效应”模型。

DSSW模型是由德隆、施莱弗、萨默斯和瓦尔德曼（Delong，Shleifer，Summers & Waldman）于1990年提出的。该模型是建立在市场中存在噪声交易者和理性套利者、交易者一般是风险厌恶者等一系列假设的基础上的。模型的支持者认为，噪声交易者的行为具有随机性和不可预测性，由此而产生的风险必然在一定程度上降低理性套利者进行讨论的积极性，从而导致金融资产的价格与其价值的明显偏离。同时噪声交易者还可能通过“噪声”扭曲金融资产的价格，从而有可能因承担自己创造的风险而获得比理性套利者更高的回报。

BSV模型是由巴尔贝里斯、施莱弗和维什尼（Barberis，Shleifer & Vishny）于1998年提出的。该模型的提出者假定，投资者在投资决策时存在两种心理偏差：一种是有代表性的启发式偏差，即投资者认为近期股票价格的同方向变化反映了公司收益的变化，并依据这一趋势进行外推，导致对新信息的反应过度。另一种是保守主义偏差，即投资者认为收益变化是一种暂时现象，因而未能及时调整自身对未来收益的预期，结果导致对新信息的反应不足。该模型主要用于解释金融资产的价格是如何偏离有效市场假说的。

DHS模型是由丹尼尔、赫什利弗和苏布拉马尼亚姆于1998年提出的。该模型将投资者分为信息闭塞的投资者和信息灵通的投资者两类。前者不存在心理上的偏差，后者表现出过度自信和自我归因偏差。过度自信导致投资者夸大在股票投资价值判断中私人信息的准确性，最终促成投资者对私人信息反应过度和对公共信息反应不足。自我归因使投资者过分高估自己的能力，而将与自己不一致的行为归因于外在“噪声”的影响。该模型在一定程度上给出了关于股票回报的短期连续性和为何会出现长期回归修正的合理解释。

HS模型由洪和斯坦（Hong & Stein）于1999年提出的。又称为“统一理论模型”（unified theory model）。该模型将投资者分为消息关注者和动量交易者。消息关注者在对股票价格进行预测时，基于自己所获得的企业未来的“私有信息”，不考虑当前或过去的价格。动量交易者在对股票价格进行价格预测时，基于过去历史价格的简单函数上，不考虑企业基本面的信息。该模型将证券投资中的中期反应不足和长期价格反应过度统一起来了。“羊群效应”模型解释了投资者在市场中的群体行为及其后果。

“羊群效应”模型是指在信息不确定的情况下，投资者受市场中压倒多数的观念的影响，忽略自己有价值的私有信息，从而盲目模仿他人决策的行为。羊群行为涉及多个投资主体的相关性行为，对于市场的稳定性和效率有很大影响，会导致金融资产的价格偏离其基本价值。

五、行为财务学的理论应用及拓展

（一）行为资产定价理论（BAMP）

谢夫林和斯塔曼（1994）在行为财务理论的框架内提出“行为资产定价模型”。相对于资本资产定价模型，行为资产定价模型不仅包括了理性趋利特征，还包括了价值感受特征等诸多因素。传统财务理论的资本资产定价模型是基于投资者是理性人的假设上的。但是在金融市场中常常会出现非理性的交易者，他们信息不充分，容易犯错误，其投资行为无法用传统的财务理论来解释，行为财务上将这些人称之为“噪声交易者”。“噪声交易者”与理性的“信息交易者”一起决定着金融资产的价格。将信息交易者和噪声交易者以及两者在市场上的交互作用同时纳入资产定价框架是行为资产定价模型的一个创举。当理性交易者起主导作用时，市场是有效的；当“噪声交易者”起主导作用时，市场是非有效的。在行为资产定价模型中，金融资产的预期收益率取决于“行为 β”，β 是均值方差有效组合的切线斜率。由于噪声交易者的存在影响了金融资产的价格，正切均方差有效资产组合不同于资本资产定价模型中的市场组合。

（二）行为投资组合理论（BPT）

谢夫林和斯塔曼（2000）在前景理论和安全、潜力和渴望理论（SP/A 理论）的基础上，提出了行为投资组合理论。由于现代投资组合理论的发展受到理性人假设、投资者对待风险态度假设和风险度量的假设的局限，无法有效地指导实践。行为投资组合理论认为，投资者将通过综合考虑期望财富、对投资安全性与增值潜力的欲望、期望水平以及达到期望值的概率等因素来选择符合个人意愿的最优组合。行为投资组合理论有两种分析模型：单一账户行为投资组合理论（BPT－SA）和多重账户行为投资组合理论（BPT－MA）。前者是指投资者通过考虑协方差而将所有证券组合放入一个心理账户；后者是指投资者将证券组合归入不同的心理账户，并忽视账户之间的相关性。心理核算时两者的基础是不同的。现实中大部分投资者构建的资产组合是一种金字塔状态的行为资产组合，如图8－2所示，位于金字塔各层的资产都与特定的目标和特定的风险态度相联系，而各层之间的相关性被忽略了。从图中可以看出，人们在分配资金时，会把一部分投放于低风险资产，一部分投放于高风险资产，在防止变得一无所有的同时也会努力获得更多的财富，这种做法是由人的既想规避损失又想有所收获的心态决定的，所以，人们会区别看待两个心理账户，一个用来避免损失，一个用来创造财富。在考虑问题时，投资人一般也只考虑到其中一个心理账户，将当前的决策同其他决策独立起来，即投资人可能不会在意投资组合中若干个心理账户之间的相互关系。

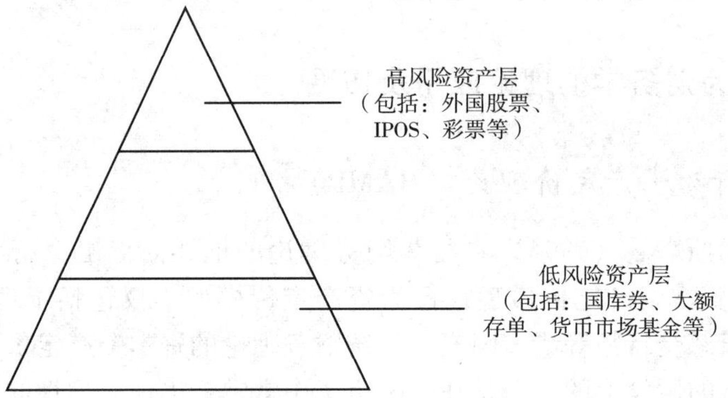

图 8－2　行为资产组合

（三）股票价格的异常变动

行为财务学认为，现代财务模型对资本市场的异常现象不能予以明确的解释，比如反应不足或者过度反应。因此，行为财务学者们通过建立模型来解释市场中的无效率行为，比如有巴尔贝里斯、施莱弗和维什尼（1998）的 BSV 模型解释了金融资产的价格如何偏离 EMH，当投资者认为收益变化是一种暂时现象时，他就未能及时调整自身对未来收益的预期，即反应不足；当投资者认为近期股票价格的同方向变化反映公司收益的变化是趋势性的，并对这一趋势外推，就会导致过度反应。同时期的丹尼尔、赫什利弗和苏布拉马尼亚姆（1998）的 DHS 模型解释了股票回报的短期连续性和长期回调，模型认为，市场中的投资者分无信息和有信息两类，前者不存在判断偏差，后者表现出过度自信和自我偏爱两种判断偏差，过度自信导致投资者夸大在股票价值判断中私人信息的准确性，自我偏爱导致对私人信息的反应过度和对公共信息的反应不足；洪和斯坦（1999）的 HS 模型解释了反应不足和过度反应，HS 模型把市场中的投资者分为消息观察者和动量交易者两类，在对股票价格预测时，消息观察者完全不考虑当前或过去的价格，而是根据其获得的关于股票未来价值的信息进行交易；动量交易者则把他们的预测建立在一个对过去历史价格的简单函数上。

第三节　现代财务理论与行为财务理论比较

17 世纪开始，欧洲理性主义盛行，在这种思维方式下，在经济学的研究之中，现实的人都被约化为一个简单的孤立的数学模式中的理性人，人的情感、想象、实践行为等都约化成与人的经济行为不相关的东西；到了20世纪50、60年代，西方发达国家相继进入了直接融资高速发展阶段，金融对经济活动的作用急剧加大。金融环境的发展及其理性思维方式的盛行推动了现代财务理论的产生。

一、行为财务理论的局限性

现代财务理论发端于20世纪50年代，对现代财务理论有原创性贡献的有：阿罗—德布鲁的一般经济均衡理论、马科维茨的投资组合理论、莫迪里安尼—米勒的公司财务理论、夏普等人的资本资产定价理论、法玛的有效市场理论、布莱克—斯科尔斯—默顿的期权定价理论及罗斯的套利定价理论等。这些理论都假设行为主体是理性经济人，金融资产都能够在一般均衡框架下确定其价格。这些理论较好地解释了资本市场的运作机理和金融资产的定价机制，成为现代财务学的理论基础。尽管行为财务理论从研究范式、论证方法等方面都对现代财务理论进行了创新，但是行为财务理论仍然存在着一些缺陷，主要表现在：

（1）行为财务理论的模型仍然依赖于现代财务理论的基础，只是对现代财务理论假设的部分放松。如行为资产定价理论（BAPM）、行为资产组合理论（BPT）分别是对CAPM理论、APT理论放松了理性人的假设条件，仅仅考虑人的非理性行为。

（2）行为财务理论尽管发展了现代财务理论，但本身又有现代财务理论所没有的缺陷。如行为财务理论所运用的心理偏差过于随意，运用的心理学偏差只是试验现象，对各种行为的解说只是“事后”对现象的说明，因此，在行为财务理论的发展过程中，也受到了来自现代财务理论的批评，如表8-1所示。

表8-1　　理性范式与行为范式的批评与悖论

对行为范式的批评	对理性范式的批评
1. 所运用的心理学偏差过于随意	1. 金融市场的理性要求不切实际的计算能力
2. 所运用的心理学偏差只是实验现象	2. “异常现象”的存在不支持理性假说
3. 各种行为解说只是“事后”对现象的说明	3. 各种风险溢价和非完全市场解说只是“事实”对现象的说明
4. 理性交易者“应当”通过套利将错误定价消除	4. 非理性交易者“应当”通过套利将有效（理性）定价消除
5. 理性投资者决策更正确，因而将唯一地在市场中生存下来	5. 非理性投资者承担更大的风险，因而将唯一地在市场中生存下来
6. 非理性投资者通过学习可以转变理性成为理性投资者	6. 理性投资者通过学习可以转变投资理念成为行为投资者
7. 回报的可预测性是“错误的”，行为解释是对理论的错误引导	

（3）行为财务理论没有完全摆脱市场是无摩擦的假设、随机游走模型以及均衡传统分析方法。

（4）行为财务理论仍然不能回答金融运行演化的机制和市场不确定性的内涵。金融市场的不确定性是客观存在的，然而人们总是试图想确定下来，可是始终没有寻求到答案。

（5）行为财务理论是许多心理效应的调和物，如常见的过度自信、非贝叶斯预测（non-bayesian forecasting）、损失规避、保守性偏差（conservatism bias）等，并且一些心理效应（反应过度和反应不足等）经常是矛盾的。不管市场中发生了什么，总是有对应的心理效应来解释它。这样，对于不同的市场“异象”就需要有不同的行为假设和模型来解释。因此，它缺乏一种具有普遍解释能力的理论或者模型，这使得行为财务理论研究显得比较松散、破碎，没有形成紧密的结构体系。

二、行为财务理论与现代财务理论的主要区别

行为财务理论仅仅是对现代财务理论的修正，其研究仍然以现代财务理论为“标尺”或者“参照物”，它并不试图打破原有的理论，而只是扩展了一部分现代财务理论的研究思路和研究方法，使其更加有效和完善的同时，又产生了诸多缺陷。总结起来说，行为财务理论与现代财务理论的主要的区别有以下六点。

1. 基本假设不同。任何理论的建立都必须有一些基本的假设或前提，传统财务、行为财务也是如此，但这两者的假设前提是不一样的。传统财务是假设投资者是完全理性的；行为财务是假定行为人是有限理性的。

2. 理论基础不同。传统财务是建立在期望效用理论基础上的；行为财务是建立在前景理论和认知心理学理论基础上的。

3. 决策依据的模型不同。传统财务依据资本资产定价模型；而行为财务所依据的是基于风险和不确定性的行为资产定价模型。

4. 决策目标不同。传统财务通过最优决策模型解释什么是最优决策，要求取得最优决策目标；行为财务通过描述性决策模型探讨投资者的实际决策过程，要求取得满意决策目标而非最优目标。

5. 对投资过程认识不同。传统财务把投资过程看成是一个动态均衡过程，根据均衡原理，在理性人假设和有效市场假说下推导出证券市场的均衡模型；而行为财务把投资过程看成是一个心理过程，投资者在这一过程中可能产生系统性的或非系统性的认知偏差或选择偏好，可能导致投资中的决策偏差。

6. 研究方法不同。传统财务大多是规范研究，着重于研究“应该是什么”；而行为财务是实证研究，着重于研究“是什么”。

三、行为财务理论对传统财务理论的冲击

一般认为，传统财务理论是以理性人假设和有效市场假说为基础发展起来

的，关于在投资者最优投资组合决策和资本市场均衡状态下，各种证券价格如何确定的理论体系。传统财务理论的贡献主要有以下几方面：有效市场假说（EMH）、投资组合理论（MPT）、资本资产定价模型（CAPM）、套利定价理论（APT）、期权定价理论（OPT）、资本结构的 MM 理论。随着经济的发展，越来越多的市场异象出现，而这些现象不能用传统的财务理论解释。大量的心理学和行为学研究，结合了人们的认知和感情等心理因素后，逐渐形成了一套完整的体系，行为财务理论也在这时发展起来了。行为财务理论对传统财务理论构成了挑战。首先，“理性人假设”受到了挑战。传统财务理论认为，投资者是理性人，他们的投资心理具有理性预期、风险回避和效用最大化三个特点。但是实际情况并非如此。1972 年，西蒙发表了《有限理性论》，正式提出了“有限理性学说”。该学说认为，投资者是有限理性的，投资者也会犯错误，而且在绝大多数情况下，市场中理性和有限理性的投资者都是起作用的，不会被赶出市场。行为财务理论认为，由于决策者受主观认识能力、知识、价值观等方面的限制，并且受客观上的时间、经费和情报来源等因素的影响，任何人和组织都无法以理性人的方式对市场做出无偏估计，从而拉近了理性选择的预设条件与现实生活的距离。其次，“有效市场假设”受到了挑战。美国股市投资奇才巴菲特曾说“如果市场是有效的，那我只能是街上一个拿着破碗的乞丐了”。行为财务理论通过大量实证研究，发现投资者的投资行为并非都是理性的，“损失回避”“过度自信”“倾向于确认偏差”等心理特征会影响他们的决策。非理性投资者的交易行为不是随机的，而是表现为明显的趋同性，不会相互抵消。套利者因为噪声交易者的存在，也不能纠正市场偏差。投资者的实际决策会偏离传统财务理论所设定的最优决策模型，并且最终通过资产定价反映出这种偏离。这说明市场并非是有效的。最后，“理性人假设”和“有效市场假说”的理论基础受到了质疑，因此建立在两者基础上的传统财务目标、财务理论模型等其他理论也就受到了相应的挑战。

行为财务理论以全新的视角系统地解释了金融市场上发生的种种异象。但行为财务理论并非是对传统财务理论的否定，而是对传统财务理论进行的修正和补充，并且拓展了传统理论分析问题的视角。尽管行为财务理论发展很快，但毕竟其发展时间有限，同其他学科一样，行为财务学在发展中也凸显出了一些不足。如行为财务理论目前最大的局限在于尚未形成统一、成熟的理论体系，没有与数学模型相结合，很多解释只是从现象出发得出的针对性解释，无法对资本市场上的种种现象给予一致性的解释。近年来行为财务理论才被运用到公司股利政策的研究中，尚未形成理论体系，并且行为财务理论对于股利政策的实证研究还不多，研究框架比较零散，真正能够运用到我国财务政策中的解释不多。我国行为财务理论的研究起步较晚，大部分都只是阐述西方的理论。我国证券市场由于发展时间不长，投资者心理不够成熟，非理性的情形更为严重，如果直接拿一些已成熟的理论应用于我国实践，容易产生水土不服。必须充分结合中国传统文化对国人投资行为的影响和中国现阶段的实际情况，总结出适合中国国情的行为财务理论，并运用到公司财务政策中，国外已有的成果也为我国的相关研究开拓了思路。

本章小结

行为财务学综合了财务学、心理学和社会学等多种学科的研究成果，以经济学的有限理性和认知心理学为基础，从一种新的视角研究人们如何解释信息和采取行动，尤其是投资决策。本章全面介绍了行为财务学的内涵、形成发展、理论基础，以及行为财务与传统财务的比较。系统地说明了行为财务在决策中越来越重要的作用，揭示了在不确定情况下，理性行为与财务二者深刻互动的关系。

案例分析

案例1

比特币史上最大崩盘　荷兰郁金香泡沫镜鉴

比特币终于在它诞生的第十年，迎来了史上最大崩盘。

自2018年11月以来，比特币的价格持续下跌，11月15日跌破6 000美元，11月19日跌破5 000美元，11月25日更是达到了罕见的3 500美元。这也是从2017年9月27日以来，比特币首次跌下4 000美元大关。和2017年大涨行情下约2万美元的价格高点相比，下跌一度超过80%。同时，其他主流数字货币也呈现出惨淡迹象。持币玩家纷纷抛售自己手中的数字货币，微博更是出现了“矿机论斤卖”的热搜。

曾经被无数人捧上神坛、风光无限的比特币，究竟怎么了？

一、硬分叉的后果

此次比特币大幅下跌，与2018年11月16日凌晨启动的BCH硬分叉不无关系。所谓硬分叉，指的是一个社区产生了新旧两个客户端两种共识，二者相互不兼容，不管是节点、规则还是算力都各自为政，这时便产生了分叉。由于中本聪在创立比特币的时候，暂时把比特币的区块大小设定为1M，随着使用比特币网络转账、交易的用户越来越多，比特币结算的速度越来越慢，新产生的交易很难挤进交易发生后挖出的第一个区块，交易双方需要花很长时间等待交易被打包和确认，交易拥堵导致了转账速度变慢，手续费也就越来越高。为了缓解常年高峰拥堵的状况，比特币网络需要扩容。

2016年8月1日，为了对比特币的吞吐量、延迟时间、容量、能耗等进行优化，Bitcoin ABC团队分叉出了比特币历史上的第一个分叉币——BCH。

当时，比特大陆因为掌控了全球51%以上的比特币算力而被Core党斥为主导这场硬分叉的罪魁祸首，比特大陆创始人吴忌寒则直接被戏谑为“矿霸”。彼时CSW以及有比特币耶稣之称的罗杰·维尔（Roger Ver）选择和比特大陆站在一起，同仇敌忾，共同扶植BCH对抗BTC。只是没想到2018年8月1日，BCH才刚刚过完一周岁生日，CSW就公开反水了。

此后，BTC又经历了BTG、BCD、SBTC、LBTC等十多种币的分叉。但到目前为止，最成功的仍然还是BCH。

CSW和吴忌寒关于BCH分叉最主要的矛盾，就是发展路线上的不同。CSW是回归派和暴力派，主张BCH完全按照中本聪的BTC规划发展，并且永久一次性将BCH的区块容量提升到128MB，以提升BCH区块存储能力。而早在战争开始之前，就有区块链专家指出BCH最近的10个区块中，只有1个区块超过了10MB，完全不到32MB的1/3。

以太坊创始人V神也曾说过，将BCH的区块大小提升到128MB将是一场灾难，因为攻击者将会很容易占领如此大的区块。而吴忌寒是典型的演进派和温和派，他主张区块大小维持在32MB的情况下，增加操作码，让BCH往基础建设公链方向发展，或许未来可以逐渐增加区块的大小。当分歧各方无法调和时，最终只能进入“算力中出政权”的硬分叉陷阱。

有研究者认为，分叉并非是导致比特币价格大跌的唯一原因，但BTC、BCH一次次分叉事件的发生则进一步印证了去中心化共识资产的脆弱性。与此同时，分叉事件叠加近一年来，诸多创新币、山寨币的层出不穷所带来的公地悲剧以及增量资金的不足等因素，进一步对BTC的价格构成了压力。

硬分叉对于任何公链来说都不是好事情。硬分叉带来算力分散、社区分裂、生态混乱的后果，按照现有币圈市场规律，分叉后主链币价和分叉币价取决于矿工的共识。而在这次硬分叉之后，BTC和BTH的币价双双下跌。对于矿工来说，这或许是一场没有胜利的战争。

二、价格曲线的背后

诞生之初的比特币，一度因其稀缺性和存在的巨大想象空间而备受追捧。作为一种新型、去中心化、无固定发行方的数字货币，比特币一开始就被认为“具有改变世界的力量”。

诞生以来，比特币经历了数次的暴涨暴跌，每一次涨跌都伴随着人们的议论纷纷和不断地唱好、唱衰。比特币价格长线增长、短线忽上忽下的过山车行情，让很多人都非常惊讶和诧异。抓住了机会的人在欢呼一夜暴富，而高点买入的人都在后悔没有把握好时机。拿到首批集成矿机的矿工们，享受着数十倍的收益，而集中出芯片后预定期货矿机的人很可能收不回成本。

不论是矿工还是比特币炒作者、投资者，都会思考比特币的合理价格到底在哪里？其价格的支撑体系又何在？最后能不能形成一个稳定的价格？如果不能形成稳定的价格，那么如何能成为一般等价物货币？

假如以比特币新币的挖掘成本来衡量价格的合理性，根据矿机投入折旧及挖矿电费和人力的消耗，结合全网运算能力的发展预期，可以大概估算每个成本的发展变化。当然，这个成本在变化。一方面，随着矿机硬件技术的提升，单位运算能力和矿机的生产成本和能耗都在减小；另一方面，随着投入挖矿的设备的增加，单位运算能力能够挖掘到的比特币在逐渐减少。整体来看，新比特币的挖掘成本是在快速上升的。

虚拟货币的所有价格，很多时候都是心理价位，比特币的成本核算具有一定的参考依据，但实际的涨跌是成本结合市场信息形成的。由于新币占总量的比重较小，其生产的成本能够提供的价格支撑更多的是象征意义。中短期来看，利好和利空消息对比特币持有人的心理预期影响远大于生产成本，进而对价格产生较大的影响。

每次暴涨暴跌都是发生在热点事件出现、新闻媒体推波助澜、一大批新人涌入准备大赚一笔的时候。可以想象，在全球货币贬值、通胀预期严重的大背景下，一种总量恒定的货币对于默默承受货币贬值后果的普通民众具有多大的诱惑力。于是在各种利好的支撑下，群体的无意识非理性冲动推动着价格的泡沫一路膨胀，当价格到达一定的高度，势必会有大单抛售，泡沫破裂，任何一个负面的消息都可能成为一轮暴跌的触发点。

或许，比特币结束暴富神话的一天就是其成熟的那天，比特币逐渐走向社会大众的过程，会是比特币逐渐分散的过程，也会是价格逐渐平稳的过程。

三、郁金香泡沫的启示

比特币的暴跌，让人联想到金融史上的第一次泡沫——荷兰“郁金香泡沫”。

17世纪的荷兰，海上贸易迅速扩张。在殖民扩张的过程中，荷兰迅速积累财富，取代了西班牙海上霸主的地位，被称为“海上马车夫”。而拥有大量财富的荷兰，金融体系已经成为当时世界最先进的体系。

郁金香原产亚洲，随着贸易流通引进欧洲，在培植过程中，得到了法国贵族的追捧，而精明的荷兰投机分子嗅到这个商机后，大量囤积郁金香。而后，在荷兰贵族圈子里，郁金香似乎疯狂到成了“身份的象征”。

不久，在舆论的鼓吹之下，人们对郁金香表现出一种病态的倾慕与热忱，并开始竞相抢购郁金香球茎。甚至为了可以更方便地交易郁金香，阿姆斯特丹的证券交易所内，开设了固定的交易市场。

1634年，炒买郁金香的热潮蔓延为荷兰的全民运动。当时一朵1 000元的郁金香花根，不到一个月后就升值为2万元。而花的价格从1634年到1637年涨了1 000多倍。一株名为“永远的奥古斯都”的郁金香，可以换到荷兰首都阿姆斯特丹运河边最繁华地段的一幢豪宅。

直到某天英国的一个水手，误把郁金香的球茎当大蒜来吃，这件事被扩散开来，一些人开始重新审视郁金香的价值。当越来越多的人发现郁金香价格虚高，纷纷抛售，郁金香市场一片混乱，价格急剧下降。根据1639年的数据显示出，有些品种郁金香的价格，狂跌到最高价位的0.005%。正因为这一场金融泡沫的破裂，让千万参与郁金香投机的人倾家荡产，荷兰引以为傲的金融体系瘫痪了三年，间接导致荷兰丢失世界霸主的地位。最后，这场“郁金香泡沫”彻底崩溃了。

让人唏嘘的是，比特币与当年的郁金香似乎有着异曲同工的性质。比特币信仰者们相信它是独一无二的稀缺品，但是他们忽略了比特币其实是通过共识算法设置的。比特币可以是稀缺品，但个人共识算法却不是稀缺品，谁掌握了算力的主动权，谁就有能力控制币价。这也导致了比特币陆续诞生新的分叉。

如此看来，金融泡沫的发生，似乎具有一般性和普世性。无论是20世纪90年代不可一世的日本房地产，还是最近以“币王”比特币为首，一路狂跌的数字货币。有信仰的地方，就有投机者，和源源不断地被收割的“韭菜”。

四、比特币将走向何方

不少信仰者们相信比特币未来可以具备“支付手段”的职能，成为一种“可流通货币”。但是比特币在确认支付的时间周期过长，且数字钱包存储涉及安全性问题，因此不适宜用作支付手段。同时，比特币作为去中心化的货币，其汇率具有不稳定性，也难以支撑起“价值尺度”的职能。此外，比特币缺乏实际公信力的支撑和背书，因此无论如何，比特币都是一种商品，一种具有贮藏手段职能的数字货币，仅有商品属性，不具备货币属性。

比特币确实正处于危机之中，你永远无法真正宣告它死亡——一种理论上无边界、无法无天的电子货币将永远存在于某个地方——但它的价格在不到一年的时间里暴跌了80%，而整个加密货币市场也在一周之内蒸发约667亿美元市值。

比特币将走向何方？真正的信徒正在进行的押注就像过往资产泡沫的重演，如互联网股票或房地产泡沫：在过山车重新开启之前，在整个系统范围内清除坏角色。

我们有理由相信，数字货币的不断分叉和新币种的发行，将在未来较长时间内对代币市场价格构成制约。不仅是因为在有效监管还未建立起之前，没有力量能够阻止数字货币分叉或者ICO乱象的发生，更是因为在区块链真正投入广泛应用的时代到来之前，比特币等数字货币的价格仍然取决于其知名度和人们对区块链技术的期待。

在一个没有央行的虚拟世界里，谁是最后的买家？而比特币的未来，又将走向何方？这是区块链技术给我们提出的新的问题，也是给未来金融世界提出的新的挑战。

（资料来源：经济观察网记者王艺，经济观察网，2018年12月3日）

案例讨论题

1. 你认为在比特币价格上涨、崩盘过程中主要是由人的动物精神与有限理性等行为财务决定的吗？有没有其他的原因呢？

2. 你认为比特币未来的价格趋势如何？为什么？

案例2

行为财务理论提供三大政策启示

（中国国际经济交流中心战略研究部 张茉楠）

金融危机在近代不断重演，是一场持久的现代性迷局，如何认识金融危机，并有效防范金融危机是重大的挑战性课题，而2013年诺贝尔奖的得主罗伯特·席勒给人们提供了一个重新认识金融危机的异类视角。

罗伯特·席勒教授是行为财务的主要创始人，其著名的《非理性繁荣》也被视为阐述资产泡沫危机的经典解读。资产泡沫危机古已有之，从郁金香泡沫到2007年的次贷危机，资产泡沫总是在人们最为乐观的情形下出现，也在人们无所准备的情况下突然破灭，并给经济带来巨大的冲击。

由美国住房抵押贷款违约所导致的次贷危机蔓延至整个金融领域，并扩散至实体经济的全球金融危机至今还在影响全球。针对2008年以来的金融危机，有不同的解释版本，比如金融创新过度说、金融监管不足说、流动性过剩说、全球失衡说。但这些大都是从宏观的视角来阐述，从微观主体的行为视角却鲜有之。金融危机的爆发常常表现为市场泡沫的积聚与破裂的过程，引发泡沫与市场狂热的根源往往是羊群行为所导致的系统性偏差，这正是行为财务所探讨和关注的领域。资产泡沫形成的首要原因当然是流动性过剩，对于供给相对不动产或各类其他证券资产而言，资金过度涌入市场是资产价格远高于基本价值的直接原因，但资产泡沫的增长和破灭机制是什么，又是如何累积金融危机诱发条件的呢？

本质而言，非理性与金融和经济周期息息相关。当金融和经济周期进入上升阶段后，在宏观经济体系运行的正向外部冲击下，比如宽松的货币政策，非理性或者投机性的资产价格上涨和经济繁荣常常相伴出现。一方面，由于市场对未来投资收益的乐观预期，企业通过借贷扩大投资的意愿大大增强，如果央行是通过顺周期性助推，那么社会融资和社会总信用就会以惊人的速度扩大，这是资产泡沫形成和潜在金融危机的开始；另一方面，伴随着资产交易方式的转变，投资开始大量进入虚拟经济领域，正向连锁反应势必带来资产价格的过度交易。

2008年金融危机以来，各国为抑制本国经济快速下滑，采取了逆周期的宽松刺激政策，但逆周期政策刺激下的经济复苏并不稳定，金融与实体的背离将导致全球系统性金融风险隐患不断上升。当前全球多数国家的利率水平已降至极限，资本回报率的下降和庞大的政府、民间债务负担，使得企业和居民扩张信用的需求显著下降，"流动性陷阱"的风险不断加大。

然而，长期极度宽松货币政策造成了市场的货币幻觉，资产价格上涨的预期让乐观情绪蔓延，使得参与者的自信不断得到正强化，进一步加剧了资产价格脱离价值的上涨，最后导致资源错配，为未来埋下金融危机的种子。

2013年诺贝尔经济学奖的行为财务理论给货币当局最大的政策启示就是，必须采取宏观审慎政策。宏观审慎监管可以用来阻止资产价格泡沫和信贷供给之间的相互作用。货币当局如何控制货币政策和流动性的投放，避免过度顺周期的政策操作，以避免未来可能出现的资产泡沫破灭。

第二个政策启示是，旨在降低资产泡沫对金融稳定带来风险的某些政策可以被纳入常规监管制度，其中一个重要的目标就是金融体系包含着金融中介、金融市场和金融监管，对金融稳定狭义的定义是指金融中介的经营稳健，能够保持正常的支付职能，而更广义的金融稳定还包括金融市场的价格稳定，不产生剧烈的波动，金融监管保持较高的监管效率等，其中资产价格的稳定居于金融稳定的核心地位。

第三个政策启示是，要在充分考虑到理性或非理性预期的基础上，加快资产价格定价体系的形成。当前我国利率并没有完全市场化，货币市场上的利率还不能完全起到中央银行信号指示器的功能和调节社会融资规模的功能。货币政策中间目标的转变，需要央行加快推进利率市场化，进行充分的政策沟通，为完善金融调控体系、避免资产价格泡沫过度积累创造制度条件。

（资料来源：载《证券日报》2013年10月21日，第A03版）

案例讨论题

1. 你认为资本市场泡沫产生的最根本原因是什么？为什么？
2. 如果你是国家政策制定者，你会通过怎样的制度设计来防范经济中的泡沫现象？

复习思考题

1. 行为财务学的本质是什么？如何理解行为财务学与传统财务学的差异？
2. 你能用前景理论解释一下为什么在股票市场中投资者总是持有亏损股票吗？
3. 如何将行为财务学理论模型应用到资本市场？行为财务学对传统财务学理论的冲击体现在哪儿？
4. 在股票市场中，有些投资者利用技术分析进行投资选择，你认为技术分析派的理论基础是什么？它与有效市场理论相违背吗？

第九章　企业集团财务管理

经济全球化下企业竞争日益加剧，快速的判断能力、敏感的市场反应能力是企业生存和发展的关键因素。企业集团作为我国经济发展的中坚力量，必须迎难而上，运用科学、合理的财务管理体制武装自己。企业集团不同于一般企业的特征，使得讨论其财务管理具有重要意义。如何更好地理解企业集团财务管理的概念、管理体制、模式以及业绩评价体系？这是本章要介绍的内容。

第一节　企业集团财务管理概述

一、企业集团概述

（一）企业集团的概念

“企业集团”（business group）一词源于第二次世界大战后的日本。日本企业通过投资创建、兼并、投资控股与参股以及建立长期协作关系等方式获得发展，形成一批新兴的、位于工业加工领域的企业集团，如丰田、东芝、索尼等。

虽然我国引进企业集团的概念已经十多年了，但一直没有明确统一的定义。关于企业集团的定义，有的学者认为，企业集团专指日本式的以金融机构参加核心层同时核心层互相持股为核心的组织形式；有的学者，认为企业集团是指具有相对稳定核心层的经营联合体，从而引出了集团公司、集团企业等不同概念。根据我国《公司法》和《民法总则》的规定，公司是指股东承担有限责任的营利性法人。法人是具有民事权利能力和民事行为能力，依法独立享有民事权利和承担民事义务的组织。集团公司、集团企业等概念容易与《公司法》中公司的概念混淆，因此企业集团的概念比集团公司更明确。

本教材将企业集团定义为：企业集团是现代企业发展的高级组织形式，以一个或多个实力强大、具有投资中心功能的大型企业为核心，通过资产、资本、技术、产品等不同的利益关系，将一定数量的受核心企业控制和影响的法人企业联合起来、组成的一个具有共同经营和战略目标的多级法人结构经济联合体。

（二）企业集团的特征

企业集团的特征与产业性质、国家位置、所有权结构和内部组织结构相关，从最基本的层面分析，企业集团具有以下特征。

1. 企业集团具有规模性。企业集团的规模即指整个集团的规模，同时指企业集团中核心企业的规模。企业集团通过联合产生规模经济和凝聚力，提升业务活动的稳定性和风险分散性，从而提升市场竞争力。无论是西方的发达国家还是中国，企业集团的平均规模远超单个可比企业的平均规模。但不同国家和不同行业，规模的大小具有相对性。

2. 企业集团由多个企业法人组成。从企业集团的概念出发，它是不同企业法人的联合体，但其自身并不是法人实体。组成企业集团的成员多种多样，包括工商企业、金融组织、农林牧渔业等，成员一般具有法人地位，具有独立核算能力，但组成整体的企业集团不具备法人特性。

3. 企业集团生产经营的多样性。企业集团通过横向联合和纵向联合形成生产经营的多样性。集团联合可能是同行业产品的联合；也可能是供、产、销产业链的重整；还可能是同属母公司控制下的企业合并。企业集团形成后，可能以主业为导向向相关领域扩展，也可能向不相关的领域扩展。

二、企业集团财务管理的特点及其作用

（一）企业集团财务管理的特点

从财务的角度出发，企业集团财务管理的特征包括以下内容。

1. 集团财务管理主体的复杂化。企业集团的管理主体为一元中心下的多层级复合结构。企业集团的成员与集团的关系变成了局部与整体的关系。成员作为单独法人，具备独立的经营自主权，但作为子公司的成员应遵循集团统一的财务和经营政策。

一方面，由于集团组织结构的不同，集团财务管理的主体可以是集团公司、控股公司、子公司、事业部等；另一方面，企业集团采取控股的形式以产权关系为纽带。不同类型的企业集团采取不同的控股方式，既有垂直方式的直接控股，也有环形方式的相互控股，还有垂直与环形交叉的混合持股方式。产权关系的复杂性也引起了主体的复杂化。企业集团本身意味着多个财务管理主体，编制合并财务报表成为必然选择。

2. 集团财务决策的层次化。母公司是企业集团的核心，与其下属的各级子公司处于不同的管理层级，各自的财务决策权力、财务决策内容各不相同，因此导致了集团公司内部决策的多层次化。企业集团在确立母公司的主导地位的基础上，充分考虑不同产业、不同地区、不同组织形式的企业的不同情况，结合实际情况合理处理集权与分权的关系，从而最大限度地减少集团内部矛盾，调动集团

各层级企业的积极性，保证集团战略的顺利实施。

3. 集团财务管理突出战略性。战略指重大的、长期的、关系实务全局的，同时影响事物发展前提和命运的重大谋划。战略与企业集团的生存和发展息息相关。首先，企业集团的形成本身就是战略选择的结果。母公司根据目标公司的实力、发展方向和双方的优劣势情况选择集团成员；集团成员的联结方式，如相互持股、契约等，是战略的实施和体现。其次，企业集团的日常经营和市场竞争离不开集团战略。多个企业成员组合在一起，为了协调一致，发挥企业联合的协同效应，企业集团必须从整体与局部、短期与长期等多个角度考虑集团的生产和经营。最后，企业集团的发展需要战略指引。企业集团经营过程中如何解决规模扩大与经营风险增加的问题、自我发展与并购重组结合的问题，这些都需要集团战略的指引。

（二）企业集团财务管理体制及其作用

财务管理体制是企业财务活动中各种制度和程序的总称。企业进行各种财务活动，需要有一定的制度，以决定财务事项的决策者和执行者，以及财务事项决策者和执行者进行决策和执行的具体步骤，这样才能保证企业财务活动有目的有计划地执行。财务管理体制是财务管理的重要因素，它确定了财务管理中的权限安排、信息传递路线等，从而在很大程度上影响企业财务管理效率。企业集团管理体制的核心是决策权和控制权的划分。财务管理体制具有以下作用。

1. 财务管理体制确定财务管理权限划分。财务管理体制的一个重要任务是确定企业财务管理事项的权限如何在各个层次财务管理人员中进行合理划分。在企业中，所有者、经营者和财务人员都参与企业的财务管理工作，但他们的职权和分工不同。财务管理体制需要解决投资、筹资、日常财务管理事项、利润分配等财务活动的决策和执行如何在各个层次管理者之间进行合理分配，使财务管理工作者既分工负责又密切配合，确保财务活动的高效率。

2. 传递财务信息。企业各个层次的财务管理人员进行决策时，需要各种财务信息。但许多信息并非这些决策者直接搜集加工而成的，在财务管理活动中，需要有预先设定的财务信息收集、加工和传递的制度和规程，才能保证各层次财务管理者决策使用信息的供应。财务管理体制规定了企业财务信息的搜集、加工和传递的程序和路径，从而确保了企业内部财务信息传递的效率和有序性。

3. 明确财务决策程序。各种财务事项的决策需要有一个科学的程序，这样才能保证企业内部专家的才能被充分利用，各方面利益相关者的利益得到考虑，从而产生一个客观有效的选择。此外，明确财务决策程序还能够确保各方面信息被充分考虑，减少决策风险。财务管理体制通过制度形式规范了企业投资、筹资、利润分配等各种财务决策程序，从而确保财务决策的程序化。

4. 规范财务过程控制。财务控制是为确保企业决策目标得到实现而对财务活动进行的干预。在财务控制过程中，需要通过制度形式，确保财务活动的执行按决策方案进行，以便及时发现执行过程中出现的与预计方案的差异，分析原因，并提出完善措施。企业通过财务管理体制，确定财务活动执行者如何根据决策的要求执行财务活动，分析财务活动实际结果与预计方案的差异及其原因，上报上级，采取改进措施。

三、企业集团财务管理应遵循的原则

（一）以集团战略为导向

企业集团之所以产生，关键在于企业集团能发挥其资源聚合优势，并发挥集团效益。如何使企业集团的资源能真正地聚合在一起并发挥效益，母公司必须置战略管理于管理之首位，也就是说，财务管理必须以服务集团经营战略为宗旨来制定自身的财务战略，聚合各种财务资源并充分利用规模优势。因此，其财务管理不同于作为单一企业的财务管理，例如，体现筹资上并不只是考虑现有筹资渠道有哪些及如何利用这些渠道进行筹资，而是首先提出企业集团的资本结构如何合理安排，在这一安排下如何创造或打通筹资渠道、顺利筹资。这些做法及想法，都具有战略意图，都服务于企业集团整体经营战略。

（二）以管理架构为依托

首先需要明确产权关系与管理关系的区别。一般的理解是产权关系指公司根据所处外部环境中的法律法规，设置不同层次、不同功能的法律实体及其相关的法人治理机构，从而使得公司获得基本运行的法律许可，并拥有特定权利和义务，以保障公司股东及利益相关方的基本权益。例如，一家控股公司下设有多家子公司，以及一定数量的分公司，那么这一整体即构成了公司的产权架构。而管理架构则是指公司根据业务功能发展的需要，分别设置不同层次的管理人员及其由各管理人员组成的管理团体，针对各项业务功能行使决策、计划、执行、控制、评价的权力，依据所分配的资源创造公司追求的价值。例如，许多企业按照业务类型划分为计划、生产、销售等，这就构成了公司的管理架构。从两者的关系上来看，管理架构是实质，法律架构是形式，实质决定形式。公司经营环境与自身实力的变化，对战略定位与管理体制提出全新的要求。同样，管理架构必须根据战略的需要进行一定的变化。与此相应，公司管理者应该准确地判断管理架构变化的趋向，并在现有的法律法规体系之下，考虑公司法律架构的相应调整，确保法律形式上的更新能够满足管理的需求。

母公司对其子公司进行的管理，从管理依据上属于产权属性在管理权上的延伸，从产权关系上，又是母公司对子公司进行投资。尽管子公司作为独立承担民事责任能力的法人实体，具备完整的法人治理结构、独立核算、自负盈亏，它们之间不是行政上的依附关系，而仅仅是所有者与经营者、投资者与受投者之间的关系。然而，就母子公司的产权关系而言，母公司对子公司进行投资，其股东权益集中表现为母公司能够也必须对子公司行使“控制权”。这种控制权必须落实在财务战略决策、资源配置、人员委派、过程监控、信息沟通、业绩评价和内部审计等之上，这是法律赋予股东（集团母公司）的权力。保护股东权利是《公司法》和公司治理结构的要义。母公司对子公司的管理与控制是母公司的权力，这与“谁投资、谁拥有企业、谁控制企业”的资本逻辑是一致的，所以集团对子公司的多层监管制度安排不能说有悖法律意志而列入“非法”行为。退一步说，没有任何一家集团母公司会是出于保护被控股子公司“独立性”目的而进行投资控股。所以，集团母公司对子公司的控制仅仅是控制力度问题，而不是应不应该管理与控制的问题。

母公司对子公司的管理与控制力度，主要与母公司与子公司间的资本关系是否密切有关。按照这一逻辑，全资子公司和控股子公司是母公司进行权益管理的重点，因此管理的力度相对比参股公司或集团协作企业要大。

（三）以财务政策与制度建设为保障

财务管理只有上升到制度管理层面，才能使管理过程有条不紊、处惊不乱；与制度化管理相对应的是人治。如果说作为单一企业组织能够做到人治的话（这其实并非管理的最佳方式），那么当随着企业集团组织规模的不断壮大，管理跨度也越来越大，信息不对称性的弊端也越来越明显，在这样一种不断进行组织再造与重整的环境中，人治的作用越来越受到限制，其弊端也越来越明显。因此，企业集团内部财务政策与财务制度的建立就成为母公司财务管理是否能真正成功的关键。

四、企业集团财务管理体制

财务管理体制是指企业处理财务活动的组织框架和管理机制，主要包括组织框架的安排、财务管理权限的划分和财务管理机构的设立等内容。企业集团财务管理体制的核心是决策权和控制权的划分。

（一）企业集团财权划分体制

企业集团财务体制从总体上要解决的是集权与分权的问题。

1. 财务权利。从管理的角度来看，企业集团管理与单体企业管理的不同之处主要在于以产权为基础的管理，主要反映在重大项目的投资决策权、重大项目的筹资决策、资产收益分配权和主要领导干部的任免权等方面。可以看出，这些权利都是和财务领域密不可分的。在经济学当中，一切权利都是围绕配置与利用资源目标而产生的。具体到财务领域，财务目标决定了财务资源的配置和利用，资源配置的好坏直接影响到企业当前和未来的经济利益。围绕财务目标的不同层次和角度，财务权力大致可以分为：财务决策权、财务资源调配权、财务资源使用权和财务监控权。

（1）财务决策权是宏观上经营者财务权力的最高层次，从广义上来看，它包括其他的财务权力。财务决策权还可以分解为财务战略决策权和财务运作决策权，其主要内容包括投资决策权、筹资决策权、财务收益分配权、会计政策决定权、财务领导任免权等。

（2）财务资源调配权是依据具体项目和生产情况调动财务资源的权力，财务决策权分化出来的权力，如预算审批权、流动资金调配权等。这种权力在分布上依据生产特点和项目性质而异，在分配上依据职务等级而异。

（3）财务资源使用权是最低一级的财务权力，是财务资源调配权行使的体现，也是保证财务资源真正发挥作用的权力，如购买办公用品、支付工资等。

（4）财务监控权是对其他几个层次的财务权力的分配过程和行使过程进行监督和控制的权力，在较低层次上，财务监控权是财务决策权派生出来的监督财务资源调配和使用情况的权力，在更高的层次上，它是企业所有者监督企业经营者的财务权力。

2. 集权管理。集权管理就是把经营权限（包括财务权）特别是决策权集中在集团最高领导层，下属企业只有日常业务决策权和具体的执行权。下属企业基本上按集团的决定从事生产经营活动。集权管理的优点在于：（1）有利于在重大事项上迅速果断地做出决策；（2）企业的信息在纵向上能够得到较充分的沟通；（3）管理者具有权威性，易于指挥。集权管理的缺点在于：（1）压抑了下级的积极主动性；（2）在横向上不利于企业信息的沟通；（3）管理权限集中在最高层，管理者距离生产和经营一线较远，不熟悉情况，容易做出武断的决策。

3. 分权管理。分权管理就是把经营管理权限和决策权分配给下属单位，集团最高层只拥有少数关系全局利益和发展的重大问题决策权。因而在分权体制下集团领导层对下属的控制较为松散，下级单位有较充分的权力。

分权管理的优点在于：（1）分权单位在授权范围内可以直接做出决策，节约信息纵向传递的时间；（2）分权单位直接面对生产经营，决策针对性强；（3）有利于信息的横向沟通，可以激励下级的积极性。

分权管理的缺点在于：（1）虽然一般事项的决策较快，但重大事项的决策速度减缓了；（2）上下级沟通慢，信息分散化和不对称的现象较常见；（3）分权单位容易各自为政，缺乏整体考虑，忽视整体利益。

集权与分权是关于企业权力分配的两种对立的措施，这两者对权力分配的方向恰恰相反。集权是为了形成规模和整体效益，避免资源重复配置和浪费；分权是为了靠近市场、降低沟通成本、提高反应速度、提高专业化水平。企业集团的本质决定了集团既是一个协调、互动、高效的组织，又是一个在法律上具有相对独立性、直接面对市场和竞争、具有宽松氛围以利于创新的组织。所以，企业集团的集权和分权不是绝对的，典型的集权和分权都是不存在的，不同的类型、不同的时期、不同的领域和不同的人力资源条件（分权越大，要求管理者素质越高，控制能力越强），要求企业集团对集权和分权各有侧重。

（二）企业集团的财务机构设置

1. 一般财务机构。企业集团的财务机构是直接从事财务工作的职能部门，是企业集团组织形式在财务上的体现。财务机构是财务控制的载体，完善的财务机构是做好财务工作，充分发挥集团财务职能的重要基础。因此，集团财务机构的科学设置、职能岗位的合理划分是集团财务管理的内容之一。一般而言，企业集团内部财务机构设置主要包括两方面内容。

（1）集团母公司的财务机构设置。集团母公司是企业集团的核心部分，在财务上统领整个企业集团的筹资、投资、资本营运与收益分配，较为完善的集团母公司的财务机构一般应设置融资部、投资部、资金运营部与审计部等。

融资部与投资部负责整个集团的资金筹集和投向。融资部在集团融资时合理安排融资主体（包括母公司与子公司）、融资方式、融资渠道等；投资部负责集团的投资战略，如产业投资方向、具体投资项目和投资业绩评价等。资金营运部负责集团实体业务的日常资金流动安排，统筹下属公司的收入、成本、费用和利益分配等。审计部负责监督集团总部和集团其他成员对集团财会制度的遵循情况和会计资料的真实有效性。当然，在这些部门之上还要设置一个财务副总经理（或称财务副总裁、首席财务官等），全权负责集团的财务事宜。

（2）子公司的财务机构设置。在企业集团的财务控制体系中，子公司是被控制的一方，应该服从整个企业集团的财务战略安排。但是，企业集团的子公司在法律上是独立经营、自负盈亏的法人实体。因此，子公司的财务机构既要有独立性，又要符合上一级财务部门有效控制的要求。由于集权与分权形式的不同，子公司的财务机构设置可能有很大差别。一般来说，如果子公司与母公司设有同样的财务部门，那么这个部门应归属母公司的相应部门进行对口管理。在子公司行使财务职能的同时，其决策权由上级部门授予，子公司要向上级汇总报告本公司的预算并提交财务报告。

总之，企业集团财务机构的设置比组织机构的设置灵活性更大，关键是要把握好财权集中与分散、管理有效与机构精简的关系。

2. 财务中心。如前所述，企业集团是不同于一般企业的企业外部组织形式，财务控制的重要性和难度同时增强，客观上要求在集团整体和成员企业之间有一个可以统筹全局、协调分部的财务机构。企业集团的财务中心是在集团内部设置的，由集团母公司负责运作，管理和协调集团内部各成员企业资金业务的职能部门。财务中心是企业集团财务控制的重要部门，由于业务的特殊性质，财务中心在集团内部必须相对独立，这样才能保证其权威性。

财务中心的设置与企业集团的集权与分权安排密切相关，根据各企业集团对财务权限的分配与实施财务管理条件的不同，财务中心可以分为财务结算中心和财务控制中心两类。

（1）财务结算中心。企业集团的财务结算中心是企业集团内部设立的，主要负责集团内部各成员（主要是指集团核心层成员，下同）之间和对外的现金收付及往来结算的专门机构，通常设置于财务部门内部。其主要职能是：

①集中管理集团各成员的现金收入。各成员企业收到现金时，必须存入结算中心在银行开立的账户，不得随意挪用，并核定日常留用现金余额。

②统一拨付集团成员因业务需要所需的货币资金，监控货币资金的使用方向。

③统一对外筹资，降低集团整体筹资成本，确保资金需求。

④办理集团各成员企业之间的往来结算。

⑤办理统一纳税业务。

财务结算中心的建立有助于解决企业集团资金沉淀问题，对于加快集团整体资金周转、降低资金占用量、提高资金运行效率、发挥集团资金联合的优势起到关键作用。

（2）财务控制中心。企业集团的财务控制中心是比集团财务结算中心更高级的财务组织形式，它是一种借助集成化、网络化管理软件的支持，与企业其他资源的整合相契合的财务管理机构。财务控制中心的产生是现代企业集团财务中心发展的需要，其主要有两大促进因素：

①随着企业集团事业部制、矩阵制的形成和发展，集团组织结构扁平化成为一种趋势。由此，集团财务的集权和分权有不同程度的发展。集权要求集团母公司更多、更快捷、更真实地掌握集团成员的财务信息，及时给予财务决策和管理上的支持，在组织结构的层次减少使得每一层次的成员相对增加的情况下更是如此；分权要求集团组织结构适应市场日益灵活多变的需求，给予集团成员更多的财务权利，以使财务决策更有针对性和适用性。

②信息技术的发展为企业集团在分权基础上实现财务信息的集权化提供了条件。集团组织结构层次和成员的多样化一度是财务管理最大的障碍，而如今大量企业管理软件的出现，使集团距真正的网络会计和网络财务越来越近。

随着信息处理技术的发展，各种管理信息系统中辅助项目核算模块功能日益完善和强大，使得集团财务专门化的趋势更加明显。例如，制定责任会计制度的主要问题是单轨制与双轨制的选择。单轨制就是将内部责任会计核算与对外财务会计核算融合在一起进行的会计核算体制，即将按国家统一的会计准则或会计制度的要求设置的会计科目与按企业内部责任会计的要求设置的核算科目有机地结合在一起，根据会计准则和会计制度编制对外报告的财务报表，根据内部责任会计要求编制对内报告的业绩报告。双轨制就是将内部责任会计核算与对外财务会计核算区分开来分别进行，各自根据不同的管理要求、不同的方法来进行会计资料的归集和数据计算。因此需要设置两套凭证、账簿、报表及核算程序。集团财务软件则使双轨制转为单轨制成为可能。

鉴于此，企业集团的财务控制中心是比财务结算中心更高层次的财务中心形式，除执行财务结算中心的全部职能，集团财务控制中心的职能主要是：

①及时掌握集团事业部或子公司的资金预算和运作，并根据集团整体情况立即进行协调。

②掌握集团各分部的采购费用、生产成本和销售费用情况，实行即时决策和监控。

③对企业集团内部物流和人力资源与财务资源的不协调之处进行整合，实现统一管理。

由于企业集团成员的层次分布和地域分布的复杂性，在工业经济时代，集团财务控制无法或很难做到。在网络技术日益普及和各种集团财务软件出现的背景下，实施上述职能成为企业集团财务控制中心的发展趋势。

3. 财务公司。企业集团财务公司的产生。随着企业集团的规模越来越庞大以及集团经营的业务呈多元化发展，企业集团经营过程中生产、运输、销售及售后服务所需的资金量急剧膨胀，整个集团或其某一成员企业与供应商和客户之间、集团内部各企业之间资金的纵向流动和横向流动都日益频繁。同时，从集团整体来看，一方面，随着集团业务的不断发展，会有大量的暂时闲置资金存入银行；另一方面，由于生产、销售乃至科技投入资金需求的增加，对银行临时性和长期性资金融通的依赖性越来越大。为了挖掘集团内部资金潜力，调剂内部资金余缺，加快集团资金的周转，提高整个集团的资金运作效率，在集团内部成立统一的资金运作机构和咨询类机构十分必要。同时，为了更好地开拓产品市场和顾客群体，有效利用集团外部潜在资金来源，由企业集团自己成立信贷类的非银行金融机构被众多大型企业集团提上日程。上述集团内外资金运作的新需求，使一种隶属于企业集团并为集团内外企业或个人服务的非银行金融机构浮出水面，它就是企业集团的财务公司。财务公司是企业集团特有的一种财务组织形式，它在功能上已经超越财务中心，成为一种金融机构。

与银行相比，财务公司必须有较高的自有资金比率。财务公司所经营业务的利润率一般来说比银行要高一些，所以各国对财务公司自有资金的要求通常都比较高。以美国为例，一般财务公司自有资金比例都在10%以上，如福特汽车信贷公司由于信用评级较好，自有资金比例在8.7%左右。财务公司与银行的另一个不同在于，财务公司的专业化和面向广大的客户群。财务公司一般都是大企业集团的成员或相关企业，它非常专业地从事某一领域内的业务，经常涉及的是某类或几类产品的融资。在美国，大型财务公司一般都集中在汽车和机械行业。财务公司有能力针对个别行业的特性更加深入地开展常规和创新的金融业务，同时尽量避免金融业的高风险，这样可以放款给更多单位和个人。而银行面向各种各样的行业，无法将贷款业务做得非常深入，财务公司恰恰在这方面弥补了它的不足。

企业集团的财务公司最早出现于西方资本主义国家。美国第一家财务公司成立于1878年，但真正法治化和规范化的美国财务公司源于1916年起草、颁布然后逐渐推广到各州的《统一销售贷款法》。目前在美国有1 200多家财务公司。财务公司在美国的金融体系中扮演着非常重要的角色。在美国，通用电气财务公司是规模最大的财务公司，1980～2005年，通用电气财务公司从年盈利6 700万美元、资产仅有50亿美元的小公司发展成为年盈利61亿美元、资产达5 200亿美元的全球最大的财务公司，同时实现营业利润两位数高效增长的奇迹，为集团每年贡献40%以上的利润。在全世界所有金融机构中，通用电气财务公司的利润仅次于花旗银行集团。可以看出，财务公司在美国金融体系中的分量很重。

在中国，“财务公司”这一概念是指依据《公司法》和《企业集团财务公司管理办法》设立的，为企业集团成员单位技术改造、新产品开发及产品销售提供金融服务，以中长期金融业务为主的非银行金融机构。财务公司的业务主管机关是中国银行保险监督管理委员会（简称银保监会），它依法对财务公司实施监督管理。

中国的企业集团财务公司诞生于20世纪80年代中后期，是具有中国特色的与企业集团的发展配套的非银行金融机构，实质上是企业集团内部的金融公司。1987年，中国第一家财务公司即东风汽车工业财务公司成立。1991年12月，国务院批准了55家大型企业集团试点，试点的一个重要内容就是为解决集团内部成员之间的融资和投资问题，批准符合条件的企业集团自办财务公司。2004年，银监会颁布《企业集团财务公司管理办法》和《申请设立企业集团财务公司操作规程指引》，用以规范财务公司的准入以及经营。

第二节　企业集团管控模式

企业集团的管控模式，是指集团对下属企业基于集分权程度不同而形成的管控策略。企业集团的管控模式是一个复杂的体系，不仅包括确定公司的治理结构、划分总部及各下属企业的角色定位和职责，而且包括选择企业的组织架构和确定集团重要资源的管控方式及建立绩效管理体系等。

一、企业集团的组织结构

组织结构，是组织中各种劳动分工与协调方式的总和。如果说企业的组织结构是把企业的人与企业的资源相结合的平台，那么企业集团的组织结构则是把各企业自身，企业集团的人、财、物与企业集团的其他资源相结合的平台。企业集团的组织结构，是根据企业集团的战略目标，指定企业和人在集团中的位置、明确责任、沟通信息、协调经营，以实现战略目标的有机结合体。

企业集团经营的目的在于实现其整体目标，在多法人结构的集团中，组织结构是控制活动的框架（包括规划、执行和监督活动）。集团组织结构建设的好坏直接影响到企业集团的控制效果和经营成果。构建组织结构的一个重要方面在于界定关键区域（企业集团的核心层和紧密层）的权责以及建立适当的沟通渠道。良好的企业集团组织结构必须以执行工作计划为使命，并具有清晰的职位层次顺序、流畅的意见沟通渠道、有效的协调与合作体系。企业集团大体有五种基本的组织结构形式。

1. 直线制。直线制（又称为垂直式）组织结构，是在上下层企业之间的权责安排上呈直线分布的组织结构形式，上级企业全权领导下级企业，权力集中在集团的最高层，各种经营指令层层下达。直线制组织结构的特点是，上下级关系明确，内部结构简单，统一领导和指挥。其优点在于权力集中、责任明确、信息传递方式简单、命令统一以及利于监督等；其缺点主要是缺乏合理分工和横向协调、管理幅度和深度过大、容易产生武断决策等。

严格地说，直线型组织结构是单体企业内部组织结构在企业集团中几乎不加变革的应用，一般只适用于新组建的内部成员少，业务经营范围、规模不是很大的企业集团以及集团成员强烈依赖于核心企业的集团。

2. 直线职能制。直线职能制（U 型结构）是指企业集团中各级领导直接指挥与各级职能人员（如财务、人力资源、技术人员）的业务指导相结合的一种企业集团组织结构形式。U 型结构有一个大的总部，包括总裁指导下的执行委员会和一些职能部门。在直线职能制中，按职能划分组织单位，由最高经营者直接指挥各职能部门，集团的下级成员企业既接受上级管理人员的直接指挥，又接受上级职能人员的业务指导。最高决策层对职能部门和生产经营单位集中进行评价和监督。

这种组织形式既保证了统一的指挥和管理，又能更好地发挥各职能部门的作用，适用于经营领域比较单一的企业集团。直线职能制的缺点在于没有从根本上改变直线制高度集权的不足之处，适应性与灵活性较差，表现在：（1）在职能结构中，分清责任或判断业绩更困难。（2）高层管理者在协调各部门成员时可能发生问题。因为各部门成员都有可能感到与其他部门毫不相干，或比其他部门优越，所以很难团结一致，共同完成组织目标。（3）当企业集团规模很大，产品和部门很多，尤其是在集团实行多元化战略时，直线职能制下高层领导的负担过重。

直线职能制组织结构如图 9 – 1 所示，在这种组织结构中，职能部门主要对成员企业进行业务指导。

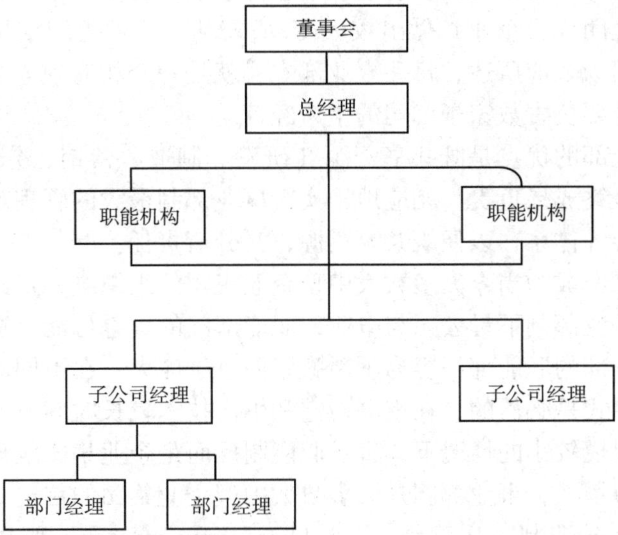

图 9 – 1　直线职能制组织结构

3. 事业部制。事业部制结构（M型结构，multi-divisional structure）在集团母公司下面设立若干个自主运营的业务部门——事业部。这些事业部可以按产品、地区、服务甚至生产程序来划分，每一事业部包含了相关的若干子公司或其他集团成员。在事业部制结构下，公司的决策分两个层次，即战略决策层和运作决策层。总部负责战略层次，事业部主要负责运作层次。

事业部是一种经营职能相对封闭、对最终成果负责的相对独立的经营部门，一般是利润中心，在某些企业集团中也可能是投资中心。其特点是：（1）它是个分权单位，具有足够的经营决策权，即公司一般对其实行目标和政策控制而不干预其经营管理过程：（2）具有相对独立的市场区域和产品系列；（3）直接对外销售产品；（4）可以实行独立核算；（5）对某种形式的利润负责；（6）与公司主体或其他事业部共享资源。

有效的事业部制结构使总经理办公室介入以下一系列活动：一是确定企业内部可单独进行的经济行为；二是把准自主权（一般是作为利润中心的权力）授予每个事业部；三是监督每个事业部的业绩；四是运用激励手段；五是把资金分配给收益高的事业部；六是制定其他方面的战略规划（多元化经营、兼并收购等）。由此，M型结构就成为把事业部概念与内部控制和战略决策功能结合在一起的一种结构。

当然，事业部并不是彻底分权化的完全独立的经营部门。一般来说，事业部的优点在于：（1）使高层管理者摆脱日常的行政和管理事务，更多地考虑整个企业集团的战略问题；（2）有利于每个事业部集中资源在特定范围（如某一产品、某一区域等）内生产经营，对环境变化做出迅速正确的反应；（3）这种组织结构安排本身就具有灵活性，在外界环境或集团自身战略变化的情况下，可以按需要改变事业部的管辖范围或者增减事业部数量而无须对集团的实体单位（各子公司或其他集团成员企业）做出较大变动；（4）这种组织结构还可以培养高层管理人才，因为如前所述，每一事业部本身就是一个相对独立、面向市场的组织，其高层领导要负责数家子公司的生产经营。

总之，事业部的优点是既共享资源（研发、制造、营销、分配、采购），又独立经营，对最终成果负责。相应地，实行事业部制最大的管理难题是建立一套经营型的责任会计体系，以便既共享资源，又分清责任。

事业部制已经成为当今大多数大中型企业集团的组织结构形式，当然它也不是没有缺陷。事业部制下母公司与事业部职能部门的重叠可能会造成管理费用的浪费，同时事业部的职能部门容易不断膨胀而过于庞大。在不同的情况下采用不同的组织结构模式是必然的，在市场稳定和生产技术较长时间不变，或者集团处于成长初期、规模较小的情况下，直线职能制反而是企业集团较理想的选择；而在灵活多变的市场上，事业部制是大多数大中型企业集团的首选。

4. 控股制。控股制（H型结构，holding company）是一种几乎没有集中控制、相对松散扁平的组织结构类型。在H型结构当中一般设立一个小型的总办事处负责指导整个企业集团的生产与销售活动，但基本上不对成员企业的生产和技术开发活动进行协调和评估。每个成员企业都是独立的法人，有很大的决策空间，是投资中心。

控股制结构中的事业部由具有独立法人资格的子公司替代，监督和控制处于间接状态，主要是某些纯粹控股型的母公司以投资产业为目的设立的。控股制下很多母公司对子公司投资的直接目的就是获取股利收入或通过出让股权获取资本收益，在这一点上与基金、保险公司等资本市场上的其他机构投资者有相似之处。许多混合控股型企业集团的组织结构是控股制和事业部制相结合。母公司一方面对少量子公司实行控制，基本不干预其生产经营活动（这些子公司所从事的往往是母公司主营业务以外的其他业务）；另一方面以事业部制组织结构控制那些与母公司有相同业务的子公司。

二、不同组织结构下的管控模式

（一）经营型管控

总部从战略规划制定到实施几乎什么都管。为了保证战略的实施和目标的达成，集团的各种职能管理非常深入。下属单位业务相关性高或重要性高，操作型管控主要适用于以下情况：产权关系紧密度高，总部为投资中心和利润中心，而下属单位或子公司为成本中心如集团人事部门，不仅负责全集团的人事制度政策的制定和实施，而且负责管理各下属公司二级管理团队及业务骨干人员任免。在实行这种管控模式的集团中，各下属企业业务的相关性很高。为了保证总部能够正确决策并能应付解决各种问题，总部职能人员的人数会很多，规模会很庞大。

（二）战略型管控

战略型管控是集权与分权相结合的一种管控模式，强调程序控制。集团总部负责集团的财务、资产运营和集团整体的战略规划，各下属企业同时也要制定自己的业务战略规划，并提出达成规划目标所需投入的资源预算。总部负责审批下属企业的计划并给予有附加价值的建议，批准其预算，再交由下属企业执行。实行这种管控模式的集团总部规模并不大，各下属企业业务的相关性也较高，如图9－2所示。

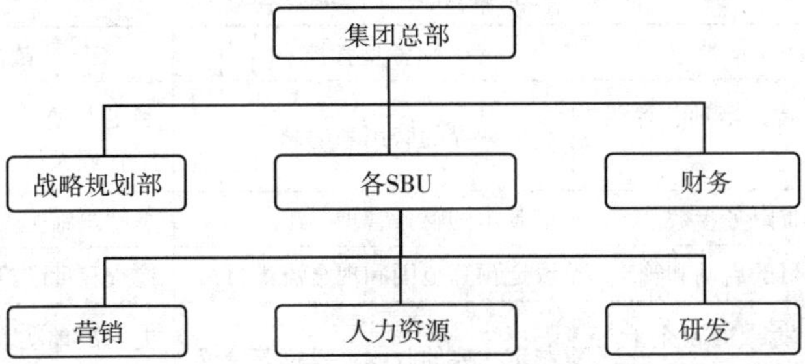

图9－2　战略型管控示意

（三）财务型管控

集团总部只负责集团的财务和资产运营、集团的财务规划、投资决策和实施监控，以及对外部企业的收购、兼并工作。下属企业每年会给定各自的财务目标，它们只要达成财务目标就可以。在实行这种管控模式的集团中，各下属企业业务的相关性可以很小。综上所述，经营型管控属于集权，财务型管控属于分权，而战略型管控则处于两者之间。但是，有的集团根据自身的实际情况，为了便于集团管控，将处于中间状态的战略型管控进一步细化为“战略型实施”和“战略型指导”，前者偏重集权，而后者偏重分权，如图9－3所示。

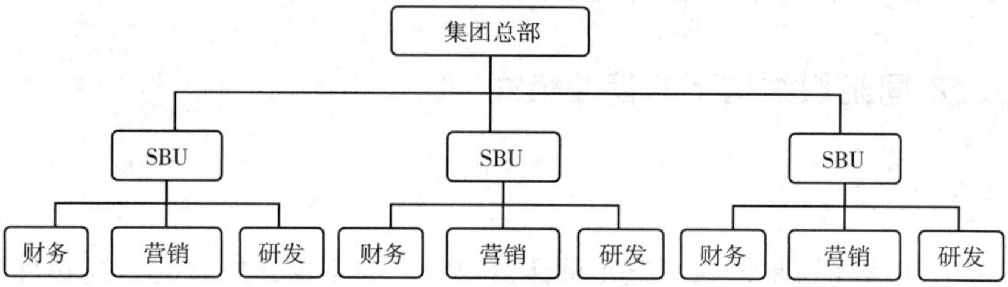

图9－3　财务型管控示意

其中，SBU是strategical business unit的英文缩写，即战略经营单位管理模式。企业选择何种类型的管控模式，取决于很多因素，包括企业规模、子公司股权结构、子公司行业特征以及集团企业的管控模式选择等。小规模集团资源有限、经验相对欠缺，常会加强对子公司的管控，把财权集中于总部，把经营权交给子公司经理。若子公司属于专业性比较强的行业，集团公司倾向于把权力下放给子公司，否则可能因为对筹资和投资时机掌握不准确而导致决策失误。

集团管控模式的选择，就是对集团集权与分权的度的把握，通过组织控制（集权）与市场控制（分权）的结合，实现整个集团各层级责、权、利的平衡。

总之，不论企业集团采取何种管理控制模式，最终目的是达到整体的和谐发展。不同的管理控制模式具有不同的控制特点。企业集团管理控制模式对比如表9－1所示。

表9－1　企业集团管理控制模式

	经营型管控	财务型管控	战略型管控
人事控制	负责招聘、培训、评级、付薪等	高层领导的聘用和解聘	制定并协调人事政策，关注高层管理人员，培养后备人才
财务控制	定期检查财务参数	最基本的财务管理	季度跟踪主要财务指标
投资控制	投资项目的启动和管理	设定预算范围和现金流量目标	检查和批准投资项目的可行性
战略和规划	领导开发、实施企业经营计划	制定主要的收购、投资等决议	提供战略方向、检验战略在操作上的合理性，并进行资源配置

三、企业集团组织管理扁平化模式

（一）集团企业管理扁平化的概念与特征

传统的集团组织结构表现为科层级结构，由一个集团总部、子公司、孙公司组成；子公司既有全资、控股、合营、联营和参股等多种类分支机构 SBU，每个层级都有相应的决策层、经营管理层，呈现出极为复杂的金字塔状的结构。集团总部及其决策层管理层位于金字塔顶，它们的指令通过一级一级的管理层，最终传达至最基层的执行者；基层的市场与业务信息通过一层一层的筛选传递，最后到达最高决策者。集团内部层级太多、机构分散，会大大降低企业效率和增加运营成本。由于层级过多，集团需要增加管理机构与人员，以确保对下属部门与企业的有效控制，从而造成了集团管理部门的庞大与臃肿。层级的增加，导致集团决策链条延长，既造成决策效率下降，企业难以对市场变化及时做出反应，同时也增加了企业运营的成本，这种科层与金字塔结构必须改变。

企业内部管理扁平化是企业在面对现代竞争发展态势，为解决当前层级结构、组织形式冗余而实施的管理模式。所谓扁平化组织结构，就是减少管理层级结构，精简压扁职能部门和人员，以使企业快速地将决策延至企业业务最前线，从而提高企业效率而建立的富有弹性的新型管理模式。其特征是：（1）纵向管理层级简化；（2）以企业核心流程为中心构建组织：（3）需求驱动，资源与权力向基层倾斜，实现目标管理；（4）辅助以现代网络通信手段。扁平化组织与科层制组织的对比如表 9－2 所示。

表 9－2　　扁平化组织与科层级组织的比较

项目	扁平化组织	科层级组织
层次幅度	层次少、幅度宽	层次多、幅度窄
权力结构	权力分散、下放、多样化	权力较集中、等级明显
沟通方式与难易度	沟通距离短、沟通直接化、手段多样化	沟通距离长、等级结构间有明确规定
通信方式	现代网络通信手段为主	传统通信方式为主
持久性	可适应不同变化	使用一定规模、稳定不变的企业
使用环境	高速发展、快速变化	较稳定
企业驱动力	顾客需求驱动	管理层驱动

（二）集团组织管理扁平化的条件

企业扁平化管理有利于缩短指挥链，提高企业适应市场变化的能力，节约管理成本，并有利于人才成长。但企业集团在选择进行内部扁平化管理时需关注企业所处环境和自身状态、条件，选择适合自身的模式，以充分发挥扁平化管理的优势。

美国著名管理学家德鲁克指出，“由于现代企业组织由知识化专家组成，因此企业应该是由平等的人、同事们形成的组织。知识没有高低之分，每一个人的业绩都是由他对组织的贡献而不是由其地位高低来决定的。因此现代企业不应该是由老板和下属组成的，必须是由平等的团队组成的。”企业管理扁平化的本质是精益知识团队的建立，通过动态知识团队的构建和自我管理，实现对企业内部和市场信息的统一认知，进而创造企业价值，并拓展企业的价值创造空间。因此扁平化组织需要企业内部根据扁平化管理的内核，做出系统的调整：（1）形成系统的管理理念和与学习型员工相匹配的企业文化；（2）重视人力资源，团队成员专家化，作为知识团队的坚实力量；（3）分权集权良好融合，团队目标明确化；（4）构建支持协调系统，计算机网络技术得以全面运用。

由此也可以看出，并非所有集团企业都适合进行扁平化管理，它不仅受社会因素影响，更与企业成长阶段和自身条件息息相关。可以发现，随着企业进入规范化阶段，规模不断扩大，管理层次不断增加，官僚化程度也有所增加。随着企业进入精细化、精益化发展阶段，面对快速变化的市场环境，企业集团需要借助组织管理扁平化恢复其活力。

（三）集团管理扁平化的基本路径

实践上看，实现集团管理扁平化，首先就是要压缩集团内部的股权层级，压缩管理链条，换言之，内部股权结构的扁平化成为组织管理扁平化的基础。另外，恰当安排集团内部产权结构与管理架构的关系，一般的理解是产权结构指公司根据所处外部环境中的法律法规，设置不同层次、不同功能的法律实体及相关的法人治理机构，从而使公司获得基本运行的法律许可，并拥有特定的权利和义务，以保障公司股东及利益相关者的基本权益。而管理架构则是指公司根据业务功能发展的需要，分别设置不同层次的管理人员及由各管理人员组成的管理团体，针对各项业务功能行使决策、计划、执行、控制、评价的权力，依据所分配的资源创造公司追求的价值。从二者的关系上来看，管理架构是实质，法律架构是形式，实质决定形式。就母子公司的管理关系而言，母公司对子公司进行投资，其股东权益集中表现为母公司能够也必须对子公司行使控制权。可以说，这种权力必须在法律上和管理上同时得到保障。这种控制权必须落实在财务战略决策、资源配置、人员委派、过程监控、信息沟通、业绩评价和内部审计等之上，这是法律赋予股东（集团母公司）的权力。母公司对于公司的管理与控制是母公司的权力，这与“谁投资、谁拥有企业、谁控制企业”的资本逻辑是一致。总之，管理扁平化可以在通过一定的制度安排在保障产权结构多元化的前提下，实现管理系统一体化与组织管理的扁平化。

四、企业集团内部“自组织”结构与集团财务管理系统

从理论说，“自组织”就是在企业整体战略目标和制度框架下，内部每个基

层组织甚至员工个人能够自主地接受与处理各种信息，管理上自主决策、业务上有序运转、目标上自我达成的独立单元。这种有机体的组织架构与管控机制无疑是对传统科层组织和集权体制的彻底变革，使“一个企业”变成了“众多小组织”。“自组织”管理核心将权利下移、企业集团的发展与经营着力于一线经理和员工的独立运作与积极性，而非局限于财务资本的投入。“自组织”机制让集团内部每个单元在市场中都成为经营主体自主决策，并直接参与市场竞争。

什么样的企业集团可以也应该推进“自组织”模式?“自组织”应该同时具备的条件：(1) 集团内部被分权的 SBU 或机构自身应该拥有从研发、供应到生产、销售的完整业务。换言之，“自组织”模式不太适合于内部单位间的业务联系非常密切、缺乏独立业务基础和完整价值链体系的企业；(2) 企业集团内部各 SBU 有相对独立的产品与客户，如实施差异化与多元化的生产与流通企业、服务类企业和部分金融企业都具备推行“自组织”模式的条件；(3) 集团内部各 SBU 单元还需要拥有一支能够独立决策、经营能力较强的经理人团队。

在“自组织”模式下，企业集团总部的职责应该重新定位。管理结构的扁平化和对“自组织”的授权分权，使传统科层体系下企业总部的功能和责任必然发生变化，但绝非弱化或虚化总部功能。具体而言，在“自组织”模式下，集团总部的职责体现为：(1) 战略规划。集中统管和抉择企业的经营范围、经营地域、战略整体进程和业务模式等。(2) 集中统一物流配送和信息系统。近年来发展起来的网上现货交易、实物交割以及配套的金融和物流服务创新模式要求企业有一个功能强大的物流和信息系统，才能确保各“自组织”的供产销一体化和上下游信息的互联互通。(3) 会计核算信息枢纽。总部不仅要统一各“自组织”的会计明细科目口径，还要设定会计信息处理与报告、分析的流程。(4) 财务资源配置与管控中心。总部要集中配置企业的财务融资、授信、资本投资、并购、战略性财务资源等。(5) 管理咨询服务中心。总部要集中人力资源，针对各 SBU 业务与管理问题进行提醒、咨询建议与管理辅导，以持续提高下属企业的组织学习能力，建立“在管控中渗透咨询服务，在咨询服务中夯实管控”的机制。

架构基于“自组织”的集团财务管理体系，主要策略包括：(1) 总部对“自组织”授权方式的变革。其实，集团总部对“自组织”的授权是相对的，给予“自组织”充分的权力不是对其放任自流。总部要根据经营的需要不断细分内部经营主体，并下放各项经营权力，包括产品定位、客户开发、具体业务模式、定价、成本费用开支等方面的权力。通过授权保证与促进各单元健全供应商评价管理体系，加快市场反应，激发营销活力，持续推进整个供应链的运作效率。各 SBU 不仅要在内部构建以风险监控、资源协同为中心的内部管理程序，夯实从研发、设计到分销和客户关系管理的系统成本优势。(2) 导入“交互式”的计划预算体系、预算系统。计划预算系统是企业集团内部管理控制不可或缺的核心机制。“自组织”模式下的交互式计划预算系统呈现出以下特点：预算程序和信息要得到企业总部及其高管的重视；预算编制过程则要求企业内部各层级管理人员频繁、有序地关注：预算编制周期不是固定不变的，一般以一个月或者一个季度为周期；预算编制方法以滚动预算为主；预算数据由总部和下属及相关平行部门进行面对面交流和讨论之后产生。在计划预算数据的形成、实时监控分析、修正调整等方面，为适应“自组织”适量扩充、组织下沉、管理扁平的需要，企业总部除制定统一的预算制度框架与数据分析模板外，还要引导各个业务单元具体地、个性化地实施这些制度，尤其是根据具体的业务模板做好精细化的业务预算。（3）架构以前瞻性的、非财务指标为主体的业绩评价系统。对于“自组织”模式下的企业来说，业绩评价与激励制度要引导下级组织建立一支能够独立决策、经营能力较强的经理人团队，而不是局限于财务上的“急功近利”或者只专注财务运营、财务绩效上的考评指标。另外，从业务经营上来说，企业每个阶段有不同的业务重点，如有些企业谋求“平台共享 + 垂直协同”的经营组合，支撑线上电子商务、线下实体连锁融合发展和全品类拓展。这些业务模式的调整是战略与组织变革的安排，在内部业绩评价与激励制度方面就必须体现这些变革方针。需要对各 SBU 加大考核幅度，或者深度量化“各关键环节”中的重点因素，设立个性化的业务经营类考评指标。（4）构建与“自组织”模式相匹配的风险管理控制系统。与“自组织”模式相匹配的风险管理控制系统必须呈现出以下特征：信息化的而不是人工手段的；事前的而不是事后的；全面渗透在业务模式和经营过程当中；立体的和多层次的，即在企业文化、企业治理、管理系统、决策流程、业务模式、财务结构等诸多方面与每个环节实施风险管理和控制；具有权威性，即企业内部拥有独立的、有权“紧急叫停”的风险管理职能部门与机制。

第三节　企业集团财务共享服务中心

一、财务共享服务中心的含义

共享服务概念起源于20世纪80年代，福特公司最早构建财务共享服务中心（finance shared service center，FSSC），随后各大型企业广泛应用财务共享服务中心。随着计算机技术的发展，财务共享中心的功能逐渐强化，将财务工作的核心从会计核算转至管理，对企业的战略转型及发展具有重要作用。

国外学者罗伯特·W. 甘恩（Robert W. Gunn）认为，共享服务是公司试图从分散管理中取得竞争优势的一种新型管理理念，其核心思想在于提供服务时共享组织的成员和技术等资源。巴巴拉·E. 奎因（Barbara E. Quinn）认为，共享服务可以看作一项商业经营，其核心是“以顾客为中心 + 服务收费 = 商业”。国内学者张庆龙认为，财务共享服务中心（FSSC）是将企业各种财务流程集中在一个特定的地点和平台完成，通常包括财务应付、应收、总账、固定资产等的核算业务处理，员工费用报销，资金结算处理。这种模式在提高效率、控制成本、加强内控、信息共享、提升客户满意度以及资源管理等方面，都会带来明显的收效。

实际上，财务共享服务是将企业财务单位分散的、重复性的、非核心业务，如核算业务、费用报销、资金结算等整合到独立的财务共享服务中心（FSSC）去处理，集中更多的资源和精力投入财务核心业务上，提高工作人员的工作效率、降低人工成本与管理成本，达到信息共享、加强企业集团对分子公司的管控力度的目的。

二、财务共享服务产生的背景及现状

20 世纪 90 年代以来，随着经济全球化和信息技术的迅猛发展，企业集团国际化的步伐不断加快，纷纷在各国建立分支机构，随之而来的是很多企业集团患上了“大企业病”，成本不断增加、管控难度加大、财务和经营风险增加、股东知情权受到挑战、财务决策效率低下等。失败的危机和严重的障碍制约了企业集团的进一步发展，由此一些跨国集团开始大力推进财务转型和流程再造优化。在理论与实践双重因素的影响和推动下，财务共享服务作为一种财务转型和组织创新变革的产物应运而生。根据英国注册会计师协会调查，迄今为止已有超过 50% 的财富 500 强企业和超过 80% 的财务 100 强企业建立了财务共享服务中心。在中国，随着越来越多本土企业的规模化和全球化，经营管理效率重要性不断凸显，以及信息化的高速发展和广泛应用，共享服务的优势日益得到认可，并逐渐开始在中国企业中落地生根。中兴通讯于 2005 年建立财务共享服务中心，真正拉开了中国企业实施财务共享服务的序幕，在将近 10 年的时间内，已经实施和准备筹建财务共享服务的企业集团有八九十家，包括中国移动、中国电信、海尔集团、中国石化、物美集团等。

三、企业集团建立财务共享服务中心的必要性及目标

一方面，传统的财务管理模式下的财务核算程序较为烦琐，耗费较多的物力和人力，财务人员需要极高的专业素养，导致企业单位成本增加，而且烦琐的程序还浪费了大量的时间，增加了企业决策的周期，对企业的战略发展产生了不利影响；另一方面，国际化进程的加快，企业面临的压力越来越大，对共享财务有强烈的需求。共享财务可以降低财务组织成本，提高财务服务效率和质量，为企业决策提供更强有力的支持。同时，业务部门可以将注意力专注于核心业务，增强核心竞争力。网络技术、大数据技术、人工智能等技术的快速发展，为企业实施财务服务共享提供了可能。

传统管理模式包括集中式管理模式和分散式管理模式。集中式管理模式下，企业将分散的财务人员通过信息化和业务化的财务数据集中在一起，以实现对子

公司的管理和控制。集中式财务管理模式将财务工作进行集中处理，可以让总公司及时了解企业整体的财务状况和经营状况，方便总公司进行统筹规划和资源调配，有助于企业战略发展以及制度建设，以达到企业利益最大化的目的。然而，集中式财务管理模式存在一些缺点。比如，企业进行决策时需要逐层进行审批，过程烦琐、周期长，信息质量下降；权力过于集中导致子公司的工作积极性下降。分散式管理模式下，企业各部门或子公司均具备出纳、会计、财务主管等财务人员，单独设置会计账簿，单独核算。分散式财务管理模式可以依照市场环境的改变而随时进行调整，极大地减少了决策时间，有效提高了各部门和各子公司工作的积极性。企业发展初期较多采用分散化管理模式，但随着企业规模的扩大、业务类型的增多，分散化模式已经不能满足管理需求。如果企业给予各子公司的权力过大，可能导致企业的运筹管理能力被削弱，不利于企业的资源调配，降低了企业的管理水平。分散的财务管理模式使各子公司的财务信息较为独立，容易形成“信息孤岛”，集团公司无法了解企业整体的财务信息，从而降低对子公司的管控能力。

财务共享中心再造财务业务流程，用流水作业流程取代原有的财务核算流程，具备集中管理模式下总公司的管控能力，还保留了分散管理模式下子公司处理具体业务的灵活性。因此，财务共享服务中心对于推动企业财务组织提升整体运营水平至关重要，它不仅能够节约成本，更能释放大量财务人员从事高附加值工作，推动财务组织从会计核算向价值管理和决策支持转型，最终推动企业整体价值的提升。

传统管理模式与财务共享中心模式的优缺点比较如图9－4所示。

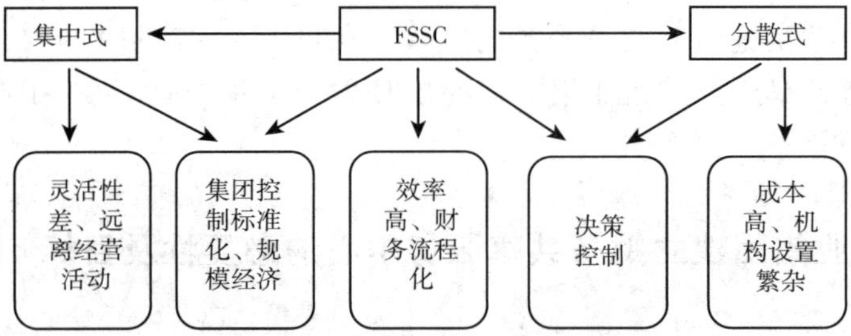

图9－4　集中式、分散式、FSSC的优缺点

四、企业集团财务共享服务中心的构建

企业集团财务共享中心建设的核心环节包括信息化平台建设、业务流程建设和人力资源建设。

（一）信息化平台建设

财务共享服务中心需要依托先进的信息化建设。信息技术的快速发展与成熟，为财务共享的成功建设提供了基本保证。财务共享服务中心建设涉及以下系统：（1）报账系统。主要用于业务主体提交各种核算原始凭证，中心核算人员在报账系统中进行原始凭证审核及费用核算业务的账务处理。（2）核算系统。作为会计核算凭证的归口系统，汇总全部业务系统及相关系统的财务数据，生成财务报表。（3）资金管理系统。主要用于资金的统收统付、账户管理、系统与银行自动对接等。（4）影像系统。用于原始凭证电子影像的扫描、传输和存储。（5）运营管理平台。主要用于单据的稽核、运营数据、绩效数据分析。（6）财务支持系统。用于解答业务主体对财务共享所有业务的问题、咨询，接受投诉建议。

实际建设财务共享信息化平台时，由于集团企业管理经营方式复杂，管理人员层级多，规模大，分子公司遍布全国，存在地域的差异，因此对于企业信息化平台的需求比较复杂，系统开发难度较大。不属于信息行业的集团企业，对于满足自身需求的信息系统的开发就需要与市场上通用的企业级应用软件商进行合作，在ERP系统的基础上利用外包技术团队开发企业所需的定制性的功能。同时，在合作中要进行大量人与人之间的沟通，尤其在业务流程上会有诸多意见分歧，也对信息化平台的构建有一定的影响。

（二）业务流程建设

财务共享服务中心业务流程建设包括流程标准化建设和制度标准化建设。财务共享服务中心接入的业务必须是可标准化的，但是其原来的标准化程度以及新建立的规则及流程的标准化程度都对纳入的进度及可行性有很大影响。一方面，业务标准化程度越高，一次性多种业务实施的成功率就越高；另一方面，规则与流程越标准，财务共享服务中心的执行人员培训越简单，人员对知识的掌握程度越牢固，业务纳入后执行就越顺利。因此，业务的标准化程度决定了其纳入与否以及纳入后财务共享服务中心运行的稳定性。

业务流程再造是财务共享服务中心建设实施的重中之重，是其核心工作。集团企业在进行流程标准化建设时，需要充分考虑各地方差异，做到既能提升会计处理效率，又能最大限度地支持公司整体业务发展，这是非常烦琐、复杂的过程，需要项目组成员多次进行属地分析、系统实现等多方面对核算流程的逐一确定，并拟定新业务流程，绘制流程图，编制流程说明表，规范事项的流程步骤、输入/输出内容、操作岗位、岗位职责、流程说明、涉及系统及交付物、风险点管理、流程依据等。

财务共享服务中心制度框架建设、制度标准化编制规范的制定由专门成立的制度标准化建设小组负责。进行制度标准化建设时，建设小组根据业务内容确定共享中心的工作范围，根据工作范围进一步确定共享中心的职责，并细化共享中心各处室、岗位职责。这一过程也有赖于业务流程标准化建设，因此，业务流程标准化的规范性、完整性也直接影响制度标准化。另外，企业通过制定规范化、标准化的财务共享服务中心会计核算细则，并要求员工在日常账务处理中严格执行，以达到防范、规避监管风险、内部控制风险以及作业规范性风险。

（三）人力资源建设

人力资源建设涉及人员招聘、人员培训和绩效考核。

财务共享服务中心的运转需要大量工作人员，集团需要决定是直接抽调内部核心人员还是从外部招聘。在人员准备方面，需要随时根据业务需要进行调整，业务量估计不准确，可能造成业务量的大幅度增加而人员不足的情况。财务共享服务中心模式能够减少集团财务人员总体规模，在人力成本的控制方面可以显现出明显的节约成效。因此，集团企业在选址时应注意人员配置的难易程度，对业务量的预估要力求准确，控制财务人员总体规模，以达到人力成本的节约。

因为财务共享的模式已经脱离了传统的会计记账、资金支付的模式，所以在处理规则、流程操作方面都需要准备相应的培训。很多人并不清楚财务共享服务中心是什么、如何运营的、员工能够在财务共享中做什么。随着财务共享中心的推行，在人员保证方面，通过对各核算单元的核算和管理工作量的划分，初步确定共享人员的需求，结合流程整合和系统功能优化的目标，最终确定共享上限的岗位需求。共享中心的人员也从核算功能转为业务财务支持分析功能。集团企业在员工专业培训中应该将业务规划进行讲解，介绍行业业务流程。同时，因为信息化的原因，会有大量的系统操作，所以企业对于系统的实际操作培训尤为重要，可以配备相应的实操手册。

FTE（full time equivalent）是财务共享中心常用的一种计算工作量的单位，衡量某一特定期间的生产效率或特定工作的人力运用状况及成本执行。它与员工数是不同的概念。员工数以人为单位，是一个整数，而 FTE 可以是小数。比如，某项工作从开始到结束由一个人需要 8 小时完成，员工数是 1，如果这 8 小时内员工有 2 小时的等待时间、休息时间，那么实际完成这项工作需要 6 小时，则它的 FTE 为 0.75。同理，若员工实际用了 10 个小时，包括 2 个小时的加班时间，那么这项工作的 FTE 为 1.25。财务共享中心在计算人员全时工作量（FTE）时，由于共享服务在业务流程各环节连接紧密、员工处理效率提高，大大减少了流程中的等待时间。集团企业应该充分考虑财务转型人员需求的同时遵循快速见效的原则，统筹计算出每一阶段需要迁移及安置的人员数；在项目初期便和各被迁移单位负责人进行逐一沟通，被迁移单位的会计人员必须快速、妥善安置。FTE 是一种更为科学的对员工工作量进行记录的方式，详细评估了系统实施及流程标准化后可带来的效率输出。

五、财务共享服务的关键成功因素与企业财务重分类

国内外学者对企业集团实施财务共享服务的关键因素进行了广泛研究，也形成了多种不同的观点，至今尚未形成统一结论。但从流程再造的角度看，主要涉及战略规划、流程管理、信息系统、组织管理四个方面，并且由于变革管理属于深层次要素，涉及战略、流程、组织、IT 等多方面，所以不再单独考量。

企业集团在实施财务共享服务时，评估并分析该共享服务中心的远景定位和战略目标十分重要，因为清晰的远景定位和战略目标能使方案的设计及执行目标明确，并与客户的期望保持一致。财务共享服务的目标定位与企业集团的发展战略密不可分。例如，企业集团实施成本领先战略，则希望通过财务共享服务项目的实施使业务的整体运作成本得到改善，从而通过节约成本为组织创造价值。

流程管理同样影响财务共享服务价值。流程再造不能一次性从根本上解决企业的管理问题，只有通过流程管理，对再造后的流程及性能进行持续性的优化和改进，才能真正享用流程再造带来的价值。共享服务中心最核心的管理就是对流程的管理，流程管理能够提升成本优势，增强组织的应变能力和可持续发展能力。

信息系统对财务共享服务的价值也有重要影响。信息技术在企业集团的扩散和逐步渗透，一方面导致企业技术进步和生产效率的提高；另一方面也会导致财务组织和流程的优化与创新型变革。信息技术的不断发展与完善为组织间协同和共享提供了技术支撑，必将引发企业财务信息化的创新性变革，从而进一步推动企业共享服务的进程。

组织管理对财务共享服务价值的影响主要从三个方面加以体现：即组织结构、人员管理和绩效管理。组织结构设计是组织管理的一项重要内容，通过组织结构设计可以明确财务共享服务中心与企业组织结构中其他组成部分的关系，以及财务共享服务中心内部各业务单元的权责关系，避免因职责不清造成执行中的障碍，使组织高效协调运行保证组织目标的实现。良好的人员管理，认真分析财务共享服务中心人员构成的特点，有针对性地分人群进行差异化管理，能够全面调动运作积极性和人员能动性；另外，重视对知识和流程方面的培训，有助于员工对新组织有一个全面的了解，从而消除恐惧感，熟练运用新技术，提高财务共享服务的价值。财务共享服务中心作为一个功能齐全的运行实体，要想使其高效运转，就必须通过绩效管理让其每个部分平衡协调地运行起来。财务共享服务的实施实质上是一次财务管理模式的变革，组织管理对财务共享服务的价值贡献在于它能帮助企业有效应对变革。

财务共享服务下企业财务重分类是指，财务共享服务将企业财务划分为企业财务、战略财务和共享财务三种类型。海尔集团将财务分为三大块，包括：业务财务，主要负责管理会计；专业财务，主要负责财务管理，包括资金和投资管理等；共享财务中心，主要负责财务会计和交易处理，提高财务组织的效率。中兴通讯集团在长期的财务共享服务实践中，逐步形成了以财务共享服务为基础的战略财务、共享财务和业务财务三分格局的企业会计和企业财务的管理新模式。战略财务设在集团总部，参与战略的制定与推进，进行预算、绩效管理和资源配置等体系建设；共享财务集中在财务共享服务中心，进行会计核算、交易处理、资金结算、报表编制和会计归档等基础工作；业务财务分布在各个业务单元（成员单位或基层子公司），相当于业务体系中的财务总监，向企业经营的各业务链前端延伸拓展，参与价值创造。三种财务人员的比重分别约为 20%、40% 和 40%。财务、业务和战略更紧密结合的做法，同财政部当前正在推进的管理会计工作不谋而合。

集团企业财务共享服务中心的建设推动了企业财务组织变革，也符合国家政策鼓励加快发展管理会计的要求，为管理会计在企业管理中更好地发挥作用创造了条件。更重要的是，财务共享服务能够加快企业财务重分类的速度，推动传统财务会计人员的职能转型，为其职业发展开拓更广阔的空间。

第四节　企业集团业绩评价

综合业绩评价体系是指设计一套全面完整的指标体系用于企业业绩评价。从理论和实践看，现有的综合业绩评价体系主要有财务模式、价值模式和平衡模式。财务模式包括综合评分法、综合指数法、杜邦分析法等。价值模式的代表是经济增加值（EVA）。平衡模式的代表是平衡记分卡。其中经济增加值在企业业绩评价中应用最为广泛，本节主要介绍经济增加值方法。

经济增加值是由美国思腾思特（Stern-Stewart）管理咨询公司于 1982 年推广的一种价值评价指标。EVA 指标的出现主要是解决传统会计指标的缺陷。首先，传统的会计利润例如管理用财务报表下，净利润等于税后经营净利润扣减税后利息费用，仅仅扣除了占用债务成本费用，未考虑占用股权成本费用。其次，会计方法的选择和财务报表的编制有很大弹性，会计收益在某种程度上存在失真。最后，传统会计指标偏离了企业价值最大化的财务管理目标。传统财务指标的增长往往不能反映企业价值的增长，以它们作为财务指标会造成企业非价值最大化的导向。

EVA 评价方法产生以来，许多著名的跨国公司采用该方法评价企业以及企业内部各业务部门的经营业绩，如 AT&T、可口可乐、通用电气等，由此推动了 EVA 的进一步发展。

一、经济增加值的概念

经济增加值（EVA）指从税后净营业利润扣除全部投入资本的成本后的剩余收益。经济增加值及其调整值是全面评价经营者有效使用资本和为企业创造价值的重要指标。经济增加值为正，表明经营者在为企业创造价值；经济增加值为负，表明经营者在损毁企业价值。

$$经济增加值 = 税后净营业利润 - 加权平均资本成本 \times 平均资本占用$$

其中，税后净营业利润衡量的是企业的经营盈利情况；平均资本占用反映的是企业持续投入的各种债务资本和股权资本；加权平均资本成本反映的是企业各种资本的平均成本率。

经济增加值的定义简单，但其实际计算却比较复杂。经营利润、资本成本和所使用的资本数额的计量问题是经济增加值计算的难点，不同的解决办法，产生了四种不同的经济增加值。

（一）基本经济增加值

基本经济增加值是根据未经调整的经营利润和总资产计算的经济增加值。

基本经济增加值＝税后净营业利润－加权平均资本成本×报表总资产

基本经济增加值的计算很容易。但是，由于“经营利润”和“总资产”是按照会计准则计算的，它们歪曲了公司的真实业绩。不过，对于会计利润来说是个进步，因为它承认了股权资金的成本。

（二）披露的经济增加值

披露的经济增加值是利用公开会计数据进行十几项标准的调整计算出来的，这种调整是根据公布的财务报表及其附注中的数据进行的。披露的经济增加值可以解释公司市值变动的50%。

调整事项包括：（1）对于研究与开发费用。会计作为费用立即将其从利润中扣除，经济增加值要求将其作为投资并在一个合理的期限内摊销。（2）对于战略性投资，会计将投资的利息（或部分利息）计入当期财务费用，经济增加值要求将其在一个专门账户中资本化并在开始生产时逐步摊销。（3）对于为建立品牌、进入新市场或扩大市场份额发生的费用，会计作为费用立即从利润中扣除。经济增加值要求把争取客户的营销费用资本化并在适当的期限内摊销。（4）对于折旧费用，会计大多使用直线折旧法处理。经济增加值要求对某些大量使用长期设备的公司，按照更接近经济现实的“沉淀资金折旧法”处理。这是一种类似租赁资产的费用分摊方法，在前几年折旧较少，而后几年由于技术老化和物理损耗同时发挥作用，需提取较多折旧的方法。（5）对于重组费用，会计将其作为过去投资的损失看待，立即确认为当期费用。经济增加值将重组视为增加股东财富的机遇，重组费用应作为投资处理。（6）营业外收支具有偶发性，将当期发生的营业外收支从税后净营业利润中扣除。（7）将当期减值损失扣除所得税影响后予以加回，并在计算资本占用时相应调整资产减值准备发生额。（8）递延税金不反映实际支付的税款情况，将递延所得税资产及递延所得税负债变动影响的企业所得税从税后净营业利润中扣除，相应调整资本占用。（9）其他非经常性损益调整项目，如股权转让收益等。上述调整，不仅涉及利润表，而且涉及资产负债表的有关项目，需要按照复式记账原理同时调整。此外，计算资金成本的“总资产”应为“投资资本”（即扣除应付账款等经营负债），并且要把表外融资项目纳入“总资产”之内，如长期性经营租赁资产等。

（三）特殊的经济增加值

特定公司根据自身情况定义的经济增加值。这是一种“量身定做”的经济增加值计算办法，调整结果使经济增加值更接近公司的市场价值。

（四）真实的经济增加值

真实的经济增加值是公司经济利润最正确和最准确的度量指标。它要对会计数据做出所有必要的调整，并对公司中每一个经营单位都使用不同的更准确的资本成本。

计算披露的经济增加值和特殊的经济增加值时，通常对公司内部所有经营单位使用统一的资本成本。真实的经济增加值要求对每一个经营单位使用不同的资本成本，以便更准确地计算部门的经济增加值。从公司整体业绩评价来看，基本经济增加值和披露的经济增加值是最有意义的。公司外部人员无法计算特殊的经济增加值和真实的经济增加值，他们缺少计算所需要的数据。

二、简化的经济增加值的衡量

（一）经济增加值的定义及计算公式

经济增加值是指企业税后净营业利润减去资本成本后的余额。

$$\begin{aligned}\text{经济增加值} &= \text{税后净营业利润} - \text{资本成本}\\ &= \text{税后净营业利润} - \text{调整后资本} \times \text{平均资本成本率}\end{aligned}$$

$$\begin{aligned}\text{税后净营业利润} = \text{净利润} + (&\text{利息支出} + \text{研究开发费用调整项}\\ &- \text{非经常性税前收益}) \times (1 - \text{所得税税率})\end{aligned}$$

非经常性税前收益是指企业通过变卖主业优质资产等取得的税前收益。

$$\begin{aligned}\text{调整后资本} = &\text{平均所有者权益} + \text{平均负债合计}\\ &- \text{平均无息流动负债} - \text{平均在建工程}\end{aligned}$$

（二）会计调整项目说明

1. 利息支出是指企业财务报表中“财务费用”项下的“利息支出”。

2. 研究开发费用调整项是指企业财务报表中“管理费用”项下的“研究与开发费”和当期确认为无形资产的研究开发支出。对于勘探投入费用较大的企业，经国资委认定后，将其成本费用情况表中的“勘探费用”视同研究开发费用调整项，按照一定比例（原则上不超过 50%）予以加回。

3. 无息流动负债是指企业财务报表中“应付票据”“应付账款”“预收款项”“应交税费”“应付利息”“应付职工薪酬”“应付股利”“其他应付款”“其他流动负债（不含其他带息流动负债）”；对于“专项应付款”和“特种储备基

金”，可视同无息流动负债扣除。

4. 在建工程是指企业财务报表中的符合主业规定的“在建工程”。

（三）资本成本率的确定

1. 中央企业资本成本率原则上定为5.5%；

2. 对军工等资产通用性较差的企业，资本成本率定为4.1%；

3. 资产负债率在75%以上的工业企业和80%以上的非工业企业，资本成本率上浮0.5个百分点。

（四）其他重大调整事项

发生下列情况之一，对企业经济增加值考核产生重大影响的，国资委酌情予以调整：

1. 重大政策变化；

2. 严重自然灾害等不可抗力因素；

3. 企业重组、上市及会计准则调整等不可比因素；

4. 国资委认可的企业结构调整等其他事项。

三、经济增加值评价的优点和缺点

（一）经济增加值评价的优点

1. 经济增加值考虑了所有资本的成本，更真实地反映了企业的价值创造能力。

2. 实现了企业利益、经营者利益和员工利益的统一，激励经营者和所有员工为企业创造更多价值。

3. 能有效遏制企业盲目扩展规模以追求利润总量和增长率的倾向，引导企业注重长期价值创造。

4. 经济增加值不仅仅是一种业绩评价指标，它还是一种全面财务管理和薪酬激励框架。经济增加值的吸引力主要在于它把资本预算、业绩评价和激励报酬结合起来了。

5. 在经济增加值框架下，公司可以向投资人宣传其目标和成就，投资人也可以通过经济增加值选择最有前景的公司。

（二）经济增加值评价的缺点

1. 经济增加值仅对企业当期或未来1～3年价值创造情况进行衡量和预判，无法衡量企业长远发展战略的价值创造情况。

2. 经济增加值计算主要基于财务指标，无法对企业的营运效率与效果进行综合评价。

3. 不同行业、不同发展阶段、不同规模等的企业，其会计调整项和加权平均资本成本各不相同，计算比较复杂，会影响指标的可比性。

4. 由于经济增加值是绝对指标，不便于比较不同规模公司的业绩。

5. 经济增加值也有许多和投资报酬率一样误导使用人的缺点，例如，处于成长阶段的公司经济增加值较少，而处于衰退阶段的公司经济增加值可能较高。

6. 在计算经济增加值时，对于净收益应做哪些调整以及资本成本的确定等，尚存在许多争议，这些争议不利于建立一个统一的规范。而缺乏统一性的业绩评价指标，只能在一个公司的历史性分析以及内部评价中使用。

【例9-1】 甲企业采用经济增加值作为业绩评价指标，目前，控股股东正对甲企业2017年度的经营业绩进行评价，相关资料如下：

（1）甲企业2016年末和2017年末资产负债表数据如表9-3所示。

表9-3　　甲企业资产负债表　　单位：万元

资产	2017年末	2016年末	负债	2017年末	2016年末
货币资金	405	420	应付账款	1 350	1 165
应收票据	100	95	应付职工薪酬	35	30
应收账款	2 050	2 040	应交税费	100	140
其他应收款	330	325	其他应付款	140	95
存货	2 300	2 550	长期借款	2 500	2 500
固定资产	4 600	4 250	优先股	1 200	1 200
在建工程	2 240	1 350	普通股	5 000	5 000
			留存收益	1 700	900
合计	12 025	11 030	合计	12 025	11 030

（2）甲企业2017年度利润相关数据如表9-4所示。

表9-4　　甲企业2017年度利润表　　单位：万元

项　目	2017年度
管理费用	1 950
其中：研究与开发费	360
财务费用	220
其中：利息支出	200
营业外收入	400
净利润	1 155

（3）甲企业2017年的营业外收入均为非经常性收益。

（4）甲企业加权平均资本成本为12.15%，企业所得税税率25%。

要求：计算2017年甲企业调整后税后净营业利润、调整后资本和经济增加值（注：其余按国务院国有资产监督管理委员会与2013年1月1日开始施行《中央企业负责人经营业绩考核暂行办法》的相关规定计算）。

【解析】调整后税后净营业利润 = 1 155 + (200 + 360 − 400) × (1 − 25%) = 1 275（万元）

平均所有者权益 = (1 200 + 1 200) ÷ 2 + (5 000 + 5 000) ÷ 2 + (1 700 + 900) ÷ 2 = 7 500（万元）

平均负债 = (1 350 + 1 165) ÷ 2 + (35 + 30) ÷ 2 + (100 + 140) ÷ 2 + (140 + 95) ÷ 2 + (2 500 + 2 500) ÷ 2 = 4 027.5（万元）

平均无息流动负债 = (1 350 + 1 165) ÷ 2 + (35 + 30) ÷ 2 + (100 + 140) ÷ 2 + (140 + 95) ÷ 2 = 1 527.5（万元）

平均在建工程 = (2 240 + 1 350) ÷ 2 = 1 795（万元）

调整后资本 = 7 500 + 4 027.5 − 1 527.5 − 1 795 = 8 205（万元）

经济增加值 = 1 275 − 8 205 × 12.15% = 278.09（万元）

【例9-2】某中央企业运用经济增加值方法评价2×17年的经营绩效。收集的资料如下：

（1）本年度税后净利润为3 800万元；本年度平均资产总额为9 000万元，平均无息流动负债为100万元。

（2）报表附注中的资本化利息为200万元；财务报表中“财务费用”项下的“利息支出”为500万元。

（3）财务报表中“管理费用”项下的“研究与开发费”为100万元，当期确认为无形资产的研究开发支出为50万元。

（4）年初在建工程金额100万元，年末在建工程金额为300万元，在建工程是该企业正在建设中的一条生产线的扩建工程。

（5）所得税税率为25%。

要求：计算该企业2×17年的税后净营业利润和经济增加值。

【解析】税后净营业利润 = 3 800 + (500 + 150) × (1 − 25%) = 4 287.5（万元）

平均在建工程 = (100 + 300)/2 = 200（万元）

调整后资本 = 9 000 − 100 − 200 = 8 700（万元）

经济增加值 = 4 287.5 − 8 700 × 5.5% = 3 809（万元）

本章小结

作为我国经济发展中坚力量的企业集团发挥着越来越重要的作用。本章首先界定了企业集团的概念与内涵，以及集团财务管理的特点、作用及应遵循的原则；其次，系统梳理企业集团的管控模式，重点介绍了“大智移云”背景下建立企业集团财务共享中心的必要性及其应用；最后基于EVA分析了企业集团的业绩评价。

案例分析

蒙牛集团财务共享服务中心的构建

一、案例公司简介

内蒙古蒙牛乳业（集团）股份有限公司（简称蒙牛集团）成立于1999年8月，于2004年在香港挂牌上市。总部设在内蒙古和林格尔经济开发区，是中国领先的乳制品生产商之一。截至目前，蒙牛集团已在全国20个省区市建立生产基地31个、50多家工厂，拥有五大系列产品、400多个品牌。十几年间，蒙牛从一个只生产几种产品，市场覆盖范围有限，年销售额4 000万元的中小型企业，到现如今的400多种产品线，市场覆盖了包括中国香港特区、澳门特区在内的全国各大、中型城市，销售额超过百亿元，并与国际接轨。企业规模的扩大必然要求企业组织结构的变革与管理模式的升级。

在建立财务共享服务中心之前，蒙牛集团内每个生产基地、工厂都设有各自的财务账套，并配备了相应的财务人员。虽然企业内部制定了整体的记账规则及会计政策，也有定期的会计核算专项检查，但较为分散的会计核算模式无法保证账务处理的一致性和会计信息的规范性。2015年上半年，中国乳制品行业增速有所放缓，行业增长主要来自量和结构的贡献。消费者对高质量和健康产品的需求依然旺盛。面对行业增速缓慢的态势，蒙牛作为中国领先的乳制品生产商、对外要在产品生产上利用先进技术，保证产品高质量，控制生产成本。对内也要跟紧信息化时代的脚步，积极支持财务转型，逐步完善管理模式。

为了适应生产经营发展的需要，蒙牛集团开始依据财务管理现状及公司未来的发展战略，在财务业务一体化（SAP）系统全面上线的基础上，转变财务职能架构，建立支持财务战略转型的财务共享服务中心。

二、蒙牛集团财务共享中心的构建

蒙牛计划在3年时间内完成财务共享服务中心建设。其服务宗旨是：规范、协同、高效、创新。是依据财务五年战略规划实现财务转型的核心，支持业务发展，并服务公司战略。

（一）对业务单元进行梳理

蒙牛集团作为一家国内大型跨地区的集团企业，具备构建财务共享服务中心的基本前提。经过现场调研、流程梳理、系统评估，蒙牛集团共梳理出35项变革提升点，分别分布在流程效率、财务内控、业务支持三大维度。

蒙牛集团通过对业务单元进行梳理，设立了总账报表部、费用报销部、采购应付部、销售应收部、原奶资产部、服务支持部、综合支持部七个部门，前五个为业务循环部门主要对接业务处理；后两个为支持部门，主要负责服务绩效、流程优化、档案管理和后援支持等。

（二）构建信息化平台

蒙牛集团财务共享服务中心的系统建设，是以企业核心组件（SAP－ECC）为基础，以"综合管理报账平台＋共享操作平台＋审批流程管理工具＋影像传输管理系统"作为财务共享服务中心的主线，并接口集成了资金系统（EAB）、人力系统（PeopleSoft）、预算系统（Hyperion）、主数据（MDM）、合同管理系统、短信及邮件系统（SMS）、差旅出行预订系统等八大系统，搭建了一套完整的业务财务数据流转的信息化平台。SAP系统作为财务共享服务中心的系统支撑，保证了业务与财务的数据一体化，保持了业务与财务使用系统的唯一性。

蒙牛集团费用报销流程变化较大，在推行财务共享服务中心以前，财务人员都是手工处理单据，需要对单据的合法、审批流程的合规、报销标准的统一性进行审核。基于此，蒙牛集团财务共享服务中心项目组明确了"网上费用报销管理平台"项目为建设财务共享服务中

心第一阶段的目标：实现预算对费用数据的实时管控与预警；缩短业务费用报销周期，在保证和提高财务核算准确性的基础上节省财务核算数据的时间，进一步提高业务、财务核算工作效率；以费用报销、资金支付为重点，通过系统固化、优化报销流程，实现费用报销和资金支付流程的统一化、规范化、标准化、透明化和自动化；梳理并优化财务制度与流程，为构建财务共享服务中心奠定基础。

（三）优化业务流程

蒙牛集团在进行标准化流程建设时，项目组成员通过多次属地分析、系统实现等对核算流程进行逐一确定，并拟定出新业务的流程，绘制流程图，编制流程说明表，规范事项的流程步骤、输入输出内容、操作岗位、岗位职责、流程说明、涉及系统及交付物、风险点管理、流程依据等内容，最终确定了财务共享服务中心的工作范围。

蒙牛集团在实施财务共享服务中心后的流程中增加了“初核/扫描”流程，同时对各分公司、子公司的单据在本地进行归档并进行档案管理。这一流程再造通过影像扫描技术等科技手段将纸质单据的信息传递到财务共享服务中心，保证了信息的准确性和与实物的一致性。同时，将单据各自归档减少了财务共享服务中心的人力、设备、空间等成本的耗费。因此，蒙牛集团的业务流程再造是与集团现状和战略规划相适应的，并且从实际需求出发，确定适合集团的最优化流程。

蒙牛集团在财务共享服务中心第一期初步建成两个月内，整体财务工作效率提升20%左右、付款时效每单提升70%左右。

（四）构建绩效评价机制

蒙牛集团绩效考评制度对内采用平衡计分卡，结合服务水平协议设定员工岗位的关键绩效指标（KPI），制定从员工入职到转正的闭环绩效评价机制，以此考察不同阶段员工的胜任能力。同时制定轮岗机制、双向晋升通道（管理晋升通道和专业晋升通道）及不胜任淘汰机制作为员工绩效评价结果的应用。对外通过服务水平协议明确财务共享服务中心与客户的职责、合作方式、服务标准及计费等。

三、思考与启示

通过对蒙牛集团财务共享服务中心构建的分析，可以得出以下几点启示：

1. 实施前要进行分析与评估。不是所有企业都适合建立财务共享服务中心，在实施之前，企业需要对构建财务共享服务中心的必要性与可行性进行分析与评估，如：对主要的分公司、子公司进行实地调研；自下而上全面真实记录各项业务从服务端（共享服务中心）和客户端（企业集团成员单位）的流程；在详细设计阶段应自上而下进行充分讨论，并进行流程合理性、有效性的综合评估等。在此基础上，才能最终确定是否建立集团的财务共享服务中心。

2. 加强信息系统建设。信息技术的快速发展与成熟，为企业建设财务共享服务中心提供了基本保证。在进行信息平台建设时，应不断优化使用界面的可操作性与可理解性，通过与员工的交流沟通以使操作界面更加便捷，并且符合员工的使用习惯，增强界面上各项条目的可理解性，便于员工识别并快速完成工作，减少流程的滞压。此外，在建设信息系统时，应注意信息系统的安全问题，要不断对系统进行升级，采取数据安全加密技术，减少安全漏洞。

3. 构建财务共享服务中心的核心环节是流程再造，它与流程标准化不是同一概念。流程标准化是指流程达到规范化，包括处理环节操作的规范化、对用户需求的响应机制规范化等。在实施财务共享服务中心之前，集团企业内一般就存在一套标准化的业务处理流程，在把这套流程信息化后，就成为系统内的业务流程，这也是流程的标准化，但标准化的流程并不是最优的，即并不一定能够使成本降低、效率提高，这就需要对标准化的流程进行再造，通过对流程的分析、鉴别、改进，从而形成最优化的标准化流程。在财务共享服务中心的建设过程中，应对业务流程进行改造重组，充分应用技术创新，建成全业务、全流程、全系统成熟运营模式下的财务共享服务中心，以驱动财务整体职能的转型。同时，通过服务端到客户端实现跨组织整合，提升企业管理效率；通过标准化和规模效应支持企业未来业务快速发展的需求，助力企业未来更便捷地进行收购兼并。

4. 设置科学的绩效指标评价体系。财务共享服务中心建立的目标包括提高业务处理效率、提升会计信息质量、节约组织人力成本以及满足内部客户的需要等。财务共享服务中心作为一种创新型的管理模式，需要建立起一套符合自身发展阶段、适应行业特点的绩效评价体系，其中包括对财务共享服务中心整体组织绩效以及内部员工个人绩效的评价。

（资料来源：闫华红，载《财务与会计》2016年第12期）

案例讨论题

1. 蒙牛集团构建的财务共享服务中心与传统管理模式相比有哪些优势？
2. 该案例对中国企业集团建立共享服务中心有哪些启示？

复习思考题

1. 如何理解企业集团财务管理的特点？
2. 企业集团财务管理的内容是什么？
3. 简述企业集团不同管控模式的特点。
4. 财务共享服务中心包含的内容有哪些？
5. 如何理解经济增加值与传统财务指标的差异？

第十章　国际财务管理

国际财务管理是现代财务管理向国际领域发展的一门新学科。随着金融市场管制的解除、产品的创新和技术进步，国际财务的内容和范围一直发生着演变。世界资本市场趋于一体化，公司及时做出正确的决策，离不开对国际财务的理解和把握，国际财务管理变得日益重要。本章重点介绍国际财务管理的概念、外汇管理、跨国企业的投筹资管理、营运资本管理和税收筹划。

第一节　国际财务管理概述

一、国际财务管理的概念和原因

财务与生产、技术、贸易、金融和税务等都有着密切的关系。随着世界各国经济、贸易和金融等的国际化，财务管理也日益国际化。企业跨越国界，与外国的企业、银行、证券公司和交易所以及税务机构和个人等发生财务关系。因此，在一个主要的经济活动（消费、生产和投资）都高度全球化的世界里，我们需要全面了解财务管理中的国际性因素。

国际财务管理是指基于国际环境，按照国际法的规定并根据国际企业财务收支的特点，组织国际企业的财务活动，处理国际企业财务关系的一项经济管理活动。企业生产经营国际化是影响财务管理国际化的重要因素。企业生产经营国际化包括贸易、生产和直接投资以及技术等方面的国际化。各国之间的贸易活动由来已久。在17世纪和18世纪，国际经济活动以商品贸易为主。18世纪60年代至19世纪的工业革命大大提高了生产力，推动国际贸易迅速发展。20世纪以来，特别是第二次世界大战以后，关税与贸易总协定（GATT）的实施及世界贸易组织（WTO）的成立和运行更促使全球贸易成倍增长。进入21世纪以来，信息技术等基础设施的完善和发展更加促进了国际贸易的发展。中国于2013年提出的"一带一路"倡议更是进一步促进了国际贸易的发展。生产和直接投资的国际化以及技术的国际化也是企业生产经营国际化的重要方面。

金融市场国际化也是影响国际财务管理的重要因素。现代金融市场包括信贷市场、证券市场、外汇市场、黄金市场和金融衍生品市场。金融活动最早一般是在本国范围内进行的，随着生产国际化、资本国际化、国际贸易的发展以及信息技术的发展，国家间金融市场的联动性越来越强，金融市场的国际化程度越来越高，这对财务管理提出了更大的挑战。

二、国际财务管理的基本理论

资本在各国之间的流动是通过投资和融资方式进行的。一些国家国内有许多投资机会，但缺乏大量资金，而另外一些国家拥有丰富的资金，但国内缺乏高收益的投资机会。缺乏资金的国家和企业可以到国际资本市场上通过发行债券或股票来筹集资金，还可以吸收外商来国内进行直接投资，建立国际合资、合作和外商独资企业等。资金富裕的国家和企业可以到国际资金市场上投资购买外国政府和外国企业发行的债券以及外国公司发行的股票，还可以将货币资金和设备等资本品直接投资到国外。

（一）比较优势理论

比较优势理论是大卫·李嘉图在其著作《政治经济学原理》（1817年）一书中提到的。根据李嘉图的理论，如果每个国家专业化地生产各自最有效生产的商品，然后进行交换，那么参与双方都能获益。一些国家的企业具有技术优势，由于技术先进和管理科学，因而生产效率高、产量多、质量高、成本低，就可以适当降低产品售价，在市场竞争中取胜。许多发展中国家则具有劳动力成本低的优势。不同国家的优势不能轻易转移，各国都应充分发挥自己的优势，进行专业化生产。比较优势理论还认为，即使一国在每种产品的生产上都比其他国家绝对更有效率（或绝对低效率），该国也仍然能够从国际贸易中获益。因此，该国集中精力生产和出口生产效率更高的产品，进口其相对生产效率较低的产品，也会从贸易中获益。李嘉图理论具有明显的政策含义，即自由贸易可增加全球居民的福利。国际贸易是非零和游戏，所有的玩家都是赢家。

（二）不完全市场理论

市场是买者和卖者相互作用，并共同决定商品和劳务价格和交易数量的机制。市场可以分为完全市场和不完全市场。完全市场是在完全竞争条件下的市场，在这种市场里，任何企业和个人都无法影响（操纵、左右）价格。当买方或卖方能够左右一种商品的价格时，就出现了不完全竞争。不完全竞争的极端情况是垄断，就是唯一的卖者独自决定某种商品或劳务的价格。如果市场是完全的，商品就能够很灵活并可以自由、公平地交易，没有垄断，也没有壁垒，就会形成成本与收益的均等。在不完全市场里，存在着垄断或限制（贸易壁垒），商品不能自由、公平地交易，企业从国外购买商品要花费很高的成本，交易双方的收益与成本不均等。如果企业某种商品进出口处于不完全市场，就不能自由、公平地进行交易，企业就不愿意采用贸易方式，而采用直接投资方式。

（三）产品生命周期理论

产品生命周期（product life cycle），是产品的市场寿命，即一种新产品从开始进入市场到被市场淘汰的整个过程。美国经济学教授雷蒙·佛能认为：产品生命是指市场上的营销生命，产品和人的生命一样，要经历形成、成长、成熟、衰退这样的周期。就产品而言，也就是要经历一个开发、引进、成长、成熟、衰退的阶段。而这个周期在不同的技术水平的国家里，发生的时间和过程是不一样的，其间存在一个较大的差距和时差，正是这一时差，表现为不同国家在技术上的差距，它反映了同一产品在不同国家市场上的竞争地位的差异，从而决定了国际贸易和国际投资的变化。该理论侧重从技术创新、技术进步和技术传播的角度来分析国际贸易产生的基础，将国际贸易中的比较利益动态化，研究产品出口优势在不同国家间的传导。雷蒙·佛能教授通过对美国的汽车、化学、机械、电子部件等生产企业的生产经营调查研究，发现企业的新产品先在国内生产，适当时对外出口，而后在其产品进口国进行进口替代型投资的一般趋势，提出了产品生命周期理论。根据该理论，产品生产大致可以分为以下三个阶段：国内生产阶段、出口阶段和在发达国家设厂生产阶段。产品生命周期理论可以用来解释工业制成品的动态变化，对解释国际贸易有重要参考作用。它引导人们通过产品的生命周期了解和掌握出口的动态变化，为正确制定对外贸易的产品战略和市场战略提供了理论依据。它揭示出比较优势是不断在转移的，各国在进行产品创新、模仿引进或扩大生产时都要把握时机。而进行跨国经营，就可以利用不同阶段的有利条件，长久保持比较优势。该理论侧重从技术创新、技术进步和技术传播的角度来分析国际贸易产生的基础，将国际贸易中的比较利益动态化，研究产品出口优势在不同国家间的传导。

三、国际财务管理的特点

国际财务管理和国内财务管理的基本原理、方法、内容及目标是保持一致的，都要正确地进行财务预测、决策、计划、控制、核算、分析和考核等工作。但多数情况下，财务管理的原理和方法在国际范围内应用比国内更复杂。国际财务管理具有的特点主要是理财环境更加复杂、资金投入风险较高和较多的经济机遇。

（一）理财环境更加复杂

国内财务管理所处的是国内环境，通常是按照本国的政治、经济、财政、金融制度和法律办事，使用本国货币办理收支，用本国的语言文字，与本国的财政机关、税务机关、银行、证券市场、企业以及个人等发生财务关系，因而比较熟悉，容易掌握。国际财务管理所处的国际环境，需要与其他有关国家的企业、银行、证券市场、税务机关以及个人等发生财务关系。不同国家的政治、经济、法律、文化、金融市场千差万别。特别要注意外汇管制程度、资金市场完善程度、政治稳定程度等问题。这种复杂多变的国际环境增大了国际财务管理的难度。

（二）资金投入风险较高

国内财务管理中的风险按其来源可以分为经营风险和财务风险，而国际财务管理中除了上述风险外，还有一些新的风险因素，包括政治风险、外汇风险、国外经营风险。政治风险是指由于政治方面的原因使企业资财发生损失的风险，主要包括国有化风险、战争风险和转移风险等。外汇风险是指由于汇率发生变动而对企业的财务收支和成果产生影响的风险。企业对外销售产品，在国外投资办企业，如果有关国家经济不景气，市场购买力下降，就会影响企业的收入和效益。政治风险属于系统性风险，企业无法控制。而汇率、利率和通货膨胀对国际企业来说，既可能遭受损失也可能获取收益。国际企业的财务人员可以合理预测该部分风险，以取得最大收益。

（三）经济机遇较多

企业的财务管理如果总是局限在本国范围之内，就会丧失某些机遇，不利于企业发展和效益的提高。企业跨国经营的机遇主要包括两方面：第一，国际金融市场的发展可以拓展企业的筹资渠道和筹资方式。企业放眼全球市场进行金融投融资，有利于选择更恰当的筹资方式和筹资组合，降低筹资成本。第二，国家间币值、税种、税率、劳动力成本、商品价格、外汇管制等方面的差异，扩展了企业财务管理的空间，为企业提供了更多获利或套利的空间。例如，从资金成本率最低的国家筹集资金，向利润率最高或税率最低的国家投资，或者是从原材料价格低的国家采购销售到价格高的国家，这些都可以帮助企业获取更多利润。跨国经营的企业还可以从整个公司体系内部各单位的统筹调配中获得新的财务利益机遇。

第二节　外汇管理

国际财务管理的营运资金管理、投资管理和筹资管理都涉及外汇问题，外汇管理是国际财务管理的重要内容。

一、外汇的相关概念

外汇是一国持有的以外币表示的用以进行国际结算的支付手段。国际货币基金组织将外汇定义为：外汇是货币行政当局（中央银行、货币管理机构、外汇平准基金组织及财政部）以银行存款、财政部国库券、长短期政府证券等形式以确保在国际收支逆差时可以使用的债权。

现行《中华人民共和国外汇管理条例》规定，外汇是指下列以外币表示的可以用于国际清偿的支付手段和资产：（1）外币现钞，包括纸币、铸币；（2）外币支付凭证或支付工具，包括票据、银行存款凭证、银行卡等；（3）外币有价证券，包括政府债券、公司债券、股票等；（4）特别提款权；（5）其他外汇资产。

因此，外汇的主要功能是作为国际结算的支付手段，此外，外汇还能成为其他形式的外币资产和支付手段。

二、外汇风险

外汇风险是对由汇率变动引起的公司盈利能力、净现金流和市场价值未来变化可能性的一种度量。外汇风险一般分为三类：交易风险、经济风险和折算风险。

（一）交易风险

交易风险是指一家公司以外币表示的契约现金流量折算为本币后，已实现的本币价值对不可预期的汇率变动的敏感程度。由于这些契约现金流量的结算会影响到公司本币的现金流量，因此交易风险一般被认为是一种短期风险。交易风险产生的原因是合同按固定价格签订，但汇率却随机变化。交易风险主要表现在以下方面：以外币表示的借款或贷款、以外币表示的商品及劳务的赊销业务、尚未履行的期货外汇合约等。

（二）经济风险

经济风险是指意料之外的汇率变化对公司价值的影响程度。任何意料之中的汇率变化都已经在公司的价值中得到体现。汇率的变动对公司在世界市场中的竞争地位有着深远影响，进而对它的现金流量和市场价值也有重大影响。经济风险特别复杂，涉及企业财务、供应、生产、销售等各个方面。

（三）折算风险

折算风险指公司的合并财务报表受汇率变动影响的可能性。合并指的是子公司的合并财务报表由当地货币折算为本国货币。比如，一家美国跨国公司在英国和日本都有子公司，每个子公司都采用当地货币编制财务报表。母公司必须通过将各个子公司的当地货币折算为本国货币美元，才能实现世界范围内的财务报表合并。报表的折算项目包括资产、负债、所有者权益、收入、费用等。由于折算采用的汇率不同，在折算过程中就会出现折算损益，这种损益表现为折算风险。

三、外汇风险管理

（一）交易风险管理

交易风险的管理方法主要有契约保值和经营策略两类。契约保值手段包括在货币市场、远期市场、期货市场和期权市场的套期保值。经营策略包括定价政策、提前与延期结汇、建立再开票中心等。

1. 契约性套期保值。远期市场套期保值（forward market hedge）是指利用远期外汇市场，通过签订抵消性的远期合同来消除外汇风险。交易时，双方签订合同，规定买卖外汇的金额、币种、交割时间等。到交割日期，按合同规定，买方付款后，由卖方向买方交付外汇。由于合同规定了买卖货币的汇率，企业可以确定地预知将来收到或支付的货币金额，从而避免了未来现金流不稳定的风险。例如，波音公司向英国公司出售一架价值1 000万英镑的波音747客机，一年后才能收回货款，即期市场汇率为1英镑=1.5美元，远期汇率为1英镑=1.45美元。如果波音公司想要套期保值，可以与银行签订一份远期外汇合约，一年后以1英镑=1.45美元的汇率卖出英镑，这样不管一年后汇率如何变动，波音公司都能收到1 450万美元。

货币市场套期保值（money market hedge）指的是通过在货币市场上的短期借贷以建立配比性质或抵消性质的债权、债务，从而达到抵补外币应收、应付账款所涉及的汇率风险的目的。例如，波音公司向英国公司出售一架价值1 000万英镑的波音747客机，一年后才能收回货款，即期市场汇率为1英镑=1.5美元，远期汇率为1英镑=1.45美元。如果波音公司想要套期保值，可以先借入1 000万英镑，将其兑换成美元后投资，1年后收到货款1 000万英镑用来偿还借款。

期权市场套期保值（options market hedge）是通过购买外汇看跌期权或看涨期权来达到规避外汇风险的目的。例如，波音公司预测3个月后将有1 000万美元的外汇净流出，为了保值，公司买入3个月的美元买入期权，执行价格为1美元=6.688元人民币，期权费为1美元0.03元人民币。3个月到期后，如果美元贬值，即期汇率1美元=6.477元人民币，波音公司会放弃行权，在即期市场上购买所需美元，支付人民币6507万元（1 000×0.03+1 000×6.477）。若3个月后美元升值，即期汇率为1美元=6.899元人民币，公司应该行权，按执行价格1美元=6.688元人民币购买美元，需要人民币6 718万元（1 000×6.688+1 000×0.03）。

【例10-1】某公司应收账款为30万英镑，5月31日到期，该公司决定在2月1日采用六个月到期的期货合约来避险，然后在5月31日将合约用对冲结束。在2月1日，6月份到期的英镑期货合约价格是\$1.6510/£1，该公司卖出5份此种合约，接着在5月31日买回冲销。5月31日，该期货合约价格为 \$1.6400/£1，当日英镑兑美元即期汇率是\$1.6325/£1。

（1）该公司卖出£30 万所得美元总收入为多少？

（2）如果 5 月 31 日该期货合约价格为 \$1.6626/£1，当日英镑兑美元即期汇率是 \$1.6580/£1，请问该公司卖出£30 万所得美元总收入为多少？

【解析】（1）现货收入：\$1.6325/£ × £300 000　　= \$489 750

+期货利润：（\$1.6510/£ − \$1.6400/£）×£62 500×5　　= \$3 437.5

美元总收入：　　\$493 187.5

（2）现货收入：\$1.6580/£ ×£300 000　　= \$497 400

− 期货损失：（\$1.6510/£ − \$1.6626/£）× £62 500 × 5　　=3 625

美元净收入：　　\$493 755

2. 经营策略。定价政策包括价格变更和交易货币选择。商品价格的调整可以抵消一部分汇率变动对跨国公司盈利的影响。跨国公司多采用转移价格，即在母公司和子公司、子公司之间，就商品、劳务和技术在内部转移时所规定的价格。该定价以跨国公司的全球战略目标为依据，规避汇率风险，达到利润最大化。由于国际市场和国内市场在佣金、买卖差价和汇率结构等方面存在差异，那么跨国公司在内部交易上的交易货币选择得当，就会减少许多外汇交易上的费用，增加公司利润。

提前与延期结汇指公司在预期某种货币将升值或贬值时，将结汇时间进行调整，或者提前，或者推迟。例如，若公司预测一笔日元应付款升值时，公司会提前支付；若公司预测一笔美元应付款贬值时，公司会延迟支付价款。

再开票中心是跨国公司设立的、专门管理集团内部交易产生的外汇风险的一种中介公司，通常设立在税收优惠的某个国家或地区。各子公司都以所在国的货币进行交易，子公司之间的发票签发及账款结算均交由中心进行，外汇风险集中在开票中心。公司可以将原来分散的头寸集中起来，实行外汇集中管理，并可充分利用提前或推迟等技术降低外汇交易风险。

（二）经济风险管理

经济风险涉及公司的长期战略，需要综合考虑供应、生产、销售、财务等相互联系、相互影响的各个领域。一般情况下，跨国公司采取多元化经营的方式规避经济风险。

1. 多元化的供产销链条。在产品的供应上，尽量到多个国家进行原材料的采购，并采用多种货币结算；在生产安排上，产品的规格、质量、品种等做到多样化，以适应不同国家、不同地区、不同类型的消费者需求；在产品的销售上，需要尽快打入国外市场，并采用外币结算。

2. 多元化的投融资策略。投资多样化，涉及多个国家，创造多种外汇收入，规避单一投资风险；尽量到多个资本市场上融资，多种货币计算还款额，以抵消外币贬值或升值带来的风险。

（三）折算风险管理

折算风险的管理主要包括两种方法：资产负债表保值和合约保值。

对于外币资产，折算时使用现行汇率，对汇率变动敏感的资产称为风险资产。同理，那些在折算时使用现行汇率的负债称为风险负债。在资产负债表中，当风险性外币资产和外币负债在总额上达到平衡时，外币汇率变动所带来的折算风险将等于零。进行资产负债表保值，主要目的是使风险资产和风险负债在总额上相等，使外币汇率变动所带来的折算风险等于零。对风险资产和负债的保值，不仅要考虑到外币的种类和结构，还要考虑到合并报表所采用的外币折算方法。由于现今世界各国采用的汇率制度不统一，有的是自由浮动，有的是限制浮动，有的盯住某一种外国货币浮动，有的则盯住一揽子货币浮动。因此，在考虑外币的种类和结构时，必须按照不同货币彼此间的内在联系加以区分。

合约保值与进出口交易采用的远期市场保值类似。进行合约保值需要首先确定企业可能出现的预期折算损失，然后期初在远期市场上卖出风险货币 LG，期末再从即期市场买入等量的同种货币，并进行远期合约的交割。

远期合约数量的确定可采用一般的公式：

$$\text{远期合约金额}=\frac{\text{以报告货币计价的预期折算损失}}{\text{远期汇率}(RC/LC1)-\text{预期的即期汇率}(RC/LC1)}$$

其中，RC 代表报告货币；LC 代表当地货币。

第三节　国际企业营运资本管理

营运资本是企业从股东和长期债权人所取得资金中用以维持日常生产经营业务的部分，营运资本是否充足，运用合理，金额是否适当，决定着企业的日常生产经营活动能否顺利开展。

一、现金管理

国际现金管理是决定跨国公司持有的现金余额水平和简化现金跨国运动的一系列活动。通常情况下，这些活动都是由跨国公司的国际财务部完成的。现金管理的方式主要包括以下几种。

（一）集团内部现金支付时机选择

跨国关税子公司之间、子公司与母公司之间的资金往来，往往可以提前或滞后支付。提前或滞后取决于跨国公司所依赖的各个金融市场之间的机会成本——

利率差价。如果收款方公司所在国利率高于支付方公司所在国利率，则支付方公司应该尽可能提前支付；相反，则应该尽可能滞后支付。

（二）集团内部现金多边结算管理

在实行资金多边结算的情况下，结算中心能够节省资金的转移成本。有一家跨国公司，在法国、比利时、荷兰和德国都设有子公司。子公司之间有复杂的资金往来关系，在此情况下，需要依靠计算方法决策，譬如线性规划法。

（三）资金的集中管理

跨国公司各子公司的经营都要求持有一定的营运资金。然而，营运资金实行集中管理，要比营运资金的分散管理更能节约资金的占用量。

（四）各种类型的资金管理中心建设

跨国公司在经营过程中，资金管理面临着多重目标，首先是及时地满足公司经营对资金的需求，提高资金调度的灵活度；其次是减少营运资金占用量，节省资金占用成本；最后是管理外汇风险，减少外汇风险对公司经营收益的影响。因而跨国公司的资金管理中心有各种类型。协调中心是资金管理中心的最简单形式，其任务是为子公司的经营提供交易资金，代表公司对外融资，管理公司的现金存量。内部结算中心是对公司内部的资金往来集中结算，以减少资金的结算成本，其主要任务是对各子公司的营运资金实行集中管理，满足子公司对营运资金的需求。服务中心的主要任务是满足子公司对营运资金的需求，包括使每天营运资金的需求达到最佳状态，并限制子公司不合理的资金需求。资金管理和经营管理的一体化，要求在跨国公司内部各个子公司之间建立统一的会计平台、统一的支付系统、统一的自动化交易系统，服务中心由各子公司共享。

【例 10 -2】根据表 10 -1 设计公司的资金转移计划。

表 10 -1　　跨国公司资金管理　　单位：万元

项目	英国总公司	德国分公司	瑞士分公司	法国分公司
当天下班现金余额	+150	+600	-250	+500
所需最低现金余额	200	125	250	200
预期收回（+）或支出（-）				
+1 天	-100	+300	-100	-300
+2 天	+50	+250	-50	+200
+3 天	+50	+150	+50	+300

【解析】跨国公司资金管理分析如表 10 -2 所示，资金转移如图 10 -1 所示。

表 10－2　　跨国公司资金管理分析　　单位：万元

子公司	日终现金余额	所需最低现金余额	现金多余或不足	+1 天余额
英国	+150	200	－50	－100
德国	+600	125	+475	+300
瑞士	－250	250	－500	－100
法国	+500	200	+300	－300
总计			+225	

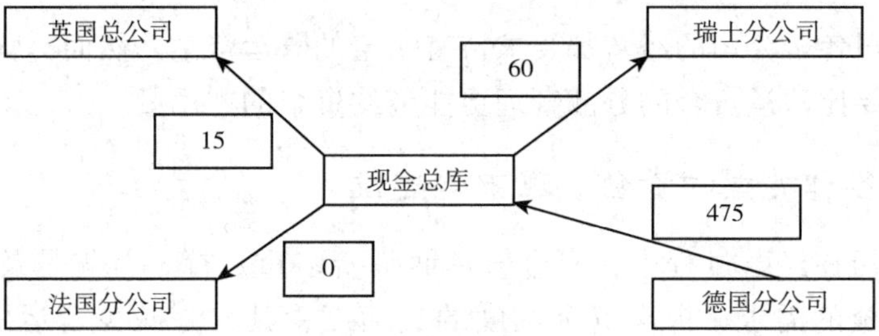

图 10－1　资金转移示意

二、应收账款管理

适量的应收账款能够增强企业的竞争力，保持或扩大市场占有率，但应收账款过多，会增加成本（如持有应收账款的机会成本、管理成本和坏账成本等），减少收益。应收账款管理的主要目标就是权衡采用赊销策略带来的盈利和由此付出的成本，以便在充分发挥应收账款功能的基础上降低应收账款投资的成本。

影响跨国公司应收账款的资金占用水平即存量水平的因素主要包括：（1）同行业竞争。国际竞争越激烈，跨国公司越会采用赊销的方式吸引世界各地消费者，公司在应收账款方面占用的资金就越大。（2）公司的信用政策。信用政策包括信用期限、信用标准和现金折扣政策。如果公司的信用期限较长、信用标准宽松、现金折扣率低，则应收账款占用的资金越大，反之，则应收账款占用的资金越小。（3）公司的业绩评价标准。若跨国公司进行业绩评价时，仅以销售额为标准，而不关注应收账款的风险水平，销售人员很可能盲目扩大赊销，使应收账款的水平居高不下。

跨国公司的应收账款主要在两种不同类型的交易中产生：一是独立于公司的经济组织和个人之间的买卖；二是公司各内部成员之间的买卖。不同的交易方式，对于应收账款的管理采用不同策略。

对于独立顾客的应收账款管理主要采用选择有利的交易货币和确定合理信用政策的方法。

（一）选择有利的交易货币

跨国销售可供选择的货币主要有出口商货币、进口商货币和第三国货币。为了避免外汇交易风险，出口商希望采用硬通货结算，进口商希望采用软货币结算。如果双方掌握信息相同，并对有关货币之间的汇率变动有着相同的预期，则双方可能讨价还价。讨价还价的结果可能使双方共同承担风险，风险的大小取决于双方的实力。如果双方对有关货币之间的汇率变动有着相反的预期，则交易很容易达成一致。

（二）确定合理的信用政策

企业为顾客制定的信用政策越优惠，应收账款成本越高、产品销售额也越高。企业对原来的信用政策修订时，必须进行相应的成本效应分析。

（1）计算原有的信用政策带来的信用成本；

（2）计算新的信用政策带来的信用成本；

（3）计算新的信用政策带来的增量成本；

（4）不考虑增量成本，计算新的信用政策带来的增量收益；

（5）如果增量收益大于增量成本，则新的信用政策可行；否则，不可行。

跨国公司内部某成员单位向其他成员单位出售物品，其为收取货款，就形成了公司内部的应收账款。对于公司内部的应收账款管理，交易双方在选择开票货币和确定支付条件时，需考虑公司在全球范围内的税务规划、财力配置和资金规划，以实现公司全局利益的最大化。

【例 10-3】法国一家子公司年销售额 100 万美元，平均信用期为 90 天。为进一步扩大销售，该子公司拟将信用期限由 90 天延长到 120 天。预计信用期延长后，每年销售额比原来提高 6%，增量销售收入对应成本 35 000 美元。已知每月融资成本为 1%，法国法郎平均每 90 天贬值 1.5%。该信用扩展措施是否可行？

【解析】

（1）计算原有的信用政策带来的信用成本：

持有法郎应收账款 3 个月发生的信用成本 $=1-(1-1\%\times3)\times(1-1.5\%)$

$=4.5\%$

原有的信用政策每年带来的信用成本 $=1\ 000\ 000\times4.5\%=45\ 000$（法郎）

（2）计算新的信用政策带来的信用成本：

设法国法郎将在第四个月贬值 d，则持有法郎应收账款 4 个月发生的信用成本 $=1-(1-1\%\times4)\times(1-1.5\%-d)=0.055+0.96d$

新的信用政策每年带来的信用成本 $=(100+6)\times(0.055+0.96d)$

$=58\ 300+1\ 017\ 600d$

（3）计算新的信用政策带来的增量成本：

$(58\ 300+1\ 017\ 600d)-45\ 000=13\ 300+1\ 017\ 600d$

（4）不考虑增量成本，计算新的信用政策带来的增量收益：

60 000 − 35 000 = 25 000（法郎）

（5）如果增量收益大于增量成本，则新的信用政策可行，即：

25 000 > 13 000 + 1 017 600d，$d < 1.15\%$

三、存货管理

存货是企业在生产经营过程中为销售或耗用而储备的各种物资。跨国公司存货的管理同样遵守国内企业使用的“经济订货批量”“保险储备”等原理，跨国公司的存货管理比国内存货管理更加复杂。首先，跨国公司大多数的子公司在通货膨胀情况下从事经营活动，币值变动因素迫使跨国公司改变传统的存货管理策略；其次，依赖进口的子公司，存货供应路途遥远，需要跨越国界，到货时间受各种不确定情况的影响。以上原因使跨国公司存货管理具备新的特色。

对于公司的管理者来说，存货购置决策需要考虑以下因素。

存货提前或延迟购置成本。存货提前购置产生的成本包括存货占用资金利息、保险费、储存成本和存货损耗等。存货延迟购置成本包括通货膨胀导致较高的成本、存货短缺造成的损失等。因此，存货购置决策取决于以上两种成本的比较。

采购存货的方式。理论上国际企业应保持存货水平最优，但许多生产过程中依赖进口原材料或半成品的企业仍会保持较高的存货水平。主要是出于通货膨胀、战争等影响的考虑。所以考虑存货持有水平时，需要考虑是否依赖进口。如果子公司存货主要依赖进口，当预期当地货币贬值时，应尽可能多地提前购置存货；如果子公司主要从当地购置存货，预期货币贬值时，应尽量降低存货量；如果子公司既从国外进货，又从东道国进货，预期当地货币贬值时，应减少当地存货的存量，超前购置进口存货。

【例10-4】德国某家母公司在巴西设立一家子公司，该子公司所用生产所用部件均从德国进口。该部件目前单价100德国马克，预计这一单价每月上涨0.5%。这种部件储存于子公司仓库，每月保险和仓储成本（不包括存货占有资金的机会成本）为用德国马克（DM）表示的存货采购成本的1%。巴西子公司具有多余的克鲁塞罗（巴西货币单位）现金，这部分现金若不用于进口零部件，则每月的短期投资收入为2%。但预计克鲁塞罗将对德国马克发生相对贬值，其贬值率为：最近三个月每月3%，第四个月2%，从第五个月起，每月1%。那么，这种部件是否应该超前购置？

【解析】巴西子公司拥有的克鲁塞罗现金用于进口零部件的名义机会成本为2%；考虑到克鲁塞罗将逐月发生贬值，用于进口零部件的真正机会成本为名义投资收益率2%与预期贬值率的差，如表10-3所示。

表 10－3　　名义机会成本表　　单位：%

月份	名义机会成本	预期贬值率	真正机会成本
1	2	3	－1
2	2	3	－1
3	2	3	－1
4	2	2	0
5	2	1	1
6	2	1	1

每月的实际机会成本与每月 1% 的保险与仓储成本相加，便得出用德国马克表示的“每月持有成本”和“累计持有成本”，如表 10－4 所示。

表 10－4　　持有成本表　　单位：%

月份	真正机会成本	保险与仓储成本	每月持有成本	累计持有成本	累计价格上涨
1	－1	1	0	0	0
2	－1	1	0	0	0. 5
3	－1	1	0	0	1
4	0	1	1	1	1. 5
5	1	1	2	3	2
6	1	1	2	5	2. 5

巴西子公司目前用克鲁塞罗现金按现行汇率兑换成德国马克，然后按每件 100 德国马克的价格进口 4 个月用量的零部件，经济上合算。该方式下，第一个月到第三个月，每月持有成本为 0，第四个月，持有成本 1%，该部件实际成本为 101 德国马克。如果采用按需用量逐月进口，实际单位成本有价格上涨的风险。

第四节　国际企业筹资管理

一、国际筹资的含义

国际筹资亦称国际融资，是指资金需求者通过一定的渠道和方式从国外的资金供给者处获得资金，并给资金供给者适当回报的经济活动。国际筹资的目的是筹集和利用外资。所谓外资，是与本国资金相对而言的，即在本国境内使用，但所有权属于外国人（包括外国法人和自然人）的资金。企业的国际经济业务越发展，资金的筹措和运用必然会随之更趋国际化。企业国际筹资主要通过国际金融市场运作，包括国际信贷市场、国际债券市场、国际股票市场。

二、国际筹资方式

跨国筹资渠道具有弹性大、资金量大等特点，跨国企业的资金筹集方式呈现多元化的特征。例如跨国公司既可以利用母公司的资金，也可以利用子公司东道国的资金，还可以利用国际专业银行信贷资金、非金融机构筹资，以及国外的其他企业资金，因此可供选择的范围很广泛。

1. 国际债券筹资。国际债券是指债券发行者（某国的政府、金融机构、工商企业以及国际组织机构）在国外金融市场发行的债券。国际债券的发行人和投资者分属于不同的国家，债券总是卖给借款人以外的国家的投资者，包括外国债券和欧洲债券两类。外国债券的特点是债券发行者在一个国家，债券的面值货币和发行市场则属于另外一个国家。在欧洲债券市场出现前，所有在国外发行的债券都属于外国债券。外国债券市场主要在美国、日本、德国、瑞士四个国家，它们的交易额占整个外国债券市场的95%左右。例如，外国借款者在美国市场公开发行的长期美元债券称为“扬基债券”（yankee bond）。

欧洲债券是指借款者（一国政府、金融机构、公司等）在外国（一国或几国）的证券市场上发行的，不是以该外国的货币表示面值的债券。例如，中国借款者在英国、德国和法国债券市场发行美元债券，称为欧洲美元债券。欧债发行除需借款人所在国政府批准外，不需向发行地国家办理批准手续，也不受发行地国家的法律约束和金融当局的管理，但在发行时需要声明以后如果发生有关债券方面的纠纷应按哪国法律仲裁。发行欧债具有自由灵活、筹资数额大、投资风险小、利息收入免所得税、筹资成本低、货币选择性强等优点。

2. 境外发行股票筹资。我国企业境外上市的模式有：大型国企经改组改制境外上市融资、优质民企通过境外注册企业或海外买壳上市、新科技公司与海外资本共成长。例如，新浪公司于1999年先后获得多家风险投资公司包括华登投资集团、软银集团、高盛集团、戴尔等的风险投资。2004年4月，新浪在纳斯达克市场正式挂牌上市，定价17美元，上市当日收盘价20美元以上。新浪公司上市后，风险投资择机退出，均获得了超常规回报。大型银行、企业上市融资A+H模式。中国A股证券市场在20世纪90年代市场规模小、流动性弱，难以承载大型国企上市，于是部分企业选择在A股或者流动性更强的H股上市。

美国存托凭证（ADR）模式也是一种重要的境外上市模式。ADR是美国银行签发的一种代表外国公司股权的证券，使外国公司的股票可在美国筹资和上市，其实质是外国公司股票的一种替代交易形式。以股票为例，A国的上市公司甲为使其股票在B国发行和上市，向B国证券管理部门提出申请，获得批准后，在B国找一家信誉好的银行作为存托银行，由存托银行指定一家与其有关的在A国的银行作为保管银行，甲公司将一定数额的股票存入保管银行，在B国的投资者到存托银行交款购买A国甲公司的股票时，由存托银行签发存托凭证。投资者持有的不是甲公司的实际股票，而是代表甲公司股票的存托凭证，可以领取股利，也可以在流通市场上转让出去。存托凭证简便易行，对国际股票的筹资者和投资者都比较方便。DR 根据上市地的不同，分为 ADR（美国存托凭证）、EDR（欧洲存托凭证）、HKDR（中国香港存托凭证）、SDR（新加坡存托凭证）等。如果发行范围不止一个国家，就叫全球存托凭证（GDR）。ADR 是进入美国市场的有效途径，以 ADR 方式办理股票发行和流通的公司超过 2 000 家。

3. 国际商业银行贷款。各国的银行原来只是用本国货币对本国的借款者发放贷款，随着国际经济贸易的发展，一些发达国家的银行开始用本国货币对外国借款者发放贷款，这种情况在 19 世纪就已出现了。譬如英国的欧洲美元贷款、法国的欧洲马克贷款等。这类贷款不受贷款货币所属国家的法律约束，例如欧洲美元贷款不受美国银行法律约束。

国际商业银行贷款可以自由使用，不受贷款银行的限制；贷款方式灵活，手续简便；信贷资金供应充沛，允许选择借款货币；贷款利率较高，期限较短。外国政府贷款往往规定借款国必须用全部或部分贷款采购贷款国的商品，并且往往要求借款国用初级产品（如煤、石油等）来偿还贷款；出口信贷把提供贷款与必须购买贷款国的出口设备紧密地联系结合在一起；项目贷款与特定的项目建设相联系；国际金融组织贷款大都与特定建设项目相联系。国际商业银行贷款的用途不受贷款银行的任何限制，可以由借款者根据自己的需要自由使用，可以用来购买任何国家的货物。

4. 国际租赁筹资方式。租赁是指在约定的时期内出租人将资产使用权让与承租人以获取租金的行为。在租赁期内，出租人以收取租金的方式保持对租赁物的所有权，承租人则通过支付租金取得租赁物的使用权。租赁的业务活动涉及的范围是否超越本国，分为国内租赁和国外租赁。凡是租赁业务活动涉及其他国家的，就可称为国际租赁（international leasing），也称为跨国租赁。

5. 国际补偿贸易筹资。国际补偿贸易筹资指由出口商提供机器设备、技术，其价款允许进口商用进口的设备、技术生产的产品或双方商定的其他产品分期清偿的贸易方式，也可以说是一方向另一方出口商品，同时承担分期向对方购买一定数量商品的义务。欧美国家把该种贸易方式称为 compensation trade 或 counter trade。出口方提供设备、技术，并取得补偿品，进口方提供补偿品，并取得设备、技术的所有权和使用权，属于商品买卖关系。从进口方说，国际补偿贸易也是利用外资的一种重要方式。

三、国际企业资本成本管理

国际企业的筹资成本影响国际经营成本，影响国际企业的收益，还影响国际企业的风险级别、竞争力等，因此，寻求低成本资金是国际企业资本成本管理的主要目标。

在资本市场不完全有效的情况下，国际企业有更多的机会寻求低成本资金。而且，国际企业独有的全球资金调度能力，也有助于其把握机会。一般情况下，国际企业主要通过选择筹资地点、合适的筹资方式和筹资币种，降低筹资成本。

选择合适的筹资地点。国际企业可以选择税率很低甚至不征收所得税和预扣税、法律管制较松的地方进行筹资。这些地区资金调度比较自由，可以绕过各种管制，达到降低资金成本的目的。国际企业也可以选择在避税港设立所属机构。这类机构由母公司设立，母国政府对于国际企业来自海外的收入一般延期到避税港子公司向母公司支付股息时才征收所得税，因此国际企业可以通过避税港的子公司向海外不断成长的其他公司提供资金，而延缓向母国纳税。

选择合适的筹资方式。适度规模地利用债务筹资，债务筹资具有税盾效应，可减轻企业税务负担。然而过高的债务可能带来财务风险，企业筹资时需考虑债务筹资规模。国际企业筹资时，可争取优惠补贴贷款及当地信贷配额。大多数政府为了鼓励对外投资和吸引投资，会向本国或外国企业提供贷款补贴和税收优惠。国际企业应充分利用这些优惠措施，以降低筹资成本。

选择合适的筹资币种。国际企业需根据汇率、资金数量、证券价格和证券票面利率确定证券筹资的有效成本。选择强币筹资、弱币筹资或多种货币筹资方式。

其中筹资时需要注意以下问题：筹集资金与用款及还款货币尽量一致；选择流通性较强的可兑换货币筹资，以便资金调转；尽量使用软货币进行筹资，以便因债务货币汇率下浮而减少债务成本和负债额；筹资货币多样化，以分散风险。

为了降低本企业的筹资成本，国际企业应结合自身财务状况，选择最有利的资金来源，增强企业的竞争力。企业在筹资决策之前，必须对各种筹资渠道和方式进行认真的调查、预测、比较和分析，以便提高决策的正确性和及时性。

【例 10－5】一家美国公司按 8% 的利率取得了 1 年期贷款 100 万瑞士法郎，该公司将其兑换为美元向供货商支付原材料款，即期汇率为 1 瑞士法郎 =0.5 美元，一年后，即期汇率为 1 瑞士法郎 =0.6 美元，该公司的实际融资利率为多少？如果即期汇率变为 1 瑞士法郎 =0.45 美元呢？

【解析】1 年后还款的实际利率：$(1+8\%)\times0.6/0.5-1=29.6\%$

当即期汇率下降时，$(1+8\%)\times0.45/0.5-1=-2.8\%$，即实际融资利率变为 -2.8%。

考虑借入外币时，不应只考虑外币的挂牌利率，还需要预计到期时的外币升值率或贬值率。

第五节 国际企业投资管理

一、国际企业投资概述

跨国公司投资管理按投资方式的不同，分为对外直接投资和对外间接投资。

这两个方式都能起到降低企业风险并且获得超额利润的作用。进行对外间接投资是为了追求不同的风险收益配比，而对外直接投资则是将企业国内竞争优势拓展至国外，保持全球性的竞争优势。

国际投资管理是指国际企业将自己的资本投放国外，以获得经济收益为目的的国际经济活动。国际投资有经营风险、市场风险、利率风险以及违约风险等。不论哪种风险，都会对国际投资的收益产生直接的损害或不利的影响。因此，国际投资管理的基本内容是对各种风险进行预测、分析以及控制。国际投资是一国宏观经济发展战略和对外经济发展方针的一个重要组成部分，世界各国都十分重视国际投资管理。

对外直接投资和对外间接投资的区分标志是投资者能否控制作为投资对象的外国企业。

（一）对外直接投资

根据国际直接投资理论，有以下几个方面的动力推动对外直接投资和跨国公司的发展。首先，谋求垄断优势。由于市场的不完全性，企业必须通过对外直接投资方式使自己独占性的生产要素优势发挥作用，这是企业走向国际化的主要动机。其次，产品生命周期的要求。在产品生命周期不同的阶段里，产品会表现出技术特征、竞争力水平以及规模经济程度，所以资本会随着产品生命周期的变化在国际上流动。最后，内部化理论。跨国公司一般会通过建立企业内部市场来克服外部市场和市场不完整导致的风险和损失。

从实际运作过程来看，对外直接投资有以下三个动机。

（1）降低生产成本。一般情况下，如果竞争企业可以在海外获得更低成本的生产要素时，企业为了维持在国内的生存，通常也会抓住机会在国外进行投资。事实上，面对激烈的市场竞争，企业会抓住每一个降低生产成本的机会来维持生存和赚取正常利润，而不是为了获得超额利润。

（2）获取技术和知识。获取海外市场的技术和知识是企业进行海外投资的重要目的之一。通过海外投资，企业可以及时获得国际市场上的最新产品信息和创新信息，并且将这些信息用于企业产品的设计、生产和营销中。国外市场的竞争非常激烈且变化快速，海外投资对企业本身来说就是一种极为宝贵的经验，在竞争最激烈的海外市场投资，在最艰苦的国际市场竞争，如果企业生存下来，那么企业在任何地方都可以无所畏惧竞争，获得长远的发展。海外投资获得的技术与知识是无价的。

（3）守住国内客户。如果一些企业为跨国公司提供商品或服务，为了持续向跨国公司提供产品或服务，一般会跟随国内客户到国外进行跨国经营，这时候的跨国经营是为了生存考虑的。如果不跟随客户进行海外投资，这些客户就可能选择当地的供应商，这些供应商可能也是国内的竞争对手，从而遭受了国内外生意上的损失。

公司可以依靠技术或者营销渠道上的优势在短期内获得快速发展，但是这些优势随着产品生命周期的更新而消失。企业若想在激烈的国际竞争中获得长远发展，应该努力获得可以使企业在全球生存与发展的投资机会。公司可以制定以下投资策略。

（1）关注可盈利的投资机会。企业的投资策略应该明确自己的竞争优势，增强差别化优势。当规模经济在经济活动中发挥着非常重要的作用时，企业的投资战略应侧重于建立数量优势；在范围经济十分重要的时候，企业在投资时应十分注重扩大产品的范围。

（2）审核市场进入模式的有效性。国际投资管理要仔细评价每种市场的进入模式，并且对每种进入模式的优势和劣势进行比较，从而选择最佳的进入模式。不仅如此，国际投资管理更要求审核市场进入模式的有效性，时刻观察市场进入战略对销售潜力的影响，不断调整市场渗透战略。

（3）采用合适的评价标准。对一个投资项目的收益和风险进行评价时，不仅仅要局限于项目本身的情况分析，由于国际投资的复杂性，还需要对其他情况进行分析。如海外投资对克服贸易壁垒的作用以及战胜竞争对手的作用。

（二）对外间接投资

对外间接投资是指投资者不直接掌握投资对象的动产或不动产的所有权，或对投资对象没有足够的控制权。对外间接投资主要指证券投资。

国际企业通过将资金投资于其他国家的公司、企业或经济组织发行的证券，以期在未来获取收益。首先，国际证券投资比较灵活，证券投资不像共同经营那样需要复杂的程序，只要有合适的证券就能投资。其次，证券的发行需要评级机构确认发行人的资信等级，并需要足额担保，投资风险比合营企业要小。最后，证券能够随时变现，流动性强，投资证券比投资实务更具变现能力。当然，证券投资没有对外直接投资的优势，不能获取先进的管理经验和科学技术，无法控制有关的资源市场。

国际投资管理在国际市场竞争中发挥着重要的作用。国际企业应将国际投资管理放在战略性的重要位置上，通过国际投资管理来降低风险、获得利润，并对国际投资管理的策略进行创新性思考，为海外投资开辟新的道路。

二、国际资本预算

（一）国际资本预算的基本特征

跨国投资项目的经济评价，其原理类似于国内投资项目的经济评价。但跨国投资项目的经济环境与国内不同，涉及的可变因素更多，其经济评价有以下基本特征。

1. 对跨国投资项目进行评价，必须区分投资项目本身的现金流量和母公司的现金流量，从而有助于总公司评价跨国投资项目对公司整体所做的贡献。

2. 跨国生产经营涉及不同国家、地区的多种货币体系，它们在各自的资金市场上会形成不同的利率并具有不同的增减变动情况；在各自的国家、地区会形成不同的通货膨胀率并具有不同的增减变动情况。

3. 跨国投资项目可能获得特定的筹资机会，如当地借款。在不完全金融市场上发行证券等，因此投资项目很难与筹资行为区分开。

4. 跨国生产经营会涉及不同国家、地区不同的税制、不同的税率、不同的外汇管制、进出口管制等。跨国投资项目的实际现金流量受现金汇回母公司的形式如利息、本金、管理费、股利等的影响，同时也受当地政府干预程度和金融市场财务功能的影响。

（二）国际资本预算的主体选择

跨国投资项目决策，涉及以子公司为主体进行经济评价、还是以母公司为主体进行经济评价的问题。从不同的主体出发进行经济评价，现金流量会有差异。主体选择不同，评价结果不同。

跨国投资项目在国外形成的子公司具有较强的经济独立性，以子公司为主体，对投资项目本身建成投产后能否取得相应的经济效益独立进行经济评价是合适的。以子公司为主体进行经济评价的方法和原理与国内一般企业投资项目经济评价基本相同。以母公司为主体进行经济评价符合经济理论的观点。经济理论认为，一个投资项目的价值取决于投资者可以得到的未来现金流量现值。跨国公司及其股东作为投资者，从总公司的角度评价跨国投资项目是恰当的。

（三）国际投资项目现金流量估计

1. 初始现金流量。母公司提供的以母公司所在国货币计算的固定资产等；东道国金融机构提供的以东道国货币计价的垫支资本；解冻并为该项目所使用的冻结资金等。

2. 经营现金流量。子公司在其所在国销售商品形成的现金流入、子公司对所在国以外的第三国销售产品形成的现金流入，按适当的汇率换算为母公司货币单位，并扣减由它代替原总公司对该国的产品出口，使总公司丧失该部分市场原先可实现的利润。

子公司使用总公司提供的专利和其他技术服务应支付给总公司的补偿费。

正常借款形成的税收节约额、子公司所在国提供的优惠财务安排。

3. 终结点现金流量。跨国投资项目的终值处理方法与国内投资项目不同，基本方法主要有三种。

如果子公司所在国政府规定，投资项目经过一定年限后，只支付一个象征性的对价，即收归所在国所有，则调整后的净现值计算可以不考虑项目终值的调整问题。

如果项目终了以后尚可经营的年份视为正常的继续经营期，并假定预算终止年形成的净现金流量将在以后尚可经营的年份继续发生，则可以将各年所产生的净现金流量换算为预期终止时的年金现值，作为项目的终值，以它作为转让价格将项目的所有权转让给当地投资者。

如果不将项目终了以后尚可经营的年份视为正常的继续经营期，而是把项目预算期的终值作为项目转入“清理”，则可以将项目的清理价值作为项目的终值，以它作为转让价格将项目的所有权转让给当地投资者。

（四）基于母公司视角的资本预算模型

从跨国公司或母公司的角度分析其子公司的国外资本支出时，一个在子公司看来调整后净现值为正的项目，在母公司看来调整后的净现值可能是负的。比如，某些现金流量被所在国冻结无法汇回母公司、子公司所在国对汇回外汇额外征税等。高额的边际税率使得项目在母公司看来无利可图。如果跨国公司有国外子公司，但由国内股东控制母公司，那么项目现金流量必须转化为本国货币，母公司所在国的货币就变得十分重要了。

康纳德·雷萨德（1985年）拓展了调整后现值模型，该模型的现金流量必须用外币表示并且必须转化为母公司的货币，以适应跨国公司分析国外资本支出。康纳德·雷萨德模型可表示为：

$$APV = \sum_{t=1}^{T}\frac{\bar{S}_t OCF_t(1-x)}{(1+k_{ud})^t} + \sum_{t=1}^{T}\frac{\bar{S}_t x D_t}{(1+i_d)^t} + \sum_{t=1}^{T}\frac{\bar{S}_t x I_t}{(1+i_d)^t} + \frac{\bar{S}_T TV_T}{(1+k_{ud})^T}$$
$$- S_0C_0 + S_0RF_0 + S_0CL_0 - \sum_{t=1}^{T}\frac{\bar{S}_t LP_t}{(1+i_d)^t}$$

其中，母公司与子公司税率的较大者为公司边际税率 x；项目初始成本为 S_0C_0；第 t 年的预期即期汇率为$\bar{S}_t$；合法汇回母公司的营运现金流量为 OCF_t；计划项目在国外运作所产生的闲置资金的累计价值为 RF_0；利息税收抵免为$\bar{S}_t x I_t$；低于市场利率的优惠贷款为 CL_0；权益资本成本为k_{ud}；正常借贷利率为i_d；优惠贷款为 LP_t；母公司取得低于市场水平利率的外币借款而获得的以母公司货币表示的利益现值表示为 $S_0CL_0 - \sum_{t=1}^{T}\frac{\bar{S}_t LP_t}{(1+i_d)^t}$；$\bar{S}_t = S_0\frac{(1+\pi_d)^t}{(1+\pi_f)^t}$；$\pi_d$为跨国公司母公司国内的预期长期年通货膨胀率；$\pi_f$为国外年通货膨胀率。

对于海外项目，大多数预期的未来现金流量将会以外国货币表示。可以用两种方法估计项目的净现值。一是把预期的未来汇回本国的现金流量兑成本国货币，然后用项目的资本成本得出净现值，即先折算再折现；二是把预期汇回本国的现金流量按照外国的资本成本进行折现，这反映了外国的利率和相关的风险溢价，然后按照即期汇率将其汇兑成美元，即先折现再折算。

【例10-6】一家美国公司在英国租用一套生产设备，租期3年。公司为使其重新运转，初始投资2 000万英镑。在未来3年，项目的预期现金流量分别为700万英镑、900万英镑、1 100万英镑。美国相似项目的风险调整资本成本为10%。假设即期汇率为1英镑兑换1.8 000美元，多年期利率根据利率平价公式计算。预测租赁方案是否可行（年化利率如表10-5所示）？

表 10－5 年化利率

项目	期限（年）		
	1	2	3
π_d（年化利率）	2.0%	2.8%	3.5%
π_f（年化利率）	4.6%	5.0%	5.2%

【解析】由公式$\overline{S_t} = S_0 \frac{(1+\pi_d)^t}{(1+\pi_f)^t}$，多年期利率平价关系隐含的远期利率如表 10－6 所示。

表 10－6 远期利率

项目	期限（年）		
	1	2	3
π_d（年化利率）	2.0%	2.8%	3.5%
π_f（年化利率）	4.6%	5.0%	5.2%
即期汇率（$/£）	1.8000	1.8000	1.8000
远期汇率（$/£）	1.7553	1.7254	1.7141

国际投资的净现值如表 10－7 所示。

表 10－7 国际投资的净现值

项目	期限（年）			
	0	1	2	3
用英镑表示的现金流量（万英镑）	－2 000	700	900	1 100
远期汇率（美元/英镑）	1.8000	1.7553	1.7254	1.7141
用美元表示的现金流量（万美元）	－3 600	1 229	1 553	1 886
项目资本成本	10%			
净现值（万美元）	218			

美国公司在英国租用一套生产设备，带来了 218 万美元的净现值，项目可行。

第六节 国际税收筹划

一、国际税收概述

国际税收是指涉及两个或两个以上国家的财权利益的税收活动，它反映各个国家政府对从事国际活动的纳税人行使征税权利而形成的税收征纳关系中国家之间的税收分配关系。

多税种下，按照课税对象的性质进行分类，可将税种分为三大类，即所得税、商品税和财产税。

所得税是以纳税人的所得额或收益为课税对象的税收，包括个人所得税和企业所得税。对于企业所得税制度主要有三种类型：课税制、双税率制、合并制。课税制度将公司和股东视作不同群体，分别纳税。双税率制度对公司的未分配利润和已分配利润实行两种不同的税率。合并制度将公司和股东作为一个整体来对待。课税制下，公司的收益被重复征税，而合并制下，缓解了公司利润重复征税的问题。

商品税指以商品的流转额为课征对象的税收，包括消费税、增值税、关税等。

消费税以消费品的流转额为课征对象，征收消费税主要为了调节消费结构和引导消费结构，取得财政收入不是其主要目的。

增值税是以工商企业生产经营中的增值额为征税对象，增值税的课征范围包括原材料采购、生产、批发、零售以及进出口的各个环节。

关税是以进出国境的商品流转额为课征对象，按课税商品在国境上不同的流向，可将关税分为进口税、出口税和过境税。

财产税是指以纳税人的财产数量和价值额为课税对象的税。以课征范围为标准，财产税包括一般财产税和个别财产税。

一般财产税是以某一时点纳税人所有财产的总值或净值为课征对象的税收，包括继承税、资本税等。

个别财产税是对某一具体的财产征税，包括土地增值税、房产税和车船税。

上述税种，所得税和财产税中的一般财产税属于“对人税”，它们的课征对象与纳税人相联系；商品税和财产税中的个人财产税属于“对物税”，它们的课税对象与具体征收物相联系。

二、国际税收筹划概念及原因

（一）国际税收筹划的概念

国际税收筹划是指跨国纳税义务人在遵守或不违反现行税制及相关法律的前提下，通过对生产经营活动的科学统筹和合理安排，选择最佳的纳税方案，达到降低税金负担、获得尽可能大的税后利益的目的。

我国对税收筹划的研究比较晚，但是国外对此已经有很深入的研究，国外的跨国公司非常重视税收筹划，积极将它运用在投资、研发、生产、销售等各个环节。大型跨国公司专门聘请税务专家为本公司进行税收筹划，专家对跨国交易中的现金流进行跟踪，从现金流开始的东道国追踪至跨国公司的母国，寻求可以减轻纳税义务又顺从法律意图的商业活动和资金流途径，以此帮助减少累进征税，避免国际双重征税。

目前理论界对国际税收筹划的界定有两种观点，一种观点认为国际税收筹划仅指国际节税筹划，也就是说所做出的筹划行为不但合法，还能顺应筹划所在国的立法意图，是国家所倡导的。另一种观点认为国际税收筹划不但包括国际节税筹划，还包括国际避税筹划，国际避税是指纳税人利用税法的漏洞和缺陷来实现减税的目的，虽然不违法，但却违背筹划所在国的立法意图，是国家需要通过完善法律法规来避免和抵制的。

（二）国际税收筹划的原因

在经济全球化和贸易自由化的背景下，跨国公司纷纷在世界各国设立子公司，增加公司的实力，然而子公司所在的国家或地区有着不同的税收政策、税种和税率，使跨国公司成功进行国际税收筹划成为可能。

1. 各国税收管辖权的差异。税收管辖权是指主权国家根据其法律所拥有和行使征税权力，包括居民税收管辖权和地域税收管辖权。居民税收管辖权是指国家对其居民的全部所得行使征税权力；地域管辖权是指国家对来源于本国境内的所得征税，对于来自国外的所得免税。有的国家或地区只施行一种税收管辖权，比如中国香港特区、中国澳门特区、马来西亚等，多数国家都是以一种税收管辖权为主，另一种税收管辖权为辅施行税收制度。跨国公司可以利用这种差异进行税收筹划。

2. 税收具体法律法规的差异。由于各国的自然资源、生产力发展水平不同，反映出的税收法律法规有明显的差异，主要表现在以下几个方面。

（1）税种差异。各个国家的税种和各税种的征收范围各不相同，有的税种在一些国家和地区根本就不存在，比如百慕大群岛和巴哈马就没有公司所得税。

（2）税基差异。税基是课税的基础和依据，在税率一定的情况下，税基的大小决定了企业税负的大小，跨国公司可以根据各国所规定的税基范围灵活进行税收筹划。

（3）税率差异。世界各国税率的高低可能会出现差异，例如，在比利时、瑞典等地，税率就很高，而在中国香港特区税率很低，有的国家甚至免税。

（4）税收优惠差异。很多国家为了吸引外资，会为外国投资者提供很多不同的税收上的优惠，跨国公司可以利用这种差异进行国际税收筹划。

（三）国际税收协定的存在

国际税收协定是指两个或两个以上的主权国家为了协调互相之间的税收分配关系和处理税务问题，通过谈判所签订的书面协议。国际税收协定适用的范围限于居民，即属于缔约国一方居民或者同时为双方居民的纳税人才能享受协定待遇。

国际税收协定主要针对所得税中的预提税，即在缔约国缴纳的所得税可以在本国抵减应纳所得税，并且签订国际税收协定的国家使用的预提税税率要比其他国家低很多，多国国际税收协定的存在给跨国公司提供了很大的税收筹划空间。跨国纳税人在选择投资国时，应选择与多国签订税收协定的国家。

因此，跨国公司只有在充分掌握了各个国家的税收管辖权的差异、税收的法律法规和国际税收协定的内容，税收筹划才能成功。

三、税收管辖权与国际重复征税

由于税收管辖权分为地域管辖权和居民管辖权，各国对税收管辖权的界定不同，导致纳税人可能分别被两个国家界定为纳税人。

避免国际重复征税的方法主要有免税法、扣除法、抵免法、税收饶让。

1. 免税法是指对本国居民来自国外所得免予或部分免予征收所得税。免税法包括全额免税法和累进免税法。全额免税法指征税国在确定纳税人总所得的适用税率时，完全不计入免税的国外所得。累进免税法是指征税国对境外所得虽然给予免税，但在确定纳税人总所得的适用税率时，将免税所得纳入计算。大多数国家采用累进免税法，因为征税国能够取得更多的税款。

【例10－7】甲国居民在甲国税前所得20 000美元，在乙国税前所得6 000美元。全额免税法下，甲国税率为20%，乙国税率为30%。累进免税法下，甲国实行超额累进税率，20 000美元以内税率为20%，20 000～25 000美元税率为25%，25 000～30 000美元税率为30%，超过30 000美元税率为40%。该居民在甲国和乙国分别应纳多少税款?

【解析】全额免税法。乙国征税＝6 000×30%＝1 800（美元），甲国征税＝20 000×20%＝4 000（美元），合计征税5 800美元。

累进免税法。乙国征税＝6 000×30%＝1 800（美元），甲国征税＝(20 000－6 000)×20%＋(25 000－20 000)×25%＋(26 000－25 000)×30%＝4 350（美元），合计征税6 150美元。

2. 扣除法指将在他国的所得税税款视为一般费用在总应税所得中扣除，然后按扣除后的余额征税。扣除法不是真正意义上的重复征税避免，因为未对来自国外的所得免除税收，仅是减轻了重复征税。

【例10－8】承〖例10－7〗，甲国居民在甲国税前所得20 000美元，在乙国税前所得6 000美元，甲国税率为20%（或超额累进税率），乙国税率为30%，该居民在甲国的纳税额为多少?

【解析】如果甲国实行全额计税：

[(20 000＋6 000)－(6 000×30%)]×20%＝24 200×20%＝4 840（美元）

如果甲国实行的是累进税：

(24 200－20 000)×25%＋20 000×20%＝5 050（美元）

3. 抵免法指将居民来自境内外全部所得视为应税所得，应税所得乘以应适用的税率减去该居民纳税人已在境外实际缴纳的所得税额为应缴纳税额。抵免法包括全额抵免法和限额抵免法。全额抵免法指不管纳税人在收入来源国纳税多少，全部给予抵免。限额抵免法指居住国对本国居民（公民）在非居住国缴纳的所得税可以从本国应纳税款中抵免的数额，规定一个最高限额，低于或等于限额的可全数抵免，高于限额的只能按限额抵免。大多数国家采用限额抵免法，由于限额抵免法规定了可抵免的最高限额，因此，避免了全额抵免法下因外国税率高于居住国税率而损害居住国利益的现象。

全额抵免法可表示为，纳税人缴纳的居住国税款 =（纳税人来自各国所得 × 居住国税率）－纳税人已纳全部外国税款。当居住国税率低于外国税率时，这样的做法不可取。

限额抵免法可表示为，当居住国税率高于或等于外国税率时有：

$$\text{纳税人缴纳居住国税额} = (\text{纳税人来自各国所得} \times \text{居住国税率}) - \text{纳税人实际缴纳的外国税款}$$

当居住国税率低于外国税率时有：

$$\text{纳税人缴纳居住国税额} = (\text{纳税人来自各国所得} \times \text{居住国税率}) - \text{可抵免的限额}$$

$$\text{可抵免的限额} = \text{外国所得} \times \text{居住国税率}$$

【例 10－9】 假设在居住国甲国的总公司在某一纳税年度所获取的收益额为 800 万美元，它设在非居住国乙国的分公司于同年获取的收益额为 200 万美元。已知甲国的所得税税率为 50%，乙国的所得税税率为 40%。该公司已向乙国交纳税款 80 万美元，它并没有超过来源于乙国的收益按甲国（居住国）的税率计算的应纳税额 100 万美元（即 200 万美元 ×50%），则限额抵免法下该公司应向甲国政府交纳多少税款？

【解析】 限额抵免法下，该公司在向甲国政府办理纳税申报时已交乙国的税款 80 万美元可以全部得以抵免。

该公司应向甲国政府交纳税款 =（800 + 200）×50% － 80 = 420（万美元）。

4. 税收饶让指一国政府对其居民在国外享受减免税而未缴纳的所得税款，视同已经缴纳，连同在国外实际缴纳的税款一起抵扣。

【例 10－10】 甲国和乙国的所得税率均为 40%，甲国母公司来自国内的应税所得为 1 000 万元，来自乙国子公司的所得 500 万元，乙国给予减半征收的优惠待遇。在有税收饶让协议的情况下，该公司在甲国应该缴纳多少所得税？

【解析】 乙国子公司实际缴纳所得税额 = 500 × 40% × 50% = 100（万美元）

乙国子公司可抵免税额 = 500 × 40% = 200（万美元）

甲国母公司所得税 =（1 000 + 500）× 40% － 500 × 40% = 400（万美元）

四、国际避税与反避税

国际避税与国际逃税属于不同概念。国际避税是以合法的手段进行的，纳税人利用税法的漏洞和缺陷来实现减税的目的。国际逃税是以非法的手段进行的，跨国纳税人利用税法的漏洞和缺陷，采取隐蔽的非法手段逃避纳税义务。

（一）国际避税模式

跨国公司普遍采用的避税模式包括“双爱尔兰”避税模式和“星巴克型”避税模式。

1. “双爱尔兰”避税模式。爱尔兰是国际上著名的低税率国家，其税法规定营业收入所适用的企业所得税税率为12.5%，远低于美国在内的多数国家。除此之外，相较于美国、爱尔兰税收体系中缺少反避税制度，因而一些跨国高科技公司纷纷将目光投向了爱尔兰，凭借着其他国家与爱尔兰的税收制度差异，在税收中介的协助下成功构造出“双爱尔兰”避税模式。

运用该避税模式的美国公司P先建立一家子公司S1，其注册地为爱尔兰，实际管理机构则位于百慕大等避税天堂。爱尔兰税法规定，居民纳税人身份的认定取决于企业的实际管理机构所在地。该子公司实际管理机构远离爱尔兰，因此属于爱尔兰非居民企业，无须在当地缴纳企业所得税。S1继续注册一家爱尔兰居民企业作为其全资子公司S2，负责生产、制造和销售。由于爱尔兰与包括美国在内的多国签订了双边税收协定，因而无论是子公司S1与美国母公司，还是子公司S1与子公司S2发生贸易关系，子公司S1均可享受双边税收协定带来的好处。

美国税法中存在的打钩规则和透视规则，使受控外国公司有权向美国税务机构申请以非独立实体存在，从而削弱美国《国内收入法典》F部的反避税制度。子公司S1可作为非独立实体将收入与美国母公司收入汇总纳税，而非独立实体间交易（如特许权使用费）被视为纳税主体下的内部交易相互抵消。

为进一步减少纳税总额，子公司S1与美国母公司签订了成本分摊协议，协议规定子公司须与母公司一同承担无形资产的研发费用，进而取得该项无形资产的所有权。美国367反避税条款明确指出，美国公司向外国公司转让无形资产且以该无形资产的生产、使用或处置情况来收取价款时，其创造的收入不论是否汇往美国，都需要按美国税法在当年进行纳税。成本分摊协议声称母子公司是联合研发，并非条款指出的直接转让关系，从而有效避开了367反避税条款。子公司S2为取得无形资产的所有权，接受S1的转授权并向其支付超额特许使用权，以期将收入从爱尔兰转移至百慕大，也即公司利润从高税国向低税国甚至零税国转移。利用“爱尔兰”避税模式，微软公司在2009~2011年间避免了高达45亿美元的美国税收。

2. “星巴克型”避税模式。该架构存在五个关键角色：美国星巴克总部、英国阿尔基公司、荷兰星巴克总部、荷兰星巴克制造公司以及瑞士星巴克。

在该避税模式下，美国星巴克总部控股英国阿尔基并与其签订了成本分摊协议，分摊无形资产研发费用，以此规避美国367反避税条款。英国阿尔基允许荷兰星巴克总部使用商标等无形资产，允许荷兰星巴克制造公司使用其研发的咖啡豆烘焙配方专利技术，并收取高额的特许权使用费，实质上将利润从荷兰转移到了英国。根据税法规定，阿尔基无须对在英国所获利润缴纳企业所得税，而由美国合伙人依据美国税法对所分配利润缴纳个人所得税。然而阿尔基为取得欧洲地区的咖啡烘焙技术需要向美国总部支付一笔高额的特许权使用费，因此美国合伙人分配到的利润并不多，缴纳的个税也十分有限。英国和荷兰的公司作为欧盟成员国（2018 年 1 月 29 日，欧盟委员会通过了“英国脱欧过渡谈判指引”，指引明确，英国“脱欧过渡期”将持续至 2020 年末，其间英国需要遵守欧盟所有法规。）公司对所取得的特许使用费免缴预提所得税。荷兰星巴克总部和星巴克制造公司同样利用打钩规则和透视规则，作为非独立实体将收入并入美国总部，特许权使用费则被视为母公司纳税主体下的内部交易相互抵消无须纳税。

此外，阿尔基还强调资本弱化，构造出一种特殊的资本结构：只需保留必要的权益性融资，而尽可能增加债权性融资。如此一来，在英国创造的利润便可能通过利息的偿付转移到低利率的国家或地区，变相减少了企业所得税。

荷兰星巴克制造负责对瑞士星巴克采购来的未烘焙咖啡豆进行加工以及成品咖啡豆的分销，因而荷兰星巴克制造主张自己是生产加工型企业。其与荷兰政府签订了预约定价协议，协议双方达成共识：荷兰星巴克制造公司只要将利润率保持在5%，并按照交易净利润法计算缴纳的税款，便可不再受到税务机关的限制。该协议为星巴克转移利润提供了巨大的空间，促使荷兰星巴克制造公司轻而易举便将利润转移到其他低税国家或地区。另外，瑞士星巴克则利用转让定价使荷兰星巴克制造公司向其支付的咖啡豆采购价款是正常原材料成本的 120%（远远高于同类企业支付的采购价款），其目的是将利润转移到税率更低的瑞士。

经过上述操作，星巴克将应缴纳企业所得税降至最低，实现了避税的最终目的。

（二）跨国公司避税的主要方式

1. 国际避税港避税。国际避税地也被称为“避税港”，它其实就是在全球范围内的经济活动中有着能够使人们用来逃避其本应该向政府相关部门交该交的税费的合法规定的国家或者地区。主要包括以下三个层面：第一，一般是指一些对直接税例如财产税等给予免除，不进行征收的国家或地区。第二，其实就是指有着优惠政策可以使企业在当地少缴纳税收款项的国家或地区。第三，是指与别的地区相比有着相对更低的直接税税率的国家或地区。

在国际避税地进行避税时，一般来说，跨国公司在当地成立一家“空壳公司”，并将其作为“中间商”，以便转移收入，从而可以使其能够少缴税。

当今世界上，英属维尔京群岛是一个十分具有代表性的“避税天堂”。它地处大西洋和加勒比海之间，距离波多黎各 100 公里，是一个由 50 个岛屿组成的岛屿群。对于投资方来说，它就是“避税天堂”。

1984 年，英属维尔京群岛通过了《国际商业公司法》，这一法律的颁布，大大方便了跨国公司在此地合法地成立一家“分公司”。并且利用该法案进行合法避税，而且政府还为跨国公司提供了大量的税收优惠条件。例如，在维尔京群岛注册的公司只需要缴纳营业制造续派费就可以了，其余的所有当地税项都不需要缴纳；对公司注册资本也没有明确的限额要求；对投入资本的币种也没有明确要求。很多跨国公司都在英属维尔京群岛设立一家“分支机构”进行避税。

2. 利用国际税收协定避税。利用国际税收协定避税是指某个第三国居民利用其他国家之间签订的国际税收协定获取本不应得到的税收收益。国际税收协定是两个或两个以上的主权国家为了解决双重征税的问题，并且对国与国之间的税收利益分配关系进行合理的调整，本着互惠互利的原则，通过政府协商签署的书面协议。各国政府为了成功治理双重征税现象，都做出了退让和牺牲，最终出台了优惠条款。该条款无形之中又一次为国际避税创造了条件，一些原本不能享有这个协定的人通过各种方法来使得自身满足规定需要的条件要求，以便于他们也可以享有这种税收优惠，从而可以少缴一些税额，减轻他们的纳税义务。

3. 转让定价避税。转让定价其实就是指两家企业在进行商业合作时制定的只有在它们之间才能采用的一个价格。它通常不同于市场价格，可以根据跨国纳税人的需要来制定。在全球范围内的经济活动中，转让定价法已经变成了一种比较常见的避税方式。其实，转让定价避税的实质就是因为各国之间的税率互不相同或者税制规定上的不同，导致跨国公司通过这一方式来逃避纳税。

4. 其他国际避税方式。除了以上介绍的几种方法外，通常避税还运用其他方法：利用电子商务避税，通过改变居民身份的方法避税等。电子商务是采用数字化电子方式进行商务数据交换和开展商务业务活动，是在互联网和传统信息技术系统相结合的背景下产生的相互关联的动态商务活动。正是因为这些新时代的产物，使人们无法从原有的传统角度来理解它，从而导致了现有的约束条件对它的影响并不是很大，电子商务方便了人们的生产生活，促进了经济的发展，同时也为避税创造了可行的手段与工具。通过改变居民身份的方法避税，主要是指人们通过转换自己的国籍方法来使自己在某一国家可以不纳税或者是可以在某一国家少纳税。

（三）经济合作与发展组织（OECD）反避税措施

OECD 国际避税地标准及“黑名单”制度得到国际公认。OECD 提出了判断国际避税地的四项关键标准，即：不征税或者仅存在名义税收；没有实质性经营活动的要求；缺乏有效的税收信息交换；缺乏税收透明度。前两项标准合称为有害竞争的优惠税制标准，后两项标准合称为税收透明度标准。

OECD 将不同国家或地区分为三类，即拒绝履行国际税收标准和拒绝交换国际税收信息的“黑名单”；承诺履行国际税收标准但没有切实履行国际税收标准的“灰名单”；实质履行国际税收标准的“白名单”。被列入黑名单的国家和地区可能面临来自国际社会的严厉制裁。

根据上述国际避税地标准，OECD 不定期发布国际避税地“黑名单”。2000年6月，OECD 发布《认定和消除有害税收行为的进程》报告，根据税收透明度和国际税收情报自动交换标准，把35个国家和地区列入避税地“黑名单”。2001年、2004年和2006年，OECD相继发布了有关该项工作进程的专题报告，号召OECD成员国和其他国家共同对不合作的避税地采取措施。2008年的国际金融危机使财政承压的G20国家看到了打击国际避税地的实用价值，并在2009年4月2日的G2峰会上最终采用了OECD制定的国际避税地“黑名单”，其中包括4个“黑名单”国家和地区，38个灰名单国家和地区，40个白名单国家和地区。2010年1月15日，OECD公布最新的国际避税地“黑名单”，其中“黑名单”国家已经被“清零”，“灰名单”国家和地区还有19个“避税天堂”和6个离岸金融中心，“白名单”已增至63个国家和地区。2010年1月19日，OECD宣布，2009年全球已有195个国家同意签署国际税收情报自动交换协定，相关的税务透明度标准已经为全球所接受。

2018年7月初，OECD出版有关在CRS下双边以及多边税收情报交换的匹配信息（CRS-MCAA）协议。匹配交换协议完善的税收主管当局达90多个，共有3 200多份匹配协议。安提瓜和巴布达在2018年7月27日正式签署世界经合组织OECD主导的多边税收征管互助公约，成为第125个加入公约的税收主管当局。安提瓜和巴布达为全球有名的避税天堂，该国税收居民无须缴纳个人所得税，无资本利得税，无遗产税、继承税，也无海外收益税等。在2015年CRS席卷全球的时候，很多机构利用该国移民护照项目规避CRS。

2018年5月以来，全球CRS涉税信息交换工作加速推进，马其顿、格林尼达、中国香港特区、利比亚、中国澳门特区、巴拉圭和瓦努图等税收主管当局正式加入多边税收征管互助公约，提高了涉税信息和交换协议的效率。全球税务信息实现透明，100多个国家互相交换涉税信息，全球税收保密时代走向终结。

【例10-11】材料价格不断上涨的情况下，企业存货计价方法选择先进先出法与选择加权平均法哪个更有利，为什么？

【解析】针对企业是否处于免税期来考虑具体选择哪一种存货计价方法。

（1）如果企业刚好处于免税期，选择先进先出法，减少企业材料费用在当期的摊入，扩大企业当期利润获得更多的免税优惠。

（2）如果企业处于正常纳税期，则选择加权平均法，增加企业材料费用在当期的摊入，减少企业当期利润而少缴税。

本章小结

本章首先阐释了国际财务管理的概念、特点及其基本理论；其次分别从外汇管理、国际企业营运资本管理、筹资管理、投资管理、国际税收筹划等方面进行分析。重点掌握国际财务管理的基本理论和原因，理解国际财务管理的必要性和重要性。

案例分析

阿里巴巴海外并购来赞达

2016年，阿里巴巴以10亿美元收购了来赞达（LAZADA）51%的股权，并于次年再次投资10亿美元获得LAZADA83%的股份。本次并购案的成功实施，也让阿里巴巴在东南亚市场的影响力提升了一个高度，实现了将其线上平台上的机构成功入驻LAZADA电商平台，为商户提供了海外市场。

一、案例公司简介

阿里巴巴网络技术有限公司（阿里巴巴集团）成立于1999年，由马云等18人在浙江杭州创立。阿里巴巴集团经营的主要业务包括：淘宝网、天猫、阿里巴巴国际交易市场、阿里云、蚂蚁金服、菜鸟网络等。2003年5月，马云投资1亿元人民币建立个人网上贸易市场平台——淘宝网。2004年10月，阿里巴巴投资成立支付宝公司，面向中国电子商务市场推出基于中介的安全交易服务。2014年9月19日，阿里巴巴集团在纽约证券交易所正式挂牌上市，股票代码“BABA”。阿里巴巴通过电商业务支撑了企业稳定的经营，并通过支付宝获得了强劲的现金流，在拥有庞大的用户基数后，进而发展了大数据平台阿里云以及相关业务支持平台。2017年淘宝与天猫网为阿里巴巴创造了72%的营收，虽然国际电商方面2017年仅占了阿里巴巴总收入的5%，却与2016年相比达到了233%的增长率。

阿里巴巴为建立生态系统平台，提出新零售、新金融、新制造、新技术和新能源的“五新战略”。将组织及业务结构调整为25个事业部，将其具体划分为9个事业总部，由所在事业部、经理进行统一管理。阿里巴巴主要业务布局（数据来源于阿里巴巴官网）如下表所示。

事业部一	阿里云				
事业部二	B2B中国				
事业部三	B2B国际	B2C国际			
事业部四	聚划算	本地生活			
事业部五	无线	旺旺	音乐		
事业部六	数据平台	信息平台	云OS		
事业部七	天猫	物流	良无线	航旅	
事业部八	共享事物	商家业务	阿里妈妈	一淘及搜索	
事业部九	类目运营	数字业务	综合业务	消费者门户	互动业务

LAZADA是东南亚地区的电商龙头，起步于2012年，发展迅速，成立三年后平台上的成交额就高达10亿美元。业务涉足了马来西亚、越南在内的多个东南亚国家。LAZADA在发展过程中，以B2C为核心，建设了自营商城，在此基础上还积极拓展了C2C和物流业务，并开展了线上支付业务。由于电商平台产品种类较多，可供客户进行消费选择，其客户基数得到了一定的增加。LAZADA作为线上电商平台，拥有的卖家以及合作渠道供应商具体数量超过12 000个，在东南亚地区拥有5亿的用户流量。2015年，面对规模的迅速扩张，该企业以提升消费者购物体验和完善网络平台上卖家的物流需求为目的，投入其所属地域的相关基建工作，着重在物流业务上发展。根据2015年数据显示，LAZADA已经建设了10个分布于东南亚各个地域的物流中心，其覆盖范围较广，针对的城市经调查表明已经达到250个。与此同时，基于物流业务要求，完成了84个中转站、6个分发中心的建设，采购了2 000台运输车辆，与60余家第三方物流企业进行战略合作。通过一系列在物流方面的发展，LAZADA电商平台目前具有东南亚其他电商难以达到的物流能力。

二、阿里巴巴并购LAZADA的过程

阿里巴巴作为电商巨头，仍面临着很多挑战。阿里巴巴集团的大部分收入来源于其C2C

平台，即淘宝网，但是这部分市场的增速正在下降甚至萎缩。而中国的 B2C 市场正在经历爆发式的增长，而天猫商城占据了中国 B2C 电商市场份额的 57%，这个比例远远小于阿里巴巴 C2C 业务的市场份额。中国的 B2C 市场竞争日益激烈，很可能危及阿里巴巴未来的主导地位。中国电商市场结构的转变和阿里巴巴国际业务的惊人增长，这标志着阿里巴巴拥有了更强的"走出去"底气。阿里巴巴旗下的全球速卖通（Ali Express）是一个成功的国际 B2C 模型，阿里巴巴试图将业务扩展到中国以外的国家和地区。

东南亚各区域电商林立，比如 LAZADA、REDMART、Qoo10、11 street 等，业务内容涵盖时尚、电子、生鲜等各大类。阿里巴巴选择收购 LAZADA 的战略布局主要体现在三个方面：首先，收购电商 LAZADA 搭建基础平台，吸引网购市场用户；其次，通过 LAZADA 自建支付，引入支付宝的理念、技术和运营，同时加强线下支付宝布局；最后，把 LAZADA 自建物流体系与区域关键物流公司资源结合，大力发展东南亚物流，适当时机大力推进菜鸟物流体系。LAZADA 近年来发展迅速，拥有自己的库存、仓库和物流体系，平台上商家可直接向消费者销售商品。

2014 年底，LAZADA 的前控股公司德国创业孵化器 Rocket Internet 公司在发展过程中没有达到预期效果。Rocket Internet 希望成为除美国、中国之外最大的互联网平台，但阿里巴巴在 2014 年 9 月上市后宣布将要把其电子商务业务拓展到国际市场，这意味着 Rocket Internet 在东南亚市场的市场份额岌岌可危。虽然当时 Rocket Internet 旗下的 LAZADA 还未盈利，但其实现了惊人的增长，在印度尼西亚、马来西亚和新加坡达到的领先地位。因此，Rocket Internet 在当时需要防范阿里巴巴的国际化举动，以 LAZADA 作为核心优势来保持它在东南亚地区的竞争优势。Rocket Internet 的优势是把有效的商业模式带到新型的市场中，但是电商行业竞争激烈导致其无法全面实施该优势。于是，Rocket Internet 选择将 LAZADA 股份卖给阿里巴巴，成功退出东南亚电商领域的竞争。与 Rocket 的收购协议表明，阿里巴巴可以在初次收购 18 个月内继续收购 LAZADA 的全部股份。阿里巴巴此次并购采取的是直接收购，经过与 LAZADA 双方磋商，2016 年阿里巴巴以 10 亿美元从其他投资者手中获得了 LAZADA 51% 的控股权；2017 年阿里巴巴集团再次用 10 亿美元增持 LAZADA 的股份，持股比例由 51% 提升至 83%；2018 年阿里巴巴又对 LAZADA 战略投资 20 亿美元。

阿里巴巴并购 LAZADA 后，LAZADA 保持独立运作。在平台商户整合方面，阿里巴巴与 LAZADA 共享商户。LAZADA 在新加坡开设淘宝专区，直接连接阿里巴巴电商平台；在马来西亚 LAZADA 专门为中国品牌开设了东方品牌馆。阿里巴巴同时引入了 LAZADA 平台的东南亚品牌商，为国内消费者提供了更多可购买的优质产品。在支付体系整合方面，2017 年 4 月阿里巴巴集团旗下蚂蚁金服与 LAZADA 旗下在线支付平台 helloPay 合并，之后，helloPay 在其运营的每个国家将以 Alipay 的名义推出，整合后的 helloPay 独立于支付宝运营。

在物流整合方面，阿里巴巴的菜鸟物流逐渐对接 LAZADA 的物流体系，跨境速递体系得到了进一步的巩固。LAZADA 运用菜鸟物流的技术在包裹分拣、配送路线方面得到较大优化，降低了货运成本。在 LAZADA 购物平台上从中国寄送至新加坡的商品包邮，付费会员和使用加急寄送（2.99 新币）均需等待一周，常规免费寄送在 15 天以内到达；与淘宝发货至新加坡相比，同样物品使用顺丰速递运费约为 30 新币（一周内到达），使用集运约 50 元人民币（15 天内到达），足以看出 LAZADA 在物流方面的发展。

在大数据整合方面，阿里与 LAZADA 共享大数据平台，LAZADA 可通过阿里巴巴强大的数据库分析消费者的产品需求，制定更贴近于市场的经营方案。同时，阿里通过分析东南亚消费者购买数据，帮助中国卖家更有效地进入市场。2018 年 3 月，LAZADA 通过阿里巴巴正式设立了深圳研究分部，这将更有利于双方技术与资源的整合。

通过此次并购，阿里巴巴可以直接进入6个东南亚国家的电商领域，同时阿里巴巴的支付宝、菜鸟物流、淘宝海外出口也成功接入东南亚市场。LAZADA也借助阿里在大数据分析、支付防欺诈系统与物流技术方面在发展东南亚市场电商市场。2016年阿里收购LAZADA后，LAZADA也不再单独披露财报，但从阿里巴巴的年报中可以看出，2016年的海外电商收入2 204亿元，2017年的海外电商收入7 336亿元，收购LAZADA的一年也为阿里的海外营收做出了贡献。

三、思考与启示

阿里巴巴收购LAZADA，实现了对双方互利互惠的效果。阿里巴巴借助LAZADA进入东南亚市场，而LAZADA获得天猫商城、淘宝网、全球速卖通等平台的商家资源，招募中国商家入驻平台，大幅提升了其商家和商品数量。虽然通过海外并购，阿里巴巴在集团规模和地域广泛性等方面都取得了突破性的进展，但海外并购在给中国企业带来机遇的同时也潜藏着危机。国际企业进行海外并购时需要考虑以下几方面内容。

（一）制定合理的并购方案提高互联网企业并购效率

由于政府层面出于国家数据安全的考虑，对互联网企业跨国并购含有有关限制，但有时可以通过合理的收购方案进行化解。比如阿里巴巴在收购LAZADA时，阿里是从LAZADA前控股企业德国孵化器Rocket Internet手中间接收购的LAZADA股份，LAZADA已经受控于国外资本，国内政治当局对于该企业的数据安全性已经具有一定的把控，因此阿里巴巴在收购LAZADA时能够减轻政治压力与社会舆论。阿里收购雅虎时，阿里在面临美国政府对于数据安全性问题的把控时，提出用阿里的股权置换雅虎股权，雅虎在阿里巴巴经营把控上具有一定的话语权以及数据安全性的控制力，因此抵消了美国政府对于数据安全的疑虑。因此，互联网企业在跨国并购时选择合理的并购方案，有助于应对政治当局的压力。并且海外并购前期，并购方必须分析目标企业所在国家的政治特征，预估并购中可能存在的政治风险，全面的风险评估是进行并购前的基础工作。通过了解国内外政策，也可避免产生因为政治因素导致并购后企业由于数据安全问题，难以整合并购后客户数据的问题。

（二）根据企业战略制定适合企业发展的并购计划

整个海外并购的过程并非一朝一夕能够完成，进行海外并购是为了企业的最终利益，因此为了保障利益的实现，必须事先将各个方面考虑周全，制定一系列预案才能坦然面对并购期间的一切风险。制定预案的时候首先要着眼于企业自身的实际情况，防止战略目标与预期不匹配。海外并购对于企业来说，决定着以后的战略部署以及业务发展方向，因此意义重大。所以在并购前应该做好充分的准备，其中，借助专业的评估机构以及调查机构去调查并购对象的组织结构以及资金方面的盈余情况等有其必要性，对并购为企业产生的效益做出细致、科学、准确的评估。做到对目标公司的全方位了解，只有充分地了解对方，才能确保并购期间以及并购完成之后不出现意外情况或者将意外的可能性降到最低。与此同时，对于自身的各方面实力也应该加以深度分析，清楚并购对于企业自身的意义和价值所在，才能够了解到该并购的战略目标意义是否能够真的符合企业预期的发展方向。

（三）注重并购后企业人力资源的整合

互联网企业对海外并购过程中会出现的各种问题都应该有清醒、充分的认识，后续整合是并购的重点。并购结束其实只是一个开始，因为在企业文化及管理方面进行融合也具有大量的工作内容，合理的并购整合才能真正发挥出并购的价值，才能够使两家企业的核心能力得到发展。企业要以求同存异的心态对待两个企业的整合，避免因企业文化冲突导致核心人才大量流失，产生负面效果。制定合理的企业经营组织架构，减轻因并购整合后在人员流失方面的问题。

（资料来源：屈蕊，《我国互联网行业的跨国并购研究》，首都经济贸易大学硕士学位论文，2018 年，有删减）

案例讨论题

1. 阿里巴巴收购 LAZADA 的成功之处体现在哪些方面？

2. 并购过程中，阿里巴巴应重点解决的问题是什么？

3. 阿里巴巴在海外运营、线上平台搭建方面有哪些经验可以借鉴？

4. 阿里巴巴并购 LAZADA 的过程中可能面临哪些风险？

复习思考题

1. F 公司应收账款马克 25 万单位，9 月 1 日到期，该公司决定在 7 月 1 日购买 4 个单位 9 月份到期的马克卖权合约，执行价格为 $0.6100/DM1，买价为 $0.0028/DM1；9 月 1 日，该公司用对冲的方式结束合约，卖价是 $0.0230/DM1，当日马克兑美元的即期汇率是 $0.5900/DM1。

（1）请问该公司从应收账款收回多少美元？

（2）如果 9 月 1 日卖价是 $0.0010/DM1，当日马克兑美元的即期汇率是 $0.6200/DM1，则该公司从应收账款收回多少美元？

2. 韩国跨国制造公司 A，正在讨论是否可以投资美国一个 2 年期的项目。项目预计美元现金流量包括初始投资 100 万美元，第一年 70 万美元，第二年 60 万美元。这个项目资本风险调整的成本是 13%。当前汇率是 1 美元兑换 1050 韩元。美国和韩国的无风险利率如下表所示。

	1 年期	2 年期
美国	4.0%	4.25%
韩国	3.0%	3.25%

（1）如果这个项目被类似的、有同样的风险调整资本的美国公司承担，这个项目所产生的净现值和收益率是多少？

（2）预期 1 年期远期汇率和 2 年期远期汇率是多少？

（3）如果 A 公司承担该项目，则该公司的现值和收益率是多少？

3. 布罗尔公司（Brower，Inc.）考虑在印度尼西亚建立工厂。建设成本为 90 亿印度尼西亚卢比。公司计划工厂运行 3 年，在 3 年期间，期望的现金流入分别为 30 亿印度尼西亚卢比、30 亿印度尼西亚卢比和 20 亿印度尼西亚卢比。运营现金流一年后投入，在每年年底收回。在第三年末，布罗尔公司期望以 50 亿印度尼西亚卢比出售工厂。布罗尔公司的必要报酬率为 17%。即期汇率为 8 700 印度尼西亚卢比兑 1 美元，预期赛地每年升值 5%。

（1）计算该项目的净现值。布罗尔公司是否接受该项目？

（2）假如在未来的三年中，当地的汇率以 8 700 印度尼西亚卢比兑 1 美元的价格保持不变，布罗尔公司应该建立工厂吗？

4. 某跨国公司的中国子公司 W 需要一套新设备，该设备预计使用年限为 6 年，正在讨论是购买还是租赁。有关资料如下：

（1）如果自行购置该设备，预计购置成本 1 500 万元。该类设备税法规定的折旧年限为 8 年，折旧方法为直线法，预计净残值率为零。

（2）预计 6 年后该设备的变现价值为 400 万元。

（3）如果租赁该设备，租期6年，每年年末需要向出租方支付租金300万元。租赁期结束，设备所有权不转让。

（4）该设备每年的维修保养费用为15万元，由承租人承担。

（5）W公司适用的所得税税率为25%，担保债券的税前利率为8%。

（6）租赁期内租赁合同不可撤销。

要求：

（1）判断该租赁的税务性质。

（2）针对W公司的“租赁与购买”通过计算做出决策（假设购买设备方案是可行的）。

5. 设M公司是设立在中国的总公司，当年在本国获取的收益额为130万元；它设在乙国的分公司于同年获取的收益为70万元。设中国的所得税税率为25%，乙国的所得税税率为20%。

要求：请采用直接抵免法来计算M公司应向中国缴纳的所得税税额。

6. 假定美国的母公司A在某一纳税年度的应税所得为30万美元，它设在法国的子公司B在同一年度的应税所得为20万美元。已知美国、法国两国的所得税税率分别为40%和30%。A公司拥有B公司50%的股权。

要求：请采用间接抵免法计算母公司A应向居住国美国缴纳的所得税税额。

主要参考文献

［1］方军雄：《市场化进程与资本配置效率的改善》，载《经济研究》2006年第5期。

［2］林毅夫、李周：《现代企业制度的内涵与国有企业改革方向》，载《经济研究》1997年第3期。

［3］刘淑莲、任翠玉：《高级财务管理》（第二版），东北财经大学出版社2017年版。

［4］刘志远：《高级财务管理》，复旦大学出版社2007年版。

［5］陆正飞、张会丽：《集团企业资金集中管理及其经济后果》，载《财会学习》2011年第8期。

［6］陆正飞、朱凯、童盼：《高级财务管理》（第三版），北京大学出版社2018年版。

［7］［美］斯蒂芬A. 罗斯（Stephen A. Ross）等：《公司理财》（原书第11版），机械工业出版社2017年版。

［8］［美］蒂姆·科勒（Tim Koller）、马克·戈德哈特（Marc Goedhart）、戴维·威赛尔斯（David Wessels）著，高建等译：《价值评估：公司价值的衡量与管理》（第4版），电子工业出版社2007年版。

［9］［美］尤金F. 布里格姆（Eugene F. Brigham）、迈克尔C. 埃哈特（Michael C. Ehrhardt）著，毛薇、王引等译：《财务管理：理论与实践》（第14版），清华大学出版社2018年版。

［10］钱颖一：《企业理论》，载《经济社会体制比较》1994年第4期。

［11］汤谷良、戴天婧：《中央企业EVA评价制度实施效果的理论解释》，载《会计研究》2015年第9期。

［12］汤谷良、高晨、于彩珍：《高级财务管理学的理论框架——管理过程的财务实现》，载《会计研究》2001年第6期。

［13］汤谷良、王斌、杜菲、付阳：《多元化企业集团管理控制体系的整合观——基于华润集团6S的案例分析》，载《会计研究》2009年第2期。

［14］汤谷良、韩慧博：《高级财务管理学》（第2版），清华大学出版社2010年版。

［15］汤谷良、王珮：《高级财务管理学》（第2版），清华大学出版社2017年版。

［16］汤谷良：《现金池：集团内部资本运作利器》，载《新理财》2007年第10期。

［17］王化成、曾雪云：《专业化企业集团的内部资本市场与价值创造效应——基于中国三峡集团的案例研究》，载《管理世界》2012年第12期。

［18］王化成、刘俊勇：《企业业绩评价模式研究——兼论中国企业业绩评价模式选择》，载《管理世界》2004年第4期。

［19］王化成、佟岩：《财务管理理论研究的回顾与展望——20世纪后20年中国财务理论研究述评》，载《会计研究》2001年第12期。

［20］王化成：《高级财务管理学》（第四版），中国人民大学出版社2017年版。

［21］吴敬琏：《什么是现代企业制度》，载《改革》1994年第1期。

［22］许金花、曾燕、李善民、康俊卿：《反收购条款的作用机制——基于大股东掏空研究视角》，载《管理科学学报》2018年第2期。

［23］许金花、李善民、张东、陈玉罡：《反收购条款与投资者保护：理论模型与实证检验》，载《管理评论》2018年第7期。

［24］杨雄胜：《高级财务管理：理论与案例》（第三版），东北财经大学出版社2012年版。

［25］曾蔚：《高级财务管理》（第二版），清华大学出版社2018年版。

［26］张会丽、陆正飞：《集团化运营与管理的经济后果：研究评述与展望》，载《经济与管理研究》2014年第5期。

［27］张先治等：《高级财务管理》（第四版），东北财经大学出版社2018年版。

［28］中国注册会计师协会：《财务成本管理》，中国财政经济出版社2018年版。

［29］朱长春：《公司治理标准》，清华大学出版社2014年版。

［30］Barberis N, Shleifer A, Vishny R. A model of investor sentiment [J]. Journal of Financial Economics, 1998, 49 (3): 307-343.

［31］Black F, Scholes M. The Pricing of Options and Corporate Liabilities [J]. Journal of Political Economy, 1973, 81 (3): 637-654.

［32］Daniel K, Hirshleifer D, Subrahmanyam A. Investor Psychology and Security Market Under and Overreactions [J]. The Journal of Finance, 1998, 53 (6): 1839-1885.

［33］De Long J B, Shleifer A, Summers L H, Waldmann R J. Noise Trader Risk in Financial Markets [J]. Journal of Political Economy, 1990, 98 (4): 703-738.

［34］Fama E F, Jensen M C. Separation of Ownership and Control [J]. The Journal of Law & Economics, 1983, 26 (2): 301-325.

［35］Fama E F. Banking in the theory of finance [J]. Journal of Monetary Economics, 1980, 6 (1): 39-57.

[36] Fama E F, French K R. Financing decisions: Who issues stock? [J]. Journal of Financial Economics, 2005, 76 (3): 549 -582.

[37] Fama E F. Market efficiency, long-term returns, and behavioral finance [J]. Journal of Financial Economics, 1998, 49 (3): 283 -306.

[38] Grossman S J, Hart O D. An Analysis of the Principal-Agent Problem [J]. Econometrica, 1983, 51 (1): 7 -45.

[39] Grossman S J, Hart O D. Takeover Bids, The Free-Rider Problem, and the Theory of the Corporation [J]. The Bell Journal of Economics, 1980, 11 (1): 42 -64.

[40] Grossman S J, Hart O D. The Costs and Benefits of Ownership: A Theory of Vertical and Lateral Integration [J]. Journal of Political Economy, 1986, 94 (4): 691 -719.

[41] Hong H, Stein J C. A Unified Theory of Underreaction, Momentum Trading, and Overreaction in Asset Markets [J]. The Journal of Finance, 1999, 54 (6): 2143 -2184.

[42] Jensen M C, Meckling W H. Theory of The Firm: Managerial Behavior, Agency Costs and Ownership Structure [J]. Journal of Financial Economics, 1976, 3 (4): 305 -360.

[43] Jensen M C, Ruback R S. The market for corporate control: The scientific evidence [J]. Journal of Financial Economics, 1983, 11 (1): 5 -50.

[44] Jensen M C, Ruback R S. The market for corporate control: The scientific evidence [J]. Journal of Financial Economics, 1983, 11 (1): 5 -50.

[45] Jensen M C. Agency Costs of Free Cash Flow, Corporate Finance, and Takeovers [J]. The American Economic Review, 1986, 76 (2): 323 -329.

[46] Kahneman D, Tversky A. Prospect Theory: An Analysis of Decision under Risk [J]. Econometrica, 1979, 47 (2): 263 -291.

[47] Mahajan J. The Overconfidence Effect in Marketing Management Predictions [J]. Journal of Marketing Research, 1992, 29 (3): 329 -342.

[48] Manne H G. Mergers and the Market for Corporate Control [J]. Journal of Political Economy, 1965, 73 (2): 110 -120.

[49] Mueller D C. A Theory of Conglomerate Mergers [J]. The Quarterly Journal of Economics, 1969, 83 (4): 643 -659.

[50] Porta R L, Lopez X, De X, Silanes F, Shleifer A, Vishny R W. Law and Finance [J]. Journal of Political Economy, 1998, 106 (6): 1113 -1155.

[51] Porta R L, Lopez-De-Silanes F, Shleifer A. The Economic Consequences of Legal Origins [J]. Journal of Economic Literature, 2008, 46 (2): 285 -332.

[52] Roll R. The Hubris Hypothesis of Corporate Takeovers [J]. The Journal of Business, 1986, 59 (2): 197 -216.

[53] Ross S A. The arbitrage theory of capital asset pricing [J]. Journal of Eco-

nomic Theory, 1976, 13 (3): 341 - 360.

[54] Sharpe W F. Capital Asset Prices: A Theory of Market Equilibrium Under Conditions of Risk [J]. The Journal of Finance, 1964, 19 (3): 425 - 442.

[55] Shefrin H, Statman M. Behavioral Capital Asset Pricing Theory [J]. The Journal of Financial and Quantitative Analysis, 1994, 29 (3): 323 - 349.

[56] Shleifer A, Vishny R W. A Survey of Corporate Governance [J]. The Journal of Finance, 1997, 52 (2): 737 - 783.

[57] Shleifer A, Vishny R W. Management entrenchment: The case of manager-specific investments [J]. Journal of Financial Economics, 1989, 25 (1): 123 - 139.

[58] Sloan R G. Do Stock Prices Fully Reflect Information in Accruals and Cash Flows about Future Earnings [J]. The Accounting Review, 1996, 71 (3): 289 - 315.

敬 告 读 者

为了帮助广大师生和其他学习者更好地使用、理解和巩固教材的内容，本教材配课件和部分习题答案，读者可关注微信公众号“会计与财税”浏览相关信息。

如有任何疑问，请与我们联系。

QQ：16678727

邮箱：esp_bj@163. com

教师服务 QQ 群：606331294

读者交流 QQ 群：391238470

经济科学出版社

2023 年 2 月

会计与财税

教师服务 QQ 群

读者交流 QQ 群

经科在线学堂